Münchner Schriften
zum
Internationalen Steuerrecht

Herausgegeben
von
Prof. Dr. Moris Lehner

Forschungstelle für Europäisches und
Internationales Steuerrecht der Universität München

Heft 32

Non-garden most favoured negotiating

Sind EU-Mitgliedstaaten bei der Neuverhandlung von
Doppelbesteuerungsabkommen mit Drittstaaten nach dem
Unionsrecht verpflichtet, Vorteile auch für die Angehörigen
aller anderen EU-Mitgliedstaaten auszuhandeln?

von

Felicitas Mayer-Theobald

Verlag C.H. Beck München 2011

Verlag C.H. Beck im Internet:
beck.de

ISBN 978 3 406 62063 8

© 2011 Verlag C.H. Beck oHG
Wilhelmstraße 9, 80801 München
Druck und Bindung: Nomos Verlagsgesellschaft
In den Lissen 12, 76547 Sinzheim
Satz: ES-Editionssupport, München
Gedruckt auf säurefreiem, alterungsbeständigen Papier
(hergestellt aus chlorfrei gebleichtem Zellstoff)

Meinen Eltern

Vorwort

Die vorliegende Arbeit wurde im Wintersemester 2007/2008 von der Juristischen Fakultät der Ludwig-Maximilians-Universität München als Dissertation angenommen. Der Arbeit lag bei ihrer Einreichung der Rechtsstand zum 1.1.2008 zu Grunde. Anlässlich der Publikation wurde sie an den Vertrag von Lissabon angepasst und die Untergliederung sowie der ursprüngliche Titel verändert.

Besonders danken möchte ich meinem Doktorvater Herrn Prof. Dr. Moris Lehner für die Betreuung, die wertvollen Anregungen für die Dissertation und seine Empfehlung für deren Aufnahme in die Münchner Universitätsschriftenreihe. Herr Professor Dr. Klaus Vogel, dem ich die vollendete Doktorarbeit leider nicht mehr zeigen konnte, hat mich zur Wahl dieses Themas ermutigt. Ich bin ihm sehr dankbar für seine Denkanstöße und Einblicke in die Welt der Doppelbesteuerungsabkommen, die er mir im Rahmen unserer Zusammenarbeit bei den Recherchen für seinen DBA-Kommentar in englischer Sprache gewährt hat. Bei Herrn Prof. Dr. Rudolf Streinz bedanke ich mich herzlich für die Übernahme des Zweitgutachtens.

Dem Tax Department von Latham & Watkins LLP, München, unter Leitung von Herrn Stefan Süß danke ich für das Verständnis und den Rückhalt während der Fertigstellung und Aktualisierung der Doktorarbeit. Weiterhin gilt mein herzlicher Dank meinem Kollegen Dr. Stefan Mayer für die wertvollen Diskussionen und die kritische Durchsicht meiner Dissertation. Ein ganz besonderer Dank gilt meinem Lebensgefährten Franz Bachhuber-Haller, der mich unermüdlich unterstützt und motiviert hat. Ohne sein Zutun wäre vieles schwerer und manches unmöglich gewesen.

Widmen möchte ich diese Arbeit meinen Eltern und ihnen damit von ganzem Herzen für die mir zeitlebens entgegengebrachte liebevolle Unterstützung und Förderung danken. Dieser familiäre Rückhalt legte den Grundstein für das gute Gelingen dieser Doktorarbeit.

München, im Februar 2011 *Felicitas Mayer-Theobald*

Inhaltsübersicht

Inhaltsverzeichnis

Kapitel 1: Einleitung

**Kapitel 2: Völkerrechtliche Kompetenz der Mitgliedstaaten und Anwendung
des Gemeinschaftsrechts**

Kapitel 3: Nichtgewährung eines Abkommensvorteils als mitgliedstaatliche Maßnahme

Kapitel. 7: Schlussbetrachtung

Abbildungsverzeichnis

Abkürzungsverzeichnis

ABl. . . . . Amtsblatt der Europäischen Gemeinschaft
AETR . . . . Europäisches Übereinkommen über die Arbeit des im
 Internationalen Straßenverkehr beschäftigten Fahrperso-
 nals (Accord Européen sur les Transports Routiers)
AEUV . . . . Vertrag über die Arbeitsweise der Europäischen Union
Art. . . . . Artikel
ex-Art. . . . . Artikel des EG-Vertrags bzw. EU-Vertrags in der Fassung
 des Vertrags von Nizza

BB . . . . Betriebs-Berater
BGBl. . . . . Bundesgesetzblatt
BIFD . . . . Bulletin of the International Bureau of Fiscal Documenta-
 tion, Amsterdam
BVerfG . . . . Bundesverfassungsgericht
BVerfGE . . . . Entscheidungen des Bundesverfassungsgerichts

DB . . . . Der Betrieb
DBA . . . . Doppelbesteuerungsabkommen
ders. . . . . derselbe
DStZ . . . . Deutsche Steuer-Zeitung
DÖV . . . . Die Öffentliche Verwaltung
DVBl. . . . . Deutsches Verwaltungsblatt

EAG . . . . Europäische Atomgemeinschaft
EAGV . . . . Vertrag zur Gründung der Europäischen Atomgemein-
 schaft
ECTR . . . . EC Tax Review
EFTA . . . . European Free Trade Association, Europäische Freihan-
 delsassoziation
EG . . . . a) Europäische Gemeinschaft
 b) EG-Vertrag in der Fassung des Vertrags von Nizza
EGKS . . . . Europäische Gemeinschaft für Kohle und Stahl
endg . . . . endgültig
EStG . . . . Einkommensteuergesetz
ET . . . . European Taxation
EU . . . . Europäische Union

EUV .... Vertrag über die Europäische Union in der Fassung des
              Vertrags von Lissabon
EUV a.F. .... Vertrag über die Europäische Union in der Fassung des
              Vertrags von Nizza
EuGH .... Europäischer Gerichtshof
EuGRZ .... Europäische Grundrechtszeitschrift
EuR .... Europarecht
EuZW .... Europäische Zeitschrift für Wirtschaftsrecht
EWG .... Europäische Wirtschaftsgemeinschaft
EWR .... Europäischer Wirtschaftsraum
EWS .... Europäisches Wirtschafts- und Steuerrecht

f., ff. .... Folgende, fortfolgende
FET .... Federal Excise Tax
Fn. .... Fußnote
FR .... Finanz-Rundschau

GA .... Generalanwalt/Generalanwältin
GG .... Grundgesetz der Bundesrepublik Deutschland
GmbHR .... GmbH-Rundschau
GmbH-StB ..... Der GmbH-Steuerberater

HBTLJ .... Houston Business and Tax Law Journal
Hrsg. .... Herausgeber

IStR .... Internationales Steuerrecht
IWB .... Internationale Wirtschaftsbriefe

JbFSt .... Jahrbuch der Fachanwälte für Steuerrecht
JuS .... Juristische Schulung

KStG .... Körperschaftsteuergesetz

MA .... Musterabkommen
mwN .... mit weiteren Nachweisen

NJW .... Neue Juristische Wochenschrift
n.v. .... nicht veröffentlicht

OECD .... Organisation for Economic Cooperation and Develop-
              ment
OECD-MA ..... OECD-Musterabkommen

ÖStZ   . . . . Österreichische Steuer-Zeitung

RdE   . . . . Recht der Energiewirtschaft
RIW   . . . . Recht der Internationalen Wirtschaft
Rn.   . . . . Randnummer
Rs.   . . . . Rechtssache

Slg.   . . . . Sammlung der Rechtsprechung des Gerichtshofes und des
                      Gerichts erster Instanz
Stbg.   . . . . Die Steuerberatung
st. Rspr.   . . . . ständige Rechtsprechung
StuW   . . . . Steuer und Wirtschaft
SWI   . . . . Steuer und Wirtschaft International

TNI   . . . . Tax Notes International

verb. Rs.   . . . . verbundene Rechtssachen
vgl.   . . . . vergleiche

WÜRV   . . . . Wiener Übereinkommen über das Recht der Verträge

Kapitel 1: Einleitung

A. Zielsetzung der Arbeit und Erläuterung der Fragestellung

Diese Dissertation ist der Klärung der Frage gewidmet, ob Mitgliedstaaten der Europäischen Union bei der Neuverhandlung von Doppelbesteuerungsabkommen mit Drittstaaten aufgrund des Unionsrechts dazu verpflichtet sind, Vorteile, die sie für ihre eigenen Bewohner aushandeln, auch für alle Angehörigen der anderen EU-Mitgliedstaaten zu verlangen.

I. Darstellung des zu prüfenden Sachverhalts

Die komplizierte Fragestellung bezüglich der Pflichten von EU-Mitgliedstaaten bei der Verhandlung von Doppelbesteuerungsabkommen (im Folgenden „DBA") mit Drittstaaten lässt sich anhand folgender **Skizze** und **Situationsbeschreibung** verdeutlichen:

Abb. 1: Schematische Darstellung der Dissertations-Konstellation

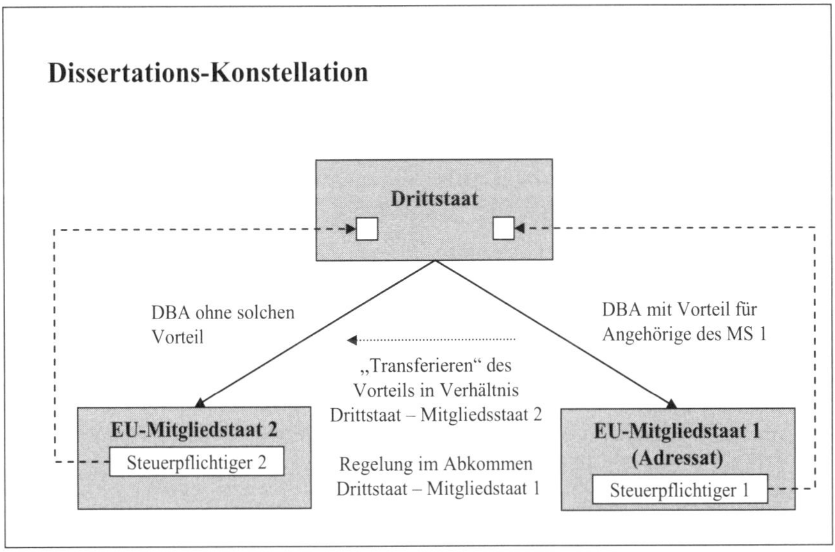

Zwischen einem Drittstaat und dem EU-Mitgliedstaat 1 soll ein neues DBA verhandelt und abgeschlossen werden. Der Drittstaat ist bereit, den Angehörigen des Mitgliedstaats 1 (in der Skizze dargestellt durch den „**Steuerpflichtigen 1**"), die im Drittstaat eine steuerlich relevante Tätigkeit ausüben, durch eine günstige DBA-Regelung einen Vorteil zu gewähren. Angehörige des Mitgliedstaats 2 hingegen (in der Skizze dargestellt durch den „**Steuerpflichtigen 2**") erhalten aufgrund des DBA zwischen dem Drittstaat und dem Mitgliedstaat 2 einen solchen Vorteil nicht. Verglichen werden demnach jeweils die Situationen des Steuerpflichtigen 1 und des Steuerpflichtigen 2, die beide im Drittstaat lediglich über eine Einkommensquelle oder über Vermögen verfügen und mithin im Drittstaat der beschränkten Steuerpflicht unterliegen.

Hieraus resultiert die Frage, ob es mit dem Unionsrecht – insbesondere den Diskriminierungsverboten – vereinbar ist, dass der Steuerpflichtige 1 vom Drittstaat aufgrund des DBA Vorteile erhält, die dem Steuerpflichtigen 2 vorenthalten bleiben, obwohl dieser Einkünfte aus der gleichen Tätigkeit aus dem Drittstaat bezieht und sich vom Steuerpflichtigen 1 nur durch seine Ansässigkeit in einem anderen Mitgliedstaat unterscheidet.

Beispiele für solche Tätigkeiten in einem Drittstaat und die zugehörigen Vorteile aufgrund von DBA-Regelungen sind:

(i) **Beispiel 1:**

Der im Mitgliedstaat 1 ansässige Steuerpflichtige 1 ist im Drittstaat als angestellter Lehrer tätig. Das DBA zwischen dem Drittstaat und dem Mitgliedstaat 1 weist das Besteuerungsrecht ausschließlich dem Wohnsitzstaat (also dem Mitgliedstaat 1) zu, der das Einkommen mit 25% besteuert. Das DBA zwischen dem Drittstaat und einem Mitgliedstaat 2 weist das Besteuerungsrecht für die Lehrtätigkeit hingegen ausschließlich dem Tätigkeitsstaat (also dem Drittstaat) zu, der es mit einem Steuersatz von 30% besteuert. Ein im Mitgliedstaat 2 ansässiger Steuerpflichtiger 2 unterliegt somit aufgrund des Doppelbesteuerungsabkommens für dieselbe Tätigkeit als Lehrer einem um 5% höheren Steuersatz.

(ii) **Beispiel 2:**

Ein Angehöriger des Mitgliedstaats 1 hält eine Minderheitsbeteiligung an einem Unternehmen im Drittstaat und bezieht aus dieser Beteiligung Dividenden. Der Drittstaat ist bereit, auf die Dividenden, die die Angehörigen des Mitgliedstaats 1 erzielen, keine Quellensteuer zu erheben. Hingegen unterliegt ein im Mitgliedstaat 2 ansässiger Steuerpflichtiger 2 aufgrund des DBA zwischen dem Drittstaat und dem Mitgliedstaat 2 im Hinblick auf Dividenden aus Beteiligungen im Drittstaat einem Quellensteuersatz von 15%.

(iii) **Beispiel 3:**

Die USA als Drittstaat erheben normalerweise eine Steuer für Versicherungsprämien, die von in den USA ansässigen Personen oder Unternehmen an Versicherungsunternehmen außerhalb der USA gezahlt werden (sog. US Federal Excise Tax, im Folgenden FET). Die FET wird zum einen bei solchen Versicherungsprämien nicht erhoben, die an Versicherer gezahlt werden, die in den USA als autorisierter Versicherer (*established as authorized insurer*) anerkannt sind, und zum anderen, wenn mit dem Herkunftsstaat des Versicherers ein DBA besteht, das eine FET-Befreiung vorsieht (privilegierter Staat). Zudem kann die FET-Befreiung nur in Anspruch genommen werden, wenn das Risiko in einem privilegierten Staat rückversichert ist. Der Steuerpflichtige 1, eine im Mitgliedstaat 1 ansässige juristische Person, bietet in den USA Versicherungen an. Die aus Versicherungsverträgen mit in den USA Ansässigen entstehenden Risiken, werden bei einem im Mitgliedstaat 3 ansässigen Rückversicherer versichert. Der Steuerpflichtige 2 ist ein im Mitgliedstaat 2 ansässiger Versicherer, der ebenfalls Versicherungen in den USA anbietet. Die sich hieraus ergebenden Risiken versichert der Steuerpflichtige 2 bei einem Rückversicherer im Mitgliedstaat 3.

Der Drittstaat ist bereit, in die DBA mit dem Mitgliedstaat 1 und dem Mitgliedstaat 3 eine solche FET-Befreiung aufzunehmen. Der Steuerpflichtige 1 unterliegt somit beim Abschluss eines Versicherungsvertrages mit einer in den USA ansässigen Person nicht der FET, wenn die daraus entstehenden Risiken im Mitgliedstaat 3 rückversichert sind. Hingegen ist die FET durch den Steuerpflichtigen 2 zu entrichten, da das DBA zwischen dem Drittstaat und dem Mitgliedstaat 2 keine FET-Befreiung vorsieht.[1]

Ergibt die Prüfung, dass in der Gewährung eines Vorteils nur an die Angehörigen des am Abkommen beteiligten Mitgliedstaats ein Verstoß gegen Unionsrecht zu sehen ist, könnte der Verstoß durch einen Verzicht auf den Vorteil oder durch eine Erweiterung des Vorteils auch auf die Angehörigen der anderen EU-Mitgliedstaaten vermieden werden. Eine solche Erstrekkung der vorteilhaften DBA-Regelung auf die Angehörigen der anderen EU-Mitgliedstaaten kann auf zwei Arten geschehen. Zum einen kann der Anwendungsbereich des gesamten DBA erweitert werden:

> „Dieses Abkommen ist anwendbar auf Personen, die in einem der beiden Vertragsstaaten oder in einem Mitgliedstaat der Europäischen Union ansässig sind."[2]

Zum anderen kann nur die Anwendbarkeit der vorteilhaften DBA-Regelungen erweitert werden:

> „Dieses Abkommen ist anwendbar auf Personen, die in einem der beiden Vertragsstaaten ansässig sind. Die Artikel ... [Aufzählung der Normen, die Vorteile enthalten]

---

[1] Vgl. hierzu Hinnekens, ET 1996, 286, 298.
[2] Diese Formulierung stammt aus einem Vortrag von Prof. Dr. Klaus Vogel auf dem Expertenworkshop der EU-Kommission am 5.7.2005 in Brüssel.

dieses Abkommens sind auch auf Personen anwendbar, die in einem Mitgliedstaat der Europäischen Union ansässig sind."

II. Abgrenzung zu in der Literatur bereits diskutierten Konstellationen

1. Meistbegünstigung

Die Frage, ob eine Ungleichbehandlung zweier beschränkt Steuerpflichtiger aus verschiedenen Mitgliedstaaten einen Verstoß gegen Unionsrecht darstellt und ob damit die Angehörigen aller Mitgliedstaaten gleich zu behandeln sind, wird häufig unter dem Stichwort „Meistbegünstigung" diskutiert, da eine solche Gleichbehandlung letztlich dazu führen würde, dass die Mitgliedstaaten jedem Angehörigen eines anderen Mitgliedstaats die jeweils vorteilhafteste steuerliche Behandlung zukommen lassen, die sie jeweils in Bezug auf einen beliebigen anderen Mitgliedstaat vereinbart haben.

Dieses Problem der Verpflichtung zur sog. Meistbegünstigung – auch als *most favoured nation treatment*[3] bezeichnet – wurde zwar im vergangenen Jahrzehnt ausgiebig diskutiert,[4] die vorliegende Fragestellung weist gegenüber der bisherigen Diskussion jedoch einige grundlegende Besonderheiten auf.

Zum einen konzentrierte sich die Meistbegünstigungsdiskussion meist auf die Situation von Abkommen zwischen Mitgliedstaaten (sog. *inter-se –* Abkommen), deren entscheidendes Merkmal die Tatsache ist, dass alle an den in Frage stehenden Abkommen Beteiligten an das Unionsrecht gebunden sind. Die erste Besonderheit der vorliegenden Fragestellung besteht demgegenüber darin, dass der Drittstaat, der den Vorteil aufgrund eines DBA gewährt und damit die Ungleichbehandlung vornimmt, selbst nicht an das Unionsrecht gebunden ist.

Zum anderen richtete sich die Verpflichtung zur Meistbegünstigung – soweit eine solche Verpflichtung bejaht wurde – gegen einen abkommensbeteiligten Mitgliedstaat in seiner Eigenschaft als Quellenstaat. Die zweite Besonderheit der vorliegenden Fragestellung ist demnach, dass sich eine potentiell aus dem Unionsrecht abzuleitende Verpflichtung, eine Ungleichbehandlung zweier EU-Ansässiger aus verschiedenen Mitgliedstaaten zu verhindern, den jeweils betroffenen Mitgliedstaat nicht in seiner Eigenschaft als Quellenstaat, sondern als abkommensbeteiligter Ansässigkeitsstaat betrifft.

---

[3] Der aus dem Gebiet der internationalen Handelsabkommen stammende Begriff beruht auf dem Prinzip, dass sich ein Staat A gegenüber einem Staat B vertraglich verpflichtet, ihm die gleichen Vorteile unter denselben Voraussetzungen zukommen zu lassen, wie er sie gegenwärtig oder zukünftig demjenigen beliebigen dritten Staat C gewährt, den er am günstigsten behandelt (vgl. hierzu Kramer, RIW 1989, 473; Kraft/Robra, RIW 2005, 247, 248).
[4] Vgl. nur die umfangreichen Nachweise bei Kofler/Schindler, ET 2005, 530 ff., Fn. 15–19 und Cortez Pimentel, Intertax 2006, 485 ff., Fn. 4.

Im Vergleich zur Frage der Meistbegünstigung muss die Beantwortung der vorliegenden Fragestellung folglich zusätzliche Prüfungspunkte aufnehmen, die die fehlende Bindung des Drittstaats berücksichtigen.

2. Gemeinschaftspräferenz

Soweit Abhandlungen in der Literatur ausnahmsweise doch Drittstaaten in die Untersuchung einbeziehen, wird größtenteils der Frage nachgegangen, ob die Grundfreiheiten den Mitgliedstaaten verbieten, in DBA den Angehörigen von Drittstaaten eine bessere Behandlung zuzusichern als den Angehörigen von anderen Mitgliedstaaten (sog. Grundsatz der Gemeinschaftspräferenz).[5] Demgegenüber beschäftigt sich die vorliegende Arbeit mit der genau gegenläufigen Fragestellung, ob eine vorteilhaftere Behandlung von Angehörigen nur bestimmter Mitgliedstaaten durch einen Drittstaat mit dem Unionsrecht vereinbar ist.

3. Limitation on benefits – Klauseln

Eine wichtige Übereinstimmung mit der vorliegenden Fragestellung weist die Diskussion zur Zulässigkeit von *limitation on benefits* – Klauseln auf, da in diesen Fällen meist die USA – und damit ein Drittstaat – Abkommenspartner sind. Die DBA der USA enthalten Regelungen, die die ungerechtfertigte Inanspruchnahme von Abkommensvergünstigungen (sog. *treaty shopping*) durch solche Rechtssubjekte verhindern sollen, die außerhalb der beiden am DBA beteiligten Staaten ansässig sind, indem die Gewährung der Abkommensvorteile von der Erfüllung verschiedener Tests abhängig gemacht wird. Der sog. *ownership test* verlangt beispielsweise, dass eine Gesellschaft, die die Abkommensvorteile in Anspruch nehmen will, zu über 50% der Stimmrechte und des Gesellschaftswerts im Anteilseigentum von Personen steht, die ihrerseits abkommensberechtigt sind.[6] Demzufolge betreffen die *limitation on benefits* – Klauseln Fälle, in denen ein Angehöriger eines Mitgliedstaates 2 z.B. an einer Gesellschaft beteiligt ist, die im abkommensbeteiligten Mitgliedstaat 1 ihren Sitz hat. Während dieser Beteiligung die Vorteile aus dem Abkommen zwischen dem Mitgliedstaat 1 und dem Drittstaat vorenthalten bleiben, kommt ein Angehöriger des Mitgliedstaats 1 für Einkünfte aus derselben Beteiligung in den Genuss der Abkommensvorteile. Der maßgebliche Vergleich findet demnach zwischen einem Ansässigen und einem Nicht-Ansässigen statt.

---

[5] Zur Herkunft dieses Begriffs vgl. Rainer, IStR 1995, 474 (unter Fn. 4).

[6] Im Fall von mittelbaren Beteiligungen muss zudem jeder zwischengeschaltete Beteiligte in einem der beiden Vertragsstaaten ansässig sein (vgl. Art. 28 Abs. 2 c) bb) DBA USA in der Fassung der Bekanntmachung vom 4.6.2008, BGBl. II 2008, 611 berichtigt BGBl. II 2008, 851).

Der Vergleich eines Ansässigen (d.h. unbeschränkt Steuerpflichtigen) mit einem Nicht-Ansässigen (d.h. beschränkt Steuerpflichtigen) wird als „vertikale" Vergleichspaarbildung und die Schlechterbehandlung eines beschränkt Steuerpflichtigen gegenüber einem unbeschränkt Steuerpflichtigen als „vertikale Diskriminierung" bezeichnet.[7]

In der zu prüfenden Fragestellung hingegen, werden zwei Nicht-Ansässige miteinander verglichen. Ein solcher Vergleichsmaßstab zweier beschränkt Steuerpflichtiger wird als „horizontale" Vergleichspaarbildung bezeichnet; werden zwei beschränkt Steuerpflichtige unrechtmäßig ungleich behandelt, spricht man von „horizontaler Diskriminierung".[8]

III. Begriffsklärungen

Als „Drittstaaten" werden in der vorliegenden Arbeit alle Staaten bezeichnet, die aufgrund fehlender Unterzeichnung des Vertrags zur Errichtung der Europäischen Union in der Fassung des Vertrages von Lissabon nicht zu den 27 Mitgliedstaaten der Europäischen Union gehören und damit nicht an das Unionsrecht gebunden sind.

Der Begriff „Doppelbesteuerungsabkommen" oder „DBA" bezeichnet bilaterale Abkommen zur Vermeidung der internationalen Doppelbesteuerung auf dem Gebiet der Steuern vom Einkommen und Vermögen. Grundsätzlich gelten DBA für solche Personen, die in einem der beiden Vertragsstaaten ansässig sind (dieser wird als „Wohnsitzstaat" bezeichnet) und im anderen Staat eine Inlandsanknüpfung in Form von Einkünften oder Vermögenswerten besitzen (dieser andere Staat wird als „Quellenstaat" oder „Belegenheitsstaat" bezeichnet).[9]

Mit „Angehörigen eines Mitgliedstaats" sind Personen gemeint, die in diesem Mitgliedstaat ansässig sind und mit dem Drittstaat durch dort erzielte Einkünfte oder in diesem Staat belegene Vermögenswerte verknüpft sind. Nach den Grundsätzen des internationalen Steuerrechts ist eine natürliche oder juristische Person in einem Staat ansässig, wenn sie nach dem Recht des fraglichen Staates aufgrund ihres Wohnsitzes, ständigen Aufenthalts, des Orts ihrer Geschäftsleitung oder eines ähnlichen Merkmals in diesem Staat unbeschränkt steuerpflichtig ist.[10]

---

[7] Kofler/Schindler, ET 2005, 530, 531; De Graaf/Janssen, ECTR 2005, 173.

[8] Kofler/Schindler, ET 2005, 530, 531; De Graaf/Janssen, ECTR 2005, 173.

[9] Vogel in: Vogel/Lehner, DBA, Zur Überschrift, Rn. 6. Zum Teil beinhalten DBA auch Verteilungsnormen, die für Einkünfte und Vermögenswerte aus Drittstaaten und staatsfreiem Gebiet gelten und sehen für diese Fälle eine Besteuerung durch den Wohnsitzstaat vor (vgl. Vogel in: Vogel/Lehner, DBA, Zur Überschrift, Rn. 7).

[10] Art. 4 OECD-MA; Kommentar zum OECD-Musterabkommen in der Fassung vom 28.1.2003 (MA-Komm), Art. 4 OECD-MA, Ziffer 8 (vgl. Lehner in: Vogel/Lehner, DBA; Art. 4, S. 394).

Als „Vorteile" werden in der vorliegenden Arbeit solche Regelungen eines DBA angesehen, die eine steuerliche Behandlung durch den Quellenstaat vorsehen, welche – verglichen mit den DBA des fraglichen Drittstaats mit den anderen Mitgliedstaaten der Europäischen Union – entweder zu einer geringeren Steuerbelastung für den Steuerpflichtigen führt oder sonstige Vorteile mit sich bringt, wie z.b. einen geringeren Verwaltungsaufwand oder Zinsvorteile aufgrund eines Zeitfaktors. Es wird noch zu untersuchen sein, ob für die Beurteilung der Vorteilhaftigkeit ausschließlich die steuerliche Behandlung im Drittstaat als Quellenstaat entscheidend ist, oder ob auch Faktoren im Wohnsitzstaat mit einbezogen werden müssen (siehe Kapitel 5).

B. Prüfungsmaßstab

Die Bestimmung der inhaltlichen Reichweite des Begriffs „Unionsrecht"[11] dient der Festlegung des Prüfungsmaßstabs und -umfangs für die vorliegende Fragestellung. Grundsätzlich umfasst das Unionsrecht das gesamte primäre und sekundäre Unionsrecht, d.h. zum einen den EAGV[12], EUV und AEUV[13] und zum anderen die von den Organen der Union erlassenen Rechtsakte in Form von Richtlinien, Verordnungen, Beschlüsse, Empfehlungen und Stellungnahmen.[14]

I. Regelungen ohne Relevanz für die vorliegende Fragestellung

Der EAGV scheidet jedoch als Prüfungsmaßstab aus, da hierin keine Regelungen zum Recht der Doppelbesteuerungsabkommen bzw. der direkten Steuern enthalten sind. Folglich verbleiben die rechtlich gleichrangigen EUV und AEUV als vorrangiger Prüfungsmaßstab.

---

[11] Da durch den Vertrag von Lissabon die Trennung zwischen der Europäischen Union und der Europäischen Gemeinschaft aufgegeben wurde, wurde das Wort „Gemeinschaft" in allen Vertragstexten durch das Wort „Union" ersetzt (vgl. hierzu auch Streinz/Ohler/Herrmann, Der Vertrag von Lissabon zur Reform der EU, S. 41).

[12] Vertrag zur Gründung der Europäischen Atomgemeinschaft (Euratom) vom 25.3.1957, zuletzt geändert durch Protokoll Nr. 2 zur Änderung des Vertrags zur Gründung der Europäischen Atomgemeinschaft vom 13.12.2007, Bek. v. 13. 11. 2009, BGBl. II, S. 1223.

[13] Vertrag über die Europäische Union in der Fassung des Vertrags von Lissabon, Bek. v. 13.11.2009, BGBl. II, S. 1223 und Vertrag über die Arbeitsweise der Europäischen Union in der Fassung der Bekanntmachung vom 9.5.2008, Bek. v. 13.11.2009, BGBl. II, S. 1223. Nachdem die 50-jährige Laufzeit des EGKS-Vertrags (Montanunion) zum 23.7.2002 endete, wurde die EGKS in die EG (heute: EU) integriert, während die EAG neben der EU als eigene Rechtspersönlichkeit fortbesteht (vgl. Streinz/Ohler/ Herrmann, Der Vertrag von Lissabon zur Reform der EU, S. 91; Booß in Lenz/Borchardt, EU-Verträge, Art. 47 EUV Rn. 1).

[14] Streinz/Ohler/Herrmann, Der Vertrag von Lissabon zur Reform der EU, S. 93.

Mit Ausnahme der Frage der Kompetenzabgrenzung zwischen den Mitgliedstaaten und der Europäischen Gemeinschaft beim Abschluss von DBA mit Drittstaaten hat das Sekundärrecht der EU – d.h. Richtlinien, Verordnungen und Entscheidungen – keine Auswirkungen auf die vorliegende Fragestellung. Zwar wurden auf dem Gebiet des Steuerrechts einige Richtlinien erlassen, so z.B.:

(i) die Fusionsrichtlinie, für Verschmelzungen und Spaltungen von Unternehmen in verschiedenen Mitgliedstaaten,[15]

(ii) die Mutter-Tochter-Richtlinie, zur Abschaffung der Doppelbesteuerung von grenzüberschreitenden Gewinnausschüttungen innerhalb verbundener Unternehmen,[16] und

(iii) die Zinsrichtlinie, die für einen gegenseitigen Informationsfluss der Mitgliedstaaten über grenzüberschreitende Zinszahlungen an natürliche Personen sorgt.[17]

Auch kommt Richtlinien mit ihrem Erlass und ihrer Umsetzung eine „Sperrwirkung" dergestalt zu, dass die Mitgliedstaaten kein innerstaatliches Recht erlassen dürfen, das dem Inhalt der Richtlinie widerspricht.[18] Der Anwendungsbereich dieser Richtlinien ist jedoch auf den innergemeinschaftlichen Verkehr beschränkt, was sich aus der Formulierung der Anwendungsbereiche in Art. 1 der jeweiligen Richtlinie ergibt. Zudem sind die genannten Richtlinien auch aus Sicht ihres Sinn und Zwecks auf den innergemeinschaftlichen Verkehr beschränkt.[19]

---

[15] Richtlinie 2009/133/EG des Rates vom 19. Oktober 2009 über das gemeinsame Steuersystem für Fusionen, Spaltungen, Abspaltungen, die Einbringung von Unternehmensteilen und den Austausch von Anteilen, die Gesellschaften verschiedener Mitgliedstaaten betreffen, sowie die Verlegung des Sitzes einer Europäischen Gesellschaft oder einer Europäischen Genossenschaft von einem Mitgliedstaat in einen anderen Mitgliedstaat (kodifizierte Fassung), Amtsblatt (ABl.) 2009, L 310 vom 25.11.2009, S. 0034 (im Folgenden „Fusionsrichtlinie").

[16] Richtlinie 90/435/EWG des Rates vom 23. Juli 1990 über das gemeinsame Steuersystem der Mutter- und Tochtergesellschaften verschiedener Mitgliedstaaten, ABl. Nr. L 225 vom 20.08.1990, S. 0006 in der Fassung der Richtlinie 2003/123/EG des Rates vom 22. Dezember 2003 zur Änderung der Richtlinie 90/435/EWG über das gemeinsame Steuersystem der Mutter- und Tochtergesellschaften verschiedener Mitgliedstaaten, ABl. Nr. L 007 vom 13.1.2004, S. 0041 (im Folgenden „Mutter-Tochter-Richtlinie").

[17] Richtlinie 2003/48/EG des Rates vom 3. Juni 2003 im Bereich der Besteuerung von Zinserträgen, ABl. Nr. L 157 vom 26.6.2003, S. 0038 (im Folgenden „Zinsrichtlinie"). Nicht am Informationsaustausch beteiligt sind Österreich, Luxemburg und Belgien, die jedoch anonym eine Quellensteuer erheben, die zu drei Vierteln an den Heimatstaat der Sparer abgeführt wird (vgl. hierzu Fey in: Beck'sches Steuer- und Bilanzrechtslexikon, Stichwort „Zinsrichtlinie", Rn. 13 f., Wolffgang in: Lenz/Borchardt, EU-Verträge, Vorb. Art. 110–113 AEUV, Rn. 28).

[18] Herdegen, Europarecht, S. 178. Zu den Auswirkungen von Richtlinien auf DBA vgl. Lehner in: Vogel, Europarecht und Internationales Steuerrecht, S. 24 f.

[19] Birk in: Hübschmann/Hepp/Spitaler, AO/FGO, § 2 AO, Rn. 265; Scherer, Doppelbesteuerung und Europäisches Gemeinschaftsrecht, S. 71; Hinnekens, ECTR 1995, 202, 204.

Folglich wird die Wirkung dieser Richtlinien auf dem Gebiet des Steuerrechts nicht durch DBA mit Drittstaaten eingeschränkt, da Drittstaats-DBA
keine rein innergemeinschaftlichen Sachverhalte betreffen, sondern Sachverhalte, an denen ein Mitgliedstaat und ein Drittstaat beteiligt sind.[20]

Im Bereich des Primärrechts gibt es außerhalb der Grundfreiheiten nur eine[21]
Norm, in der das Gebiet der direkten Steuern, das die für DBA relevanten
Steuern vom Einkommen und Vermögen beinhaltet, Erwähnung findet:
Art. 112 AEUV (ex-Art. 92 EG)[22] regelt zwar einen Genehmigungsvorbehalt
für Steuerrückvergütungen bei der Ausfuhr sowie bei Ausgleichsabgaben bei
der Einfuhr auf dem Gebiet der direkten Steuern, beinhaltet jedoch keine inhaltlichen Vorgaben für Doppelbesteuerungsabkommen.

II. Vom Prüfungsumfang ausgeklammerte Regelungen

Im Hinblick auf Vorteile, die nur den Angehörigen eines bestimmten Mitgliedstaats gewährt werden, während sie den Angehörigen eines anderen Mitgliedstaats vorenthalten bleiben, kommt auch dem europäischen Beihilfenrecht
der Art. 107 ff. AEUV (ex-Art. 87 ff. EG) Relevanz zu. Die Art. 107 ff. AEUV
erklären staatliche oder aus staatlichen Mitteln gewährte Beihilfen, die den
Wettbewerb verfälschen können und hierdurch den Handel zwischen Mitgliedstaaten beeinträchtigen, als mit dem Gemeinsamen Markt unvereinbar.

Steuerlich vorteilhafte Regelungen in DBA, die nur den Angehörigen eines
bestimmten Mitgliedstaats gewährt werden, können zwar den Wettbewerb
verfälschen und damit den Handel zwischen den Mitgliedstaaten beeinträchtigen. Nach herrschender Meinung beinhaltet die Formulierung „staatliche oder
aus staatlichen Mitteln gewährte Beihilfen" jedoch, dass für das Vorliegen einer Beihilfe nach Art. 107 AEUV eine Belastung der öffentlichen Finanzmittel
eines Mitgliedstaats bzw. Teilstaats desselben erforderlich ist.[23] Der Wortlaut
des Art. 107 Abs. 1 AEUV lässt zwar auch eine weite Auslegung zu, nach der

---

[20] Hinnekens, ECTR 1995, 202, 204; Rienks, Intertax 2004, 567, 569; Malherbe/Delattre,
ET 1996, 12, 15.

[21] Der frühere Art. 293 2. Spiegelstrich EG sah eine Einleitung von Verhandlungen über
Abkommen der Mitgliedstaaten untereinander zur Beseitigung der Doppelbesteuerung vor; er
schrieb jedoch zum einen keinen bestimmten Inhalt solcher Doppelbesteuerungsabkommen
vor und betraf zum anderen die von der vorliegenden Fragestellung nicht erfassten inter-se –
Abkommen. In den Vertrag von Lissabon wurde die Regelung des Art. 293 EG nicht übernommen (zu den Auswirkungen dieser Streichung vgl. Lehner, IStR 2005, 397).

[22] Vgl. auch die amtlichen Übereinstimmungstabellen nach Art. 5 des Vertrages von Lissabon, ABl. 2007, C 306/200.

[23] Zum insoweit inhaltsgleichen ex-Art. 87 EG vgl. Mederer/Triantafyllou in: Von der
Groeben/Schwarze, EUV/EGV, Art. 87, Rn. 26; Koenig/Kühling/Richter, EG-Beihilfenrecht,
S. 121; Cremer in: Calliess/Ruffert, EUV/EGV, Art. 87, Rn. 18 f.; Jansen, Vorgaben des euro-
päischen Beihilferechts für das nationale Steuerrecht, S. 126 f.

eine Beihilfe in jeglicher geldwerten Vorteilsgewährung liegen kann, die durch staatliche Regulierung im weitesten Sinne erfolgt.[24] Zugunsten einer solchen weiten Auslegung wird vorgetragen, dass sich der staatliche Charakter einer Beihilfe eher auf die Herkunft der Maßnahme als auf die Herkunft der Mittel für ihre Finanzierung beziehe. Zudem seien die Auswirkungen auf die begünstigten Unternehmen sowie auf den Wettbewerb maßgeblich und da diese unabhängig davon bestünden, wer die Beihilfe finanziere, sei die Herkunft der finanziellen Mittel für die Beilhilfe unerheblich.[25]

Nach der Rechtsprechung des EuGH hingegen wurde die in ex-Art. 87 EG (heute: Art. 107 AEUV) erfolgte Differenzierung zwischen staatlichen Beihilfen und aus staatlichen Mitteln gewährten Beihilfen vorgenommen, um auch die mittelbar über eine von einem Mitgliedstaat benannte oder errichtete öffentliche oder private Einrichtung gewährten finanziellen Vorteile dem Anwendungsbereich des ex-Art. 87 EG (heute: Art. 107 AEUV) zu unterstellen und nicht, um jegliche staatliche Vorteile unabhängig von ihrer Finanzierung aus den Mitteln eines Mitgliedstaats zu erfassen. Eine finanzielle Einbuße für einen Mitgliedstaat durch die Involvierung staatlicher Mittel ist demnach unerlässliches Tatbestandsmerkmal für die Qualifizierung eines Vorteils als Beihilfe.[26] Der EuGH lehnte das Argument der Kommission ab, ex-Art. 87 EG (heute: Art. 107 AEUV) sei in Verbindung mit ex-Art. 10 EG (heute: Art. 4 Abs. 3 EUV) so auszulegen, dass es auch Mitgliedstaaten generell untersagt sei, gesetzliche Maßnahmen zu treffen, die die praktische Wirksamkeit des gemeinschaftlichen Wettbewerbssystems beeinträchtigen können und deshalb auch Maßnahmen zu erfassen seien, die nicht durch Mitgliedstaaten finanziert würden. Denn ex-Art. 87 EG (heute: Art. 107 AEUV) sei ein „in sich vollständiges Verbot der von ihm erfassten staatlichen Handlungen" und könne auch durch die Anwendung von ex-Art. 10 EG (heute: Art. 4 Abs. 3 EUV) in seinem

---

[24] Kreuschitz in: Lenz/Borchardt, EU-Verträge, Art.107 AEUV Rn. 14. Zum insoweit inhaltsgleichen ex-Art. 87 EG vgl. auch Koenig/Kühling/Ritter, EG-Beihilfenrecht, S. 121 f.; Richter, RdE 1999, 23, 25; Schlussanträge des GA Van Themaat vom 9.6.1982, Rs. 213–215/81, *Norddeutsches Vieh- u. Fleischkontor u.a./ Bundesanstalt* Slg. 1982, 3583, 3617, unter 5.; Schlussanträge des GA Darmon vom 17.3.1992, Rs. 72/91 und C-73/91, *Sloman Neptun Schiffahrts AG*, Rn. 40.

[25] Schlussanträge des GA Darmon vom 17.3.1992, Rs. 72/91 und C-73/91, *Sloman Neptun Schiffahrts AG,* Rn. 40; Richter, RdE 1999, 23, 25.

[26] EuGH vom 17.3.1993, Rs. C-72, 73/91, *Sloman Neptun*, Rn. 21; EuGH vom 30.11.1993, Rs. C-189/91 *Kirsammer-Hack/Sidal*, Rn. 16; EuGH vom 7.5.1998, verb. Rs. C-52 bis 54/97. *Viscido u.a./Ente Poste Italiane*, Rn. 13; EuGH vom 1.12.1998, Rs. C-200/97 *Ecotrade/Altiforni di Servola SpA*, Rn. 35; EuGH vom 13.1.2001, Rs. C-379/98 *PreussenElektra*, Rn. 58. Zustimmend Cremer in: Calliess/Ruffert, EUV/EGV, Art. 87, Rn. 18 ff.; Jansen, Vorgaben des europäischen Beihilferechts für das nationale Steuerrecht, S. 126 f.; Frick, Einkommensteuerliche Steuervergünstigungen und Beihilfeverbot nach dem EG-Vertrag, S. 22 f.; Kühling, RdE 2001, 93, 98.

Anwendungsbereich nicht auf weitere Handlungen ausgedehnt werden.[27] Durch diese enge Auslegung wird insbesondere vermieden, dass sich das Beihilfenrecht zu einer allgemeinen Diskriminierungskontrolle entwickelt.[28]

Eine Verletzung der Beihilfenregelungen der Art. 107 ff. AEUV durch eine Vorteilsgewährung durch einen Drittstaat aufgrund eines DBA scheitert daran, dass sie sich aufgrund der Methoden zur Vermeidung der Doppelbesteuerung nicht zu Lasten des Finanzhaushalts des abkommensbeteiligten Mitgliedstaats auswirkt.

Nach dem OECD-Musterabkommen und der DBA-Praxis gibt es zwei Möglichkeiten, wie der Ansässigkeitsstaat des jeweiligen Steuerpflichtigen mit Einkünften aus dem Quellenstaat umgeht, für die der Quellenstaat nicht das alleinige Besteuerungsrecht besitzt.[29] Entweder der Ansässigkeitsstaat stellt die Einkünfte aus dem Quellenstaat von der Besteuerung frei oder er rechnet die Steuer des Quellenstaats an.

Wird durch den Mitgliedstaat die Freistellungsmethode angewendet, besteuert der Mitgliedstaat die durch den jeweiligen Steuerpflichtigen im Drittstaat erzielten Einkünfte nicht und die Besteuerung durch den Drittstaat ist für die steuerliche Behandlung im Mitgliedstaat unerheblich, so dass der durch den Drittstaat gewährte Vorteil für den Mitgliedstaat keinerlei Auswirkungen hat.[30] Im Fall der Anrechnungsmethode bezieht der Mitgliedstaat zwar das Gesamteinkommen des Steuerpflichtigen aus Ansässigkeits- und Quellenstaat in seine Steuerberechnung mit ein und lässt von seiner so berechneten Steuer einen Abzug in Höhe der im Quellenstaat gezahlten Steuer zu.[31] Aufgrund der Vorteilsgewährung durch den Drittstaat ist jedoch eine niedrigere ausländische Steuer anzurechnen, so dass sich für den Mitgliedstaat sogar erhöhte Steuereinnahmen ergeben. Für den Fortgang der vorliegenden Untersuchung werden die Beihilferegeln demnach außen vor gelassen.

---

[27] EuGH vom 13.1.2001, Rs. C-379/98 *PreussenElektra*, Rn.65.

[28] Koenig/Kühling/Ritter, EG-Beihilfenrecht, S. 122 f.; Kühling, RdE 2001, 93, 98.

[29] Solche Einkünfte sind in den DBA durch sog. „Verteilungsnormen mit offener Rechtsfolge" gekennzeichnet, die anhand der Formulierung „können in … besteuert werden" erkennbar sind. Im Gegensatz dazu stehen sog. „Verteilungsnormen mit abschließender Rechtsfolge", denen der Wortlaut „können *nur* in… besteuert werden" zugrunde liegt und die den jeweils anderen Staat zur Freistellung der jeweiligen Einkünfte zwingen (vgl. hierzu Vogel in: Vogel/Lehner, DBA, Einl., Rn. 85).

[30] Kommentar zum OECD-Musterabkommen in der Fassung vom 15.7.2005 (MA-Komm), Art. 23 Ziffer 13, 20 ff. (vgl. Vogel in: Vogel/Lehner, DBA, Art. 23, S. 1523 f.).

[31] Kommentar zum OECD-Musterabkommen in der Fassung vom 15.7.2005 (MA-Komm), Art. 23 Ziffer 15 f. (vgl. Vogel in: Vogel/Lehner, DBA, Art. 23, S. 1523 f.).

III. Übersicht über relevante Regelungen

Demgegenüber bestehen jedoch auch Regelungen, die Maßnahmen der Mitgliedstaaten auf dem Gebiet der direkten Steuern aufgrund ihres allgemeinen Geltungsanspruchs erfassen, ohne die direkten Steuern explizit zu erwähnen.

Neben allgemeinen Regeln wie dem Prinzip der Unionstreue[32] Art. 4 Abs. 3 EUV (ex-Art. 10 EG) oder dem allgemeinen Diskriminierungsverbot gemäß Art. 18 AEUV (ex-Art. 12 EG) sind für die vorliegende Fragestellung insbesondere die Grundfreiheiten der Art. 45 ff. AEUV (ex-Art. 39 ff. EG) relevant. Die folgende Übersicht nennt die relevanten Normen und fasst deren Inhalt kurz zusammen:[33]

Art. 4 Abs. 3 EUV (ex-Art. 10 EG)	verpflichtet die Mitgliedstaaten, alle geeigneten Maßnahme zu ergreifen, um die sich aus den Verträgen oder den Handlungen der Organe der Union ergebenden Verpflichtungen zu erfüllen, sowie alle Maßnahmen zu unterlassen, die eine Verwirklichung der Ziele der Union gefährden könnten.
Art. 18 AEUV (ex-Art. 12 EG)	verbietet jegliche Diskriminierung aufgrund der Staatsangehörigkeit.
Art. 28 f., 34 ff. AEUV (ex-Art. 23 f., 28 ff. EG)	schützen vor mengenmäßigen Aus- und Einfuhrbeschränkungen und Maßnahmen gleicher Wirkung.
Art. 45 AEUV (ex-Art. 39 EG)	gewährt die Freizügigkeit der Arbeitnehmer inklusive der Abschaffung der Diskriminierung aufgrund der Staatsangehörigkeit.
Art. 49 AEUV (ex-Art. 43 EG)	verbietet Beschränkungen der freien Niederlassung von Staatsangehörigen eines Mitgliedstaats im Hoheitsgebiet eines anderen Mitgliedstaats.
Art. 54 und 62 AEUV (ex-Art. 48 und 55 EG)	stellen Gesellschaften der Mitgliedstaaten den natürlichen Personen in Bezug auf den Grundfreiheitsschutz gleich.
Art. 56 AEUV (ex-Art. 49 EG)	verbietet Beschränkungen des freien Dienstleistungsverkehrs innerhalb der Union.
Art. 63 AEUV (ex-Art. 56 EG)	verbietet Beschränkungen des freien Kapitalverkehrs zwischen den Mitgliedstaaten sowie zwischen Mitgliedstaaten und dritten Ländern.

---

[32] Entsprechend der durch den Vertrag von Lissabon eingeführten Nomenklatur wird das zuvor in Art. 10 EG geregelte „Prinzip der Gemenschaftstreue" im Folgenden als „Prinzip der Unionsteue" bezeichnet (vgl. hierzu Streinz/Ohler/Herrmann, Der Vertrag von Lissabon zur Reform der EU, S. 41).

[33] Siehe hierzu auch Europäische Kommission, Arbeitsdokument der Dienststellen der Kommission, Unternehmensbesteuerung im Binnenmarkt {COM (2001) 582 final}, SEK (2001) 1681, S. 314.

IV. Einzelheiten hinsichtlich der relevanten Regelungen

1. Verhältnis der Regelungen zueinander: Vorrang der Spezialregelungen

Der in Art. 4 Abs. 3 EUV (ex-Art. 10 EG) zum Ausdruck kommende Grundsatz der Unionstreue hatte der ursprünglichen Rechtsprechung des EuGH zufolge keine eigenständige Rechtswirkung und konnte demnach aus sich heraus keine Pflichten für die Mitgliedstaaten begründen.[34] Auch wenn der EuGH diese strenge Sichtweise inzwischen aufgegeben und einige Pflichten der Mitgliedstaaten ausschließlich aus dem Prinzip der Unionstreue abgeleitet hat,[35] ist eine selbständige Anwendung des Art. 4 Abs. 3 EUV dennoch ausgeschlossen, wenn der zu prüfende Sachverhalt durch spezielle Vorschriften der Verträge geregelt wird.[36] Innerhalb des Anwendungsbereichs der Grundfreiheiten tritt Art. 4 Abs. 3 EUV folglich hinter die Grundfreiheiten zurück.

Auch das Diskriminierungsverbot des Art. 18 AEUV (ex-Art. 12 EG) gilt nur „unbeschadet besonderer Bestimmungen der Verträge" (vgl. Art. 18 Abs. 1 AEUV), d.h. es tritt hinter spezielleren Regelungen zurück.[37] Demnach verdrängen Spezialregelungen wie die in den Art. 45 ff. AEUV (ex-Art. 39 ff. EG) geregelten Grundfreiheiten das allgemeine Diskriminierungsverbot des Art. 18 AEUV innerhalb ihres Anwendungsbereichs. Im Hinblick auf Art. 18 AEUV wird dieses Spezialitätsverhältnis jedoch durch den EuGH nicht streng umgesetzt; zum einen prüft der EuGH die Grundfreiheiten anhand eines Prüfungsschemas, dessen Aufbau dem eines allgemeinen Diskriminierungsverbotes entspricht: Eine von den Grundfreiheiten verbotene Diskriminierung liegt nach der Rechtsprechung des EuGH vor, wenn vergleichbare Sachverhalte unterschiedlich bzw. nicht vergleichbare Sachverhalte gleich behandelt werden, ohne dass dies objektiv gerechtfertig wäre.[38] Zum anderen zitiert der EuGH

---

[34] EuGH vom 28.6.1971, Rs. 78/70 *Deutsche Grammophon/Metro-SB-Großmärkte*, Rn. 5; EuGH vom 11.3.1992, Rs. C-78/90 *Compagnie commerciale de l'Ouest/Receveur principal des souanes de La Pallice-Port*, Rn. 18.

[35] Zur inhaltsgleichen Regelung des ex-Art. 10 EG (jetzt Art. 4 Abs. 3 EUV) vgl. EuGH vom 1.10.1998, Rs. C-285/96 *Kommission/Italien*, Rn. 19 f.; Zuleeg in: Von der Groeben/Schwarze – EUV/EGV, Art. 10 EG, Rn. 2; Kahl in: Calliess/Ruffert, EUV/EGV, Art. 10 EG, Rn. 16.

[36] EuGH vom 3.3.1994, Rs. C-332, 333 und 335/92 *Eurico Italia/Ente Nazionale Risi*, Rn. 22; EuGH vom 19.5.1992, Rs. C-195/90 *Kommission/Deutschland*, Rn. 36 f.

[37] Lenz in: Lenz/Borchardt, EU-Verträge, Art. 18 AEUV Rn. 7; zum inhaltsgleichen ex-Art. 12 EG vgl. Zuleeg in: Von der Groeben/Schwarze, EUV/EGV, Art. 12 EG, Rn. 18.

[38] EuGH vom 29.10.1980, Rs. 22/80, *Boussac/Gerstenmeier*, Rn. 10; Von Bogandy in: Grabitz/Hilf, Das Recht der Europäischen Union, Art. 12 EG, Rn. 6. Obwohl diese Definition keinen Bezug auf ein verbotenes Differenzierungskriterium nimmt, wendet sie der EuGH auch im Rahmen der Diskriminierungsverbote der Grundfreiheiten an.

ex-Art. 12 EG (heute: Art. 18 AEUV) häufig zusammen mit den Grundfreiheiten und zieht ihn zur Auslegung der speziellen Grundfreiheiten heran.[39]

Grund hierfür ist, dass die Grundfreiheiten lediglich spezielle Fassungen des allgemeinen Verbots der Diskriminierung ausländischer Staatsangehöriger gemäß Art. 18 AEUV darstellen und dass dieses Verbot des Art. 18 AEUV wiederum eine Ausprägung des allgemeinen Gleichheitssatzes ist.[40] Folglich ist bei einem Verstoß gegen eine Grundfreiheit gleichzeitig auch ein Verstoß gegen Art. 18 AEUV gegeben, während im Fall der Vereinbarkeit einer staatlichen Maßnahme mit den Grundfreiheiten auch Art. 18 AEUV nicht verletzt sein kann.[41]

Aus diesem Grund wird die vorliegende Arbeit die Prüfung der besonderen Diskriminierungsverbote der Grundfreiheiten im Einklang mit der EuGH-Rechtsprechung am Prüfungsschema des allgemeinen Diskriminierungsverbots des Art. 18 AEUV ausrichten und das allgemeine Diskriminierungsverbot zur Auslegung der Grundfreiheiten heranziehen.

2. Konvergenz der Grundfreiheiten

Die Grundfreiheiten nehmen eine Schlüsselrolle für das Konzept des europäischen Binnenmarktes und die europäische Integration ein, indem sie einen Binnenmarkt schaffen, der ohne Hemmnisse für den innergemeinschaftlichen Handel funktioniert und insbesondere einen freien Waren-, Personen-, Dienstleistungs- und Kapitalverkehr zwischen den Mitgliedstaaten gewährleistet (vgl. Art. 26 AEUV, ex-Art. 14 Abs. 2 EG). Unterschieden werden:
(i) der freie Warenverkehr, Art. 28f., 34 ff. AEUV (ex-Art. 23 f., 28 ff. EG), der vor mengenmäßigen Aus- und Einfuhrbeschränkungen und Maßnahmen gleicher Wirkung schützt;[42]
(ii) der freie Personenverkehr, der sich untergliedert in die Freizügigkeit der Arbeitnehmer gemäß Art. 45–48 AEUV (ex-Art. 39–42 EG), die für abhängig Beschäftigte gilt, und die Niederlassungsfreiheit gemäß Art. 49 ff.

---

[39] EuGH vom 28.3.1979, Rs. 175/78 *Saunders*, Rn. 7; Frenz, Handbuch Europarecht, S. 1095.

[40] Lenz in: Lenz/Borchardt, EU-Verträge, Art. 18 AEUV Rn. 1; zum inhaltsgleichen ex-Art. 12 EG vgl. Von Bogandy in: Grabitz/Hilf, Das Recht der Europäischen Union, Art. 12 EG, Rn. 2; Frenz, Handbuch Europarecht, S. 1095.

[41] Zum inhaltsgleichen ex-Art. 12 EG vgl. Cordewener, Grundfreiheiten und nationales Steuerrecht, S. 107 und 247.

[42] Auf dem Gebiet der direkten Steuern hat die Grundfreiheit des freien Warenverkehrs keine nennenswerte Bedeutung (Hahn, DStZ 2005, 440 und 469), da direkte Steuern nicht die Waren direkt belasten und zudem direkte Steuern keine Mengenbeschränkung oder Maßnahmen gleicher Wirkung als Rechtsfolge haben. In der folgenden Prüfung wird die Warenverkehrsfreiheit mithin nur am Rande behandelt.

AEUV (ex-Art. 43 ff. EG), die die Niederlassung selbständig Tätiger schützt;

(iii) die Dienstleistungsfreiheit, Art. 56 ff. AEUV (ex-Art. 49 ff. EG), die die Erbringung von Leistungen erfasst, die nicht bereits in den Anwendungsbereich einer anderen Grundfreiheit fallen und für die Staatsangehörigen der Mitgliedstaaten durch Angehörige eines anderen Mitgliedstaates erbracht werden; sowie

(iv) der freie Kapitalverkehr, Art. 63 Abs. 1, 64 ff. AEUV (ex-Art. 56 Abs. 1, 57 ff. EG), der jede über die Grenzen eines Mitgliedstaates der Union hinweg und primär zu Anlagezwecken erfolgende Übertragung von Geld- oder Sachkapital schützt.

Der freie Zahlungsverkehr ergänzt die soeben genannten Grundfreiheiten und erfasst Zahlungen, die zur Erfüllung von Entgeltverpflichtungen erbracht werden. Diese Regelung des Art. 63 Abs. 2 AEUV (ex-Art. 56 Abs. 2 EG) wird als „Annexfreiheit" oder „fünfte Grundfreiheit" bezeichnet, da die vier genannten Grundfreiheiten ohne einen ebenfalls freien Transfer von Gehältern, Erlösen und Gewinnen wirkungslos wären.[43]

Auch wenn die vier Grundfreiheiten unterschiedlich ausgestaltet sind, wurden sie durch die Rechsprechung des EuGH strukturell einander angeglichen und zunehmend gleich ausgelegt.[44] Diese einheitliche Auslegung und Struktur wird als sog. „Konvergenz" der Grundfreiheiten bezeichnet und tritt besonders klar zutage, wenn der EuGH offen lässt, welche der Grundfreiheiten anwendbar ist.[45] Dem folgend werden die vier Grundfreiheiten in der anschließenden Prüfung gemeinsam und einheitlich behandelt, außer das Vorliegen von Besonderheiten erfordert eine gesonderte Darstellung.

3. Abgrenzung zwischen Diskriminierungs- und Beschränkungsprüfung

a) Grundfreiheiten als Diskriminierungsverbote

Ursprünglich wurden diese Grundfreiheiten basierend auf dem Wortlaut der Art. 28 ff. AEUV (ex-Art. 23 ff. EG) lediglich als Diskriminierungsverbote

---

[43] Streinz, Europarecht, S. 299 f.; Hobe, Europarecht, S. 235; Oppermann/Classen/Nettesheim, Europarecht, S. 415. Nicht vergessen werden darf das Freizügigkeitsrecht aus der Unionsbürgerschaft des Art. 20 AEUV (ex- Art. 18 EG), das gemäß der Rechtsprechung des EuGH neben den herkömmlichen Grundfreiheiten genannt wird (Streinz, Europarecht, S. 383 f.; Oppermann/Classen/Nettesheim, Europarecht, S. 302).

[44] Cordewener, Grundfreiheiten und nationales Steuerrecht, S. 104 f.

[45] In der Entscheidung vom 27.6.1996, Rs. C-107/94 *Asscher*, Rn. 29 hat der EuGH z.B. offen gelassen, ob ex-Art. 39 oder ex-Art. 43 EG anwendbar ist; im Urteil vom 19.1.1999, Rs. C-348/96 *Calfa*, Rn. 18–29 ließ er sogar unentschieden, ob ex-Art. 39, ex-Art. 43 oder ex-Art. 49 EG Anwendung findet. Für weitere Beispiele siehe Cordewener, Grundfreiheiten und nationales Steuerrecht, S. 104; Hahn, DStZ 2005, 433, 436 mwN.

verstanden. Von den Grundfreiheiten umfasst sind sowohl offene als auch versteckte Diskriminierungen. Eine „offene Diskriminierung" ist im Unionsrecht gegeben, wenn sich eine rechtliche Regelung ausdrücklich und unmittelbar auf das Merkmal der Staatsangehörigkeit bezieht und anhand dieses Merkmals eine Ungleichbehandlung vorgenommen wird.[46] Eine „versteckte Diskriminierung" liegt vor, wenn die rechtliche Regelung nicht ausdrücklich auf das Merkmal der Staatsangehörigkeit abstellt, sondern weitere personen- oder produktbezogene Anforderungen enthält, die in ihren faktischen Auswirkungen zu demselben Ergebnis führen wie eine Differenzierung nach der Staatsangehörigkeit.[47] Im Steuerrecht ist eine Unterscheidung nach der Staatsangehörigkeit äußerst selten, da die Steuersysteme der Staaten mit wenigen Ausnahmen[48] die Besteuerung nicht von der Staatsangehörigkeit abhängig machen, sondern vielmehr von der Ansässigkeit im eigenen Staat.[49] Demnach bleiben Nicht-Ansässigen bestimmte Vergünstigungen verwehrt, die Ansässigen hingegen gewährt werden. Dies stellt vorrangig einen Nachteil für Staatsangehörige anderer Mitgliedstaaten dar, da der Großteil der Steuerpflichtigen auch in dem Staat steuerlich ansässig ist, dessen Staatsangehörigkeit sie besitzen (bzw. bei Gesellschaften: nach dessen Recht sie gegründet wurden und in dem sich ihr satzungsmäßiger Sitz, ihre Hauptverwaltung oder ihre Hauptniederlassung befindet),[50] so dass Nicht-Ansässige meist auch eine andere Staatsangehörigkeit besitzen.[51]

b) Grundfreiheiten als Beschränkungsverbote

Die Warenverkehrsfreiheit der Art. 28 f., 34 ff. AEUV (ex-Art. 23 f., 28 ff. EG) wurde schon sehr früh nicht nur als Diskriminierungsverbot, sondern darüber hinaus auch als Beschränkungsverbot angesehen.[52] Die Kapital- und Zahlungsverkehrsfreiheit wurde durch den Vertrag von Maastricht ausdrücklich als Beschränkungsverbote ausgestaltet (vgl. Art. 63 Abs. 1 und 2 AEUV, ex-Art. 56 Abs. 1 und 2 EG).[53]

---

[46] Kingreen, Die Struktur der Grundfreiheiten des Europäischen Gemeinschaftsrechts, S. 38.

[47] EuGH vom 12.2.1974, Rs. 152/73 *Sotgiu*, Rn. 11; Kingreen, Die Struktur der Grundfreiheiten des Europäischen Gemeinschaftsrechts, S. 38.

[48] So knüpfen die USA neben der Ansässigkeit zusätzlich an die Staatsangehörigkeit und den Ort des Rechtsakts der Gründung einer Gesellschaft an (vgl. Lehner in: Vogel/Lehner, DBA, Art. 4, Rn. 2).

[49] Thömmes in: Lenz, EG-Handbuch, S. 471, 515; Eckhoff in: Birk, Handbuch des Europäischen Abgaben- und Steuerrechts, S. 491.

[50] Bröhmer in: Calliess/Ruffert, EUV/EGV, Art. 48 EG, Rn. 5.

[51] EuGH vom 14.2.1995, Rs. C-279/93 *Schumacker*, Rn. 28; EuGH vom 27.6.1996, Rs. C-107/94 *Asscher*, Rn. 38.

[52] EuGH vom 20.2.1979, Rs. 120/78 *Cassis de Dijon*, Rn. 8.

[53] Streinz, Europarecht, S. 308.

Beschränkungen sind Regelungen, die – ohne eine offene oder versteckte Diskriminierung zu enthalten – die Wirtschaftsströme innerhalb des Binnenmarktes behindern.[54] Nach der Definition des EuGH sind Beschränkungen in jeder Regelung der Mitgliedstaaten zu sehen, die geeignet ist, den innergemeinschaftlichen Handel unmittelbar oder mittelbar, tatsächlich oder potentiell zu behindern.[55] Bloße Beschränkungen von Verkaufsmodalitäten sollen – im Gegensatz zu produktbezogenen Regelungen – hierbei unbeachtlich sein, soweit sie diskriminierungsfrei für in- und ausländische Produkte gelten und auch rein tatsächlich nicht zu einem Vorteil der heimischen Waren führen. Zu begründen ist diese Einschränkung damit, dass der Zugang zum Binnenmarkt durch Verkaufsmodalitäten für in- und ausländische Waren gleichermaßen beschränkt wird und dadurch eine Behinderung des innergemeinschaftlichen Handels nicht gegeben ist.[56]

Schrittweise entwickelte der EuGH sämtliche Grundfreiheiten zu Beschränkungsverboten weiter, so dass sie nun einen umfassenden Schutz grenzüberschreitender wirtschaftlicher Betätigungen vor sachlich nicht gerechtfertigten Beschränkungen und Diskriminierungen bieten und jeder innerstaatlichen Regelung entgegenstehen, die geeignet ist, die Ausübung der durch die Verträge garantierten grundlegenden Freiheiten zu behindern oder weniger attraktiv zu machen.[57]

c) Anwendung auf die vorliegende Fragestellung

Während das Beschränkungsverbot die freiheitsrechtliche Komponente der Grundfreiheiten darstellt, ist das Diskriminierungsverbot als Gleichheitsrecht ausgestaltet.[58]

Freiheitsrechte sollen die einer Person zustehenden Freiheiten und Freiräume vor Eingriffen, Beschränkungen oder Verletzungen durch den Staat schützen und betreffen damit den aus der klassischen Staatsrechtslehre entnommenen „status negativus", in dem „der Einzelne seine Freiheit vom Staat hat".[59] Folglich geht es bei den Beschränkungsverboten um einen absoluten Schutz von Rechtspositionen, der unabhängig davon besteht, ob auch andere Rechtssub-

---

[54] Kingreen, Die Struktur der Grundfreiheiten des Europäischen Gemeinschaftsrechts, S. 39.

[55] Ständige Rechtsprechung seit EuGH vom 11.7.1974, Rs. 8/74 *Dassonville*, Rn. 5.

[56] Ständige Rechtsprechung seit EuGH vom 24.11.1993, Rs. C-267 u. 268/91, *Keck*, Rn. 16. Vgl. hierzu auch Bleckmann in: Bleckmann, Europarecht, S. 557 f.

[57] EuGH vom 31.3.1993, Rs. C-19/92 *Kraus*, Rn. 32 zur Niederlassungs- und Dienstleistungsfreiheit.

[58] Lehner, ECTR 2000, 5, 7; Cordewener, Grundfreiheiten und nationales Steuerrecht, S. 176.

[59] Pieroth/Schlink, Grundrechte, S. 22; ebenso Cordewener, Grundfreiheiten und nationales Steuerrecht, S. 176; Fischer, Primäres Gemeinschaftsrecht und direkte Steuern, S. 111.

jekte vom Verhalten des Staates betroffen sind, sondern vielmehr von der Intensität der Belastung abhängt.[60]

Hingegen haben Gleichheitsrechte immer ein komparatives Moment inne, d.h. es werden die Situationen zweier oder mehrerer Personen oder Personengruppen bzw. zwei oder mehrere Lebenssachverhalte miteinander verglichen und geprüft, ob eine sachlich nicht gerechtfertigte Ungleichbehandlung vorliegt.[61] Bei der Anwendung von Gleichheitsrechten geht es mithin um einen relativen Schutz, d.h. die betroffene Person oder Personengruppe verlangt in Anlehnung an die Rechtsposition einer Vergleichsgruppe zumeist die Teilhabe an einem ihr nicht oder in geringerem Maße gewährten Vorteil[62], teilweise auch die Abwehr einer die Person(engruppe) im Vergleich zu anderen stärker treffenden Belastung.[63]

In der vorliegenden Fragestellung, in der zu prüfen ist, ob die Gewährung eines Vorteils durch den Drittstaat nur an die Angehörigen des an dem DBA beteiligten Mitgliedstaats (Mitgliedstaat 1) zu einer diskriminierenden Wirkung für Steuerpflichtige eines anderen Mitgliedstaats (Mitgliedstaat 2) führt, geht es nicht darum, den im Mitgliedstaat 2 ansässigen Steuerpflichtigen (Steuerpflichtiger 2) vor einem Eingriff des Staates in seine Rechtsposition zu schützen, sondern vielmehr um eine Erweiterung der Rechtsposition des Steuerpflichtigen 2. Diese Erweiterung der Rechtsposition stellt nichts anderes dar als die Teilhabe an den Vorteilen, die dem im Mitgliedstaat 1 ansässigen Steuerpflichtigen (Steuerpflichtiger 1) durch das DBA zwischen dem Mitgliedstaat 1 und dem Drittstaat zustehen. Mithin ist der relative Schutz des Gleichheitsrechts angesprochen,[64] so dass im Folgenden die Behandlung des Steuerpflichtigen 2 im Vergleich zum Steuerpflichtigen 1 anhand der Diskriminierungsverbote der Grundfreiheiten in Verbindung mit dem allgemeinen Diskriminierungsverbot überprüft wird.

---

[60] Kingreen, Die Struktur der Grundfreiheiten des Europäischen Gemeinschaftsrechts, S. 39 und 188f.; Cordewener, Grundfreiheiten und nationales Steuerrecht, S. 177.

[61] Kingreen, Die Struktur der Grundfreiheiten des Europäischen Gemeinschaftsrechts, S. 38; Cordewener, Grundfreiheiten und nationales Steuerrecht, S. 178 f.

[62] Ist eine Teilhabe an einer Vergünstigung nicht möglich, soll zumindest auch der Vorteil für die Vergleichsperson bzw. –gruppe beseitigt werden.

[63] Cordewener, Grundfreiheiten und nationales Steuerrecht, S. 179 f.

[64] Kofler, HBTLJ 2005, 1, 23 f.; Cordewener, Grundfreiheiten und nationales Steuerrecht, S. 837.

C. Prüfungsreihenfolge

Eine Verpflichtung der Mitgliedstaaten zum Mitaushandeln von Vorteilen für die Angehörigen anderer Mitgliedstaaten besteht, wenn das DBA mit dem Drittstaat ohne die Erstreckung der Vorteile auf die Angehörigen der anderen Mitgliedstaaten gegen Unionsrecht – insbesondere die Grundfreiheiten – verstößt.

Hierbei ist zunächst zu untersuchen, ob den Mitgliedstaaten noch die Kompetenz zukommt, DBA mit Drittstaaten abzuschließen, oder ob diese Kompetenz auf die EU übergegangen ist.[65] Weiterhin kann ein Verstoß gegen Unionsrecht durch DBA-Regelungen nur dann vorliegen, wenn das Unionsrecht gegenüber DBA einen (Anwendungs-)Vorrang hat und der Anwendungsbereich der Grundfreiheiten die Vorteilsgewährung durch Drittstaaten in Form von DBA-Regelungen erfasst (s.u. Kapitel 2).

Da die Grundfreiheiten des AEUV als spezielle Diskriminierungsverbote Ausprägungen des allgemeinen Verbots der Diskriminierung ausländischer Staatsangehöriger gemäß Art. 18 AEUV (ex-Art. 12 EG) darstellen,[66] wird ein Verstoß gegen die Grundfreiheiten nach der durch den EuGH entwickelten allgemeinen Formel[67] geprüft. Das heißt, es muss eine staatliche Maßnahme vorliegen (s.u. Kapitel 3), die vergleichbare Sachverhalte (s.u. Kapitel 4) ungleich behandelt und dadurch den Betroffenen benachteiligt (s.u. Kapitel 5). Diese nachteilige Ungleichbehandlung darf zudem nicht objektiv gerechtfertigt sein (s.u. Kapitel 6).

Die aus der dargestellten Prüfung gewonnenen Erkenntnisse werden sodann in der Schlussbetrachtung zusammengefasst und auf die in der Einleitung genannten Beispiele[68] angewandt (s.u. Kapitel 7).

---

[65] Spezielle Verfahrensvorschriften, bei deren Nichtbeachtung ebenfalls ein formeller Verstoß gegen Unionsrecht vorläge, bestehen im Bereich der Grundfreiheiten – anders als im Europäischen Beihilfenrecht – nicht.

[66] Siehe hierzu S. 13 ff.

[67] EuGH vom 14.2.1995, Rs. C-279/93 *Schumacker*, Rn. 30 unter Hinweis auf die ständige Rechtsprechung; Von Bogandy in: Grabitz/Hilf, Das Recht der Europäischen Union, Art. 12 EG, Rn. 6, 23.

[68] Siehe oben S. 2 ff.

Kapitel 2: Völkerrechtliche Kompetenz der Mitgliedstaaten und Anwendung des Gemeinschaftsrechts

A. Kompetenz der Mitgliedstaaten zum Abschluss völkerrechtlicher Verträge

Mitgliedstaaten besitzen die notwendige Kompetenz zum Abschluss völkerrechtlicher Verträge, da ihnen eine originäre Zuständigkeit zum Abschluss von DBA mit Drittstaaten zukommt (s.u. I.) und diese Zuständigkeit nicht auf die Union übergegangen ist (s.u. II.).

I. Originäre Kompetenz der Mitgliedstaaten

DBA sind völkerrechtliche Verträge, zu deren Abschluss Staaten aufgrund ihrer völkerrechtlichen Souveränität befugt sind.[69] Diese völkerrechtliche Souveränität haben die Mitgliedstaaten trotz der Gründung der Europäischen Gemeinschaften bzw. der Gründung der Europäischen Union[70], beibehalten, da hierbei nicht sämtliche Hoheitsgewalt der Mitgliedstaaten übertragen wurde. Vielmehr haben die Mitgliedstaaten auf den durch die Verträge geregelten Gebieten lediglich teilweise auf die Ausübung ihrer weiterhin bestehenden Hoheitsgewalt verzichtet und nur einzelne Kompetenzen auf die Europäische Union übertragen.[71]

II. Kein Übergang der Kompetenz auf die Union

Die Kompetenz der EU zum Abschluss völkerrechtlicher Übereinkünfte wurde durch den Vertrag von Lissabon erstmals in Art. 216 Abs. 1 AEUV geregelt. Danach kann die EU mit Drittstaaten oder internationalen Organisationen eine Übereinkunft schließen, wenn (i) dies in den Verträgen vorgesehen

---

[69] Ipsen, Europäisches Gemeinschaftsrecht, S. 698; Lehner in: Gassner/Lang/Lechner, DBA und EU-Recht, S. 13.

[70] Durch den Vertrag von Lissabon wurde das bisherige Nebeneinander der EU und der EG beendet; es besteht nur noch die Europäische Union, die zur Rechtsnachfolgerin der Europäischen Gemeischaften wurde (Art. 1 Abs. 3 AEUV, vgl. hierzu auch Bitterlich in: Lenz/Borchardt, EU-Verträge, Art. 1 Rn. 1; Streinz/Ohler/Herrmann, Der Vertrag von Lissabon zur Reform der EU, S. 41).

[71] Krück, Völkerrechtliche Verträge im Recht der Europäischen Gemeinschaften, S.116 f.; EuGH vom 15.7.1967, Rs. 6/64 *Costa v. E.N.E.L*, Rn. 3.

ist, (ii). zur Verwirklichung eines der in den Verträgen festgesetzten Ziele erforderlich oder (iii) in einem verbindlichen Rechtsakt der EU vorgesehen ist oder (iv) der Abschluss gemeinsame Vorschriften beeinträchtigen oder deren Anwendungsbereich ändern könnte.

Danach kann die Kompetenz der Mitgliedstaaten zum Abschluss von völkerrechtlichen Verträgen auch weiterhin aufgrund einer ausdrücklichen Kompetenznorm (s.u. 1) oder in Übereinstimmung mit der nun kodifizierten Rechtsprechung des EuGH in Abhängigkeit vom Bestehen einer Innenkompetenz nach der *implied powers* – Lehre auf die Union übergehen (s.u. 2).

1. Keine ausdrückliche Kompetenznorm für die Union

Durch die Übertragung einzelner Kompetenzen auf die Union wurde eine zusätzliche Hoheitsgewalt der Union in den Rechtsbereichen begründet, in denen sie für die Erreichung der gemeinsamen Politiken[72] notwendig war. Gemäß dem Prinzip der begrenzten Einzelermächtigung in Art. 5 Abs. 2 EUV (ex-Art. 5 Abs. 1 EG) kann die Union bindende Rechtsakte nur erlassen, wenn die Verträge ihr die betroffene Materie und das zur Regelung erforderliche Instrument ausdrücklich zuweisen.[73] Hierbei ist zwischen der Zuweisung einer ausschließlichen und einer geteilten Zuständigkeit[74] zu unterscheiden, da nur im Rahmen der geteilten Zuständigkeit das Subsidiaritätsprinzip des Art. 5 Abs. 3 EUV (ex-Art. 5 Abs. 2 EG) gilt.[75]

a) Keine ausdrückliche ausschließliche Zuständigkeit der Union

Eine ausdrückliche ausschließliche Zuständigkeit der Union zum Abschluss von DBA mit Drittstaaten ist nicht gegeben.

Eine ausschließliche Zuständigkeit steht der EU auf den in Art. 3 Abs. 1 AEUV genannten Gebieten (Zollunion, Wettbewerbsregeln für den Binnenmarkt, Währungspolitik, Fischereipolitik und Gemeinsame Handelspolitik) zu. Das Steuerrecht und insbesondere Doppelbesteuerungsabkommen sind nicht genannt.

Zudem besitzt die EU gemäß Art. 3 Abs. 2 AEUV die ausschließliche Zuständigkeit für den Abschluss internationaler Übereinkünfte, wenn der Abschluss einer solchen Übereinkunft (i) in einem Gesetzgebungsakt der EU vorgesehen ist, (ii) er notwendig ist, damit die EU ihre interne Zuständigkeit ausüben kann, (iii) er gemeinsame Regeln beeinträchtigen oder deren Trag-

---

[72] Zu den gemeinsamen Politiken vgl. Art. 2 Abs. 3, 119 AEUV (ex-Art. 4 EG).

[73] Calliess in: Calliess/Ruffert, EUV/EGV, Art. 5 EG, Rn. 8; Oppermann/Classen/Nettesheim, Europarecht, S. 212.

[74] Die geteilte Zuständigkeit wude bisher meist als „konkurrierende Kompetenz" bezeichnet (vgl. Lenski in: Lenz/Borchardt, EU-Verträge, Art. 2 EUV, Rn. 8).

[75] Streinz, Europarecht, S. 63 f.

weite verändern könnte. Die Formulierung des Art. 3 Abs. 2 AEUV entspricht im Wesentlichen dem Wortlaut des Art. 216 Abs. 1 AEUV, so dass Vertragsschlusskompetenzen in der Regel der ausschließlichen Zuständigkeit der EU unterfallen werden.[76] Während nach dem Vertrag von Nizza eine ausdrückliche Vertragsschlusskompetenz der Union lediglich auf den Gebieten der Gemeinsamen Handelspolitik (Art. 206 f. AEUV, ex-Art. 133 EG), der Beziehungen zu internationalen Organisationen, dem Europarat und der OECD (Art. 220 AEUV, ex-Art. 302 bis 304 EG) sowie der Assoziierung von Drittstaaten mit der Union (Art. 217 AEUV, ex-Art. 310 EG) bestand[77], sind durch den Vertrag von Lissabon eine Reihe von weiteren ausdrücklichen Zuständigkeiten für internationale Übereinkünfte hinzugekommen (z.B. Rücknahmeübereinkommen gemäß Art. 79 Abs. 3 AEUV, Humanitäre Hilfe gemäß Art. 215 Abs. 4 AEUV, Förderung der internationalen Zusammenarbeit bei Bildung und Sport gemäß Art. 167 Abs. 3 AEUV).[78] Für den Abschluss von DBA liegt jedoch auch weiterhin keine ausdrücklich geregelte ausschließliche Kompetenz der EU vor.

b) Keine ausdrückliche geteilte Kompetenz

Auch eine geteilte Zuständigkeit von EU und den Mitgliedstaaten, wonach die Mitgliedstaaten nur solange zuständig sind, als die Union keine Rechtsakte erlassen hat, die die Rechtsmaterie abschließend regeln, besteht hinsichtlich DBA nicht.[79] Für den Abschluss von völkerrechtlichen Verträgen besteht eine ausdrückliche geteilte Kompetenz der Mitgliedstaaten in den Bereichen Forschung (Art. 186 AEUV, ex-Art. 170 EG), Umweltpolitik (Art. 191 AEUV, ex-Art. 174 EG) und Entwicklungszusammenarbeit (Art. 211 AEUV, ex-Art. 181 EG) und nicht auf dem Gebiet der direkten Steuern.[80]

2. Kein Übergang aufgrund der *implied powers* – Lehre

Eine Zuständigkeit der Union kann sich jedoch nicht nur aus einer ausdrücklichen Kompetenznorm ergeben, sondern auch implizit aus anderen Regelungen der Verträge oder in diesem Rahmen erlassenen Rechtsakten der Unionsorgane. Zum einen besteht nach Art. 216 Abs. 1 AEUV in Übereinstimmung mit der Rechtsprechung des EuGH eine Außenkompetenz der Union,

---

[76] Müller-Ibold in: Lenz/Borchardt, EU-Verträge, Art. 216 AEUV, Rn. 16.
[77] Schmalenbach in: Calliess/Ruffert, EUV/EGV, Art. 300 EG, Rn. 3.
[78] Vgl. die Aufzählung bei Lenski in: Lenz/Borchardt, EU-Verträge, Art. 2 AEUV, Rn. 20.
[79] Vgl. hierzu Vogel, StuW 2005, 373.
[80] Ex-Art. 293 2. Spiegelstrich EG, der nur DBA der Mitgliedstaaten untereinander betraf und zudem keine Kompetenznorm darstellte (vgl. Lehner, IStR 2001, 329; ders., BIFD 2000, 461, 462; Van Thiel, Free Movement of Persons and Income Tax Law, S. 114), wurde durch den Vertrag von Lissabon aufgehoben.

wenn das Unionsrecht den Organen der Union zur Erreichung eines bestimmten Ziels eine Innenkompetenz verleiht und diese Innenkompetenz nur sinnvoll
ausgeübt bzw. das Ziel nur erreicht werden kann, wenn die Union auch die
Außenbeziehungen regelt.[81]

Danach kann die Union zum einen auf solchen Gebieten völkerrechtliche
Verträge mit Drittstaaten schließen, für die Bestimmungen der Verträge vorse-
hen, dass die Union das Verhältnis der Union und der Mitgliedstaaten zu
Drittstaaten regeln kann.[82] Auf dem Gebiet der direkten Steuern bestehen je-
doch keine Regelungen, die eine Kompetenz der Union für Regelungen mit
Drittstaatsbezug vorsehen.[83]

Zum anderen hat die Union eine Vertragsschlusskompetenz für völkerrechtliche Verträge mit Drittstaaten in den Bereichen, in denen der Union eine
Kompetenz nur für das Verhältnis der Mitgliedstaaten untereinander (sog.
Innenkompetenz) zugesprochen ist (s.u. a).[84] Weitere Voraussetzung für eine
solche Außenkompetenz der Union ist, dass die im *Binnenschiff-
fahrt*-Gutachten[85] (s.u. b) bzw. die im *AETR*-Urteil[86] des EuGH (s.u. c) dargelegten Grundsätze eingehalten sind.[87] Diese durch den EuGH entwickelten
Grundsätze wurden im Vertrag von Lissabon in Art. 216 AEUV im Wesentlichen kodifiziert.[88]

a) Innenkompetenz der Union

Keine Kompetenz für die Union auf dem Gebiet der direkten Steuern beinhalten die Art. 110 bis 113 AEUV (ex-Art. 90 bis 93 EG), da sich diese ausschließlich an die Mitgliedstaaten richten und zudem nur ein Verbot von höheren Abgaben für eingeführte Waren bzw. Regelungen für die Rückvergütung
von Abgaben bei der Ausfuhr enthalten. Art. 113 AEUV (ex-Art. 93 EG) be-

---

[81] Mit der durch den EuGH entwickelten sog. *implied powers*-Lehre (vgl. EuGH vom
31.3.1971, Rs. 22/70 *AETR*, Rn. 15/19) wird ein Gleichklang zwischen Innen- und Außenkompetenz hergestellt. Dieser Gleichklang wurde inzwischen in Art. 216 AEUV kodifiziert.
Vgl. auch Kofler, Doppelbesteuerungsabkommen und Europäisches Gemeinschaftsrecht,
S. 319 sowie Müller-Ibold in: Lenz/Borchardt, EU-Verträge, Art. 216 AEUV, Rn. 9.

[82] Bleckmann in: Bleckmann, Europarecht, S. 510.

[83] Ebenso Scherer, Doppelbesteuerung und Europäisches Gemeinschaftsrecht, S. 60.

[84] Bleckmann in: Bleckmann, Europarecht, S. 510; ebenso Lang in: Breuninger/Müller/
Strobl-Haarmann, FS für Rädler, S. 429, 443; De Ceulaer, BIFD 2003, 493, 494; vgl. auch
Schindler in: Cordewener/Enchelmaier/Schindler, Meistbegünstigung im Steuerrecht der
EU-Staaten, S. 201, 207.

[85] EuGH vom 26.4.1977, Gutachten 1/76 *Binnenschifffahrt*, Slg. 1977, 741 (oft auch als
Stilllegungsfonds-Fall bezeichnet).

[86] EuGH vom 31.3.1971, Rs. 22/70 *AETR*.

[87] Vgl. EuGH vom 7.2.2006, Gutachten 1/03 *Lugano*, Rn. 115 f.; Kofler, Doppelbesteuerungsabkommen und Europäisches Gemeinschaftsrecht, S. 320 f.

[88] Müller-Ibold in: Lenz/Borchardt, EU-Verträge, Art. 216 AEUV, Rn. 9; Hobe, Europarecht, S. 38 f.

inhaltet zwar eine Harmonisierungskompetenz, jedoch nur für die indirekten Steuern.[89]

Ex-Art. 293 EG beinhaltete eine Regelung für die direkten Steuern[90] dahingehend, dass Mitgliedstaaten untereinander Verhandlungen zur Sicherstellung der Beseitigung der Doppelbesteuerung einleiten. Auch wenn ex-Art. 293 EG nach herrschender Ansicht keine Kompetenznorm darstellte[91], brachte er zum Ausdruck, dass die Vermeidung der Doppelbesteuerung ein Ziel der EU darstellt, so dass sich aus ex-Art. 2, 3 lit. h, 94 EG eine Kompetenz der Union für Harmonisierungsmaßnahmen ableiten ließ. Ex-Art. 293 EG wurde jedoch durch den Vertrag von Lissabon aufgehoben.[92]

Nunmehr können Maßnahmen zur Harmonisierung der direkten Steuern nur auf Art. 115, 116 und 352 AEUV (ex-Art. 94, 96, 308 EG) gestützt werden. Hierbei ist Art. 115 AEUV (ex-Art. 94 EG) die zentrale Norm, deren Anwendungsbereich als Auffangnorm sich auf die Bereiche Steuern, Freizügigkeit und Rechte der Arbeitnehmer beschränkt[93] Da gemäß Art. 218 AEUV (ex-Art. 300 EG) diese Kompetenz auch in Form von völkerrechtlichen Abkommen ausgeübt werden kann,[94] stellt Art. 115 AEUV (ex-Art. 94 EG) in Verbindung mit Art. 218 AEUV (ex-Art. 300 EG) eine mögliche Grundlage für eine Innenkompetenz der Union dar.

b) Binnenschifffahrt-Grundsätze

Besteht nun eine Innenkompetenz der Union auf Basis des Art. 115 AEUV (ex-Art. 94 EG), kann nach den durch den EuGH in seinem *Binnenschifffahrt*-Gutachten aufgestellten Grundsätzen eine Außenzuständigkeit der Union bejaht werden, wenn „die interne Zuständigkeit wirksam nur zugleich mit der Außenkompetenz ausgeübt werden kann [...,] der Abschluss der völkerrechtlichen Vereinbarung somit erforderlich ist, um Ziele der Verträge zu verwirklichen, die sich durch die Aufstellung autonomer Regeln nicht erreichen lie-

---

[89] Wolffgang in: Lenz/Borchardt, EU-Verträge, Art. 113, Rn. 8 f.; Waldhoff in: Calliess/Ruffert, EUV/EGV, Art. 93 EG, Rn. 4.

[90] Vgl. hierzu Lehner, IStR 2001, 329. und IStR 2005, 397. Siehe auch Knobbe-Keuck, ECTR 1994, 74, 76.

[91] Begründet wurde die fehlende Kompetenznormeigenschaft des ex-Art. 293 EG damit, dass er offen lässt, ob ausschließlich die Mitgliedstaaten oder Union und Mitgliedstaaten nebeneinander zur Beseitigung der Doppelbesteuerung innerhalb der Union zuständig sind (vgl. Lehner, IStR 2001, 329; Vedder in: Lehner/Thömmes, Europarecht und Internationales Steuerrecht, S. 1, 10 ff.).

[92] Vgl. Streinz/Ohler/Herrmann, Der Vertrag von Lissabon zur Reform der EU, Anhang S. 428 sowie Fn. 21.

[93] Wolffgang in: Lenz/Borchardt, EU-Verträge, Vorb. Art. 110–113 AEUV, Rn. 14; Fischer in: Lenz/Borchardt, EU-Verträge, Art. 115 AEUV, Rn. 2 f.

[94] Zu ex-Art. 300 EG vgl. Alber in: Cordewener/Enchelmaier/Schindler, Meistbegünstigung im Recht der EU-Staaten, S. 1, 5; Kofler, Doppelbesteuerungsabkommen und Europäisches Gemeinschaftsrecht, S. 297 f.

ßen".[95] Dieser Rechtsgedanke kommt nunmehr im durch den Vertrag von Lissabon neu geschaffenen Art. 216 Abs. 1 Alt. 2 AEUV zum Ausdruck.[96]

Nachdem im vorliegenden Fall die Harmonisierungskompetenz der Union gemäß Art. 115 AEUV (ex-Art. 94 EG) dem Ziel dient, die Funktionsfähigkeit des Gemeinsamen Marktes sicherzustellen und Doppelbesteuerung zu vermeiden, ist eine Außenkompetenz der Union auf Basis der Binnenschifffahrt-Grundsätze nur gegeben, wenn die genannten Vertragsziele nicht durch die Aufstellung autonomer Regeln erreicht werden kann.[97] Als Beispiel für eine solche Notwendigkeit von Außenhandeln zur Zielerreichung können die Abkommen der Union zur Verwirklichung der Ziele der Zinsrichtlinie mit der Schweiz,[98] San Marino,[99] Monaco,[100] Liechtenstein[101] und Andorra[102] gesehen werden. Das Ziel einer effektiven Zinsbesteuerung der Unionsbürger kann nur erreicht werden, wenn nicht nur die Mitgliedstaaten, sondern auch deren abhängige und assoziierte Gebiete sowie für Kapitalflucht in Frage kommende angrenzende Drittstaaten in das System der Zinsrichtlinie einbezogen werden. Aus diesem Grund wurde die Annahme der Richtlinie durch den Rat davon abhängig gemacht, dass gleichwertige Vereinbarungen mit den genannten Drittstaaten getroffen werden.[103] Demnach waren die Drittstaatsabkommen notwendig, um eine effektive Besteuerung von Zinserträgen sicher zu stellen.[104]

In der vorliegenden Fragestellung ist jedoch eine Außenkompetenz der Union auf Basis der *Binnenschifffahrt*-Grundsätze zu verneinen. Zum einen ist die

---

[95] EuGH vom 7.2.2006, Gutachten 1/03 *Lugano*, Rn. 115 f.; EuGH vom 26.4.1977, Gutachten 1/76 *Binnenschifffahrt*, Rn. 3 f.

[96] Müller-Ibold in: Lenz/Borchardt, EU-Verträge, Art. 216 AEUV, Rn. 9.

[97] Kofler, Doppelbesteuerungsabkommen und Europäisches Gemeinschaftsrecht, S. 341 f.; EuGH vom 26.4.1977, Gutachten 1/76 *Binnenschifffahrt*, Rn. 2; EuGH vom 15.11.1994, Gutachten 1/94 *WTO*, Rn. 85.

[98] Abkommen zwischen der Europäischen Gemeinschaft und der Schweizerischen Eidgenossenschaft über Regelungen, die den in der Richtlinie 2003/48/EG des Rates im Bereich der Besteuerung von Zinserträgen festgelegten Regelungen gleichwertig sind, ABl. 2004, L 385/30.

[99] Abkommen zwischen der Europäischen Gemeinschaft und San Marino über Regelungen, die den in der Richtlinie 2003/48/EG des Rates im Bereich der Besteuerung von Zinserträgen festgelegten Regelungen gleichwertig sind, ABl. 2004, L 381/33.

[100] Abkommen zwischen der Europäischen Gemeinschaft und dem Fürstentum Monaco über Regelungen, die den in der Richtlinie 2003/48/EG des Rates im Bereich der Besteuerung von Zinserträgen festgelegten Regelungen gleichwertig sind, ABl. 2005, L 19/55.

[101] Abkommen zwischen der Europäischen Gemeinschaft und dem Fürstentum Liechtenstein über Regelungen, die den in der Richtlinie 2003/48/EG des Rates im Bereich der Besteuerung von Zinserträgen festgelegten Regelungen gleichwertig sind, ABl. 2004, L 379/84.

[102] Abkommen zwischen der Europäischen Gemeinschaft und Andorra über Regelungen, die den in der Richtlinie 2003/48/EG des Rates im Bereich der Besteuerung von Zinserträgen festgelegten Regelungen gleichwertig sind, ABl. 2004, L 359/33.

[103] Vgl. Art. 17 Abs. 2 der Richtlinie 2003/48/EG des Rates vom 3. Juni 2003 im Bereich der Besteuerung von Zinserträgen, ABl. 2003, L 157/38.

[104] Kofler, Doppelbesteuerungsabkommen und Europäisches Gemeinschaftsrecht, S. 343 f.

interne Kompetenz des Art. 115 AEUV (ex-Art. 94 EG) auf Errichtung und Funktionieren des Gemeinsamen Marktes gerichtet, d.h. sie soll insbesondere Unterschiede zwischen den Rechts- und Verwaltungsvorschriften der Mitgliedstaaten beseitigen, die die Grundfreiheiten beeinträchtigen können. Abkommen mit Drittstaaten regeln hingegen nicht die Rechtsverhältnisse zwischen den Mitgliedstaaten, sondern zwischen einem Mitgliedstaat und einem Drittstaat, so dass der Abschluss von Drittstaatsabkommen nicht der Erreichung des Ziels der Errichtung eines Gemeinsamen Marktes dienen. Zudem könnten die genannten Ziele auch ebenso wirksam durch gemeinschaftsrechtliche Vorgaben für das Verhalten der Mitgliedstaaten gegenüber Drittstaaten bei Abkommensverhandlungen erreicht werden.[105] Folglich muss eine Außenkompetenz der Union im Bereich der Beseitigung der Doppelbesteuerung verneint werden.

c) *AETR*-Rechtsprechung

Nach der Rechtsprechung des EuGH seit dem *AETR*-Urteil,[106] kann eine Außenkompetenz der Union zudem dadurch begründet werden, dass bereits Unionsrechtsakte bestehen und diese Unionsrechtsakte durch völkerrechtliche Abkommen der Mitgliedstaaten beeinträchtigt werden können.[107] Dieser Rechtsgedanke wurde im Vertrag von Lissabon in Art. 216 Abs. 1 Alt. 4 AEUV aufgenommen.[108]

Als solche Unionsrechtsakte kommen zum einen Richtlinien wie die Mutter-Tochter-Richtlinie, die Fusionsrichtlinie sowie die Zinsrichtlinie[109] in Betracht. Zu beachten ist jedoch, dass die genannten Richtlinien lediglich die Verhältnisse zwischen den Mitgliedstaaten regeln und somit andere Situationen betreffen als Drittstaatsabkommen, die die steuerliche Behandlung von Drittstaatsangehörigen in einem Mitgliedstaat bzw. von Mitgliedstaatsangehörigen im Drittstaat regeln. Zudem kann auch eine potentielle Beeinträchtigung der Anwendung der Richtlinien durch Drittstaatsabkommen ausgeschlossen werden. Zwar sind Auswirkungen wirtschaftlicher Art durch Drittstaatsabkommen auf das Funktionieren des Binnenmarktes denkbar,[110] jedoch reichen diese nicht dazu aus, eine Beeinträchtigung der Richtlinien zu begründen, insbesondere solange Wettbewerbsverzerrungen dadurch vermieden werden können,

---

[105] Vgl. zu diesem Argument EuGH vom 15.11.1994, Gutachten 1/94 *WTO*, Rn. 79, 86; sowie EuGH vom 7.2.2006, Gutachten 1/03 *Lugano*, Rn. 115 f. Ebenso Kofler, Doppelbesteuerungsabkommen und Europäisches Gemeinschaftsrecht, S. 346.

[106] EuGH vom 31.3.1971, Rs. 22/70 *AETR*.

[107] EuGH vom 31.3.1971, Rs. 22/70 *AETR*, Rn. 15/19.

[108] Müller-Ibold in: Lenz/Borchardt, EU-Verträge, Art. 216 AEUV, Rn. 9; Hobe, Europarecht, S. 38 f.

[109] Zu diesen Richtlinien vgl. bereits S. 8 ff.

[110] Ausführlicher hierzu s.u. S. 38 ff.

dass den Mitgliedstaaten ein bestimmtes Verhalten in ihren Außenbeziehungen vorgeschrieben wird.[111] Schließlich könnte eine implizite Außenkompetenz der Union ohnehin nur so weit reichen, wie der Anwendungsbereich der Richtlinien.[112] Dies ergibt sich aus dem WTO-Gutachten des EuGH, in dem er darlegte: „Nach dem Urteil AETR verlieren die Mitgliedstaaten, ob einzeln oder gemeinsam handelnd, das Recht zum Eingehen von Verpflichtungen gegenüber Drittstaaten nur in dem Maße, wie gemeinsame Rechtsnormen erlassen werden, die durch diese Verpflichtungen beeinträchtigt werden können."[113] Durch die Union geschlossene Drittstaatsabkommen könnten demnach nur die Rechtsbeziehungen zwischen Angehörigen der Mitgliedstaaten regeln.

Die Mutter-Tochter-Richtlinie, die Fusionsrichtlinie und die Zinsrichtlinie führen folglich nicht zu einer Außenkompetenz der Union, so dass die Mitgliedstaaten weiterhin zum Abschluss von DBA mit Drittstaaten befugt sind.[114]

Auch die Abkommen vom 26.10.2004 zwischen der Union und der Schweiz u.a. auf den Gebieten der Zinsbesteuerung und der Zusammenarbeit gegen Steuerflucht[115] führen nicht zur Annahme einer ausschließlichen Außenkompetenz der Union für steuerrechtliche Abkommen mit Drittstaaten. Zum einen hat der Rat im Rahmen der Genehmigung des Abkommens zwischen der Union und der Schweiz festgestellt, dass die Union keine ausschließliche Kompetenz zum Abschluss eines solchen Vertrags mit der Schweiz habe, sondern sich die Delegationen ausnahmsweise und ohne Schaffung eines Präzedenzfalls darauf geeinigt hätten, dass die Mitgliedstaaten ihre Kompetenz in diesem Fall nicht ausüben.[116] Zwar können die Mitgliedstaaten und die Union nicht durch einfache Erklärungen verhindern, dass die Rechtswirkungen der Ausübung der

---

[111] EuGH vom 15.11.1994, Gutachten 1/94 *WTO*, Rn. 79.

[112] Ebenso Lang in: Breuninger/Müller/Strobl-Haarmann, FS für Rädler, S. 429, 443; Scherer, Doppelbesteuerungsabkommen und Gemeinschaftsrecht, S. 67.

[113] EuGH vom 15.11.1994, Gutachten 1/94 *WTO*, Rn. 77.

[114] Ebenso Lehner, IStR 2001, 329, 330; Scherer, Doppelbesteuerungsabkommen und Europäisches Gemeinschaftsrecht, S. 71, der auch darauf hinweist, dass der EuGH eine Außenzuständigkeit der Gemeinschaft bisher nur im Bereich der „gemeinsamen Politik" des Tätigkeitskatalogs in Art. 3 EGV angenommen hat, das Gebiet der direkten Steuern hingegen auf einem weitaus niedrigeren Integrationsniveau anzusiedeln ist (a.a.O. S. 67 f.). Vgl. auch die Antwort der Kommission vom 12.2.1974 auf die schriftliche Anfrage Nr. 599/73 von Herrn Delmotte vom 10.1.1974, ABl. C-29/25 v. 18.3.1974; Antwort von Herrn Monti im Namen der Kommission vom 27.4.1999 auf die schriftliche Anfrage E-0612/99 von Bernie Malone vom 12.3.1999, ABl. C-270/72 v. 21.12.1999.

[115] Vgl. hierzu bereits S. 26 sowie Kessler/Eicker/Obser, IStR 2005, 658 ff.

[116] Vorschlag für einen Beschluss des Rates über den Abschluss des Abkommens zwischen der Europäischen Gemeinschaft und der Schweizerischen Eidgenossenschaft über Regelungen, die den in der Richtlinie 2003/48/EG des Rates vom 3. Juni 2003 im Bereich der Besteuerung von Zinserträgen festgelegten Regelungen gleichwertig sind, KOM (2004) 75 endg, S. 3. Vgl. hierzu auch Pistone ECTR 2005, 1, 4; Kofler, Doppelbesteuerungsabkommen und Europäisches Gemeinschaftsrecht, S. 354 f.

Abschlusskompetenz durch die Union eintreten.[117] Nach dem oben Gesagten besteht jedoch eine Kompetenz der Union aufgrund der Richtlinien lediglich zum Abschluss völkerrechtlicher Verträge mit Drittstaaten, die Wirtschaftsbeziehungen zwischen den Mitgliedstaaten regeln.[118] Selbst wenn man von einer konkurrierenden Kompetenz der Union auch für Regelungen mit Wirkung für die Beziehungen zwischen Mitgliedstaaten und Drittstaaten ausginge, wäre diese Kompetenz zudem nur im Hinblick auf Regelungen der Zinsbesteuerung und nur im Verhältnis zur Schweiz ausgeübt worden, so dass auch nur hinsichtlich dieser Regelungsinhalte eine Beeinträchtigung von bestehendem Unionsrecht überhaupt möglich wäre. Im Hinblick auf DBA mit anderen Drittstaaten und auf DBA mit der Schweiz hinsichtlich anderer steuerlicher Regelungen existiert kein Unionsrechtsakt, der durch den Abschluss von Drittstaatsabkommen durch die Mitgliedstaaten beeinträchtigt werden könnte.

Demzufolge bleibt es bei der Zuständigkeit der Mitgliedstaaten zum Abschluss von DBA mit Drittstaaten aufgrund ihrer völkerrechtlichen Souveränität.

B. Vorrang des Unionsrechts vor DBA

In Ausübung der soeben dargestellten Zuständigkeit zum Abschluss von DBA mit Drittstaaten sind Mitgliedstaaten aufgrund Unionsrecht nur dann zum Mitaushandeln von DBA-Vorteilen für die Angehörigen anderer Mitgliedstaaten verpflichtet, wenn dem Unionsrecht Vorrang vor DBA zukommt. Grundsätzlich gilt, dass Unionsrecht aufgrund seines supranationalen Charakters Vorrang vor nationalem Recht hat (s.u. I.). Der Anwendungsvorrang von DBA gilt aufgrund deren Doppelnatur als völkerrechtliche Verträge und als innerstaatliches Recht auch für DBA (s.u. II.) und unabhängig davon, ob eine der Vertragsparteien ein Drittstaat ist oder nicht (s.u. III.).

I. Grundregel: Vorrang des Unionsrechts vor innerstaatlichem Recht

Auch wenn die Mitgliedstaaten zum Abschluss von DBA mit Drittstaaten zuständig sind, müssen sie bei der Ausübung ihrer Befugnisse in diesem Bereich die Vorgaben primären und sekundären Unionsrechts beachten.[119]

Der Grund für die Pflicht zur Beachtung des Unionsrechts liegt darin, dass das Unionsrecht Vorrang vor jeglichem nationalen Recht hat. Dies folgt laut

---

[117] Pistone, ECTR 2005, 4, 7 f.
[118] Ähnlich Bleckmann in: Bleckmann, Europarecht, S. 510.
[119] EuGH vom 14.2.1995, Rs. C-297/93 *Schumacker*, Rn. 21; EuGH vom 11.8.1995, Rs. C-80/94 *Wielockx*, Rn. 16.

der Rechtsprechung des EuGH[120] – die inzwischen in den Mitgliedstaaten allgemein anerkannt ist[121] – aus dem supranationalen Charakter des Unionsrechts, der dadurch begründet wurde, dass die Mitgliedstaaten

> „(...) durch die Gründung einer Gemeinschaft für unbegrenzte Zeit, die mit eigenen Organen, mit der Rechts- und Geschäftsfähigkeit, mit internationaler Handlungsfähigkeit und insbesondere mit echten, aus der Beschränkung der Zuständigkeit der Mitgliedstaaten oder der Übertragung von Hoheitsrechten der Mitgliedstaaten auf die Gemeinschaft herrührenden Hoheitsrechten ausgestattet ist (...) einen Rechtskörper geschaffen [haben], der für ihre Angehörigen und sie selbst verbindlich ist."[122]

Auch das BVerfG geht von einem Vorrang des Gemeinschaftsrechts kraft verfassungsrechtlicher Ermächtigung aus; hierbei kann der Vorrang jedoch nur soweit reichen wie die Ermächtigung, d.h. der Anwendungsvorrang steht unter einem Verfassungsvorbehalt.[123]

Die Verbindlichkeit des Unionsrechts ist dem Wortlaut und dem „Geist des Vertrages"[124] zu entnehmen, da die Verwirklichung der Ziele der Union (vgl. Art. 3 EUV) sowie die einheitliche Anwendung des Unionsrechts gefährdet wären, wenn die Mitgliedstaaten durch einseitige innerstaatliche Gesetzgebung den Inhalt des Unionsrechts nachträglich verändern könnten.[125]

II. Vorrang des Unionsrechts auch vor DBA

Für die Beurteilung, ob auch DBA den Vorgaben des Unionsrechts unterworfen sind, ist zu beachten, dass DBA eine Doppelnatur zukommt. Sie stellen sowohl völkerrechtliche Verträge als auch innerstaatlich anwendbares Recht dar. Dies gilt unabhängig davon, welcher Theorie zur Begründung der innerstaatlichen Anwendbarkeit von völkerrechtlichen Verträgen man folgt. Nach der früher herrschenden Meinung wird das DBA in Deutschland in das innerstaatliche Recht „transformiert", d.h. es wird ein mit dem Vertragstext übereinstimmendes Gesetz parallel zum Vertrag erlassen, das eine völkerrechtliche Vorgabe auf-

---

[120] EuGH vom 5.2.1963, Rs. 26/62 *Van Gend & Loos,* unter II.B; EuGH vom 15.7.1964, Rs. *6/64 Costa v. E.N.E.L.,* Rn. 3; EuGH vom 9.3.1978, Rs. 106/77 *Simmenthal,* Rn. 17/18, st. Rspr.

[121] Oppermann/Classen/Nettesheim, Europarecht, S. 204 ff. mwN.

[122] EuGH vom 15.7.1964, Rs. 6/64 *Costa v. E.N.E.L.,* Leitsatz 3.

[123] Vgl. Streinz/Ohler/Herrmann, Der Vertrag von Lissabon zur Reform der EU, S. 6 f.; Streinz, Europarecht, S. 79 ff.

[124] EuGH vom 15.7.1964, Rs. 6/64 *Costa v. E.N.E.L.,* Leitsatz 3. Zwar sah Art. I-6 der Vertrags über eine Verfasung von Europa eine ausdrückliche Normierung des Vorrangs des Unionsrechts vor dem Recht der Mitgliedstaaten vor (vgl. ABl. C 310/1 vom 16.12.2004), diese Regelung wurde jedoch nicht in den Vertrag von Lissabon übernommen.

[125] EuGH vom 5.2.1963, Rs. 26/62 *Van Gend & Loos,* Rn. 10 ff.; EuGH vom 15.7.1964, Rs. 6/64 *Costa v. E.N.E.L.,* Rn. 3; EuGH vom 9.3.1978, Rs. 106/77 *Simmenthal,* Rn. 17/18, st. Rspr.

nimmt und zum Bestandteil der staatlichen Rechtsordnung erklärt.[126] Eine neuere Ansicht geht von einer sog. Inkorporation des Völkerrechts aus, d.h. sie entnimmt einem aufgrund Verfassungsrecht ergehenden Einzelakt (in Deutschland dem Zustimmungsgesetz gemäß Art. 59 Abs. 2 GG) einen direkten innerstaatlichen Anwendungsbefehl für das DBA. Inkorporiertes Recht hat – im Gegensatz zu transformiertem Recht – weiterhin Völkerrechtscharakter.[127]

1. Deutsches Verständnis

Nach deutschem Verständnis stellen DBA innerstaatliches Recht im Rang eines einfachen Gesetzes dar. Als nationales Recht sind DBA aufgrund des oben Gesagten dem Anwendungsvorrang des Unionsrechts unterworfen.[128]

2. Französisches Verständnis

Die französische Verfassung hingegen räumt ordnungsgemäß zustande gekommenen völkerrechtlichen Verträgen Vorrang vor innerstaatlichem Recht ein,[129] so dass die Frage eines Anwendungsvorrangs einer genaueren Betrachtung bedarf. Nach französischem Recht haben völkerrechtliche Verträge jedoch nur Vorrang vor einfachem nationalem Recht, nicht jedoch vor nationalem Verfassungsrecht. Nachdem der EuGH einen Anwendungsvorrang des Unionsrechts selbst vor nationalem Verfassungsrecht annimmt, gilt dies erst recht für im Rang unter Verfassungsrecht stehendes Recht.[130] Auch bei Anwendung des französischen Verständnisses kommt demnach dem Unionsrecht Vorrang vor DBA zu.

---

[126] Vgl. hierzu Kunig in: Graf Vitzthum (2010), Völkerrecht, S. 93 f. Diese Theorie ließe jedoch z.B. ungeklärt, wieso die innerstaatliche Verbindlichkeit des völkerrechtlichen Vertrages trotz Erlasses des transformierenden Gesetzes erst mit seinem völkerrechtlichen Inkrafttreten eintritt und wie diese Verbindlichkeit bei der Kündigung des völkerrechtlichen Vertrages auch innerstaatlich aufgehoben wird (vgl. Vogel in: Vogel/Lehner, DBA, Einl., Rn. 61).

[127] Vogel in: Vogel/Lehner, DBA, Einl., Rn. 59, 61; Kunig in: Graf Vitzthum, Völkerrecht (2010), S. 94.

[128] Siehe S. 29 f. Lehner in: Vogel/Lehner, DBA, Einl., Rn. 259; Randelzhofer/Forsthoff in: Grabitz/Hilf: Das Recht der Europäischen Union, vor Art. 39–55, Rn. 256; Schönfeld in: Debatin/Wassermeyer, Doppelbesteuerung, Vor. Art. 1 MA, Rn. 87; Rainer, IStR 1995, 474, 476.

[129] Hinnekens, ECTR 1995, 146, 160 f.; Kunig in: Graf Vitzthum, Völkerrecht (2010), S. 98 f.

[130] EuGH vom 17.12.1970, Rs. 11/70 *Internationale Handelsgesellschaft,* Rn. 3. Ebenso Hinnekens, ECTR 1994, 146, 160 f.

3. Zwischenergebnis

Die Mitgliedstaaten haben aufgrund des Anwendungsvorrangs des Unionsrechts folglich beim Abschluss von DBA die Vorgaben des Unionsrechts zu beachten.

III. Geltung des Anwendungsvorrangs auch für DBA mit Drittstaaten

Dass DBA inhaltlich ebenso mit dem vorrangigen Unionsrecht übereinstimmen müssen wie originär innerstaatliche Normen, lässt sich für DBA der Mitgliedstaaten untereinander direkt aus der Bindung beider Mitgliedstaaten an das Unionsrecht ableiten. Die Vereinbarkeit von DBA mit Drittstaaten wird hingegen grundsätzlich anders beurteilt als die Vereinbarkeit von Abkommen zwischen Mitgliedstaaten[131], da zum einen eine Vertragspartei – der Drittstaat – nicht an das Unionsrecht gebunden ist, und zum anderen die Normen des AEUV zum Teil auch unterschiedliche rechtliche Vorgaben vorsehen.

Angesichts der Regelung des Art. 351 AEUV (ex-Art. 307 EG)[132] ist zu unterscheiden zwischen Abkommen mit Drittstaaten, die vor Inkrafttreten des AEUV bzw. EG-Vertrags bzw. vor dem Beitritt des betreffenden Mitgliedstaats zur EU bzw. EG abgeschlossen wurden (sog. „Altabkommen", s.u. 1.) und solchen Abkommen, die danach vereinbart wurden bzw. in Zukunft noch unterzeichnet werden (sog. „Neuabkommen", s.u. 2.).

1. Art. 351 AEUV (ex-Art. 307 EG) für Altabkommen

Art. 351 Abs. 1 AEUV regelt, dass die Verträge die Rechte und Pflichten aus einem Abkommen zwischen einem Mitgliedstaat und einem Drittstaat nicht berühren, wenn das Abkommen vor dem 1.1.1958 oder vor dem Beitritt des Mitgliedstaats abgeschlossen wurde. Hierdurch soll – in Übereinstimmung mit dem allgemeinen völkerrechtlichen Grundsatz *pacta sunt servanda* – dem Mitgliedstaat ermöglicht werden, seinen Vertragspflichten nachzukommen; eine Bindung der Union an das Abkommen wird hingegen nicht vorgesehen.[133] In

---

[131] Europäische Kommission, Doppelbesteuerungsabkommen und Recht der Europäischen Gemeinschaft – Arbeitsunterlage zum Experten Workshop am 5.7.2005 in Brüssel TAXUD E1/FR DOC (05) 2306, S. 7, abrufbar unter: http://ec.europa.eu/taxation_customs/resources/documents/taxation/personal_tax/double_tax_conventions/eclawtaxtreaties_en.pdf (zuletzt überprüft am 3.12.2010).

[132] Ex-Art. 307 EG wurde vollumfänglich in Art. 351 AEUV übernommen; lediglich hinsichtlich des Bezugspunkts der Regelung wurde eine Erweiterung vom EG-Vertrag auf EUV und AEUV vorgenommen (vgl. hierzu auch Terhechte, EuR 2010, 517, 523).

[133] Vgl. auch Terhechte, EuR 2010, 517, 529; zu ex-Art. 307 EG vgl. EuGH vom 14.10.1980, Rs. 812/79 *Burgoa*, Rn. 6, 8; Schmalenbach in: Calliess/Rufert, EUV/EGV, Art. 307 EG, Rn. 1, 17.

Literatur und Rechtsprechung ist die Ansicht vorherrschend, dass sich das Wort „Rechte" nur auf die Rechte des Drittstaats und „Pflichten" ausschließlich auf die Pflichten des Mitgliedstaats aus dem Abkommen beziehen kann.[134]

Gemäß Art. 351 Abs. 2 AEUV müssen die Mitgliedstaaten jedoch alle Klauseln eines solchen Altabkommens, die mit den Verträgen unvereinbar sind, durch die Ergreifung geeigneter Maßnahmen beseitigen, wie z.B. das Verlangen einer Anpassung des Abkommens oder notfalls die Kündigung des gesamten Abkommens.[135]

2. Rückschluss aus Art. 351 AEUV (ex-Art. 307 EG) für Neuabkommen

Für Neuabkommen hingegen ist in den Verträgen keine Regelung enthalten. Ein Umkehrschluss ergibt jedoch zum einen, dass, wenn Art. 351 AEUV als ausdrückliche Regelung eines Spezialfalls besagt, dass Altabkommen mit Drittstaaten nicht durch die Verträge beeinträchtigt werden, die Grundregel besteht, dass Neuabkommen mit Drittstaaten den Vorgaben der Verträge unterworfen sind.[136]

Zum anderen lässt Art. 351 Abs. 2 AEUV den Schluss zu, dass, wenn schon Widersprüche von Altabkommen mit den Verträgen beseitigt werden müssen, die Mitgliedstaaten solche Widersprüche bei Neuabkommen erst recht bereits bei deren Abschluss vermeiden müssen.

Folglich müssen sich Drittstaatsabkommen, die nach dem 1.1.1958 bzw. nach dem Betritt des vertragsschließenden Mitgliedstaats abgeschlossen wurden, inhaltlich nach dem Maßstab des Unionsrechts richten, soweit sie den Binnenbereich der Union berühren.[137] Zu beachten ist jedoch, dass Abkommen mit Drittstaaten im Fall eines Verstoßes gegen Unionsrecht völkerrechtlich wirksam bleiben;[138] sie sind lediglich im Unionsgebiet unanwendbar.[139]

---

[134] Booß in: Lenz/Borchardt, EU-Verträge, Art. 351, Rn. 3; zu ex-Art. 307 EG: EuGH vom 14.10.1980, Rs. 812/79 *Burgoa*, Rn. 11; EuGH vom 27.2.1962, Rs. 10/61 *Kommission/ Italien* unter B.; Schmalenbach in: Calliess/Rufert, EUV/EGV, Art. 307 EG, Rn. 7.

[135] Booß in: Lenz/Borchardt, EU-Verträge, Art. 351, Rn. 5 f.; zu ex-Art. 307 EG vgl. Schmalenbach in: Calliess/Ruffert, EUV/EGV, Art. 307 EG, Rn. 12 f.; Vedder in: Grabitz/Hilf, Das Recht der Europäischen Union, Art. 234 EGV (= Art. 307 EG), Rn. 6 f., 9.

[136] Zu ex-Art. 307 EG vgl. Van Unnik/Boudesteijn, ECTR 1993, 106, 108; Hinnekens, ECTR 1994, 146, 156; Vogel/Gutmann/Dourado, ECTR 2006, 83; Weggenmann, IStR 2003, 677, 679.

[137] Zu ex-Art. 307 EG: Scherer, Doppelbesteuerung und Europäisches Gemeinschaftsrecht, S. 139; Hinnekens, ECTR 1994, 146, 156, Malherbe/Delattre, ET 1996, 12, 14; Vogel/ Gutmann/Dourado, ECTR 2006, 83. Dies ergibt sich auch aus den Urteilen des EuGH vom 22.9.1999, Rs. C-307/97 *Saint-Gobain*, Rn. 58 f. und außerhalb des Steuerrechts durch EuGH vom 15.1.2002, Rs. C-476/98 *Gottardo*, Rn. 31 ff.

[138] Lehner in: Vogel/Lehner, DBA, Einl, Rn. 260; Melort in: Stefaner/Züger, Tax Treaty Policy and Development, S. 257, 276.

[139] Melort in: Stefaner/Züger, Tax Treaty Policy and Development, S. 257, 276.

C. Anwendbarkeit des AEUV und Grundfreiheiten auf DBA mit Drittstaaten

In den vorhergehenden Punkten wurde dargelegt, dass die Mitgliedstaaten noch zum Abschluss von DBA mit Drittstaaten zuständig sind, hierbei jedoch ebenfalls die Vorgaben des Unionsrechts beachten müssen. Nun ist zu prüfen, ob die Gewährung eines Abkommensvorteils an die Angehörigen des abkommensbeteiligten Mitgliedstaats durch den Drittstaat für die Angehörigen der anderen Mitgliedstaaten[140] vom personellen (s.u. I.), sachlichen (s.u. II.) und räumlichen (s.u. III.) Schutzbereich der Grundfreiheiten umfasst ist. Aufgrund der bereits dargelegten Konvergenz der Grundfreiheiten werden die Personenverkehrs-, Dienstleistungs-, Niederlassungs- und Kapitalverkehrsfreiheit gemeinsam geprüft. Die Warenverkehrsfreiheit wird wegen ihrer geringen Relevanz auf dem Gebiet der direkten Steuern lediglich bei Bedarf zu Argumentationszwecken berücksichtigt.[141]

I. Personeller Anwendungsbereich der Grundfreiheiten

Die Begünstigten der Grundfreiheiten sind in den jeweiligen Rechtsnormen geregelt:
  (i) Art. 45 AEUV (ex-Art. 39 EG) schützt „Arbeitnehmer der Mitgliedstaaten" (vgl. Art. 45 Abs. 2 AEUV);
 (ii) Art. 49 AEUV (ex-Art. 43 EG) gilt für selbständig erwerbstätige natürliche Personen, die „Staatsangehörige eines Mitgliedstaats" sind (vgl. Art. 49 Abs. 1 AEUV);
(iii) Art. 54 AEUV (ex-Art. 48 EG) erweitert diesen Schutz auf Gesellschaften, die ihren „satzungsmäßigen Sitz, ihre Hauptverwaltung oder ihre Hauptniederlassung innerhalb der Gemeinschaft haben" und
 (iv) Art. 56 AEUV (ex-Art. 49 EG) schützt „Angehörige der Mitgliedstaaten".
   Nur Art. 63 AEUV (ex-Art. 56 EG) sieht keinen persönlichen Anwendungsbereich vor, sondern verbietet allgemein Beschränkungen des Kapitalverkehrs.
   Die Personenverkehrs-, die Niederlassungs- und die Dienstleistungsfreiheit schützen demnach die Staatsangehörigen der Mitgliedstaaten sowie Gesellschaften mit Sitz, Hauptverwaltung oder Hauptniederlassung innerhalb der

---

[140] Die anderen Mitgliedstaaten werden unter der Bezeichnung „Mitgliedstaat 2" zusammengefasst; der eventuell in seinen Rechten aus dem EG-Vertrag verletzte Angehörige eines solchen Mitgliedstaats 2 wird „Steuerpflichtiger 2" genannt.
[141] Siehe oben Fn. 42.

Union.[142] Zwar ergibt sich dieser Grundsatz für Art. 45 AEUV (ex-Art. 39 EG) nicht aus dem Wortlaut des AEUV. Dennoch entspricht diese Auslegung der ganz herrschenden Meinung und wird als „zwingend" bezeichnet.[143]

Einen Sonderfall bildet die Kapitalverkehrsfreiheit, da diese nicht auf die Staatsangehörigkeit abstellt, um grenzüberschreitende Wirtschaftsprozesse möglichst flexibel mit dem nötigen Kapital zu versorgen.[144] Für die Anwendbarkeit der Kapitalverkehrsfreiheit wird dennoch vorausgesetzt, dass zumindest eine Person am fraglichen Sachverhalt beteiligt ist, die in einem Mitgliedstaat der Union ansässig ist.[145]

Wendet man diese Grundsätze auf die dieser Arbeit zugrunde liegende Konstellation an, ist festzustellen, dass der persönliche Anwendungsbereich der Grundfreiheiten eröffnet ist, da der die Benachteiligung geltend machende Steuerpflichtige 2 als Staatsangehöriger des Mitgliedstaats 2 sowie als im Mitgliedstaat 2 Ansässiger zum Kreis der Begünstigten der Grundfreiheiten zählt.

II. Sachlicher Anwendungsbereich der Grundfreiheiten

Die Regelungen der Arbeitsnehmerfreizügigkeit, der Niederlassungs- und Dienstleistungsfreiheit sowie der Kapitalverkehrsfreiheit definieren ihren sachlichen Anwendungsbereich anhand der Begriffe des Arbeitnehmers, der Niederlassung, der Dienstleistung sowie des Kapitalverkehrs, die rein gemeinschaftsrechtlich zu bestimmen sind.[146]

Der Begriff der „Arbeitnehmer" wird definiert als Personen, die während einer bestimmten Zeit für einen anderen nach dessen Weisungen Leistungen erbringen, für die sie als Gegenleistung eine Vergütung erhalten.[147]

---

[142] So zu den inhaltsgleichen Grundfreiheiten des EG-Vertrags: Brechmann in: Calliess/Ruffert, EUV/EGV, Art. 39 EGV, Rn. 19, Art. 43, Rn. 7; Randelzhofer in: Grabitz/Hilf, Das Recht der Europäischen Union, Vor Art. 39–55, Rn. 10; Schuch in: Gassner/Lang/Lechner: DBA und EU-Recht, S. 106; Oppermann/Classen/Nettesheim, Europarecht, S. 468, 504 und 521. Wer Staatsangehöriger eines Mitgliedstaats ist, wird durch das jeweilige nationale Recht des betreffenden Mitgliedstaats bestimmt (Scheuer/Weerth, Lenz/Borchardt, EU-Verträge, Art. 45 AEUV, Rn. 10).

[143] So zum EG-Vertrag: Randelzhofer in: Grabitz/Hilf, Das Recht der Europäischen Union, Vor Art. 39–55 EG, Rn. 10 mwN; vgl. hierzu auch Brechmann in: Calliess/Ruffert, EUV/EGV, Art. 39 EG, Rn. 19; EuGH vom 5.7.1984, Rs. 238/83 *Meade*, Rn. 7; EuGH vom 29.10.1998, Rs. C-230/97 *Awoyemi*, Rn. 29.

[144] Schön in: Gockle/Gosch/Lang, FS für Wassermeyer, S. 489, 496; Oppermann/Classen/Nettesheim, Europarecht, S. 552; Streinz, Europarecht, S. 304.

[145] Streinz, Europarecht, S. 304.

[146] Randelzhofer/Forsthoff in: Grabitz/Hilf, Das Recht der Europäischen Union, Vor Art. 39–55 EG, Rn. 42; Oppermann/Classen/Nettesheim, Europarecht, S. 504; Streinz, Europarecht, S. 304; Brechman in: Calliess/Ruffert, EUV/EGV, Art. 39 EG, Rn. 9.

[147] EuGH vom 31.5.1989, Rs. 344/87 *Bettray*, Rn. 12, st. Rspr.; Oppermann/Classen/Nettesheim, Europarecht, S. 504; Streinz, Europarecht, S. 345.

Die „Niederlassungsfreiheit" umfasst die Aufnahme und Ausübung selbständiger Erwerbstätigkeiten sowie der Gründung und Leitung von Unternehmen nach den Bestimmungen des Aufnahmestaates für seine eigenen Angehörigen (vgl. Art. 49 Abs. 2 AEUV, ex-Art. 43 Abs. 2 EG). Geschützt ist auch die sog. „sekundäre Niederlassungsfreiheit", die in der Gründung von Agenturen, Zweigniederlassungen oder Tochtergesellschaften besteht (Art. 49 Abs. 1 S. 2 AEUV, ex-Art. 43 Abs. 1 S. 2 EG).

„Dienstleistungen" sind alle Leistungen, die in der Regel gegen Entgelt erbracht werden (Art. 57 AEUV, ex-Art. 50 Abs. 1 EG). Umfasst sind (i) die sog. „positive" bzw. „aktive Dienstleistungsfreiheit", bei der sich der Erbringer der Leistung zu diesem Zweck in den Mitgliedstaat des Leistungsempfängers begibt, (ii) die sog. „Korrespondenzdienstleistung", bei der nur die Dienstleistung selbst die Grenze überschreitet, sowie (iii) die sog. „passive Dienstleistungsfreiheit", bei der sich der Leistungsempfänger in den Mitgliedstaat des Dienstleistenden begibt.[148]

Der Begriff des Kapitalverkehrs wird nicht durch den AEUV geregelt, kann jedoch unter Heranziehung von kapitalverkehrsrelevantem Primär- und Sekundärrecht, sowie aus der Rechtsprechung des EuGH definiert werden als „jede über die Grenzen eines Mitgliedstaates der Union hinweg stattfindende Übertragung von Geld- oder Sachkapital [...,] die primär zu Anlagezwecken erfolgt".[149]

Auch wenn die Grundfreiheiten das Sachgebiet der direkten Steuern nicht ausdrücklich aufzählen, umfassen sie dennoch alle Rechtsbereiche innerhalb des Anwendungsbereichs der Verträge, da es neben den in Art. 45 Abs. 4 AEUV (ex-Art. 39 Abs. 4 EG) und Art. 51 Abs. 1 AEUV (ex-Art. 45 Abs. 1 EG) Genannten keine weiteren Bereichsausnahmen gibt.[150] Selbst die Doppelnatur der DBA als völkerrechtliche Verträge und innerstaatliche Normen vermag keine Bereichsausnahme vom Anwendungsbereich der Grundfreiheiten zu begründen, da sich durch DBA hervorgerufene Diskriminierungen in ihrer Wirkung nicht von den Rechtsfolgen originär innerstaatlicher Normen unterscheiden, so dass gemeinschaftswidrige DBA-Normen zumindest im Verhältnis zu anderen EU-Mitgliedstaaten unzulässig sind.[151]

---

[148] Seyr in: Lenz/Borchardt, EU-Verträge, Art. 56/57 AEUV, Rn. 14; Oppermann/Classen/Nettesheim, Europarecht, S. 467; Streinz, Europarecht, S. 349; Kluth in: Calliess/Ruffert, EUV/EGV, Art. 49, 50 EG, Rn. 24 ff.

[149] Bröhmer in: Calliess/Ruffert, EUV/EGV, Art. 56 EG, Rn. 8; Schön in: Schön, Gedächtnisschrift für Knobbe-Keuck, S. 743, 747.

[150] Randelzhofer/Forsthoff in: Grabitz/Hilf, Das Recht der Europäischen Union, Vor. Art. 39–55 EG, Rn. 46; ebenso Schuch in: Gassner/Lang/Lechner, DBA und EU-Recht, S. 105 f., der dies aus dem Charakter der Grundfreiheiten als Grundrechte ableitet.

[151] Hinnekens, ECTR 1994, 146, 156 und ECTR 1995, 202; Schuch in: Gassner/Lang/Lechner, DBA und EU-Recht, S. 105 f.

Soweit die Tätigkeit bzw. das Vermögen des Steuerpflichtigen 2 im Drittstaat einen der Tatbestände der Grundfreiheiten – d.h. das Vorliegen einer Arbeitnehmertätigkeit, einer Niederlassung, Dienstleistung oder Kapitalanlage – erfüllt, ist die dieser Arbeit zugrunde liegende Grundkonstellation[152] vom sachlichen Geltungsbereich der Grundfreiheiten erfasst.

III. Räumlicher Anwendungsbereich der Grundfreiheiten

Der räumliche Anwendungsbereich umschreibt die Gebiete, in denen die Grundfreiheiten anwendbar sind. Den weitesten räumlichen Anwendungsbereich weist die Kapitalverkehrsfreiheit auf, die nicht nur den Kapitalverkehr zwischen den Mitgliedstaaten, sondern auch zwischen Mitgliedstaaten und Drittstaaten schützt (s.u. 1.). Hingegen ist die Wirkung der Arbeitnehmerfreizügigkeit, der Niederlassungs- und der Dienstleistungsfreiheit – selbst bei der gebotenen weiten Auslegung – auf Fälle mit Bezug zu den in Art. 52 EUV (ex-Art. 299 Abs. 1 EG) genannten Hoheitsgebieten der Mitgliedstaaten der EU beschränkt (s.u. 2.), so dass eine Abgrenzung zwischen den Anwendungsbereichen der Kapitalverkehrsfreiheit einerseits und der Niederlassungs- und Dienstleistungsfreiheit andererseits (s.u. 3.) notwendig ist.

1. Anwendung der Kapitalverkehrsfreiheit auch auf Drittstaatensachverhalte

Nach dem Wortlaut des Art. 63 AEUV (ex-Art. 56 EG) schützt die Kapitalverkehrsfreiheit sowohl Kapitalbewegungen zwischen den Mitgliedstaaten als auch Kapitalbewegungen zwischen Mitgliedstaaten und Drittstaaten (erga-omnes-Wirkung). Somit kommt es für die Anwendbarkeit der Art. 63 ff. AEUV weder auf die Gebietsansässigkeit der Begünstigten noch die Herkunft des Kapitals an.[153] Erforderlich ist lediglich ein „grenzüberschreitendes Element", d.h. der jeweilige Sachverhalt muss über die Grenzen eines Mitgliedstaats hinausgehen. Dies ist erfüllt wenn das fragliche Kapitalverkehrsgeschäft entweder mindestens zwei Mitgliedstaaten oder einen Mitgliedstat und einen Drittstaat berührt.[154]

Eine steuerlich relevante Tätigkeit, die der Steuerpflichtige 2 im Drittstaat ausübt und die den freien Kapitalverkehr betrifft, wird demnach ohne weitere Einschränkungen durch die Art. 63 ff. AEUV geschützt.

---

[152] Vgl. S. 1 ff.

[153] Schürmann in: Lenz/Borchardt, EU-Verträge, Art. 63 AEUV, Rn. 18. Zu Art. 56 EG vgl. Ohler, Europäische Kapital- und Zahlungsverkehrsfreiheit, Art. 56 AG, Rn. 214; Kiemel in: Von der Groeben/Schwarze, EUV/EGV, Art. 56 EG, Rn. 24 ff.

[154] Zu Art. 56 EG vgl. Ohler, Europäische Kapital- und Zahlungsverkehrsfreiheit, Art. 56 AG, Rn. 205.

2. Bezug zum Gemeinschaftsgebiet bei den anderen Grundfreiheiten

a) Notwendigkeit einer weiten Auslegung des räumlichen Anwendungsbereichs

Vor dem Hintergrund, dass die Grundfreiheiten die Kernvorschriften zur
Verwirklichung des Binnenmarktes darstellen, darf der räumliche Anwendungsbereich der Grundfreiheiten insgesamt nicht zu eng gefasst werden, um
einen ausreichenden Schutz grenzüberschreitender Tätigkeiten zu gewährleisten. Insbesondere kommt hinzu, dass ein ungleiches Belastungsniveau im Bereich der direkten Steuern bei grenzüberschreitenden Sachverhalten, die zum
Teil außerhalb der Union liegen, auch innerhalb der Union zu Wettbewerbsverzerrungen führen kann.[155]

Zum einen richten sich beispielsweise Investitionsentscheidungen von Anlegern danach, wie hoch der nach der Besteuerung verbleibende Gewinn ist, der
für Ausschüttungen zur Verfügung steht. Ist dieser Gewinn durch eine hohe
Steuerbelastung im Drittstaat niedriger als der eines Konkurrenzunternehmens
in einem anderen Mitgliedstaat, hat dieses Konkurrenzunternehmen einen
Wettbewerbsvorteil auf dem Binnenmarkt, da es in geringerem Maße Fremd-
mittel aufnehmen muss und so – neben der Möglichkeit höherer Dividenden –
für Investoren interessanter wird.[156] Dieses Problem wurde bereits im
Segré-Bericht von 1966 erkannt, der als Haupthindernisse eines freien Kapitalverkehrs „verschiedene steuerliche Vorzugsbehandlungen (‚tax incentives')
und die unterschiedliche Behandlung von Nicht-Ansässigen" nannte.[157] Für
den Kapitalverkehr wurden daraus bereits Konsequenzen gezogen, so dass
Art. 63 AEUV (ex-Art. 56 Abs. 1 EG) seit dem Maastricht-Vertrag den Kapitalverkehr „zwischen den Mitgliedstaaten sowie zwischen den Mitgliedstaaten
und dritten Ländern" schützt.

Fraglich ist, ob diese ausdrücklich vertraglich niedergelegte Erweiterung des
Schutzbereichs der Kapitalverkehrsfreiheit auch auf die weiteren Grundfreiheiten Auswirkungen zeitigt. Dafür spricht, dass die Notwendigkeit des
grundfreiheitlichen Schutzes grenzüberschreitender Tätigkeiten von Unions-
angehörigen in Drittstaaten nicht auf den Kapitalverkehr beschränkt ist. Denn
neben den Investitionsentscheidungen von Anlegern richten sich auch andere
(unternehmerische) Entscheidungen nach der Steuerbelastung im Drittstaat;
genannt sei nur die Ausübung der Niederlassungsfreiheit bei der Wahl des

---

[155] Cordewener, Grundfreiheiten und nationales Steuerrecht, S. 20.
[156] Thömmes in: Lenz, EG-Handbuch, S. 471, 478; Cordewener, Grundfreiheiten und nationales Steuerrecht, S. 20; Herzig/Dautzenberg, DB 1992, 2519, 2520.
[157] Cordewener, Grundfreiheiten und nationales Steuerrecht, S. 21.

Standortes[158] für die Ansiedlung und Begründung neuer Niederlassungen. Zum anderen werden Steuern vom Einkommen und Vermögen – zumindest teilweise – auf die Endpreise von Waren übergewälzt, so dass ein durch einen Drittstaat gewährter Steuervorteil die Wettbewerbsfähigkeit eines Unternehmens entscheidend mitbestimmt. Dies geschieht dadurch, dass steuerlich bevorzugte Unternehmen die höheren liquiden Mittel für Forschung und Rationalisierung verwenden und so zur Kostensenkung ihrer Produkt beitragen können und zudem auch über einen längeren Zeitraum Wettbewerbsvorteile durch die Möglichkeit niedrigerer „Kampfpreise" erhalten.[159]

Solche Wettbewerbsverzerrungen durch die Besteuerung in Drittstaaten sind mit dem Gedanken eines Gemeinsamen Marktes nicht vereinbar und sollten deshalb nicht von vornherein von einer Überprüfung anhand der das Binnenmarktziel flankierenden Grundfreiheiten ausgeschlossen sein. Dies gilt noch mehr, wenn Mitgliedstaaten an diesen steuerlichen Regelungen mitgewirkt haben bzw. sogar bestimmenden Einfluss darauf nehmen konnten. Zudem besteht zum einen Einigkeit darüber, dass die Hauptaufgabe des Prüfungspunkts des räumlichen Anwendungsbereichs darin liegt, vor allem solche Sachverhalte vom Schutz der Grundfreiheiten auszunehmen, die sich im rein internen Bereich der Mitgliedstaaten abspielen und keinerlei Bezug zur Union haben.[160] Zum anderen ist der Rechtsprechung des EuGH zu entnehmen, dass für eine Anwendbarkeit der Grundfreiheiten potentielle Auswirkungen auf den Binnenmarkt ausreichen, selbst wenn das Unionsrecht den Sachverhalt nicht unmittelbar regelt.[161] Dies ergibt sich auch aus dem Urteil des EuGH im Verfahren *Matteucci*, in dem er feststellte, dass auch zweiseitige Abkommen, die zum Teil außerhalb des Anwendungsbereichs des EG-Vertrags (heute: AEUV) geschlossen wurden, keine gegen den EG-Vertrag (heute: AEUV) verstoßenden Maßnahmen vorsehen dürfen.[162]

---

[158] Van Unnik/Boudesteijn, ECTR 1993, 106, 115; Cordewener, Grundfreiheiten und nationales Steuerrecht, S. 20; Mick, Die Steuerkonzeption der Europäischen Union, S. 49, der jedoch auch darauf hinweist, dass weitere Faktoren wie z.B. Lohnkosten oder Infrastruktur diese Unternehmerentscheidungen ebenfalls beeinflussen. Die Auswirkungen unterschiedlicher Steuerregelungen im Drittstaat auf unternehmerische Entscheidungen im europäischen Binnenmarkt erkennt auch die Kommission an (vgl. Europäische Kommission, Arbeitsdokument der Dienststellen der Kommission, Unternehmensbesteuerung im Binnenmarkt (KOM (2001) 582 endg.), SEK (2001) 1681, S. 316 f.).

[159] Lehner, Möglichkeiten zur Verbesserung des Verständigungsverfahrens auf der Grundlage des EWG-Vertrages, S. 126 und 168; Mick, Die Steuerkonzeption der Europäischen Union, S. 49; Cordewener, Grundfreiheiten und nationales Steuerrecht, S. 20.

[160] Randelzhofer/Forsthoff in: Grabitz/Hilf, Das Recht der Europäischen Union, Vor Art. 39, Rn. 8 ff.

[161] EuGH vom 17.7.1997, Rs. C-28/95 *Leur-Bloem*, Rn. 34; EuGH vom 17.4. 1997, Rs. 130/95 *Giloy*, Rn. 22 ff.; Hahn, DStZ 2005, 43, 438; Vanistendael, ECTR 1999, 163, 164.

[162] EuGH vom 27.9.1988, Rs. 235/87 *Matteucci*, Rn. 19.

Können demzufolge auch bestimmte Tätigkeiten außerhalb der EU unter die Grundfreiheiten fallen, sind jedoch des Weiteren zwei Voraussetzungen zu beachten. Zum einen muss ein „grenzüberschreitendes Element" gegeben sein, d.h. ein relevantes Moment des Sachverhalts muss über die Grenze eines Mitgliedstaats hinausweisen.[163] Ein Vergleich zu innergemeinschaftlichen Sachverhalten ergibt hierbei, dass ein durch die Grundfreiheiten – mit Ausnahme der Kapitalverkehrsfreiheit – geschützter „grenzüberschreitender Sachverhalt" nicht bereits dann vorliegt, wenn ein in einem Mitgliedstaat ansässiger Steuerpflichtiger Einkünfte aus einem Drittstaat erzielt.

Vielmehr muss der zu prüfende Sachverhalt zum anderen durch die ihm zugrunde liegenden rechtlichen Beziehungen oder Auswirkungen einen hinreichend engen Bezug zur Union aufweisen.[164] Welche Anforderungen an einen solchen zusätzlichen Bezugspunkt zum Unionsgebiet zu stellen sind, ist anhand einer Betrachtung der einzelnen Grundfreiheiten unter Beachtung der Anforderungen eines Gemeinsamen Marktes sowie der Rechtsprechung des EuGH festzustellen.

b) Arbeitnehmerfreizügigkeit

Nach der Rechtsprechung des EuGH auf dem Gebiet der Arbeitnehmerfreizügigkeit, die in der Rechtssache *Walrave*[165] ihren Anfang nahm, ist eine Arbeitnehmertätigkeit in einem Drittstaat durch Art. 45 AEUV (ex-Art. 39 EG) geschützt, solange die ihr zugrunde liegenden Rechtsbeziehungen „aufgrund des Ortes, an dem sie entstanden sind oder an dem sie ihre Wirkung entfalten"[166], einen räumlichen Bezug zum Unionsgebiet aufweisen. Nach den auch in den Rechtssachen *Prodest* und *Aldewereld*[167] beibehaltenen Grundsätzen führt demnach die Tatsache, dass die Tätigkeiten eines Arbeitnehmers ganz oder teilweise außerhalb des Unionsgebiets ausgeübt werden, nicht von vornherein zur Nichtanwendbarkeit der Arbeitnehmerfreizügigkeit, wenn eine „hinreichend enge

---

[163] Fischer, Primäres Gemeinschaftsrecht und direkte Steuern, S. 114; Hahn, DStZ 2005, 433, 437; Randelzhofer/Forsthoff in: Grabitz/Hilf, Das Recht der Europäischen Union, Vor. Art. 39–55 EG, Rn. 42; Streinz, Europarecht, S. 305. Dieser Punkt wird grundsätzlich zwar bei der Frage des sachlichen Anwendungsbereichs der Grundfreiheiten geprüft. Da jedoch die Fragen eines hinreichenden Bezugs zur Gemeinschaft einerseits und eines grenzüberschreitenden Elements andererseits eng zusammenhängen, werden sie gemeinsam unter diesem Prüfungspunkt behandelt.

[164] Ebenso Schnitger, Die Grenzen der Einwirkung der Grundfreiheiten des EG-Vertrages auf das Ertragssteuerrecht, S. 115.

[165] EuGH vom 12.12.1974, Rs 36/74 *Walrave und Koch*.

[166] EuGH vom 12.12.1974, Rs 36/74 *Walrave und Koch*, Rn. 28/29. Ebenso EuGH vom 12.7.1984, Rs. 237/83 *Prodest*, Rn. 6; Oppermann/Classen/Nettesheim, Europarecht, S. 508; Streinz, Europarecht, S. 305.

[167] EuGH vom 12.7.1984, Rs. 237/83 *Prodest* und EuGH vom 29.6.1994, Rs. C-60/93 *Aldewereld*.

Anknüpfung" zur Union besteht. Ob ein solcher enger Bezug gegeben ist, soll aufgrund der Umstände des Einzelfalls bestimmt werden. Eine hinreichend enge Anknüpfung ist insbesondere dann anzunehmen, wenn der Unionsbürger von einem in einem anderen Mitgliedstaat ansässigen Unternehmen eingestellt wurde und dadurch dem System der sozialen Sicherheit dieses Staates angeschlossen ist. Auch ein Tätigwerden für Rechnung eines in der Union niedergelassenen Unternehmens spricht für einen Bezug zur Union.[168]

Im Verfahren *Boukhalfa* wurde festgestellt, dass ein Arbeitsverhältnis auch dann einen hinreichend engen Bezug zum Unionsgebiet besitzt, wenn das Arbeitsverhältnis zumindest teilweise dem Recht eines Mitgliedstaats und damit mittelbar den einschlägigen Regeln des Unionsrechts unterliegt.[169] Im fraglichen Fall lag der Gerichtsstand für Rechtsstreitigkeiten aus dem Arbeitsvertrag innerhalb der Union, die Arbeitnehmerin war dem Sozialversicherungssystem eines Mitgliedstaats angeschlossen und war in einem Mitgliedstaat beschränkt steuerpflichtig. Dass die Tätigkeit ausschließlich in einem Drittstaat ausgeübt wurde, war unerheblich.[170] Im Fall *Lopes da Veiga* sah der EuGH sogar eine Tätigkeit eines Unionsbürgers auf einem Schiff, das die Flagge eines anderen Mitgliedstaats führt, als durch die Arbeitnehmerfreizügigkeit geschützt an.[171]

Der räumliche Schutzbereich des Art. 45 AEUV (ex-Art. 39 EG) ist folglich immer dann eröffnet, wenn ein hinreichend enger Bezug zum Unionsgebiet dadurch erfüllt ist, dass ein Staatsangehöriger eines Mitgliedstaats zwar in einem Drittstaat tätig ist, jedoch das Recht eines anderen Mitgliedstaats zumindest teilweise auf den Angehörigen des Mitgliedstaats anwendbar ist, z.B. durch Tätigwerden für ein Unternehmen eines Mitgliedstaats, eine beschränkte Steuerpflicht in diesem Mitgliedstaat oder die Eingliederung in das Sozialversicherungssystem desselben. Ein räumlich fester Bezugpunkt zu einem Mitgliedstaat ist hingegen nicht erforderlich.[172]

c) Dienstleistungsfreiheit

Hingegen scheint für die Eröffnung des räumlichen Anwendungsbereichs der Dienstleistungsfreiheit ein gewisser räumlicher Bezugpunkt erforderlich zu sein. Der Wortlaut des Art. 56 AEUV (ex-Art. 49 EG) verlangt, dass Unions-

---

[168] EuGH vom 12.7.1984, Rs. 237/83 *Prodest,* Rn. 6 f.; EuGH vom 29.6.1994, Rs. C-60/93 *Aldewereld*, Rn. 14.

[169] EuGH vom 30.4.1996, Rs. C-214/94 *Boukhalfa*, Rn. 15 f. Ebenso Randelzhofer/Forsthoff in: Grabitz/Hilf, Das Recht der Europäischen Union, Vor. Art. 39–55 EG, Rn. 9; Streinz, Europarecht, S. 305 Fn. 28.

[170] EuGH vom 30.4.1996, Rs. C-214/94 *Boukhalfa*, Rn. 15 f.

[171] EuGH vom 27.9.1989, Rs. 9/88 *Lopes da Veiga*, Rn. 16. Der Arbeitnehmer unterlag auch dem Sozialversicherungssystem und dem Steuerrecht des anderen Mitgliedstaats.

[172] Im Ergebnis ebenso Schnitger, Die Grenzen der Einwirkung der Grundfreiheiten des EG-Vertrages auf das Ertragsteuerrecht, S. 116 f.

bürger, die sich auf die Dienstleistungsfreiheit berufen, in ihrer Eigenschaft als Dienstleistender oder Dienstleistungsempfänger in einem Mitgliedstaat ansässig sind. Zu beachten ist jedoch, dass von der Dienstleistungsfreiheit auch Fälle umfasst sind, in denen Dienstleistender oder Dienstleistungsempfänger zwar jeweils in einem (unterschiedlichen) Mitgliedstaat ansässig sind, die Dienstleistung selbst jedoch in einem Drittstaat vorgenommen wird. Insbesondere ist in derartigen Fallgestaltungen auch dem Wortlaut des Art. 56 AEUV genüge getan.[173] Diese Möglichkeit ist auch durch die Rechtsprechung des EuGH anerkannt, der im Urteil zum Fall *Walrave* – in dem sich (angestellte und) selbständige Sportler für Veranstaltungen außerhalb des Gebiets der Europäischen Union auf den Schutz der Dienstleistungsfreiheit beriefen – die Anwendbarkeit der Dienstleistungsfreiheit auf in Drittstaaten von Ansässigen eines Mitgliedstaats durchgeführte Leistungen bejaht hat.[174]

d) Niederlassungsfreiheit

Auch nach der Formulierung der Niederlassungsfreiheit in Art. 49 AEUV (ex-Art. 43 EG), sowie der Definition der Niederlassung durch den EuGH als „tatsächliche Ausübung einer wirtschaftlichen Tätigkeit mittels einer festen Einrichtung in einem anderen Mitgliedstaat auf unbestimmte Zeit",[175] ist ein fester Bezugpunkt zu einem Mitgliedstaat erforderlich. Anders als bei der Dienstleistungsfreiheit sind damit reine Drittstaattätigkeiten nicht unmittelbar vom räumlich-sachlichen Anwendungsbereich der Niederlassungsfreiheit erfasst.[176] Möglich ist jedoch ein mittelbarer Schutz, wie der EuGH in der Rechtssache *Saint-Gobain* dargelegt hat.[177] In diesem Fall hatte eine Kapitalgesellschaft eines Mitgliedstaats in einem anderen Mitgliedstaat eine Betriebsstätte gegründet und damit eine grenzüberschreitende wirtschaftliche Tätigkeit vorgenommen. Die Betriebsstätte bezog Dividenden und andere Einkünfte aus einem Drittstaat und wurde im Ansässigkeitsstaat der Betriebsstätte gegenüber ansässigen Unternehmen im Hinblick auf die Besteuerung nachteilig behandelt.[178] Dieser Sachverhalt wurde durch den EuGH als von der Niederlassungsfreiheit geschützt angesehen und damit „mittelbar" eine Anwendbarkeit des Art. 49 AEUV auf Drittstaatssachverhalte bejaht.

---

[173] Siehe auch Schnitger, Die Grenzen der Einwirkung der Grundfreiheiten des EG-Vertrages auf das Ertragssteuerrecht, S. 117 f.
[174] EuGH vom 12.12.1974, Rs 36/74 *Walrave und Koch*, Rn. 28/29.
[175] EuGH vom 25.7.1991, Rs. C-221/89 *Factortame*, Rn. 20.
[176] So auch EuGH vom 6.11.2007, Rs. C-415/06 *Stahlwerk Ergste Westig*, Rn. 18.
[177] Schnitger, Die Grenzen der Einwirkung der Grundfreiheiten des EG-Vertrages auf das Ertragssteuerrecht, S. 118.
[178] Zum Sachverhalt vgl. S. 54 f.

3. Verhältnis der Kapitalverkehrsfreiheit zur Niederlassungs- und Dienstleistungsfreiheit

Während die Kapitalverkehrsfreiheit des Art. 63 AEUV auch im Verhältnis zu Drittstaaten anwendbar ist, schützen die Niederlassungs- und die Dienstleistungsfreiheit gemäß Art. 56 und 49 AEUV nur Niederlassungen bzw. Dienstleistungen in einem anderen Mitgliedstaat, d.h. sie gelten für Fälle mit Bezug zum Unionsgebiet im Sinne von Art. 52 EUV. Da sich demnach Steuerpflichtige aus Drittstaaten auf die Kapitalverkehrsfreiheit, jedoch nicht auf die Dienstleistungs- oder Niederlassungsfreiheit berufen können, ist ihr Konkurrenzverhältnis gleichzeitig entscheidend für den Grad der Liberalisierung.[179]

Für das Konkurrenzverhältnis in Betracht kommt ein Exklusivitätsverhältnis oder eine parallele Anwendbarkeit. Die Regelungen des AEUV lassen keinen eindeutigen Schluss zu, da sie ein System wechselseitiger Vorbehalte vorsehen; d.h. in den Regelungen des Art. 49 Abs. 2 AEUV (ex-Art. 43 Abs. 2 EG) zur Niederlassungsfreiheit und des Art. 57 Abs. 1 AEUV (ex-Art. 50 Abs. 1 EG) zum freien Dienstleistungsverkehr ist zwar ein grundsätzlicher Vorrang der Kapitalverkehrsfreiheit enthalten, jedoch sieht Art. 65 Abs. 2 AEUV (ex-Art. 58 Abs. 2 EG) wiederum vor, dass die Kapitalverkehrsfreiheit mit dem Vertrag vereinbare Beschränkungen des Niederlassungsrechts unberührt lässt.[180]

a) Verhältnis zur Niederlassungsfreiheit

Die ältere Judikatur des EuGH legte eine Parallelität der beiden Grundfreiheiten nahe, da entweder die eine oder die andere Freiheit geprüft wurde, mit dem Hinweis, dass die jeweils andere Grundfreiheit nicht mehr geprüft zu werden brauche.[181] In seinen aktuelleren Entscheidungen hat der EuGH hingegen eine Schwerpunktbetrachtung vorgenommen und es für die Frage der Anwendbarkeit der Kapitalverkehrsfreiheit im Verhältnis zur Niederlassungsfreiheit als entscheidendes Kriterium angesehen, ob die jeweilige nationale Regelung auf das Vorhandensein einer sicheren und entscheidenden Möglich-

---

[179] Überschneidungen der Kapitalverkehrsfreiheit mit der Niederlassungsfreiheit bestehen v.a. beim Immobilienerwerb und bei Direktinvestitionen in Unternehmen, während Schnittpunkte mit der Dienstleistungsfreiheit insbesondere bei Finanzdienstleistungen von Banken und Versicherungen mit grenzüberschreitenden Kapitalbewegungen zu sehen sind (Schürmann in: Lenz/Borchardt, EU-Verträge, Art. 63 AEUV, Rn. 7 ff.).

[180] Schön in: Gocke/Gosch/Lang, FS für Wassermeyer, S. 489, 498; Kiemel in: Von der Groeben/Schwarze, EUV/EGV, Art. 56 EG, Rn. 20 ff.

[181] EuGH vom 6.6.2000, Rs. C-35/98 *Verkooijen*, Rn. 63; EuGH vom 8.3.2001, C-397/98 *Metallgesellschaft*, Rn. 75; Schürmann in: Lenz/Borchardt, EU-Verträge, Art. 63 AEUV, Rn. 12. Zu ex-Art. 56 EG: Ohler, Europäische Kapital- und Zahlungsverkehrsfreiheit, Art. 56 EG, Rn. 111.

keit des Steuerpflichtigen zur Einflussnahme auf die Beteiligungsgesellschaft abstellt.[182] Bei einer tatbestandlichen Anknüpfung an eine beherrschende Beteiligung soll die Niederlassungsfreiheit den einzigen Prüfungsmaßstab darstellen, während im Fall der unterschiedslosen Erfassung sämtlicher Beteiligungsquoten die Kapitalverkehrsfreiheit neben die Niederlassungsfreiheit treten soll.[183] Auch wenn diese Rechtsprechung nicht unumstritten ist[184] und in zahlreichen Punkten der Konkretisierung bedarf, ist sie derzeit als Grundlage für die Bestimmung des Verhältnisses zwischen der Kapitalverkehrs- und der Niederlassungsfreiheit heranzuziehen.

b) Verhältnis zur Dienstleistungsfreiheit

Auch wenn Art. 57 Abs. 1 AEUV (ex-Art. 50 Abs. 1 EG) einen Vorrang der Kapitalverkehrsfreiheit anzudeuten scheint, sind gemäß der Rechtsprechung des EuGH zum Verhältnis der Dienstleistungs- und der Kapitalverkehrsfreiheit beide Freiheiten wohl grundsätzlich nebeneinander anwendbar. Es ist jedoch im Einzelfall zu prüfen, ob eine der beiden Grundfreiheiten gegenüber der anderen völlig zweitrangig ist und ihr zugeordnet werden kann. Dies ist der Fall, wenn die Verletzung der einen Freiheit zwangsläufige Folge der Beschränkung der anderen Freiheit ist. Dem Verfahren *Fidium Finanz*[185] lag eine Regelung zugrunde, nach der für eine gewerbsmäßige Kreditvergabe in einem Mitgliedstaat durch ein in einem Drittstaat ansässiges Unternehmen eine Erlaubnis einzuholen und diese Erlaubnis zu versagen war, wenn das fragliche Unternehmen nicht seine Hauptverwaltung oder eine Zweigstelle im Inland hatte. Der EuGH sah durch diese Regelung vorrangig den Anwendungsbereich der Dienstleistungsfreiheit berührt, auf die sich Drittstaatsunternehmen jedoch nicht berufen können. Die Kapitalverkehrsfreiheit wurde durch den EuGH als nicht anwendbar angesehen, da die streitgegenständliche Regelung Finanz-

---

[182] EuGH vom 13.3.2007, Rs. C-524/04 *Test Claimants in the Thin Cap Group Litigation*, Rn. 28 ff.; EuGH vom 10.5.2007, Rs. C-492/04 *Lasertec*, Rn. 19 ff.; EuGH vom 24.5.2007, Rs. C-157/05 *Holböck*, Rn. 23 ff.

[183] EuGH vom 10.5.2007, Rs. C-492/04 *Lasertec*, Rn. 19 ff.; EuGH vom 24.5.2007, Rs. C-157/05 *Holböck*, Rn. 24. Ungeklärt ist jedoch, ob die gesetzgeberische Intention allein maßgeblich für das Abstellen auf eine beherrschende Beteiligung (d.h. eine Sperrminorität von mehr als 25%) sein soll oder ob auch bzw. ausschließlich die Beteiligungsverhältnisse im konkreten Einzelfall zu berücksichtigen sind, um die Mitgliedstaaten davon abzuhalten, dass sie durch die Formulierung der gesetzgeberischen Intention die Anwendbarkeit der Grundfreiheiten auf Drittstaatssachverhalte bewusst vermeiden (vgl. Dölker/Ribbrock, BB 2007, 1928, 1931 f.).

[184] Dölker/Ribbrock, BB 2007, 1928, 1930 ff. Kritisch zur Differenzierung nach den Beteiligungsquoten Kiemel in: Von der Groeben/Schwarze, EUV/EGV, Art. 56 EG, Rn. 21; Bröhmer in: Calliess/Ruffert, EUV/EGV, Art. 56 EG, Rn. 25 ff. Für eine parallele Anwendbarkeit im Hinblick auf den *effet utile*-Grundsatz, Schön in: Gocke/Gosch/Lang, FS für Wassermeyer, S. 489, 499.

[185] EuGH vom 3.10.2006, Rs. C-452/04 *Fidium Finanz*.

dienstleistungen von Unternehmen aus Drittstaaten schwerer zugänglich macht, so dass die Verringerung der mit der Kreditvergabe zusammenhängenden Zahlungsströme lediglich eine zwangsläufige Folge der geringeren Inanspruchnahme der Finanzdienstleistung ist.[186] Auch wenn demnach die Dienstleistungs- und die Kapitalverkehrsfreiheit grundsätzlich nebeneinander anwendbar sind, ist im Einzelfall zu überprüfen, ob die Kapitalverkehrsfreiheit nicht hinter der Dienstleistungsfreiheit zurück tritt.

4. Zusammenfassende Würdigung

Aus dem Vorgenannten ergibt sich, dass der räumliche Anwendungsbereich der Grundfreiheiten zum einen nur eröffnet ist, wenn ein Bezug zum Unionsgebiet besteht und ein grenzüberschreitendes Element geltend gemacht werden kann. Während die Kapitalverkehrsfreiheit auch den Verkehr zwischen Mitgliedstaaten und Drittstaat schützt, so dass für die Zwecke der Kapitalverkehrsfreiheit ein grenzüberschreitendes Element bereits darin zu sehen ist, dass ein in einem Mitgliedstaat Ansässiger eine Kapitalanlage in einem Drittstaat tätigt, betreffen die weiteren Grundfreiheiten lediglich den freien Verkehr innerhalb der Union. Im Rahmen der Arbeitnehmerfreizügigkeit, der Dienstleistungs- und der Niederlassungsfreiheit muss demnach neben einem Bezugspunkt im Drittstaat auch ein zumindest mittelbarer Anknüpfungspunkt in einem anderen Mitgliedstaat vorhanden sein. Ein solcher mittelbarer Anknüpfungspunkt kann darin begründet sein, dass ein Steuerpflichtiger mit Drittstaatseinkünften die Staatsangehörigkeit eines Mitgliedstaates besitzt und aufgrund seiner Ansässigkeit in einem anderen Mitgliedstaat dort der unbeschränkten Steuerpflicht unterliegt. Im Fall von juristischen Personen können die Gründung und der Sitz in einem Mitgliedstaat sowie eine Betriebstätte in einem anderen Mitgliedstaat genügen. Im Fall von Dienstleistungen ist die Ansässigkeit von Dienstleistungsempfänger und Dienstleistungserbringer in verschiedenen Mitgliedstaaten bereits ausreichend.

Ein hinreichend enger Bezug ist aufgrund der Besteuerung im Ansässigkeitsstaat nach dem Welteinkommensprinzip in diesen Fällen ebenfalls gegeben. Da die überwiegende Mehrheit der Staaten neben inländischen auch ausländische Wirtschaftsvorgänge unter der Voraussetzung besteuert, dass inländische natürliche oder juristische Personen daraus profitieren, muss der Steuerpflichtige 2 nach dem Welteinkommensprinzip auch die aus dem Drittstaat bezogenen Einkünfte im Mitgliedstaat 2 versteuern. Gleiches gilt für ausländische Vermögenswerte, falls sich der Mitgliedstaat 2 für die Erhebung von Vermögenssteuern entschieden hat.[187] Folglich unterliegt die Tätigkeit des Steuerpflichti-

---

[186] EuGH vom 3.10.2006, Rs. C-452/04 *Fidium Finanz*, Rn. 48.
[187] Vogel in: Vogel/Lehner, DBA, Einl., Rn. 2.

gen 2 im Drittstaat auch teilweise dem (Steuer-) Recht eines Mitgliedstaats. Dies gilt unabhängig davon, ob bei der Anwendung von DBA zunächst das Abkommensrecht oder zunächst das innerstaatliche Recht überprüft wird,[188] da der Verzicht eines Staates auf seinen Steueranspruch im Rahmen eines DBA nichts am grundsätzlichen Bestehen des Besteuerungsrechts dieses Staates ändert und damit auch keine Auswirkungen auf den räumlichen Anwendungsbereich des Unionsrechts haben kann. Der hinreichend enge Bezug zur Union, wird insbesondere dadurch begründet, dass – wie bereits dargelegt – durch eine günstigere Besteuerung im Drittstaat Auswirkungen auf die Wettbewerbsverhältnisse des Binnenmarkts möglich sind.[189] Diese potentielle Auswirkung auf den Binnenmarkt genügt nach der Rechtsprechung des EuGH als Abgrenzung zu rein internen Sachverhalten innerhalb eines Mitgliedstaates und für die Bejahung der räumlichen Anwendbarkeit der Grundfreiheiten.[190]

IV. Zwischenergebnis

Im Ergebnis bleibt festzuhalten, dass der persönliche, räumliche und sachliche Geltungsbereich der Grundfreiheiten für eine durch ein DBA geregelte Tätigkeit des Steuerpflichtigen 2 im Drittstaat eröffnet ist, wenn der Steuerpflichtige 2 die Staatsangehörigkeit eines Mitgliedstaats besitzt, seine Tätigkeit im Drittstaat bei fehlender Anwendbarkeit der Kapitalverkehrsfreiheit einen hinreichend engen Bezugspunkt zu einem anderen Mitgliedstaat – z.B. durch die Ansässigkeit in einem solchen anderen Mitgliedstaat – aufweist und die steuerlich relevante Tätigkeit im Drittstaat eine Arbeitnehmertätigkeit, Niederlassung, Dienstleistung oder Kapitalanlage darstellt.

---

[188] Zur logischen Gleichwertigkeit beider Ansätze hat *Vogel* das Bild geprägt, dass das Abkommen wie eine Lochschablone wirkt, „die über das Muster des innerstaatlichen Rechts gelegt [...] bestimmte Partien abdeckt. Ob man hier mit der Prüfung der Schablone oder der des Musters beginnt, läuft auf das Gleiche hinaus [...]" (Vogel in: Vogel/Lehner, DBA, Einl., Rn. 90).

[189] Vergleiche hierzu den Text und die Nachweise zu Fn. 132. Selbst wenn man davon ausgeht, dass die Nachteile einer höheren Besteuerung im Drittstaat aufgrund eines DBA im Mitgliedstaat durch Anwendung der Anrechnungsmethode ausgeglichen werden, da bei einer höheren ausländischen Steuerbelastung auch ein dementsprechend höherer Betrag auf die deutsche Steuerlast angerechnet wird, bleibt zumindest ein zeitlicher Nachteil sowie ein Nachteil durch einen höheren Verwaltungsaufwand.

[190] Siehe hierzu bereits die Nachweise unter Fn. 133 ff.

Kapitel 3: Nichtgewährung eines Abkommensvorteils als mitgliedstaatliche Maßnahme

Durch die Grundfreiheiten verpflichtet werden die unter den persönlichen Anwendungsbereich der Verträge fallenden Einheiten, d.h. also die Union sowie die Mitgliedstaaten selbst, deren Verpflichtung aus ihrer Unterwerfung unter die Verträge folgt.[191] Demnach kann eine Verletzung der Grundfreiheiten lediglich durch die Union selbst oder durch eine staatliche Maßnahme eines Mitgliedstaats bewirkt werden.[192]

Angewandt auf den vorliegend zu prüfenden Sachverhalt, dass ein Drittstaat aufgrund eines mit einem Mitgliedstaat (Mitgliedstaat 1) abgeschlossenen DBA den Angehörigen dieses Mitgliedstaates (Steuerpflichtige 1) einen Vorteil zukommen lässt, während er diesen Vorteil den Angehörigen eines anderen Mitgliedstaats (Steuerpflichtige 2) vorenthält, scheint auf den ersten Blick eine solche staatliche Maßnahme eines Mitgliedstaats zu fehlen, da die Ungleichbehandlung zwar auf dem DBA basiert, jedoch erst durch das Tätigwerden des Drittstaats konkretisiert wird.

Im Gegensatz zu Fällen, in denen ein Verstoß gegen die Grundfreiheiten lediglich anhand einer Zurechnung fremden (nicht-staatlichen) Verhaltens angenommen werden konnte, ist in der vorliegenden Konstellation durch den Abschluss des DBA mit Erlass eines Zustimmungsgesetzes jedoch eine mitgliedstaatliche Maßnahme gegeben (s.u. A.). Dieser Feststellung kann nicht entgegengehalten werden, dass eine solche Maßnahme nur potentiell zu einer Verletzung der Grundfreiheiten führt, da der Mitgliedstaat einerseits mit dem Abschluss des DBA und dem Erlass des Zustimmungsgesetzes alle Voraussetzungen für eine Wirksamkeit und damit für eine Anwendung des DBA erfüllt hat und zudem gemäß Art. 4 Abs. 3 UAbs. 3 EUV (ex-Art. 10 Abs. 2 EG) selbst die Gefahr einer Diskriminierung ausreichen würde (s.u. B.).

Eine Analyse der Rechtsprechung des EuGH zu vergleichbaren Fällen ergibt, dass eine die Grundfreiheiten potentiell verletzende Maßnahme nicht im Ver-

---

[191] Streinz, Europarecht, S. 323; vgl. auch Schlussanträge des GA Maduro vom 6.4.2006, verb. Rs. C-282/04 und C-283/04 *Kommission/Königreich der Niederlande*, Rn. 22.

[192] Vgl. auch EuGH vom 28.9.2006, verb. Rs. C-282/04 und C-283/04 *Kommission/Königreich der Niederlande*, Rn. 14; Schlussanträge des GA Colomer vom 13.2.2007, Rs. C-112/05 *Kommission/Deutschland*, Rn. 40 ff.; Frenz, Handbuch Europarecht, S. 162. Ohne Relevanz für die vorliegende Fragestellung ist die Möglichkeit, dass die Diskriminierungsverbote der Grundfreiheiten auch für Private gelten, soweit diese kollektive Regelungen aufgrund einer Verbandsmacht o.ä. erlassen (sog. Drittwirkung der Grundfreiheiten; vgl. hierzu Streinz, Europarecht, S. 323).

halten des Drittstaats selbst zu sehen ist, sondern in der Abkommensklausel, die dem Drittstaat das gemeinschaftsrechtswidrige Verhalten erlaubt (s.u. C.). Diese Sichtweise ist auch bei der Europäischen Kommission (s.u. D.) und – gestützt auf Art. 4 Abs. 3 EUV (ex-Art. 10 EG) – in der Literatur vorherrschend (s.u. E.).

A. Zur Abgrenzung: Fälle der Zurechnung fremden Verhaltens

Nach der Rechtsprechung des EuGH werden den Mitgliedstaaten gemeinschaftsrechtswidrige Maßnahmen bestimmter Institutionen – auch „Handlungseinheiten"[193] genannt – zugerechnet, die zwar keine öffentlichen Unternehmen darstellen, jedoch trotzdem in einem gewissen Näheverhältnis zum Staat stehen. Dieses Näheverhältnis wird dadurch begründet, dass Gegenstand des Unternehmens eine erwerbswirtschaftliche Tätigkeit ist, auf deren Inhalt bzw. Umfang der Mitgliedstaat einen maßgeblichen Einfluss hat (sog. Verantwortlichkeit für staatsnahe Handlungseinheiten).[194] Im Folgenden werden zunächst die wichtigsten EuGH-Entscheidungen zur Verantwortlichkeit staatsnaher Handlungseinheiten dargestellt (s.u. I.) und anschließend die wichtigsten Gründe für die Notwendigkeit einer Zurechnung herausgearbeitet (s.u. II.).

I. EuGH-Entscheidungen

1. EuGH Rs. 249/81 – *Buy Irish*

Die irische Regierung hatte ein Programm zur Förderung irischer Erzeugnisse entworfen, das mehrere Maßnahmen vorsah. Die im Programm vorgesehene Einrichtung eines kostenlosen Informationsdienstes für Verbraucher, der darüber informieren sollte, welche Produkte in Irland hergestellt werden und wo diese erhältlich sind, und die Bereitstellung eines Ausstellungszentrums in Dublin zur Präsentation rein irischer Waren wurden nach einer Aufforderung zur Stellungnahme nach ex-Art. 226 Abs. 1 EG (heute: Art. 258 AEUV) durch die Kommission von der irischen Regierung eingestellt. Aufrechterhalten wurden jedoch die Förderung der Verwendung des Etiketts *Guaranteed Irish* sowie eine große Werbekampagne zugunsten in Irland erzeugter Produkte durch den sog. *Irish Goods Council*, der Werbung in Presse und Fernsehen schaltete und

---

[193] Der Terminus „Handlungseinheit" entspricht dem englischen Begriff „entity" und bezeichnet Einheiten, die im Bereich des Völker- oder Gemeinschaftsrechts bzw. des innerstaatlichen Rechts handelnd auftreten (vgl. hierzu Hintersteininger, Binnenmarkt und Diskriminierungsverbot, S. 145).

[194] Hintersteininger, Binnenmarkt und Diskriminierungsverbot, S. 179 f.

Broschüren veröffentlichte und verteilte, in denen die Verbraucher zum Kauf irischer Erzeugnisse aufgefordert wurden.[195]

Der *Irish Goods Council* wurde einige Monate nach Beginn der streitgegenständlichen Kampagne unter Patenschaft der Regierung als Gesellschaft mit beschränkter Nachschusspflicht und ohne Kapitaleinlage gegründet. Geleitet wurde er von einem Vorstand, der nach der Satzung aus zehn Mitgliedern aus den verschiedenen Bereichen der irischen Wirtschaft bestand, die einzeln vom Minister für Industrie, Handel und Energie ausgewählt und bestellt wurden. Eines der Mitglieder des Vorstands ernannte der Minister für drei Jahre zum Präsidenten der Einrichtung. Die Aktivitäten des *Irish Goods Council* wurden durch die irische Regierung und die Privatindustrie finanziert.[196]

Die irische Regierung war der Ansicht, die Aktivitäten des *Irish Goods Council* könnten nicht als Handeln einer irischen Behörde angesehen werden, da der Council nur ein Zusammenschluss verschiedener irischer Industriezweige zur gemeinsamen Interessenvertretung sei und sein Handeln auf keine amtliche Regelung gestützt sei. Die Regierung beschränke sich auf finanzielle und ideelle Unterstützung.

Nach Auffassung der Kommission sind die Handlungen des *Irish Goods Council* der irischen Regierung zuzurechnen.[197]

Der EuGH entschied, dass sich die irische Regierung nicht dadurch von ihren Verpflichtungen aus den Verträgen befreien kann, dass sie sich argumentativ auf die Durchführung der Kampagne durch den *Irish Goods Council* als privatrechtliche Gesellschaft stützt. Insbesondere berufe die irische Regierung die Vorstandsmitglieder des Council, decke den größeren Teil seiner Ausgaben durch Zuwendung öffentlicher Gelder und habe auch die Ziele der Kampagne zur Förderung des Absatzes irischer Waren festgelegt. Dies habe zur Folge, dass Irland für die Kampagne und damit das Handeln des Council verantwortlich sei, da die vorgenommenen Aktivitäten des *Irish Goods Council* in ihrer Wirkung mit Regierungsakten zwingenden Charakters vergleichbar seien.[198]

2. EuGH Rs. C-325/00 – *CMA*

Eine ähnliche Problemstellung wie der *Buy Irish* – Fall enthält das Verfahren im Fall des deutschen *CMA* – Gütezeichens. Hier wurde aufgrund eines Bundesgesetzes ein Absatzförderungsfonds der deutschen Land- und Ernährungs-

---

[195] EuGH vom 24.11.1982, Rs. 249/81 *Buy Irish*, Rn. 2 ff.

[196] EuGH vom 24.11.1982, Rs. 249/81 *Buy Irish*, Rn. 10 ff.

[197] EuGH vom 24.11.1982, Rs. 249/81 *Buy Irish*, Rn. 6 f.

[198] EuGH vom 24.11.1982, Rs. 249/81 *Buy Irish*, Rn. 15, 27 f., 30. Diese Rechtsprechung wurde bestätigt durch das Urteil des EuGH vom 13.12.1983, Rs. 222/82 *Apple and Pear Council*, Rn. 17 f., das jedoch keine zusätzlichen Erkenntnisse für die vorliegende Fragestellung enthält.

wirtschaft (im Folgenden: Fonds) gegründet, der den Absatz und die Verwertung von Produkten der deutschen Land- und Ernährungswirtschaft durch die Erschließung in- und ausländischer Märkte fördern sollte. Die Bestellung der Vorstandsmitglieder des Fonds bedurfte der Zustimmung des zuständigen Bundesministers. Auch die 21 Mitglieder des Verwaltungsrats wurden durch den Bundesminister berufen, fünf davon sogar von den in der Bundesregierung vertretenen Parteien vorgeschlagen. Der Fonds finanzierte sich durch Pflichtbeiträge der Betriebe der deutschen Land- und Ernährungswirtschaft und verwendete die erhaltenen Mittel ausschließlich zu Zwecken, die dieser Solidargemeinschaft dienten.[199] Die Durchführung dieser Aufgaben wurde der CMA GmbH übertragen. Der Gesellschaftsvertrag, der ursprünglich auch durch den Bundesminister genehmigt wurde, sah vor, dass die 26 Aufsichtsratsmitglieder von einer Gesellschafterversammlung gewählt werden, die sich aus Vertretern der betreffenden Wirtschaftszweige zusammensetzte. Drei dieser Aufsichtsräte wurden vom Fonds vorgeschlagen. Zudem hatte die Gesellschaft die Richtlinien des Fonds zu beachten. Die Gesellschaft selbst strebte keine eigene Gewinnerzielung durch ihre Geschäftstätigkeit an. Die CMA GmbH vergab ein Gütezeichen in Form von Lizenzverträgen an ausgewählte Hersteller. Dieses Gütezeichen beinhaltete das Recht, die Waren als „Markenqualität aus deutschen Landen" zu bezeichnen. Einer begründeten Stellungnahme der Kommission nach ex-Art. 226 Abs. 1 EG (heute: Art. 258 AEUV) mit Aufforderung zur Erfüllung der Verpflichtungen aus den Verträgen kam Deutschland nicht nach.[200]

Die deutsche Regierung war der Ansicht, dass die Tätigkeit der CMA GmbH nicht dem deutschen Staat zuzurechnen sei, da die CMA GmbH nicht nur die Rechtsform einer Kapitalgesellschaft habe, sondern auch durch die freie Wirtschaft finanziert werde und ihre Organe nach gesellschaftsrechtlichen Regeln bestellt würden. Auch erfolge die Vergabe des CMA-Gütezeichens nicht auf gesetzlicher Grundlage, sondern aufgrund von privatrechtlichen Lizenzverträgen. Der Fonds sei zwar eine Anstalt des öffentlichen Rechts, könne jedoch lediglich drei der 26 Mitglieder des Aufsichtsrats der CMA GmbH vorschlagen.[201]

Der EuGH führte in seiner Entscheidung jedoch aus, dass die Verleihung des CMA-Gütezeichens durch die CMA GmbH dem Staat zuzurechnen sei. Entscheidend für diese Sichtweise war laut der Begründung des EuGH, dass die CMA kein freiwilliger Zusammenschluss von Erzeugern war, sondern aufgrund eines Gesetzes errichtet wurde, nach ihrem Gesellschaftsvertrag den Richtlinien einer Anstalt des öffentlichen Rechts zu folgen hatte sowie durch

---

[199] EuGH vom 5.11.2002, Rs. C-325/00 *CMA*, Rn. 2 ff.
[200] EuGH vom 5.11.2002, Rs. C-325/00 *CMA*, Rn. 5 ff.
[201] EuGH vom 5.11.2002, Rs. C-325/00 *CMA*, Rn. 14 ff.

die aufgrund eines Gesetzes zu zahlenden Pflichtbeiträge aller Unternehmen der fraglichen Wirtschaftszweige mit Geldmitteln ausgestattet wurde. Aus diesen Gründen und auf Grund der Tatsache, dass der Fonds die Ordnungsmäßigkeit der Mittelverwendung durch die CMA GmbH überwachte, waren die Grundfreiheiten bei dieser dem Staat zuzurechnenden Tätigkeit zu beachten.[202]

II. Bewertung der EuGH-Entscheidungen

Die Entscheidungen des EuGH in den Fällen *Buy Irish* und *CMA* behandeln die Voraussetzungen, unter denen Maßnahmen einer nicht-staatlichen Organisation einem Mitgliedstaat zugerechnet werden können. Als maßgebliche Faktoren haben sich hierbei Einwirkungsmöglichkeiten des Staates bzw. staatlicher Organisationen (hier: einer öffentlichen Anstalt) auf die Berufung von Entscheidungsträgern, eine Abhängigkeit von der Finanzierung durch den Staat, die Intensität der Mitspracherechte des Staates bezüglich der Organisation sowie die Wirkungsgleichheit der diskriminierenden Maßnahmen mit staatlichen Maßnahmen herauskristallisiert.[203]

Im Fall *Buy Irish* war eine Zurechnung nicht-staatlichen Verhaltens notwendig, da die Diskriminierung nicht auf einer gesetzlichen Regelung durch den Mitgliedstaat beruhte, sondern auf tatsächlichen Maßnahmen – wie z.B. der Finanzierung des Irish Goods Council – die sich lediglich wie zwingende Mitgliedstaatsakte auswirkten.

Im Verfahren *CMA* basierten zwar die Gründung und die Finanzierung des Förderungsfonds auf einer gesetzlichen Grundlage, die jeweiligen gesetzlichen Regelungen verpflichteten jedoch selbst nicht zur Vornahme der beanstandeten nachteiligen Ungleichbehandlung. Diese fehlende Festlegung, welche Maßnahmen die CMA erlassen muss, steht zwar nicht der Zurechnung der diskriminierenden nicht-staatlichen Maßnahmen zum Staat entgegen, wohl aber der Annahme einer originären staatlichen Maßnahme.[204]

III. Für eine staatliche Maßnahme in Betracht kommende Tätigkeiten des Mitgliedstaats

Im vorliegenden Fall gibt es hingegen im Rahmen des Verfahrens zum Zustandekommen von DBA verschiedene mögliche Anknüpfungspunkte für die Annahme einer mitgliedstaatlichen Maßnahme, die eine Diskriminierung und damit eine Verletzung der Grundfreiheiten bewirkt.

---

[202] EuGH vom 5.11.2002, Rs. C-325/00 *CMA*, Rn. 17 ff.

[203] Ebenso GA Jacobs in den Schlussanträgen vom 14.3.2002 in der Rs. C-325/00 *CMA*, Rn. 13.

[204] Vgl. hierzu auch GA Jacobs in den Schlussanträgen vom 14.3.2002 in der Rs. C-325/00 *CMA*, Rn. 24.

Da DBA völkerrechtliche Verträge darstellen, richten sich ihr Zustandekommen und ihre Wirkungen nach den Regeln des Wiener Übereinkommens
über das Recht der Verträge vom 23.5.1969 (WÜRV) sowie den jeweiligen
Regeln der innerstaatlichen Verfassungen.[205]

Die einem Vertragsschluss vorangehenden Verhandlungen bestehen aus
mehreren Verhandlungsrunden, in denen die vertragsschließenden Staaten gegenseitig Vorschläge für Abkommenstexte vorbringen und sich im Wege des
„Gebens und Nehmens" auf Formulierungen und Inhalte einigen.[206]

Am Ende der Verhandlungsrunden steht schließlich ein Entwurf des Ab-
kommenstexts in der Verhandlungssprache fest, zu dem neben den eigentlichen
Abkommensklauseln auch (Schluss-) Protokolle und Briefwechsel gehören.
Zwei Exemplare dieser finalen Entwürfe werden von den Leitern der Ver-
handlungsdelegationen Blatt für Blatt durch Abzeichnen als authentisch festgelegt („Paraphierung").

Gemäß Art. 9 Abs. 1 WÜRV werden die Abkommen mit der Erklärung der
Zustimmung durch beide vertragsschließende Staaten völkerrechtlich wirksam.
Diese Zustimmung erfolgt regelmäßig durch Unterzeichnung und Austausch
besonderer Urkunden („Ratifikation"). Für die Unterzeichnung ist in parla-
mentarischen Demokratien meist die Zustimmung des Parlaments erforderlich;
in Deutschland ist hierfür der Erlass eines Zustimmungsgesetzes gemäß Art. 59
Abs. 2 S. 1 GG vorgesehen.

Die innerstaatliche Anwendbarkeit wird hingegen in einem gesonderten
Verfahren bewirkt („Inkorporation" oder „Transformation"),[207] das in
Deutschland bereits mit dem zur Abkommensunterzeichnung notwendigen
Zustimmungsgesetz nach Art. 59 Abs. 2 GG erfüllt ist.[208]

Weder Verhandlungen allein, in denen diskriminierende Regelungen vorgeschlagen werden, noch die Paraphierung können beachtliche staatliche Maßnahmen darstellen, da durch sie noch keine Verpflichtung der Vertragsparteien
zum Abschluss des Abkommens begründet wird.[209]

Hingegen stellt die Ratifikation eine für die Grundfreiheiten relevante staatliche Maßnahme dar, da durch sie das DBA völkerrechtlich bindend wird.
Spätestens jedoch in der Herbeiführung der innerstaatlichen Anwendbarkeit

---

[205] Vogel in: Vogel/Lehner, DBA, Einl., Rn. 45.

[206] Septriadi in: Stefaner/Züger, Tax Treaty Policy and Development, S. 83 ff., 95.

[207] Zu den diesen Begriffen zugrunde liegenden Theorien, wie die innerstaatliche Anwendbarkeit hergestellt wird, vgl. bereits S. 30 ff.

[208] Vogel in: Vogel/Lehner, DBA, Einl., Rn. 56 ff. Auch in den meisten anderen Staaten, die
parlamentarische Demokratien darstellen, sind gesonderte Gesetze bzw. Zustimmungen nötig,
um eine innerstaatliche Anwendbarkeit zu gewährleisten. Vgl. hierzu den Überblick bei Vogel
in: Vogel/Lehner, DBA, Einl., Rn. 59 ff. sowie Septriadi in: Stefaner/Züger, Tax Treaty Policy
and Development, S. 83 ff., 99 f.

[209] Vogel in: Vogel/Lehner, DBA, Einl., Rn. 50; Fey in: Beck'sches Steuer- und Bilanzrechtslexikon, Stichwort „Doppelbesteuerung", Rn. 23.

(falls diese nicht wie in Deutschland bereits bei Ratifikation vorliegt) ist eine bindende gesetzliche Regelung zu sehen, die einen Grundfreiheitsverstoß beinhaltet.

Im Gegensatz zum Sachverhalt im Fall *Buy Irish* nimmt der Mitgliedstaat folglich in der hier zugrunde liegenden Konstellation nicht lediglich tatsächliche Maßnahmen vor, die sich wie zwingende Regelungen auswirken, sondern erlässt in Form des Zustimmungsgesetzes eine gesetzliche Regelung. Diese Regelung enthält auch – anders als im Fall *CMA* – eine bindende Verpflichtung zu einem potentiell diskriminierenden Verhalten. Eine Zurechnung fremden Verhaltens ist somit nicht erforderlich.

B. Keine nur indirekte oder ungewisse Verletzung der Grundfreiheiten

Gegen das Vorliegen einer Verletzung der Pflichten aus den Grundfreiheiten des AEUV durch den Abschluss eines DBA, das eine Maßnahme enthält, die gegen die Grundfreiheiten verstößt, kann auch nicht vorgebracht werden, dass eine Verletzung der Grundfreiheiten lediglich indirekt oder ungewiss sei, auch wenn der Drittstaat das DBA ebenfalls gegebenenfalls noch innerstaatlich umsetzen und die diskriminierende Regelung des DBA noch anwenden muss, bis tatsächlich ein Verstoß eingetreten ist.

Zum einen gibt es „keine typischere Manifestation staatlicher Gewalt als die Ausübung ihrer Gesetzgebungszuständigkeit".[210]

Zudem kann mit der Ratifizierung des DBA und damit seiner völkerrechtlichen Verbindlichkeit sowohl von einer Implementierung ins innerstaatliche Recht als auch von einer Anwendung durch den abkommensbeteiligten Drittstaat ausgegangen werden.

Für einen Verstoß durch den Mitgliedstaat bereits mit Erlass des Zustimmungsgesetzes und damit der Erteilung des innerstaatlichen Rechtsanwendungsbefehls spricht auch, dass die für ein Vertragsverletzungsverfahren notwendige Verletzungshandlung ebenfalls bereits in der Schaffung bzw. dem Bestehen einer gemeinschaftsrechtswidrigen Rechtsvorschrift liegt, ohne dass es auf die tatsächliche Anwendung dieser Regelung ankommt. Der Eintritt einer Rechtsverletzung bei dem betroffenen Steuerpflichtigen ist hingegen nicht notwendig.[211] Hinzu kommt, dass Art. 4 Abs. 3 EUV (ex-Art. 10 EG) die Mitgliedstaaten zur Aufhebung gemeinschaftsrechtswidriger nationaler Rechtsvorschriften verpflichtet, während eine bloße Nichtanwendung nicht aus-

---

[210] Schlussanträge des GA Colomer vom 13.2.2007, Rs. C-112/05 *Kommission/Deutschland*, Rn. 45.
[211] Borchardt in: Lenz/Borchardt, EU-Verträge, Art. 258 AEUV, Rn. 6.; zu ex-Art. 226 EG vgl. EuGH vom 4.4.1974, Rs. 167/73 *Kommission/Frankreich*, Rn. 34 f.

reicht.[212] Auch hieraus ist zu schließen, dass bereits das Bestehen einer Norm die Unionsrechtsverletzung darstellt. Auch die Rechtsgrundsätze der Loyalität sowie der Unionstreue sprechen dafür, einem Mitgliedstaat bereits die verpflichtende Vereinbarung eines Unionsrechtsverstoßes zu verbieten.[213]

Zum anderen würde selbst eine konkrete Gefahr einer Diskriminierung für einen Unionsrechtsverstoß ausreichen. Dies ergibt sich aus dem Wortlaut des Art. 4 Abs. 3 UAbs. 3 EUV (ex-Art. 10 Abs. 2 EG), wonach die Mitgliedstaaten alle Maßnahmen unterlassen müssen, die die Verwirklichung der Ziele dieses Vertrags *gefährden* könnten.

C. Rechtsprechung des EuGH[214]

I. EuGH Rs. C-307/97 – Compagnie de Saint-Gobain (im Folgenden Saint-Gobain)

1. Sachverhalt

Die Compagnie de Saint-Gobain SA als Klägerin war eine in Frankreich ansässige Gesellschaft, die eine unselbständige Betriebstätte in Deutschland unterhielt und mit den dieser Betriebsstätte zuzurechnenden Einkünften in Deutschland der beschränkten Steuerpflicht unterlag. Über die deutsche Betriebsstätte hielt die Klägerin Anteile an einem amerikanischen und zwei deutschen Tochterunternehmen. Die deutschen Tochterunternehmen wiederum waren an Gesellschaften in Italien, Österreich und der Schweiz beteiligt. Aus diesen (Schachtel-) Beteiligungen flossen der deutschen Zweigniederlassung Dividenden zu, die in den jeweiligen Ansässigkeitsstaaten der Gesellschaften mit Quellensteuern belastet wurden.

Die Klägerin wandte sich gegen die Versagung dreier steuerlicher Vergünstigungen, die eine Doppelbesteuerung von in Deutschland zugeflossenen Dividenden vermeiden sollen. Für die vorliegende Untersuchung relevant ist nur das in Art. 24 DBA-Schweiz 1971/88 und in Art. XV DBA-USA 1954/65 vor-

---

[212] Von Bogandy in: Grabitz/Hilf, Das Recht der Europäischen Union, Art. 10 EG, Rn. 41; vgl. auch Randelzhofer/Forsthoff in: Grabitz/Hilf, Das Recht der Europäischen Union, Vor Art. 39–55 EG, Rn. 54.

[213] Vgl. hierzu Kahl in: Calliess/Ruffert, EUV/EGV, Art. 10 EG, Rn. 6 ff.

[214] Die Urteile werden in diesem Abschnitt nur auf ihre Aussagen hinsichtlich der prinzipiellen Verpflichtungen der Mitgliedstaaten, Gemeinschaftsrecht auch beim Abschluss von DBA mit Drittstaaten zu beachten, untersucht.

gesehene sog. internationale körperschaftsteuerliche Schachtelprivileg,[215] das nur unbeschränkt steuerpflichtigen Kapitalgesellschaften zustand.

Die Klägerin verlangte aufgrund der ex-Art. 43, 48 EG (heute: Art. 49, 54 AEUV), bei der Besteuerung ihrer Dividendeneinkünfte aus Beteiligungen in der Schweiz und den USA mit in Deutschland unbeschränkt steuerpflichtigen Kapitalgesellschaften gleichgestellt zu werden.

Vereinfacht kann der Sachverhalt anhand folgender Skizze dargestellt werden:

Abb. 2: Schematische Darstellung der Saint Gobain – Konstellation

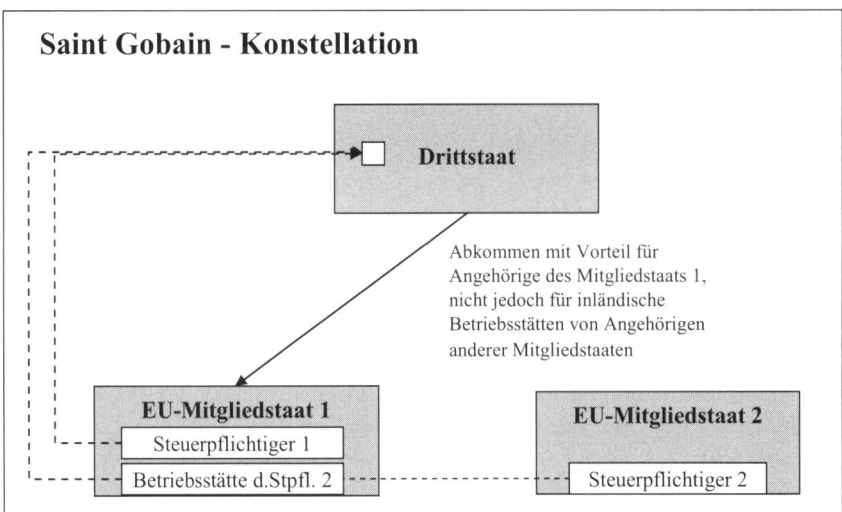

2. Entscheidung des EuGH

Der EuGH verwies auf die ständige Rechtsprechung, dass die Mitgliedstaaten für die direkten Steuern zuständig seien, diese Zuständigkeit jedoch unter Wahrung des Unionsrechts ausgeübt werden müsse.[216]

---

[215] Das internationale Schachtelprivileg beinhaltet eine Begrenzung des Quellensteuersatzes auf Dividenden auf einen niedrigeren Prozentsatz als derjenige für Streubesitzdividenden, wenn die Beteiligung des Dividendenempfängers am Kapital der ausländischen Gesellschaft einen Mindestsatz erreicht (DBA Schweiz: 20%, DBA USA 10%, vgl. Tischbirek in: Vogel/Lehner, DBA, Art. 10, Rn. 67) sowie die Anwendung der Freistellungsmethode für diese Einkünfte in Deutschland. Hinzu kam eine Steuerbefreiung von der Körperschaftsteuer in Deutschland gemäß §§ 8b, 26 KStG für Dividenden, die von einer ausländischen Kapitalgesellschaft ausgeschüttet werden und nach einem DBA steuerbefreit sind (vgl. EuGH vom 21.9.1999, Rs. C-307/97 *Saint-Gobain*, Rn. 16 ff.).

Zudem stellte der EuGH fest, dass die Mitgliedstaaten auch bei DBA mit Drittstaaten zur Beachtung der Grundfreiheiten – hier speziell des Grundsatzes der Inländergleichbehandlung – verpflichtet seien, außer hierdurch würden die Rechte des Drittstaats aus dem Abkommen beeinträchtigt bzw. dem Drittstaat neue Verpflichtungen auferlegt.[217] Eine solche Beeinträchtigung der Rechte des Drittstaates war im Saint-Gobain Fall jedoch nicht gegeben, da Deutschland seine Verpflichtung zur Inländergleichbehandlung durch eine einseitige Ausdehnung des persönlichen Anwendungsbereichs des körperschaftsteuerlichen Schachtelprivilegs erfüllen konnte und eine solche einseitige Ausdehnung weder die Regelungen des DBA in Frage stellte noch dem Drittstaat (USA, Schweiz) zusätzliche Pflichten auferlegte. Folglich sei der Mitgliedstaat im Fall eines Doppelbesteuerungsabkommens zwischen diesem Mitgliedstaat und einem Drittstaat verpflichtet, die abkommensrechtlichen Vorteile nicht nur den inländischen Gesellschaften, sondern auch den Betriebsstätten ausländischer Gesellschaften unter den gleichen Voraussetzungen zu gewähren.[218]

3. Bewertung

Dem Urteil ist die allgemeingültige Aussage zu entnehmen, dass die Mitgliedstaaten bezüglich des Inhalts von DBA mit Drittstaaten zur Beachtung des Unionsrechts verpflichtet sind. Für die zu untersuchende Frage, ob auch ein Verhalten des Drittstaats, das auf einem DBA beruht, einen Unionsrechtsverstoß begründen kann und ob der Mitgliedstaat einen solchen verhindern muss, beinhaltet die Entscheidung jedoch keine Anhaltspunkte. Der Grund hierfür ist darin zu sehen, dass der Fall *Saint-Gobain* die einseitige Erweiterung des Anwendungsbereichs eines DBA-Vorteils durch einen Mitgliedstaat betraf, so dass nur ein auf Abkommensrecht gestütztes Verhalten des Mitgliedstaats selbst und nicht ein Verhalten des Drittstaats anhand der Grundfreiheiten überprüft wurde.

II. EuGH Rs. 235/87 – *Matteucci*

1. Sachverhalt

In der Rechtssache *Matteucci* ging es um ein deutsch-belgisches Kulturabkommen, das den Staatsangehörigen der jeweils anderen Vertragspartei unter

---

[216] EuGH vom 21.9.1999, Rs. C-307/97 *Saint-Gobain*, Rn. 57 unter Hinweis auf EuGH vom 16.7.1998, Rs. C-264/96 *ICI*, Rn. 19.

[217] EuGH vom 21.9.1999, Rs. C-307/97 *Saint-Gobain*, Rn. 59 f. unter Hinweis auf die Schlussanträge des GA Mischo vom 2.3.1999, Rn. 81 f.

[218] EuGH vom 21.9.1999, Rs. C-307/97 *Saint-Gobain*, Rn. 59.

bestimmten Voraussetzungen Stipendien gewährte. Im Rahmen des Bewilligungsverfahrens musste eine belgische Behörde die möglichen Kandidaten bei den zuständigen deutschen Behörden vorschlagen. Die Klägerin des Verfahrens, die als italienische Staatsbürgerin in Belgien geboren war und ihr ganzes Studium in Belgien durchgeführt hatte, beantragte ein solches Stipendium für Spezialisierungskurse an der Berliner Hochschule der Künste. Die belgische Behörde lehnte es jedoch ab sie vorzuschlagen, mit dem Argument, dass die Studienbeihilfen nach dem Abkommen nur an belgische Staatsbürger gewährt würden.

Im Verfahren vor dem EuGH brachten die Regierungen zum einen vor, dass sich das Kulturabkommen außerhalb des Kompetenzbereichs der Union bewege. Zum anderen wirke sich die Verpflichtung für Belgien aus den Verträgen nicht aus, da die deutschen Behörden der Klägerin als nicht-belgischer Staatsangehöriger ohnehin kein Stipendium gewähren könnten, da sie an das Abkommen gebunden seien.[219]

2. Entscheidung des EuGH

Der EuGH stellte zunächst fest, dass die Klägerin aufgrund der Verordnung Nr. 1612/68 Anspruch auf die gleichen Vergünstigungen wie belgische Arbeitnehmer habe.

Zudem folgte er dem Vorbringen der italienischen Regierung dahingehend, dass die deutschen Behörden ihre belgischen Vertragspartner nicht daran hindern dürften, die Verpflichtungen des Unionsrechts zu erfüllen, d.h. wenn das Unionsrecht die belgischen Behörden dazu verpflichtet, auch andere Staatsangehörige für die Stipendien vorzuschlagen, müssten die deutschen Behörden die Vorgaben des Unionsrechts auch bei der Auswahl der Stipendiaten beachten.[220] Dies ergebe sich aus ex-Art. 10 Abs. 1 EG (heute: Art. 4 Abs. 3 EUV):

> „Nach Artikel 10 EG[221] treffen die Mitgliedstaaten alle geeigneten Maßnahmen allgemeiner oder besonderer Art zur Erfüllung der Verpflichtungen, die sich aus dem Vertrag ergeben. Wenn also die Anwendung einer gemeinschaftsrechtlichen Vorschrift durch eine Maßnahme behindert werden kann, die im Rahmen der Durchführung eines – auch außerhalb des Anwendungsbereichs des Vertrages geschlossenen – zweiseitigen Abkommens getroffen worden ist, ist jeder Mitgliedstaat verpflichtet, die Anwendung dieser Vorschrift zu erleichtern und zu diesem Zweck jeden anderen Mitgliedstaat, dem eine Verpflichtung aus dem Unionsrecht obliegt, zu unterstützen."[222]

---

[219] EuGH vom 27.9.1988, Rs. 235/87 *Matteucci*, Rn. 13, 17.
[220] EuGH vom 27.9.1988, Rs. 235/87 *Matteucci*, Rn. 18 f.
[221] Anm. d. Verf.: Heute Art. 4 Abs. 3 EUV.
[222] EuGH vom 27.9.1988, Rs. 235/87 *Matteucci*, Rn. 19.

3. Bewertung und Schlussfolgerungen

Zwar ist zu beachten, dass es im Fall *Matteucci* um ein bilaterales Abkommen außerhalb des Steuerrechts zwischen zwei Mitgliedstaaten (sog. *inter-se* – Abkommen) handelt. Trotzdem lassen sich aus dem Urteil allgemein gültige Aussagen ableiten, die auch Geltung für die Frage der Verantwortlichkeit der Mitgliedstaaten für das Hervorrufen einer diskriminierenden Wirkung durch einen Drittstaat beanspruchen.

Zunächst folgt aus den Ausführungen des EuGH die Verpflichtung der Mitgliedstaaten zur wechselseitigen Zusammenarbeit und gegenseitigen Unterstützung, um Normenkonflikte zu beheben bzw. zu vermeiden. Bemerkenswert ist, dass diese Zusammenarbeit auch auf Gebieten stattzufinden hat, die nicht in die Zuständigkeit der Union, sondern in die Zuständigkeit der Mitgliedstaaten fallen.[223]

Wichtiger ist jedoch die Argumentation des EuGH, dass ein Mitgliedstaat den Vertragspartner eines bilateralen Abkommens dabei unterstützen muss, seinen Verpflichtungen aus dem Unionsrecht nachzukommen und das Abkommen bzw. seine Durchführung so zu gestalten, dass gemeinschaftsrechtliche Normen beachtet werden. Mit anderen Worten, es müssen nicht nur die eigenen, aufgrund eines völkerrechtlichen Vertrages getroffenen Maßnahmen des Mitgliedstaats mit dem Unionsrecht übereinstimmen, sondern er muss auch dazu beitragen, dass die Maßnahmen seines Vertragspartners die Vorgaben des Unionsrechts erfüllen.

Da dieser zu unterstützende Vertragspartner im Fall *Matteucci* jedoch, wie erwähnt, selbst an das Unionsrecht gebunden war, bleibt offen, ob die gleichen Grundsätze gelten, wenn der Vertragspartner als Drittstaat dem Unionsrecht keinerlei Beachtung schenken muss.

III. EuGH Rs. C-55/00 – *Gottardo*

1. Sachverhalt

Der Fall *Gottardo* betraf ein bilaterales Abkommen zwischen Italien und der Schweiz auf dem Gebiet der sozialen Sicherheit. Dieses sah in Art. 9 vor, dass sich nicht überschneidende, in Italien und der Schweiz verwirklichte Versicherungszeiten zusammengerechnet werden können, wenn ansonsten im Fall von Invalidität, Alter oder Tod kein Anspruch auf Versicherungsleistungen bestünde. Eine Zusatzvereinbarung stellte sicher, dass der Zusammenrechnungs-

---

[223] Lück, Die Gemeinschaftstreue als allgemeines Rechtsprinzip im Recht der Europäischen Gemeinschaft, S. 56.

grundsatz auch auf Versicherungszeiten in denjenigen anderen Staaten ausge-
weitet wird, mit denen sowohl die Schweiz als auch Italien ein Abkommen
über die soziale Sicherheit abgeschlossen haben. Das Problem ergab sich daraus, dass Frankreich eine solche Vereinbarung zwar mit Italien, nicht jedoch
mit der Schweiz abgeschlossen hatte. Die Klägerin des Verfahrens war gebür-
tige italienische Staatsangehörige, musste jedoch aufgrund ihrer Heirat mit
einem französischen Staatsangehörigen auf die italienische Staatsangehörigkeit
verzichten. Arbeits- und Versicherungszeiten hatte Frau Gottardo in Italien,
Frankreich und der Schweiz angesammelt und bezog Altersrenten aus der
Schweiz und aus Frankreich. Sie begehrte nun auch eine italienische Rente.
Hierauf hätte sie aber nur bei einem Zusammenrechnen der italienischen,
französischen und schweizerischen Versicherungszeiten Anspruch.

2. Entscheidung des EuGH

Unter Hinweis auf die Entscheidungen in den Fällen *Matteucci* und
Saint-Gobain stellte der EuGH fest, dass die Verpflichtungen des Unionsrechts
von den Mitgliedstaaten auch bei der Durchführung von internationalen Abkommen beachtet werden müssen.

Dies habe unabhängig davon zu geschehen, ob ein Abkommen zwischen
Mitgliedstaaten oder zwischen Mitgliedstaaten und Drittstaaten vorliege. Die
Tatsache, dass die Drittstaaten selbst keine gemeinschaftsrechtlichen Pflichten
zu beachten haben, sei unerheblich.[224] Aus diesen Gründen müsse ein Mitgliedstaat beim Abschluss eines bilateralen Abkommens über die soziale Sicherheit aufgrund des Gleichbehandlungsgrundsatzes den Staatsangehörigen
der anderen Mitgliedstaaten die gleichen Vorteile zukommen lassen, die auch
seinen eigenen Staatsangehörigen nach dem Abkommen zustehen.[225] Eine
Rechtfertigung einer unterschiedlichen Behandlung aufgrund des Gleichgewichts bilateraler Verträge sei nicht möglich, solange den Drittstaaten keine
zusätzlichen Verpflichtungen auferlegt würden.[226]

3. Bewertung

Auch wenn das *Gottardo*-Urteil kein steuerrechtliches Abkommen, sondern
ein Abkommen auf dem Gebiet der sozialen Sicherheit betrifft, sind die durch
den EuGH aufgestellten Grundsätze auf DBA übertragbar. Dies folgt nicht
zuletzt aus der Bezugnahme des EuGH auf frühere steuerrechtliche Entscheidungen im vorliegenden Fall. Dieser Verweis zeigt, dass das Rechtsgebiet, auf

---

[224] EuGH vom 15.1.2002, Rs. C-476/98 *Gottardo*, Rn. 31 ff.
[225] EuGH vom 15.1.2002, Rs. C-476/98 *Gottardo*, Rn. 34.
[226] EuGH vom 15.1.2002, Rs. C-476/98 *Gottardo*, Rn. 36

dem das Abkommen geschlossen wurde, keine Auswirkungen auf Inhalt und Umfang der gemeinschaftsrechtlichen Pflichten der Mitgliedstaaten hat.

Auch im Fall *Gottardo* geht es darum, dass das eigene Verhalten von Mitgliedstaaten im Rahmen bilateraler Abkommen mit dem Unionsrecht übereinstimmen muss, sodass wieder keine Aussage zu den Folgen einer gemeinschaftsrechtswidrigen Wirkung von Handlungen der Drittstaaten getroffen werden kann. Wichtig ist jedoch die Aussage des EuGH, dass die fehlende Bindung der Drittstaaten an Unionsrecht keine Auswirkungen auf das grundsätzliche Bestehen der Verpflichtungen der Mitgliedstaaten beim Abschluss bilateraler Abkommen hat.

IV. EuGH Rs. C-476/98 – *Open Skies*

1. Sachverhalt

Deutschland hatte ebenso wie andere Mitgliedstaaten 1996 ein neues bilaterales Luftfahrtabkommen (sog. *Open Skies* – Abkommen) mit den USA abgeschlossen. In diesem Abkommen ist in Art 3 geregelt, dass die Gewährung der Betriebsgenehmigungen und technischen Genehmigungen durch eine der Vertragsparteien davon abhängig ist, dass ein wesentlicher Teil des Eigentums sowie die tatsächliche Kontrolle des betreffenden Unternehmens bei der anderen Vertragspartei und/oder deren Staatsangehörigen liegt (sog. „Klausel über Eigentum und Kontrolle von Luftfahrtunternehmen"). Zudem sah Art. 3 Abs. 3 des *Open Skies* –Abkommens vor, dass die USA auf ihr Recht zur Genehmigungsverweigerung verzichten, wenn der Eigentumsanteil deutscher natürlicher oder juristischer Personen an dem fraglichen Luftfahrtunternehmen weniger als 50 v. H. beträgt.

Schematisch lässt sich der Fall wie folgt darstellen:

Nach Ansicht der Kommission führte Art. 3 des *Open Skies* – Abkommens zu einem Verstoß gegen ex-Art. 52 EG (heute: Art. 59 AEUV), da Deutschland den in anderen Mitgliedstaaten ansässigen und in Deutschland niedergelassenen Unternehmen sowie den an ihnen Beteiligten aus anderen Mitgliedstaaten nicht die gleichen Vorteile zukommen lasse wie deutschen Staatsangehörigen.[227]

Die deutsche Regierung hingegen berief sich u.a. darauf, dass die Gewährung der in Art. 3 des *Open Skies* – Abkommens vorgesehenen Vorteile von der Mitwirkung der Vereinigten Staaten von Amerika abhängig sei[228], da diese die Genehmigungen unter Anwendung von Art. 3 des *Open Skies* – Abkommens verweigern.

---

[227] Vgl. EuGH vom 5.11.2002, Rs. C-476/98 *Open Skies*, Rn. 138.
[228] EuGH vom 5.11.2002, Rs. C-476/98 *Open Skies*, Rn. 142.

Abb. 3: Schematische Darstellung der Open Skies – Konstellation

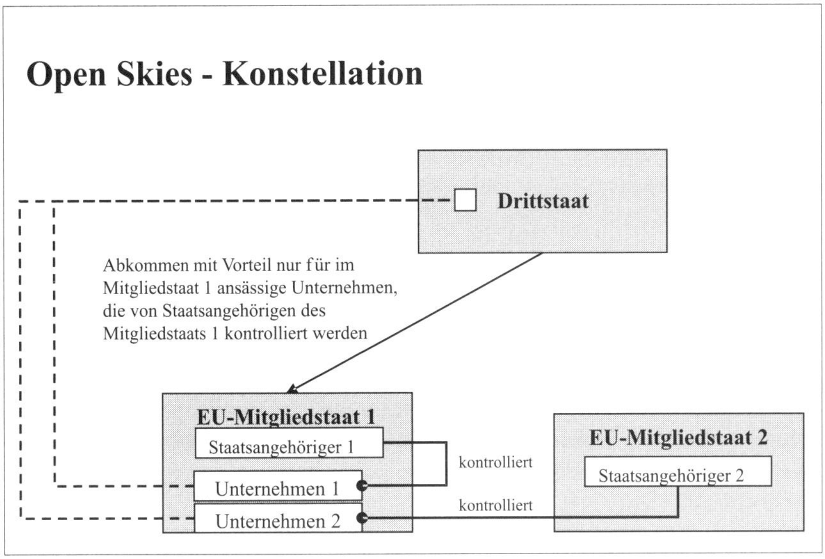

2. Entscheidung des EuGH

Unter Bezugnahme auf die Urteile *Saint-Gobain* und *Gottardo* wies der EuGH darauf hin, dass die Diskriminierungsverbote die Mitgliedstaaten beim Abschluss von bilateralen Abkommen mit Drittstaaten dazu verpflichten, abkommensrechtliche Vorteile auch den Betriebsstätten von in anderen Mitgliedstaaten ansässigen Gesellschaften zu gewähren.[229]

Der EuGH interpretierte die Klausel über Eigentum und Kontrolle der Luftfahrtunternehmen in der Weise, dass in Deutschland ansässige Luftfahrtunternehmen, die mehrheitlich von einem anderen Mitgliedstaat oder dessen Angehörigen kontrolliert werden, jederzeit von der Anwendung des *Open Skies* – Abkommens ausgeschlossen werden können. Hingegen sei die Anwendbarkeit des Abkommens für diejenigen Luftfahrtunternehmen sichergestellt, deren Anteile ausschließlich oder mehrheitlich der Bundesrepublik Deutschland und/oder deren Staatsangehörigen gehören.[230]

Hierdurch würden die Luftfahrtunternehmen der anderen Mitgliedstaaten nicht wie Inländer behandelt und damit diskriminiert.[231]

---

[229] EuGH vom 5.11.2002, Rs. C-476/98 *Open Skies*, Rn. 149.
[230] EuGH vom 5.11.2002, Rs. C-476/98 *Open Skies*, Rn. 150 ff., 153.
[231] EuGH vom 5.11.2002, Rs. C-476/98 *Open Skies*, Rn. 153.

Auf den Einwand der deutschen Regierung, dass es ein Verhalten des Drittstaats (hier der USA) sei, das die Diskriminierung hervorrufe, antwortete der
EuGH:

> „Entgegen dem Vorbringen der Bundesrepublik Deutschland hat diese Diskriminierung
> ihren unmittelbaren Ursprung nicht in einem etwaigen Verhalten der Vereinigten Staa-
> ten von Amerika, sondern darin, dass durch die Klausel über Eigentum und Kontrolle
> der Luftfahrtunternehmen den Vereinigten Staaten von Amerika gerade das Recht ein-
> geräumt wurde, sich in einer solchen Weise zu verhalten."[232]

3. Bewertung

Der *Open Skies* – Fall betrifft ein bilaterales Abkommen zwischen einem
Mitgliedstaat und einem Drittstaat, das dem Drittstaat ermöglicht, die Angehörigen der anderen Mitgliedstaaten gegenüber den Angehörigen des abkommensbeteiligten Mitgliedstaats zu diskriminieren. Obwohl in diesem Fall ein
Verhalten des Drittstaats in Frage steht, lastet der EuGH dem Mitgliedstaat
einen Unionsrechtsverstoß an. Der Mitgliedstaat (Deutschland) hat nach Ansicht des EuGH dadurch gegen seine Verpflichtungen aus Art. 4 Abs. 3 EUV
und Art. 49 AEUV (ex-Art. 10 und 43 EG) verstoßen, dass infolge des Abschlusses des völkerrechtlichen Abkommens dem Drittstaat (hier den USA) das
Recht zu einer dem Unionsrecht widersprechenden Diskriminierung eingeräumt wird.

Diese Rechtsprechung des EuGH spricht klar dafür, dass ein Unionsrechtsverstoß auch dann vorliegen kann, wenn das DBA den Drittstaat dazu berechtigt oder verpflichtet, eine Handlung vorzunehmen, die im Unionsgebiet eine
gemeinschaftsrechtswidrige Wirkung herbeiführt, indem ein Angehöriger eines
Mitgliedsstaats in seinen Rechten aus den Verträgen beschränkt wird. Der einzige Unterschied zwischen der Fallkonstellation im *Open Skies* – Fall und der
Konstellation, die der vorliegenden Dissertation zugrunde liegt, ist, dass im
Open Skies – Fall der Vorteil solchen Angehörigen der anderen Mitgliedstaaten vorenthalten wurde, die im abkommensbeteiligten Mitgliedstaat eine Nie-
derlassung/Betriebsstätte haben, während die hier geprüfte Konstellation keinerlei Niederlassung im abkommensberechtigten Mitgliedstaat voraussetzt.
Dieser Unterschied wirkt sich jedoch im nächsten Prüfungspunkt aus, der untersucht, ob die Grundfreiheiten auch die Gleichbehandlung zweier
Nicht-Ansässiger schützt und ob sich diese in einer vergleichbaren Lage befinden. Für die Ebene der Verletzung gemeinschaftsrechtlicher Pflichten durch
den Abschluss eines bilateralen Abkommens, das einen solchen Verstoß beinhaltet, sind lediglich die zwischenstaatlichen Verhältnisse relevant.

---

[232] EuGH vom 5.11.2002, Rs. C-476/98 *Open Skies*, Rn. 154.

V. Zusammenfassung

Der Rechtsprechung des EuGH ist zunächst zu entnehmen, dass Mitgliedstaaten beim Abschluss von bilateralen Abkommen mit Drittstaaten nicht nur im Rahmen ihrer eigenen Handlungen gemeinschaftsrechtliche Verpflichtungen zu beachten haben (*Saint-Gobain*), sondern auch ihre Vertragspartner dabei unterstützen müssen, dass deren auf dem Abkommen basierende Maßnahmen im Einklang mit dem Unionsrecht stehen (*Matteucci*). Hierbei ist zudem zu beachten, dass es für den Umfang der gemeinschaftsrechtlichen Verpflichtungen der Mitgliedstaaten unerheblich ist, ob der jeweilige Abkommenspartner selbst an das Unionsrecht gebunden ist oder nicht (*Gottardo*). Unter Beachtung dieser Feststellungen beinhaltet die *Open Skies* – Entscheidung des EuGH insofern eine logische Fortentwicklung, als die Mitgliedstaaten bei Abkommen mit Drittstaaten dafür Sorge tragen müssen, dass diese Abkommen die Drittstaaten zu keiner gemeinschaftswidrigen Handlung berechtigen. Der Verstoß gegen Unionsrecht ist nach der Rechtsprechung des EuGH ebenfalls nicht im Verhalten des Drittstaats zu sehen, sondern in der Abkommensklausel, die dem Drittstaat das gemeinschaftsrechtswidrige Verhalten erlaubt.

D. Ansicht der Kommission

Auch die Kommission geht von einem Verstoß eines Mitgliedstaats gegen seine Verpflichtungen aus Art. 4 Abs. 3 EUV (ex- Art. 10 EG) aus, wenn er ein DBA mit einem Drittstaat vereinbart, das gegen Unionsrecht verstoßende Regelungen enthält. Die Tatsache, dass der Vorschlag für die gemeinschaftsrechtswidrige Abkommensklausel vom Drittstaat stammt, oder dass der Drittstaat die direkte Verletzung begeht, ändert in den Augen der Kommission nichts.[233]

---

[233] So die Europäische Kommission, Doppelbesteuerungsabkommen und Recht der Europäischen Gemeinschaft – Arbeitsunterlage zum Experten Workshop am 5.7.2005 in Brüssel, TAXUD E1/FR DOC (05) 2306 (im Internet abrufbar unter http://ec.europa.eu/taxation_customs/resources/documents/taxation/personal_tax/double_tax_conventions/eclaw taxtreaties_en.pdf (zuletzt überprüft am 3.12.2010)). Dass auch das Verhalten des Drittstaats zu einem Verstoß führt, kann aus dem Hinweis der Kommission auf die *limitation on benefits*-Klauseln geschlossen werden, da in diesen – wie im *Open Skies*-Fall – dem Drittstaat (meist den USA) die Möglichkeit eingeräumt wird, Gesellschaften die Gewährung von Abkommensvorteilen zu verweigern, wenn nicht überwiegend Angehörige des vertragsschließenden Mitgliedstaats an der fraglichen Gesellschaft beteiligt sind.

E. Literaturmeinungen

In der Literatur ist ebenfalls die Ansicht vorherrschend, dass die Bindungs-
wirkung des Unionsrechts nicht nur für *inter-se* – Abkommen zwischen zwei
Mitgliedstaaten besteht, sondern auch für Abkommen mit Drittstaaten, soweit
diese eine gemeinschaftsrechtlich relevante Auswirkung auf den innergemeinschaftlichen Raum aufweisen. Hierbei soll es nach einem Teil der Literatur
keinen Unterschied machen, wenn die Verletzung des Unionsrechts durch die
Handlung des Drittstaats ausgelöst wird, solange der Mitgliedstaat „durch
eine völkerrechtliche Maßnahme verantwortlich mitgewirkt hat."[234] Der Verstoß des Mitgliedstaats wird also im Abschluss des dem Unionsrecht widersprechenden DBA gesehen[235] und größtenteils aus dem Loyalitätsgebot des
Art. 4 Abs. 3 EUV (ex-Art. 10 EG) abgeleitet:

Aus der Formulierung „Maßnahmen ergreifen" in Art. 4 Abs. 3 EUV (bzw.
„Maßnahmen treffen" in ex-Art. 10 Abs. 1 EG) schließt eine Gegenmeinung in
der Literatur zum Teil, dass diese Regelung nur greifen kann, wenn der Mit-
gliedsstaat selbst tätig werden kann, um die Verpflichtungen aus den Verträgen
zu erfüllen – d.h. also, wenn er eine aktive Rolle spielt und nicht, wenn eine
Handlung eines Drittstaats in Frage steht.[236] Ähnlich wird argumentiert, wenn
aus der Formulierung „Verpflichtungen ... aus den Verträgen" geschlossen
wird, dass ein Verhalten des Drittstaats nicht von Art. 4 Abs. 3 EUV umfasst
sein könne, da dieser gerade nicht an die Verträge gebunden sei.[237]

Zudem könne dem Mitgliedstaat kein Unionsrechtsverstoß aufgrund einer
abkommensrechtlichen Maßnahme des Drittstaats vorgeworfen werden, da
der Drittstaat eine einseitige gesetzliche Regelung gleichen Inhalts und Effekts
wie die vertragswidrige DBA-Regelung erlassen könnte, und in diesem Fall
niemand von einem Verstoß gegen Unionsrecht sprechen würde. Aus diesen
Gründen sei die Mitwirkung des Mitgliedstaats am Unionsrechtsverstoß – genauer: seine Zustimmung zum Vertrag – nicht maßgeblich für den Verstoß.[238]

Das Argument, dass Art. 4 Abs. 3 EUV (ex-Art. 10 EG) aufgrund der Verwendung des Wortes „Maßnahmen" nur für ein aktives Handeln der Mit-

---

[234] Scherer in: Birk, Handbuch des Europäischen Steuer- und Abgabenrechts, S. 949; Lüdicke in: Gocke/Gosch/Lang, FS für Wassermeyer, S. 483 f. Ebenso für eine mögliche Verursachung eines Verstoßes gegen Gemeinschaftsrecht durch das Verhalten des Drittstaats, Lehner
in: Vogel/Lehner, DBA, Einl., Rn. 260.
[235] Scherer in: Birk, Handbuch des Europäischen Steuer- und Abgabenrechts, S. 949; Hinnekens, ECTR 1994, 146, 148.
[236] Van Unnik/Boudestijn, ECTR 1993, 106, 109.
[237] Siehe hierzu Hinnekens, ECTR 1994, 146, 148.
[238] Van Unnik/Boudestijn, ECTR 1993, 106, 110.

gliedstaaten gelte, spricht jedoch nicht gegen eine Verantwortlichkeit der Mitgliedstaaten für Handlungen von Drittstaaten aufgrund von DBA, da die Mitgliedstaaten durch die Abkommensverhandlungen und vor allem den Abschluss des DBA aktiv am Möglichwerden eines solchen drittstaatlichen Verhaltens mitwirken. Gerade dieses Mitwirken ist es auch, das den wesentlichen Unterschied zwischen einer gemeinschaftswidrigen Maßnahme eines Drittstaats aufgrund eines DBA und einer Maßnahme des Drittstaats aufgrund seines innerstaatlichen Rechts ausmacht. Richtig ist, dass bei der Variante des Drittstaatshandelns aufgrund von innerstaatlichem Recht niemand an die Prüfung eines Unionsrechtsverstoßes denken würde. Sobald jedoch ein Mitgliedstaat eine Einwirkungsmöglichkeit auf das Verhalten des Drittstaats hat, verpflichten ihn die Grundfreiheiten zu einem Tätigwerden oder Unterlassen im Sinne dieser Grundfreiheiten, d.h. zu deren Schutz. Deshalb ist auch das Argument, die Formulierung des Art. 4 Abs. 3 EUV – „Verpflichtungen... aus den Verträgen" – könne nicht für Drittstaaten gelten, kein tragendes Gegenargument, da als Adressat der Verpflichtungen ohnehin der Mitgliedstaat verstanden wird, der auf einen gemeinschaftsrechtskonformen Inhalt seiner DBA bestehen muss. Dies ergibt sich nicht zuletzt auch aus Art. 4 Abs. 3 UAbs. 3 EUV (ex-Art. 10 Abs. 2 EG), der die Mitgliedstaaten verpflichtet, jegliche Maßnahme zu unterlassen, welche die Ziele des Vertrags gefährden könnte.

F. Zwischenergebnis

Zusammenfassend kann in Übereinstimmung mit der Rechtsprechung des EuGH, den Stellungnahmen der Kommission und weiten Teilen der Literatur festgestellt werden, dass Mitgliedstaaten gegen ihre Verpflichtungen aus den Verträgen verstoßen, wenn Maßnahmen von Drittstaaten zu gemeinschaftsrechtswidrigen Wirkungen führen und auf Abkommen beruhen, die durch die Mitgliedstaaten ratifiziert wurden. Der Abschluss des die gemeinschaftsrechtswidrige Regelung enthaltenden DBA stellt folglich eine für die Diskriminierungsverbote der Grundfreiheiten maßgebliche staatliche Maßnahme dar.

Kapitel 4: Vergleichbarkeit von Angehörigen zweier verschiedener Mitgliedstaaten mit beschränkter Steuerpflicht im selben Drittstaat

Wie erläutert[239], muss zur Beantwortung der Frage, ob ein Sachverhalt eine durch die Grundfreiheiten verbotene Diskriminierung beinhaltet, stets ein Vergleich angestellt werden, da eine Diskriminierung einer natürlichen oder juristischen Person aus logischen Gründen nur anhand eines Vergleichs mit einer anderen Person oder Gruppe festgestellt werden kann, gegenüber der eine benachteiligende Ungleichbehandlung vorliegt.[240] Im vorliegenden Fall geht es um einen Vergleich zwischen dem Steuerpflichtigen 1 und dem Steuerpflichtigen 2, die beide im Drittstaat eine steuerlich relevante Tätigkeit ausüben, jedoch in unterschiedlichen Mitgliedstaaten ansässig sind. Die relevanten steuerlichen Anknüpfungspunkte bestehen somit im Drittstaat und die unterschiedlichen steuerlichen Folgen werden im Drittstaat verwirklicht. Folglich kann auch die Umsetzung der Gleichbehandlungsverpflichtung nur durch den Quellenstaat (hier: den Drittstaat) erfolgen.[241]

Auch die Tatsache, dass es für den Unionsrechtsverstoß auf den Abschluss des DBA durch den Mitgliedstaat ankommt, ändert hieran nichts, da der Mitgliedstaat die jeweilige gesetzliche Regelung verantworten muss. Da diese gesetzliche Regelung eine Ungleichbehandlung durch den Drittstaat vorsieht, ist auch die Frage der Vergleichbarkeit aus der Perspektive des Drittstaats zu entscheiden.

Aus der Perspektive des Drittstaats sind sowohl der Steuerpflichtige 1 als auch der Steuerpflichtige 2 Nicht-Ansässige (horizontale Vergleichspaarbildung), während der Hauptanwendungsbereich der Grundfreiheiten traditionell in der Gleichbehandlung eines Nicht-Ansässigen mit einem Ansässigen (vertikale Vergleichspaarbildung) gesehen wird.[242]

In einem ersten Schritt ist demnach zu prüfen, ob die Grundfreiheiten des AEUV eine horizontale Diskriminierung durch die Ungleichbehandlung zweier beschränkt Steuerpflichtiger verbieten (s.u. A.). Ist dies der Fall, ist in einem zweiten Schritt unter Festlegung der maßgeblichen Vergleichskriterien zu untersuchen, ob sich die beiden Steuerpflichtigen 1 und 2 in einer vergleichbaren Lage befinden (s.u. B.).

---

[239] Vgl. hierzu bereits S. 13 ff.
[240] Plötscher, Der Begriff der Diskriminierung im Europäischen Gemeinschaftsrecht, S. 41.
[241] Ähnlich Lehner, IStR 2001, 329, 336.
[242] Vgl. hierzu bereits S. 6.

A. Ausländergleichbehandlung von Grundfreiheiten umfasst

Zwar besteht Einigkeit darüber, dass das Unionsrecht nicht lediglich einen Vergleich zwischen zwei Ansässigen, d.h. zwei unbeschränkt Steuerpflichtigen, ermöglicht, die sich nur darin unterscheiden, dass der eine Steuerpflichtige seinen steuerlichen Anknüpfungspunkt in einem anderen Mitgliedstaat hat, während der andere rein national tätig ist, sondern dass auch ein Nicht-Ansässiger (beschränkt Steuerpflichtiger) mit einem Ansässigen (unbeschränkt Steuerpflichtigen) zu vergleichen ist.[243] Hierbei gebieten die Grundfreiheiten eine Gleichbehandlung des beschränkt Steuerpflichtigen mit dem unbeschränkt Steuerpflichtigen, wenn sich die beiden in einer vergleichbaren Lage befinden (sog. Grundsatz der Inländergleichbehandlung). Eine ausdrückliche Aussage darüber, ob die Grundfreiheiten auch eine nachteilige Ungleichbehandlung zweier beschränkt Steuerpflichtiger (sog. Ausländergleichbehandlung) verbieten, hat der EuGH jedoch nicht getroffen.

Einem neueren Denkansatz zufolge wäre eine solche explizite Aussage zur Ausländergleichbehandlung auch nicht erforderlich, da danach jede Ausländergleichbehandlung auch als Inländergleichbehandlung dargestellt werden kann.[244] Hintergrund dieser These ist, dass bei einer abweichenden Besteuerung zweier beschränkt Steuerpflichtiger aus verschiedenen Ansässigkeitsstaaten im Inland aufgrund unterschiedlicher Abkommen automatisch auch eine Inländerungleichbehandlung vorliege, da nur die Behandlung einer der beiden beschränkt steuerpflichtigen Vergleichspersonen dem Grundsatz der Inländergleichbehandlung entsprechen kann. Dieser Gedanke erscheint aus rein logisch-mathematischer Sicht einleuchtend:

$$a = c \text{ und } b = c \rightarrow a = b$$

Im Fall der Inländergleichbehandlung ist ein solches Ergebnis zwar logisch einleuchtend, jedoch nicht zwingend, da einer der beiden beschränkt Steuerpflichtigen besser als der fragliche Inländer behandelt worden sein kann, während der andere beschränkt Steuerpflichtige mit dem Inländer gleichbehandelt wurde. Die Besserbehandlung eines Ausländers gegenüber einem Inländer wird als „umgekehrte Diskriminierung" bezeichnet. Da diese umgekehrte Diskriminierung nach dem gegenwärtigen Stand der EuGH-Rechtsprechung keinen

---

[243] Kofler, HBTLJ 2005, 1, 60 f.; Schön, GmbH-StB 2006, 9, 10; Schuch, IWB Gruppe 2, 1996, 259, 261.
[244] Küper, Doppelbesteuerung und europarechtliche Meistbegünstigung bei Erbschaften und Schenkungen, S. 170.

Verstoß gegen die Grundfreiheiten darstellt,[245] ist es möglich, einen Ausländer aus einem Mitgliedstaat besser zu behandeln als einen Inländer und damit auch als einen Ausländer aus einem anderen Mitgliedstaat.[246]

In dem bisher einzigen durch den EuGH entschiedenen Fall, der das Vergleichspaar zweier beschränkt Steuerpflichtiger behandelt, hat sich der EuGH, ohne diese Frage zu klären, sofort der Prüfung der Vergleichbarkeit zugewandt.[247] Da die Vergleichbarkeit der Situationen zweier beschränkt Steuerpflichtiger unerheblich ist, wenn die Grundfreiheiten ohnehin keine Gleichbehandlung Nicht-Ansässiger (zweier beschränkt Steuerpflichtiger) verbieten, scheint es, als habe der EuGH diese Frage implizit bejaht.[248] Da der EuGH in seiner Prüfung jedoch nicht immer systematisch vorgeht und zum Teil denjenigen Prüfungspunkt ablehnt, der am klarsten erscheint, ist eine eingehende Untersuchung der Frage nötig.

Im Folgenden wird eine Auslegung der Grundfreiheiten in Zusammenschau mit dem allgemeinen Diskriminierungsverbot des Art. 18 AEUV (ex-Art. 12 EG) und dem durch den EuGH aus den gemeinsamen Verfassungsgrundsätzen der Mitgliedstaaten entwickelten allgemeinen Gleichheitssatz die Frage klären, ob die Grundfreiheiten des AEUV neben der Inländergleichbehandlung auch eine Gleichbehandlung zweier Nicht-Ansässiger verlangen.

I. Auslegung des Wortlauts der speziellen Diskriminierungsverbote

Die Wortlautauslegung fragt nach dem natürlichen Sinn der Worte, der ihnen nach dem allgemeinen Sprachgebrauch zukommt. Hierbei sind einzelne Worte nicht isoliert auszulegen, sondern in ihrem Sinnzusammenhang mit dem Satz, Absatz oder Artikel, in dem sie stehen.[249]

Zunächst werden die in den Grundfreiheiten enthaltenen speziellen Diskriminierungsverbote auf ihren Wortlaut hin untersucht.

1. Art. 34 f. AEUV (ex-Art. 28 f. EG)

Aus Art. 34 und 35 AEUV (ex-Art. 28 und 29 EG), die mengenmäßige Ein- bzw. Ausfuhrbeschränkungen sowie alle Maßnahmen gleicher Wirkung ver-

---

[245] Vgl. hierzu auch EuGH vom 16.1.2003, Rs. C-14/00 *Kommission gegen Italienische Republik,* Rn. 72. Eine Inländerdiskriminierung ist zumindest bei reinen Inlandssachverhalten gemeinschaftsrechtlich zulässig. Anders gestaltet sich die Rechtslage z.B., wenn ein Inländer nach der Ausübung einer Arbeitnehmertätigkeit in einem anderen Mitgliedstaat in seinen Heimatstaat zurückkehrt (Streinz, Europarecht, S. 314).

[246] Van Thiel, Free Movement of Persons and Income Tax Law, S. 336, Fn. 1099 f.

[247] EuGH vom 5.7.2005, Rs. C-376/03 *D.,* Rn. 24 ff.

[248] Ebenso De Graaf/Janssen, ECTR 2005, 173, 182.

[249] Bleckmann in: Bleckmann, Europarecht, S. 202.

bieten, lassen sich keine Aussagen über den Schutz vor einer Ungleichbehandlung im Vergleich zu anderen mitgliedstaatlichen Waren treffen, da nur von „Beschränkungen" die Rede ist, nicht jedoch von einer Diskriminierung.

2. Art. 45 AEUV (ex-Art. 39 EG)

Der Wortlaut der Arbeitnehmerfreizügigkeit des Art. 45 AEUV (ex-Art. 39 EG) lautet:

> „(1) Innerhalb der Union ist die Freizügigkeit der Arbeitnehmer gewährleistet.
> (2) Sie umfasst die Abschaffung jeder auf der Staatsangehörigkeit beruhenden unterschiedlichen Behandlung der Arbeitnehmer der Mitgliedstaaten in Bezug auf Beschäftigung, Entlohnung und sonstige Arbeitsbedingungen."

Während Art. 45 Abs. 1 AEUV (ex-Art. 39 Abs. 1 EG) nach seinem Wortlaut eine allgemeine Garantie der Freizügigkeit der Arbeitnehmer enthält, geht Abs. 2 mehr ins Detail und verlangt die Beseitigung jeder unterschiedlichen Behandlung der Arbeitnehmer aus verschiedenen Mitgliedstaaten in Bezug auf die Arbeitsbedingungen. Zum einen wird nicht ausdrücklich eine Gleichbehandlung eines Ausländers mit einem Inländer verlangt. Zum anderen ist die Formulierung „…jeder auf der Staatsangehörigkeit beruhenden unterschiedlichen Behandlung …" so weit, dass nicht nur eine unterschiedliche Behandlung eines Ausländers mit einem Inländer, sondern auch eine unterschiedliche Behandlung zweier Ausländer darunter subsumiert werden kann. Übertragen auf den Fall der mittelbaren Diskriminierung, in der die Ungleichbehandlung zwar nicht an die Staatsangehörigkeit, sondern an ein anderes Merkmal – wie das der Ansässigkeit – anknüpft, in ihren faktischen Auswirkungen jedoch zu demselben Ergebnis führt, kann nach dem Wortlaut auch die Ungleichbehandlung zweier Nicht-Ansässiger aus verschiedenen Mitgliedstaaten vom Diskriminierungsverbot des Art. 45 AEUV (ex-Art. 39 EG) erfasst sein.

3. Art. 49 AEUV (ex-43 EG)

Art. 49 AEUV (ex-Art. 43 EG) enthält folgende Formulierung:

> „[1] Die Beschränkungen der freien Niederlassung von Staatsangehörigen eines Mitgliedstaats im Hoheitsgebiet eines anderen Mitgliedstaats sind nach Maßgabe der folgenden Bestimmungen verboten. [2] Das gleiche gilt für Beschränkungen der Gründung von Agenturen, Zweigniederlassungen oder Tochtergesellschaften durch Angehörige eines Mitgliedstaats, die im Hoheitsgebiet eines Mitgliedstaats ansässig sind.
>
> Vorbehaltlich des Kapitels über den Kapitalverkehr umfasst die Niederlassungsfreiheit die Aufnahme und Ausübung selbständiger Erwerbstätigkeiten sowie die Gründung und Leitung von Unternehmen, insbesondere von Gesellschaften im Sinne des Artikels 54 Absatz 2, nach den Bestimmungen des Aufnahmestaates für seine eigenen Angehörigen."

Die Niederlassungsfreiheit des Art. 49 AEUV (ex-Art. 43 EG) ist in ihrem Absatz 1 als reines Beschränkungsverbot formuliert, so dass aus diesem Wortlaut keine Erkenntnisse bezüglich eines Anspruchs auf Ausländergleichbehandlung gewonnen werden können, da dieser im Diskriminierungsverbot der Grundfreiheiten wurzelt, während Beschränkungsverbote als Freiheitsrechte ausgestaltet sind und gerade vor unterschiedslos geltenden – und damit nicht diskriminierenden – Maßnahmen schützen.

Der Wortlaut des Absatzes 2 – „nach den Bestimmungen des Aufnahmestaates für seine eigenen Angehörigen" – deutet auf eine Verpflichtung zur Inländergleichbehandlung hin. Diese Formulierung ist jedoch im Rahmen der Wortlautauslegung im unmittelbaren Satzzusammenhang zu sehen. Zu beachten ist demnach auch die Eingangsformulierung des zweiten Absatzes, dass die Niederlassungsfreiheit die Aufnahme selbständiger Erwerbstätigkeiten etc. nach den Bestimmungen des Aufnahmestaats für seine eigenen Angehörigen „umfasst". Das Wort „umfassen" ist sinnverwandt mit „beinhalten" und „(mit-) einschließen"[250] und kann auch dahingehend weit ausgelegt werden, dass die Pflicht zur Inländergleichbehandlung nur eine spezielle Ausprägung einer Grundfreiheitsbeeinträchtigung darstellt und der Schutz des Art. 49 AEUV (ex-Art. 43 EG) diese lediglich neben anderen Schutzformen umfasst.[251] Sind nach einer solchen weiten Auslegung auch andere Schutzformen gewährleistet, ist ein Anspruch auf Ausländergleichbehandlung nach dem Wortlaut des Art. 49 AEUV (ex-Art. 43 EG) zumindest nicht ausgeschlossen.

Für eine solche offene Auslegung des Begriffs „umfassen" spricht auch ein Vergleich mit der englischen Fassung, die von „include" spricht, sowie der französischen Formulierung „comporte". Das Verb „to include" wird übersetzt mit „einschließen" oder „enthalten" und im allgemeinen Sprachgebrauch verwendet als „auch einschließen".[252] Das Verb „comporter" wird ebenfalls übersetzt mit „enthalten".[253] Nachdem ein Vergleich mit den anderen Sprachfassungen ergeben hat, dass eine Auslegung des Art. 49 AEUV (ex-Art. 43 EG) dahingehend möglich ist, dass auch eine Pflicht zur Ausländergleichbehandlung enthalten sein kann, kommt es nach der Rechtsprechung des EuGH darauf an, welche Auslegung dem Zweck der Gesamtregelung am ehesten entspricht.[254] Da die Erfor-

---

[250] Duden – Das Bedeutungswörterbuch, S. 925; Wahrig, Deutsches Wörterbuch, S. 1290.

[251] Cordewener, Grundfreiheiten und nationales Steuerrecht, S. 228; Knobbe-Keuck, DB 1990, 2573, 2574.

[252] Vgl. Longman, Dictionary of Contemporary English, S. 822, Stichwort „include": „Use include to mention only some of the things that something has as its parts." Auf das gleiche Ergebnis deuten die Beispiele in Langenscheidt, Großwörterbuch Englisch, S. 409 unter dem Stichwort „include" hin.

[253] Langenscheidt, Handwörterbuch Französisch, S. 158 „comporter".

[254] Hintersteininger, Binnenmarkt und Diskriminierungsverbot, S. 208; Oppermann/Classen/Nettesheim, Europarecht, S. 196 f.

schung des Zwecks einer Regelung zur teleologischen Auslegungsmethode gehört, bleibt an dieser Stelle nur festzuhalten, dass der Wortlaut der Absätze 1 und 2 des Art. 49 AEUV (ex-Art. 43 EG) den Schutz eines Ausländers bzw. Nicht-Ansässigen vor einer Ungleichbehandlung gegenüber einem anderen Ausländer bzw. Nicht-Ansässigen zumindest nicht ausschließt.

4. Art. 56 AEUV (ex-Art. 49 EG)

Auch Art. 56 AEUV (ex-Art. 49 EG) ist in seinem Abs. 1 als Beschränkungsverbot formuliert und lässt demnach wie Art. 49 Abs. 1 AEUV (ex-Art. 43 Abs. 1 EG) keine Schlüsse bezüglich eines Anspruchs auf Ausländergleichbehandlung zu[255]:

> „Die Beschränkungen des freien Dienstleistungsverkehrs innerhalb der Gemeinschaft für Angehörige der Mitgliedstaaten, die in einem anderen Mitgliedstaat als demjenigen des Leistungsempfängers ansässig sind, sind nach Maßgabe der folgenden Bestimmungen verboten."

Durch den Verweis auf die „folgenden Bestimmungen" ist auch Art. 57 Abs. 3 AEUV (ex-Art. 50 Abs. 3 EG) zu beachten, der lautet:

> „Unbeschadet des Kapitels über die Niederlassungsfreiheit kann der Leistende zwecks Erbringung seiner Leistungen seine Tätigkeit vorübergehend in dem Mitgliedstaat ausüben, in dem die Leistung erbracht wird, und zwar unter den Voraussetzungen, welche dieser Mitgliedstaat für seine eigenen Angehörigen vorschreibt."

Diese Formulierung legt wiederum nahe, der Dienstleistungsfreiheit einen Anspruch auf Inländergleichbehandlung zu entnehmen, wobei keine Aussage darüber getroffen wird, ob außer der Inländergleichbehandlung nicht auch eine Ausländergleichbehandlung von der Dienstleistungsfreiheit umfasst sein kann.

5. Art. 63 AEUV (ex-Art. 56 EG)

Art. 63 AEUV (ex-Art. 56 EG) wiederum beinhaltet lediglich ein Beschränkungsverbot:

> „Im Rahmen der Bestimmungen dieses Kapitels sind alle Beschränkungen des Kapitalverkehrs zwischen den Mitgliedstaaten sowie zwischen den Mitgliedstaaten und dritten Ländern verboten."

Diesem kann – wie dargelegt – zumindest nicht entnommen werden, dass eine horizontale Diskriminierung nicht erfasst sein soll.

---

[255] Siehe oben S. 70 f.

6. Ergebnis der Wortlautauslegung

Die Grundfreiheiten der Warenverkehrsfreiheit, der Arbeitnehmerfreizügigkeit sowie der Kapitalverkehrsfreiheit können aufgrund ihres Wortlauts die Pflicht zu einer Ausländergleichbehandlung enthalten, während die Formulierungen der Niederlassungsfreiheit und der Dienstleistungsfreiheit auf den ersten Blick einer solchen Auslegung scheinbar entgegenstehen. Ein Vergleich der verschiedenen Sprachfassungen der Niederlassungsfreiheit hat jedoch ergeben, dass diese Grundfreiheit neben der Pflicht zu Inländergleichbehandlung durchaus auch andere Pflichten beinhalten kann, da die Aufzählung keine abschließende ist. Die Formulierungen der in den Grundfreiheiten enthaltenen Diskriminierungsverbote sind jedoch insgesamt nicht eindeutig genug, um ihnen eine Verpflichtung der Mitgliedstaaten zur Ausländergleichbehandlung bzw. deren Fehlen zu entnehmen. Dieses Ergebnis ist jedoch nicht überraschend angesichts der Tatsache, dass dem Wortlaut der als Beschränkungsverbote formulierten Art. 49, 56 und 63 AEUV (ex-Art. 43, 49 und 56 EG) nicht einmal ein Diskriminierungsverbot entnommen werden kann, obwohl Einigkeit darüber besteht, dass die Grundfreiheiten in jedem Fall diese Funktion beinhalten. Zudem lassen die höchst unterschiedlichen Formulierungen der Grundfreiheiten verschiedene Schlussfolgerungen zu, was die Frage aufwirft, ob den Grundfreiheiten jeweils eine unterschiedliche Reichweite zukommt – wie der Wortlaut es nahe legt – oder ob die Grundfreiheiten übereinstimmend auszulegen sind, so dass entweder jede oder keine der Grundfreiheiten vor einer horizontalen Diskriminierung schützt. Ob dem Wortlaut verschiedener Normen ein und desselben Regelwerks eine einheitliche Auslegung zuzukommen hat, kann nur durch eine zusätzliche Erforschung der Systematik ermittelt werden.

II. Systematik

Im Rahmen der systematischen Auslegung wird der Gesamtinhalt des AEUV untersucht. Hierbei wird davon ausgegangen, dass Regelungen innerhalb eines Vertrages in einem Zusammenhang stehen, so dass sie so ausgelegt werden müssen, dass sie ein harmonisches Gesamtbild ergeben. Dazu gehört auch, dass dieselbe Wortwahl innerhalb des AEUV denselben Sinn beinhaltet.[256] Daneben bedient sich der EuGH einer Reihe von allgemeinen Grundsätzen in den Verträgen, denen die Regelung im konkreten Einzelfall gerecht werden soll.

---

[256] Bleckmann in: Bleckmann, Europarecht, S. 203; Bleckmann/Pieper in: Dauses, Handbuch des EU-Wirtschaftsrechts, Kap. B.I, Rn. 29.

Solche Grundsätze sind insbesondere die Prinzipien der Gleichheit, Freiheit, Solidarität und Einheit der Verträge.[257]

1. Traditionelle Systematik

Nach den allgemeinen Auslegungsgrundsätzen verlangt die systematische Auslegung in erster Linie die Berücksichtigung des Kontextes, wie sie zum Verständnis jeder zusammenhängenden Rede oder Schrift erforderlich ist. Im Prozess des In-Einklang-Bringens der verschiedenen Normen kommt den Klauseln ein Vorrang zu, die den Geist und die Grundgedanken des AEUV ausdrücken.[258]

a) Konvergierende Auslegung der Grundfreiheiten auch bezüglich der Frage der Ausländergleichbehandlung

Die speziellen Diskriminierungsverbote der Art. 45, 49, 56 und 63 AEUV (ex-Art. 39, 43, 49 und 56 EG) sind Teil der Grundfreiheiten des AEUV. Trotz des engen Zusammenhangs der Grundfreiheiten untereinander wird unter Hinweis auf ihren unterschiedlichen Wortlaut teilweise vertreten, dass die Grundfreiheiten unterschiedlich auszulegen sind und lediglich die Art. 45 und 63 AEUV (ex-Art. 39 und 56 EG) einen Anspruch auf Ausländergleichbehandlung beinhalten, während Art. 49 und 56 AEUV (ex-Art. 43 und 49 EG) ausschließlich eine Inländergleichbehandlung fordern sollen.[259] Einer derartigen unterschiedlichen Auslegung der Grundfreiheiten steht zum einen entgegen, dass die Grundfreiheiten einen gemeinschaftsweiten einheitlichen Mindeststandard bezüglich des Schutzes vor Diskriminierungen bilden und zu diesem Zweck die gleiche inhaltliche Struktur aufweisen.[260] Hinzu kommt, dass die Grundfreiheiten innerhalb ihres sachlichen Anwendungsbereichs untereinander einige Überschneidungen aufweisen. Diese mangelnde Trennschärfe führt dazu, dass der EuGH in einigen seiner Urteile dazu übergegangen ist, nicht mehr ausdrücklich zu entscheiden, welche Grundfreiheit im jeweils gegebenen Fall vorrangig anwendbar ist.[261] Wird jedoch nicht mehr zwischen den verschiedenen Grundfreiheiten unterschieden, ist eine einheitliche Reichweite der Grundfreiheiten geboten.[262] Diese Argumente werden im Rahmen der Fragestellung,

---

[257] Schön in: Lehner, Steuerrecht im Europäischen Binnenmarkt, S. 173.

[258] Bleckmann in: Bleckmann, Europarecht, S. 203.

[259] Herzig/Dautzenberg, DB 1992, 2519, 2522; ähnlich Weggenmann, IStR 2003, 677, 683 f.

[260] Kofler, HBTLJ 2005, 1, 21; ders., ÖStZ 2004, 558, 561; Schuch, IWB Gruppe 2, 1996, 259, 265; Cordewener, Grundfreiheiten und nationales Steuerrecht, S. 104 f. mwN.

[261] Vgl. die Nachweise zur EuGH-Rechtsprechung in Fn. 45.

[262] Cordewener, Grundfreiheiten und nationales Steuerrecht, S. 104 f.; Schuch, IWB Gruppe 2, 1996, 259, 266 f.; Roth in: Schön, Gedächtnisschrift für Knobbe-Keuck, S. 729, 740;

ob die Grundfreiheiten neben einem Diskriminierungsverbot auch ein Beschränkungsverbot beinhalten, zugunsten einer gleich lautenden Auslegung der Grundfreiheiten vorgebracht, beanspruchen jedoch auch für die Frage des grundfreiheitlichen Schutzes vor einer horizontalen Diskriminierung Geltung.

b) Neuerer Ansatz für die Auslegung der Niederlassungs- und Dienstleistungsfreiheit

Zudem ist aus den Regelungen der Niederlassungsfreiheit und der Dienstleistungsfreiheit nicht nur ein Anspruch auf Inländergleichbehandlung abzuleiten. Für den Fall der Niederlassungsfreiheit gemäß Art. 49 AEUV (ex-Art. 43 EG) wurde bereits dargelegt, dass die Formulierung „umfasst" auch im Hinblick auf die englische und französische Fassung dafür spricht, dass der Anspruch auf Inländergleichbehandlung lediglich einen Teil eines weitergehenden Schutzinstrumentariums der Grundfreiheiten darstellt und dass dieses Schutzinstrumentarium allein vom Wortlaut her auch einen Anspruch auf Ausländergleichbehandlung beinhalten kann.[263]

Auch der Wortlaut des Art. 57 Abs. 3 AEUV (ex-Art. 50 Abs. 3 EG) deutet nur auf den ersten Blick auf ein reines Inländergleichbehandlungsgebot hin. Zum einen deckt Art. 57 Abs. 3 AEUV (ex-Art. 50 Abs. 3 EG) nicht jede der drei Garantien der Dienstleistungsfreiheit[264] ab, da die vorgesehene Inländergleichbehandlung nicht auf solche Leistungserbringer passt, bei denen lediglich die Leistung die Grenze überschreitet (Korrespondenzdienstleistungen) und zudem die Frage des Schutzes der passiven Dienstleistungsfreiheit ebenfalls nicht durch den Wortlaut des Art. 57 Abs. 3 AEUV (ex-Art. 50 Abs. 3 EG) beantwortet werden kann.[265] Nachdem sowohl die passive Dienstleistungsfreiheit als auch Korrespondenzdienstleistungen nach ganz herrschender Meinung vom Schutzbereich der Art. 56 ff. AEUV (ex-Art. 49 ff. EG) umfasst sind, steht fest, dass Art. 57 Abs. 3 AEUV (ex-Art. 50 Abs. 3 EG) keine umfassende Regelung der sich im Rahmen der Dienstleistungsfreiheit stellenden Probleme bietet. Mithin kann auch nicht allein aufgrund seines Wortlauts davon ausgegangen werden, dass die Dienstleistungsfreiheit ausschließlich eine Inländergleichbehandlung gebietet.

Schlussanträge des GA Lenz vom 20.9.1995, Rs. C-415/93 *Bosman*, Rn. 200, Slg. 1995, I 4930, 5006.

[263] Siehe oben S. 70 ff.

[264] Die drei Gewährleistungen der Dienstleistungsfreiheit umfassen die sog. „aktive Dienstleistungsfreiheit", bei der sich der Leistungserbringer zur Ausführung der Leistung in einen anderen Mitgliedstaat begibt, die sog. „passive Dienstleistungsfreiheit", bei der der Dienstleistungsempfänger zur Entgegennahme der Leistung in einen anderen Mitgliedstaat reist, sowie den Fall der „Korrespondenzdienstleistungen", in dem Leistungserbringer und –empfänger in ihren Heimatmitgliedstaaten verbleiben und nur die Leistung die Grenze überschreitet (vgl. hierzu Kluth in: Calliess/Ruffert, EUV/EGV, Art. 50, Rn. 24 ff.).

[265] Cordewener, Grundfreiheiten und nationales Steuerrecht, S. 204 f. mwN.

Zum anderen ist Art. 57 Abs. 3 AEUV (ex-Art. 50 Abs. 3 EG) im Kontext der weiteren Regelungen der Dienstleistungsfreiheit zu sehen, wobei insbesondere Art. 61 AEUV (ex-Art. 54 EG) von Bedeutung ist. Diese Übergangsregelung lautet:

> „Solange die Beschränkungen des freien Dienstleistungsverkehrs nicht aufgehoben sind, wendet sie jeder Mitgliedstaat ohne Unterscheidung nach Staatsangehörigkeit oder Aufenthaltsort auf alle in Artikel 56 Absatz 1 bezeichneten Erbringer von Dienstleistungen an."

Art. 61 AEUV (ex-Art. 54 EG) verpflichtet die Mitgliedstaaten folglich bis zur vollständigen Aufhebung bestehender Beschränkungen für den Dienstleistungsverkehr, alle Erbringer von grenzüberschreitenden Dienstleistungen aus unterschiedlichen Mitgliedstaaten untereinander gleich zu behandeln und beinhaltet mithin ein Ausländergleichbehandlungsgebot.[266]

Für die Auslegung des Schutzumfangs der Dienstleitungsfreiheit der Art. 56 ff. AEUV (ex-Art. 49 ff. EG) folgt daraus, dass dieser trotz der Formulierung des Art. 57 Abs. 3 AEUV (ex-Art. 50 Abs. 3 EG) eine Ausländergleichbehandlung umfassen kann.

Dieses Ergebnis wird durch Art. 350 AEUV (ex-Art. 306 EG) gestützt, der regelt:

> „Die Verträge stehen dem Bestehen und der Durchführung der regionalen Zusammenschlüsse zwischen Belgien und Luxemburg sowie zwischen Belgien, Luxemburg und den Niederlanden nicht entgegen, soweit die Ziele dieser Zusammenschlüsse durch Anwendung der Verträge nicht erreicht werden."

Diese Regelung erlaubt es den Benelux-Staaten, diejenigen Vorschriften der Belgisch-Luxemburgischen Union bzw. der Benelux-Union weiter anzuwenden, die eine weitergehende Integration vorsehen als die entsprechenden Regeln des Unionsrechts, soweit dies für ein Funktionieren dieser Unionen erforderlich ist.[267] Mit anderen Worten, es wird eine gegenseitige Bevorzugung der Benelux-Staaten gegenüber anderen Mitgliedstaaten ausnahmsweise geduldet, so dass sich diese Staaten untereinander Vorteile gewähren dürfen, die anderen Mitgliedstaaten der Europäischen Union nicht gewährt werden. Diese Regelung lässt den Umkehrschluss zu, dass der Vertrag in allen anderen Fällen der Ungleichbehandlung von Angehörigen verschiedener Mitgliedstaaten entgegensteht. Eine Regelung wie Art. 350 AEUV (ex-Art. 306 EG) wäre zum einen nicht erforderlich, wenn die Diskriminierungsverbote des AEUV ohnehin nur eine Inländergleichbehandlung gewähren würden.[268] Zum anderen stellt

---

[266] Kluth in: Calliess/Ruffert, EUV/EGV, Art. 54, Rn. 1; Bode, Die Diskriminierungsverbote im EWG-Vertrag, S. 204.

[267] Booß in: Lenz/Borchardt, EU-Verträge, Art. 350 AEUV, Rn. 1; Schmalenbach in: Calliess/Ruffert, EUV/EGV, Art. 306 EG, Rn. 2.

[268] Ebenso Kofler, HBTLJ 2005, 1, 64 f.

Art. 350 AEUV (ex-Art. 306 EG) eine Ausnahmevorschrift innerhalb des AEUV dar, die es nur bestimmten Mitgliedstaaten erlaubt, eine begrenzte Anzahl anderer Mitgliedstaaten aufgrund bilateraler bzw. multilateraler Abkommen besser zu behandeln als die restlichen Mitgliedstaaten, während allen anderen Mitgliedstaaten ein solches Recht nicht zukommt.[269]

Aus Art. 61 AEUV (ex-Art. 54 EG) lässt sich zudem im Zusammenhang mit den historischen Hintergründen des AEUV ein weiterer interessanter Gesichtspunkt ableiten. Indem geregelt wird, dass für die Übergangszeit, in der Beschränkungen der Dienstleistungsfreiheit noch bestehen, zumindest ein Ausländergleichbehandlungsgebot beachtet werden muss, wird verdeutlicht, dass die Schöpfer der Verträge den Grundsatz der Ausländergleichbehandlung als eine im Vergleich zum Grundsatz der Inländergleichbehandlung niedrigere Integrationsstufe ansehen.

Hintergrund dieser Überlegung ist, dass die Gründungsstaaten beim Abschluss des EWG-Vertrags eine möglichst weitgehende Integration erreichen und deshalb den jeweils fremden Staatsangehörigen die Gleichstellung mit deren eigenen Staatsangehörigen einräumen wollten.[270] Da ein Staat in der Regel seine Angehörigen nicht schlechter sondern besser behandelt als Ausländer, ist eine Inländergleichbehandlung die weitestgehende Garantie, die ein Staat geben kann.[271] Aufgrund des historischen Hintergrunds, dass die Schöpfer des EWG-Vertrags eine Inländergleichbehandlung anstrebten, lehnt ein Teil der Literatur eine Verpflichtung zur Ausländergleichbehandlung durch denselben Mitgliedstaat ab.[272] Insbesondere wird der Grundsatz der Ausländergleichbehandlung als eine Fortentwicklung des Grundsatzes der Inländergleichbe-

---

[269] Van Thiel, Free Movement of Persons and Income Tax Law, S. 339 f.; Schmalenbach in: Calliess/Ruffert, EUV/EGV, Art. 306 EG, Rn. 2. Petersmann/Spennemann in: Von der Groeben/Schwarze, EUV/EGV, Art. 306, Rn. 4 f. bezeichnen dies als „Europe à une plus grande vitesse".

[270] Ipsen, Europäisches Gemeinschaftsrecht, S. 592; Enchelmaier in: Cordewener/Enchelmaier/Schindler, Meistbegünstigung im Steuerrecht der EU-Staaten, S. 116. Das Gebot der „Inländergleichbehandlung" geht wohl auf bilaterale Niederlassungs-, Investitionsschutz-, Schifffahrtsabkommen zurück, mit denen Nationalstaaten des 19. Jahrhunderts ihre Wirtschaftssysteme einander auf Gegenseitigkeit öffneten. (Cordewener, Grundfreiheiten und nationales Steuerrecht, S. 106).

[271] Rust in: Cordewener/Enchelmaier/Schindler, Meistbegünstigung im Recht der EU-Staaten, S. 88; Van Thiel, Free Movement of Persons and Income Tax Law, S. 336; Enchelmaier in: Cordewener/Enchelmaier/Schindler, Meistbegünstigung im Steuerrecht der EU-Staaten, S. 108.

[272] Kiemel in: Von der Groeben/Thiesing/Ehlermann (1997), EGV, Art. 73 b EGV a.F., Rn. 5; Birk in: Lehner, Steuerrecht im Europäischen Binnenmarkt, S. 63, 76 f.; Eckhoff in: Birk, Handbuch des Europäischen Steuer- und Abgabenrechts, S. 489 und 513; Lehner, StuW 1998, 159, 172; ders., IStR 1998, 341, 342; ders., IStR 2001, 329, 336; Stockmann, IStR 1999, 129, 136; Diskussionsbeitrag Vedder in: Lehner/Thömmes, Europarecht und Internationales Steuerrecht, S. 63; skeptisch auch Schön, IStR 1995, 119, 122.

handlung angesehen, die nicht aus dem EG-Vertrag (jetzt: AEUV) entnommen werden könne.[273] Ein Blick auf die Entwicklung des AEUV zeigt jedoch, dass den Verfassern des E(W)G-Vertrags und des AEUV bewusst war, dass die Inländergleichbehandlung nicht auf jedem Gebiet sofort gewährleistet werden konnte. So sahen ältere Fassungen der Verträge mehrere Regelungen vor, die bestimmten, dass für den Zeitraum, in dem eine Inländergleichbehandlung erst nach und nach hergestellt wird, zumindest eine Ausländergleichbehandlung garantiert ist.[274] Eine solche Regelung ist heute noch in Art. 61 AEUV (ex-Art. 54 EG) enthalten. Dies verdeutlicht, dass der Grundsatz der Ausländergleichbehandlung vielmehr eine niedrigere Integrationsstufe darstellt als der Grundsatz der Inländergleichbehandlung. In der Ausländergleichbehandlung ist folglich keine Fortentwicklung der Inländergleichbehandlung zu sehen, sondern ein „Minus", das in der höheren Integrationsstufe automatisch mit enthalten ist.[275]

Zum Teil wird aus diesem Grund vertreten, dass eine Ausländergleichbehandlung nicht erforderlich ist, wenn die höher entwickelte Integrationsstufe der Inländergleichbehandlung gewährleistet ist.[276] Dem ist jedoch zu entgegnen, dass es für die Fälle, in denen – wie in der vorliegenden Problemstellung – kein Vergleich zwischen In- und Ausländern möglich ist, keine andere Lösungsmöglichkeit als die Ausländergleichbehandlung gibt[277], so dass auf die niedrigere Integrationsstufe zurückzugreifen ist.

Zwar bewirkt eine Ausländergleichbehandlung in wenigen Fällen – wie z.B. im Abkommensrecht – eine weitergehende Integration als die Inländergleichbehandlung, indem sie mehr Vorteile bietet.[278] Als Beispiel kann der Fall herangezogen werden, dass ein Staat (hier der Drittstaat) steuerliche Vorteile nur an Ausländer aus einem bestimmten Mitgliedstaat gewährt, um z.B. Investoren oder speziell ausgebildete Arbeitnehmer anzulocken. Ein Steuerpflichtiger aus einem nicht begünstigten Mitgliedstaat möchte vom Drittstaat wie der im be-

---

[273] Grams/Molenaar, IStR 2002, 378, 379; Lehner, BIFD 1998, 334, 335; Melort in: Stefaner/Züger, The Future of Double Tax Treaties in the EU, S. 257, 271; ähnlich Schön, IStR 1995, 119, 122.

[274] Bode, Diskriminierungsverbote im EWG-Vertrag, S. 41 ff.; Enchelmaier in: Cordewener/Enchelmaier/Schindler, Meistbegünstigung im Steuerrecht der EU-Staaten, S. 103.

[275] Cordewener in: Cordewener/Enchelmaier/Schindler, Meistbegünstigung im Steuerrecht der EU-Staaten, S. 224; Enchelmaier in: Cordewener/Enchelmaier/Schindler, Meistbegünstigung im Steuerrecht der EU-Staaten, S. 116; Kramer, RIW 1989, 473, 477; De Ceulaer, BIFD 2003, 493, 495; Rust in: Cordewener/Enchelmaier/Schindler, Meistbegünstigung im Recht der EU-Staaten, S. 88 (der jedoch diesen Grundsatz im Bereich des internationalen Steuerrechts als nicht anwendbar ansieht). Ähnlich Van Thiel, Free Movement of Persons and Income Tax Law, S. 336. Zur Formulierung „Minus" siehe Schön, JbFSt 2005/2006, S. 95.

[276] Petritz in: Stefaner/Züger, Tax Treaty Policy and Development, S. 127, Kofler, HBTLJ 2005, 1, 5 f.

[277] Kofler, HBTLJ 2005, 1, 5 f.

[278] Ebenso Van Thiel, Free Movement of Persons and Income Tax Law, S. 336.

günstigten Mitgliedstaat ansässige Steuerpflichtige behandelt werden, während er keine Gleichbehandlung mit einem im Drittstaat ansässigen Steuerpflichtigen anstrebt. Diese würde zu einer unbeschränkten Steuerpflicht und damit zu einem gegenüber dem status quo weitergehenden Steuerzugriff des Drittstaats auf das Einkommen und Vermögen des Steuerpflichtigen führen.[279] Aus diesem Grund wird deshalb vorgeschlagen, dass der Anspruch auf Ausländergleichbehandlung zu begrenzen sei auf die Wirkung, die auch durch eine Inländergleichbehandlung erreicht werden kann.[280]

Dem ist jedoch entgegenzusetzen, dass es inkonsequent wäre, einerseits davon auszugehen, dass die Mitgliedstaaten mit der Inländergleichbehandlung die höchst mögliche Integrationsmöglichkeit wählen wollten, andererseits jedoch die Ausländergleichbehandlung auf die Wirkung der Inländergleichbehandlung zu beschränken, sobald die Ausländergleichbehandlung eine stärkere Integration bewirken würde. Konsequenterweise muss in diesen Fällen wiederum die weitergehende Integrationsmöglichkeit der Ausländergleichbehandlung angewandt werden.[281]

c) Rückgriff auf Art. 18 AEUV (ex-Art. 12 EG) als Auslegungsgrundsatz

Diese Sichtweise wird durch eine Betrachtung des allgemeinen Diskriminierungsverbots des Art. 18 AEUV (ex-Art. 12 EG) bestätigt. Nach der Rechtsprechung des EuGH stellt das allgemeine Diskriminierungsverbot einen Auslegungsgrundsatz dar, der auf die speziellen Diskriminierungsverbote der Grundfreiheiten ausstrahlt.[282] Dies zeigt sich nicht nur darin, dass der EuGH Art. 12 EG (heute: Art. 18 AEUV) häufig neben der Regelung der speziellen Grundfreiheit zitiert,[283] sondern auch darin, dass er Art. 12 EG (heute: Art. 18 AEUV) als „Mindeststandard" des Diskriminierungsschutzes ansieht.[284]

---

[279] Rust in: Cordewener/Enchelmaier/Schindler, Meistbegünstigung im Recht der EU-Staaten, S. 88; wohl ebenso Cordewener, Grundfreiheiten und nationales Steuerrecht, S. 838 f.; ähnlich, unter Hinweis auf unterschiedliche Quellensteuersätze, Enchelmaier in: Cordewener/Enchelmaier/Schindler, Meistbegünstigung im Steuerrecht der EU-Staaten, S. 109.

[280] Cordewener, Grundfreiheiten und nationales Steuerrecht, S. 838.

[281] Ähnlich Enchelmaier in: Cordewener/Enchelmaier/Schindler, Meistbegünstigung im Steuerrecht der EU-Staaten, S. 116

[282] Von Bogandy in: Grabitz/Hilf, Das Recht der Europäischen Union, Art. 12 EG, Rn. 56; Epiney in: Calliess/Ruffert, EUV/EGV, Art. 12 EG, Rn. 1; Plötscher, Der Begriff der Diskriminierung im europäischen Gemeinschaftsrecht, S. 103; EuGH vom 28.3.1979, Rs. 175/78 *Saunders,* Rn. 7 ff. und EuGH vom 7.2.1979, Rs. 136/78 *Auer,* Rn. 17 ff.

[283] Zuleeg in: Von der Groeben/Schwarze, EUV/EGV, Art. 12 EG, Rn. 19; Epiney in: Calliess/Ruffert, EUV/EGV, Art. 12 EG, Rn. 4; EuGH vom 2.2.1989, Rs. 186/87 *Cowan/Trésor public,* Rn. 14 ff.; EuGH vom 17.4.1986, Rs. 59/85 *Reed,* Rn. 29; EuGH vom 28.6.1978, Rs. 1/78 *Kenny,* Rn. 12; EuGH vom 28.3.1979, Rs. 175/78 *Saunders,* Rn. 8 f.; EuGH vom 15.3.1995, Rs. C-45/93 *Kommission/Spanien,* Rn. 10; EuGH vom 8.7.1999, Rs. C-203/98

Nach dem Wortlaut des Art. 18 AEUV (ex-Art. 12 EG) ist dem allgemeinen Diskriminierungsverbot – auch unter Berücksichtigung der Diskriminierungsdefinition durch die EuGH-Rechtsprechung – eine Pflicht zur Gleichbehandlung von Nicht-Ansässigen aus verschiedenen Mitgliedstaaten zu entnehmen. Für Art. 18 AEUV (ex-Art. 12 EG) alleine ist dieses Ergebnis auch nahezu unbestritten.[285] Zu beachten ist jedoch, dass das allgemeine Diskriminierungsverbot nur „unbeschadet besonderer Bestimmungen" der Verträge gilt. Demzufolge ist das allgemeine Diskriminierungsverbot nur anwendbar, wenn der AEUV kein spezielles Diskriminierungsverbot für die fragliche Situation vorsieht.[286] Hieraus wird abgeleitet, dass das allgemeine Diskriminierungsverbot als lex generalis und die speziellen Diskriminierungsverbote der Grundfreiheiten als leges speciales anzusehen sind. Dies hat zur Folge, dass ein Rückgriff auf dass allgemeine Diskriminierungsverbot verwehrt ist, wenn die Tatbestandsmerkmale des besonderen Diskriminierungsverbots erfüllt sind.[287] Im Verhältnis der lex generalis zur lex specialis gilt, dass die lex specialis alle Tatbestandsmerkmale der lex generalis fordert und darüber hinaus noch (mindestens) eine zusätzliche Tatbestandsvoraussetzung hat, die den Anwendungsbereich der lex specialis weiter einengt.[288] Möglich ist nun, zusätzlich zu den speziellen Tatbestandsvoraussetzungen des sachlichen Anwendungsbereichs der Grundfreiheiten (z.B. Arbeitnehmer für Art. 45 AEUV, ex-Art. 39 EG) einen engeren Schutzumfang der Grundfreiheiten gegenüber dem allgemeinen Diskriminierungsverbot anzunehmen. Danach würden die Grundfreiheiten lediglich eine Inländergleichbehandlung gewähren, während das allgemeine Diskriminierungsverbot neben der Inländergleichbehandlung auch eine Ausländergleichbehandlung umfassen würde. Dieser Ansatz wird mit der Begründung vertreten, dass bei gleichen Rechtsfolgen keine Spezialvorschriften vonnöten wären, weder im Hinblick auf das Verhältnis der Grundfreiheiten untereinander noch auf das Verhältnis der Grundfreiheiten zu Art. 18 AEUV

Kommission/Belgien, Rn. 15; EuGH vom 16.1.2003, Rs. C-388/01 *Kommission/Italien*, Rn. 12.

[284] EuGH vom 20.10.1993, Rs. C-92/93, C-326/92 *Phil Collins u.a.*, Rn.17 ff.; Kofler, HBTLJ 2005, 1, 64; Schuch, IWB Gruppe 2, 1996, 259, 265.

[285] Kofler, HBTLJ 2005, 1, 63; Schuch, IWB Gruppe 2, 1996, 259, 265; Hinnekens, ECTR 1994, 146, 152 f.; Hughes, BIFD 1997, 126, 127 f.; Weggenmann, IStR 2003, 677, 679 ff.; Enchelmaier in: Cordewener/Enchelmaier/Schindler, Meistbegünstigung im Steuerrecht der EU-Staaten, S. 112 f.; Englisch in: Cordewener/Enchelmaier/Schindler, Meistbegünstigung im Steuerrecht der EU-Staaten, S. 170; Herzig/Dautzenberg, DB 1992, 2519, 2521.

[286] Von Bogandy in: Grabitz/Hilf, Das Recht der Europäischen Union, Art. 12 EG, Rn. 55; Epiney in: Calliess/Ruffert, EUV/ EGV, Art. 12 EG, Rn. 12.

[287] Enchelmaier in: Cordewener/Enchelmaier/Schindler, Meistbegünstigung im Steuerrecht der EU-Staaten, S. 95; Kofler, HBTLJ 2005, 1, 63; Scherer, Doppelbesteuerung und Europäisches Gemeinschaftsrecht, S. 163.

[288] Schmidt, JuS 2003, 649, 650; Zippelius, Juristische Methodenlehre, S. 39.

(ex-Art. 12 EG).[289] Dem ist jedoch entgegen zu halten, dass die vom EuGH angenommene Subsidiarität des allgemeinen Diskriminierungsverbotes des Art. 18 AEUV (ex-Art. 12 EG) gegenüber den Grundfreiheiten nicht tragfähig wäre, wenn die speziellen Grundfreiheiten hinter dem Schutzstandard der lex generalis des Art. 18 AEUV (ex-Art. 12 EG) zurückfallen würden.[290]

Zudem hat die oben durchgeführte Wortlautauslegung ergeben, dass die speziellen Diskriminierungsverbote der Grundfreiheiten auch eine Ausländergleichbehandlung beinhalten können, so dass die Annahme näher liegt, dass die fragliche zusätzliche Tatbestandsvoraussetzung der speziellen Diskriminierungsverbote in den sachlichen Anwendungsvoraussetzungen des Betroffenseins eines Arbeitnehmers, einer Niederlassung oder Dienstleistung sowie des Kapitalverkehrs zu sehen ist.

Dies wird unterstützt durch das Ziel des Art. 18 AEUV (ex-Art. 12 EG), einen Mindeststandard an Schutz vor verbotenen Diskriminierungen zu bieten.[291]

2. Zu beachtende Grundprinzipien, allgemeiner Gleichheitsgrundsatz

Der allgemeine Gleichheitssatz gehört nicht nur zu den rechtlichen Grundprinzipien, die von den „civil nations" anerkannt sind,[292] wie Art. 26 des „International Covenant on Civil and Political Rights", Art. 14 EMRK in Verbindung mit Art. 6 EUV und Art. 21 der Charta der Grundrechte der Europäischen Union – es belegen. Vielmehr stellt er auch ein grundlegendes Prinzip des Unionsrechts dar und wird vom EuGH teilweise aus dem EG-Vertrag (heute: AEUV) – insbesondere den Art. 12 und 39 ff. EG (heute: Art. 18 und 45 ff. AEUV) – sowie teilweise aus den nationalen Rechtsordnungen der Mitgliedstaaten abgeleitet. Besonders eng ist der Gleichheitssatz mit denjenigen Regelungen der Verträge verknüpft, die den Binnenmarkt begründen, da er deren grundlegendes Element bildet und Verletzungen des Gleichheitsgrundsatzes zu Hindernissen für grenzüberschreitende Betätigungen im Binnenmarkt führen.[293] Aus diesem Grund werden die Diskriminierungsverbo-

---

[289] Enchelmaier in: Cordewener/Enchelmaier/Schindler, Meistbegünstigung im Steuerrecht der EU-Staaten, S. 113.

[290] In ähnlichem Zusammenhang Englisch in: Cordewener/Enchelmaier/Schindler, Meistbegünstigung im Steuerrecht der EU-Staaten, S. 169; Küper, Doppelbesteuerung und europarechtliche Meistbegünstigung bei Erbschaften und Schenkungen, S. 158.

[291] Kofler, HBTLJ 2005, 1, 64; EuGH vom 20.10.1993 Rs. C-92/92 und C-326/92 *Phil Collins u.a.*, Rn. 17 ff.; Schlussanträge des GA Colomer vom 26.10.2004, Rs. C-376/03 *D.*, Rn. 97, Fn. 52.

[292] Pistone, Impact of Community Law on Tax Treaties, S. 15.

[293] Kofler, HBTLJ 2005, 1, 20; Europäische Kommission, Arbeitsdokument der Dienststellen der Kommission, Unternehmensbesteuerung im Binnenmarkt (COM (2001) 582 final), S. 338; Pistone, The impact of Community Law on Tax Treaties, S. 15 unter Hinweis auf

te des AEUV als spezielle Anwendungsformen des allgemeinen Gleichheitssatzes, angesehen.[294] Als Grundprinzip und allgemeiner Rechtsgrundsatz hat der Gleichheitssatz Verfassungsrang und ist deshalb bei der Auslegung und Anwendung von primärem Unionsrecht zu beachten, auch wenn er – wie das allgemeine Diskriminierungsverbot des Art. 18 AEUV (ex-Art. 12 EG) – nur selbständig anzuwenden ist, wenn kein spezielles Gleichheitsrecht eingreift.[295] Der EuGH wendet den Gleichheitssatz neben spezielleren Normen an, wenn deren Regelung nicht ausreicht, um den Sachverhalt vollständig zu erfassen.[296] Der allgemeine Gleichheitssatz verlangt, dass vergleichbare Sachverhalte nicht unterschiedlich[297] und unterschiedliche Sachverhalte nicht gleich behandelt werden dürfen, es sei denn, es gibt eine objektive Rechtfertigung für die Differenzierung. Diesem Schutzumfang ist keinerlei Einschränkung auf die Ungleichbehandlung von Ausländern im Vergleich zu Inländern o.ä. zu entnehmen.

3. Ergebnis der systematischen Auslegung

Die systematische Auslegung ergibt, dass den vier Grundfreiheiten aufgrund ihrer mangelnden Trennschärfe ein einheitlicher Schutzumfang entnommen werden muss. Nachdem bereits der Wortlaut der Warenverkehrs- und Niederlassungsfreiheit, der Arbeitnehmerfreizügigkeit sowie der Kapitalverkehrsfreiheit für die Gewährleistung der Gleichbehandlung von Ausländern aus verschiedenen Mitgliedstaaten untereinander offen ist, ergibt die Systematik des AEUV, dass die Pflicht zur Inländergleichbehandlung in Art. 57 Abs. 3 AEUV (ex-Art. 50 Abs. 3 EG) keine umfassende Regelung ist, sondern vielmehr im Zusammenhang mit Art. 61 AEUV (ex-Art. 54 EG) zu sehen ist, der ein Ausländergleichbehandlungsgebot enthält. Dies wird nicht nur durch Art. 350 AEUV (ex-Art. 306 EG), sondern auch durch die historischen Hintergründe der Inländergleichbehandlung als die von den Mitgliedstaaten gewählte höchst mögliche Integrationsstufe gestützt. Aus diesem Willen zu einem möglichst engen Verbund der Mitgliedstaaten folgt, dass die normalerweise niedrigere Integrationsstufe der Ausländergleichbehandlung auch anzuwenden ist, wenn

---

EuGH vom 19.10.1977, Rs. 117/76 und 16/77 *Ruckdeschel*, Rn. 7 bestätigt durch EuGH vom 25.10.1978, Rs. 103 und 145/77 *Royal Scholten-Honig gegen Intervention Board for Agricultural Products*, Rn. 82/83.

[294] Mohn, Der Gleichheitssatz im Gemeinschaftsrecht, S. 30; EuGH vom 19.10.1977, Rs. 117/76 und 16/77 *Ruckdeschel*, Rn. 7.

[295] Mohn, Der Gleichheitssatz im Gemeinschaftsrecht, S. 33 und 46; Beutler in: Von der Groeben/Schwarze, EUV/EGV, Art. 6 EUV, Rn. 87 f.; Scherer, Doppelbesteuerung und Europäisches Gemeinschaftsrecht, S. 163.

[296] Mohn, Der Gleichheitssatz im Gemeinschaftsrecht, S. 46; EuGH vom 16.10.1980, Rs. 147/79 *Hochstrass*, Rn. 7.

[297] EuGH vom 19.10.1977, Rs. 117/76 und 16/77 *Ruckdeschel*, Rn. 7.

ihr ausnahmsweise – wie in DBA-Fällen – ein höherer Schutzstandard zukommt. Dieses Ergebnis wird flankiert durch das allgemeine Diskriminierungsverbot des Art. 18 AEUV (ex-Art. 12 EG) sowie den auch im Unionsrecht anerkannten allgemeinen Gleichheitssatz, die beide auch vor
Ungleichbehandlungen von Ausländern aus verschiedenen Mitgliedstaaten
schützen und als Auslegungsgrundsätze für die Grundfreiheiten zusätzlich für
einen Schutz vor horizontalen Diskriminierungen durch diese Grundfreiheiten
sprechen. Auch das Ergebnis der systematischen Auslegung ist jedoch nicht das
einzig mögliche, so dass nur die teleologische Auslegung letztlich Gewissheit
bringen kann, ob die Grundfreiheiten auch vor einer horizontalen Diskriminierung schützen.

III. Teleologische Auslegung

Der teleologischen Auslegung zufolge ist nach dem Sinn und Zweck der
einschlägigen Unionsrechtsnormen zu fragen. Diese Auslegungsmethode ist mit
dem dynamischen Charakter der Verträge, der sich infolge eines fortschreitenden Integrationsprozesses stetig fortentwickelt, am besten zu vereinbaren.[298]
Der EuGH bedient sich auch hier allgemeiner Auslegungslehren, wie dem
„effet utile"-Grundsatz, dem „Prinzip der Funktionsfähigkeit", dem „institu-
tionellen Gleichgewicht", sowie dem Subsidiaritäts- und Verhältnismäßigkeitsgrundsatz (Art. 5 EUV, Ex-Art. 5 EG). Wichtig sind sowohl die Ziele des
Vertrags im Ganzen als auch die spezifische Zielsetzung der einzelnen Ver-
tragsvorschrift.[299]

1. Ziele der Grundfreiheiten

Die Grundfreiheiten haben eine marktintegrierende Funktion, d.h. sie sollen
als fundamentale Grundsätze des AEUV den Binnenmarkt gemäß Art. 3 Abs. 1
lit. b, 26 AEUV (ex-Art. 14 EG) schaffen.[300] Der Binnenmarkt ist ein „Raum
ohne Binnengrenzen" (Art. 26 Abs. 2 AEUV, ex-Art. 14 Abs. 2 EG), der dadurch gekennzeichnet ist, dass er keine Hindernisse für den freien Waren-,
Personen-, Dienstleistungs- und Kapitalverkehr beinhaltet. Der Binnenmarkt
ist also das Ergebnis der Beseitigung der Hindernisse für den freien Waren-,
Personen-, Dienstleistungs- und Kapitalverkehr zwischen den Mitgliedstaaten.

---

[298] Oppermann/Classen/Nettesheim, Europarecht, S. 198 f.; Schön in: Lehner, Steuerrecht
im Europäischen Binnenmarkt, S. 173.

[299] Schön in: Lehner, Steuerrecht im Europäischen Binnenmarkt, S. 173 mwN; Dauses,
Handbuch des EU-Wirtschaftsrechts, Kap. B.I, Rn. 15 f.

[300] Randelzhofer/Forsthoff in: Grabitz/Hilf, Das Recht der Europäischen Union, Vor
Art. 39–55 EG, Rn. 2; Cordewener, Grundfreiheiten und nationales Steuerrecht, S. 25 f.;
Streinz, Europarecht, S. 299 f.

Die Art. 3 und 26 AEUV (ex-Art. 3[301] und 14 EG) enthalten somit die übergeordneten Ideale der Verträge, die zwar keine subjektiven Rechte vermitteln können, jedoch für die Auslegung der Grundfreiheiten von grundlegender Bedeutung sind.[302] Der Binnenmarkt zielt auf die Herstellung der Marktfreiheit und Marktgleichheit innerhalb der Europäischen Union. Die Marktfreiheit beinhaltet die Abschaffung aller Behinderungen grenzüberschreitender wirtschaftlicher Betätigung, während die Marktgleichheit verlangt, dass zum einen der grenzüberschreitende Wirtschaftsverkehr nicht stärker belastet werden darf als der innerstaatliche Wirtschaftsverkehr – was auch als Neutralität der Marktordnungen bezeichnet wird – und zum anderen der Binnenmarkt in sich homogen ist.[303]

Fraglich ist jedoch, ob ein solcher homogener Binnenmarkt innerhalb der EU erfordert, dass für alle Wirtschaftsteilnehmer auch hinsichtlich des Steuerrechts ein einheitlicher Rechtsrahmen besteht.[304]

Gegen das Erfordernis einheitlicher steuerrechtlicher Verhältnisse wird zum Teil vorgebracht, dass die Mitgliedstaaten untereinander in einem Wettbewerb um Investitionen durch Wirtschaftsteilnehmer aus anderen Mitgliedstaaten stehen und mit ihren jeweils unterschiedlichen Rechts- und Wirtschaftsbedingungen für einen Teil der Investoren attraktiv erscheinen, für einen anderen Teil hingegen eher weniger attraktiv. Erst unter Berücksichtigung dieser unterschiedlichen rechtlichen und wirtschaftlichen Faktoren – innerhalb derer das Steuerrecht nur eine Bestimmungsgröße unter vielen darstellt – könnten Investitionsentscheidungen sinnvoll getroffen werden. Die unterschiedlichen Bedingungen verzerrten demzufolge nicht die Wettbewerbsbedingungen, da die Mitgliedstaaten kein Recht darauf hätten, dass sich Wirtschaftsteilnehmer für ihren Markt entscheiden.[305]

Vorliegend geht es jedoch nicht darum, dass sich Wirtschaftsteilnehmer aus anderen Mitgliedstaaten für einen bestimmten Mitgliedstaat entscheiden müssen, sondern diese Entscheidung ist bereits gefallen und die weitere Teilnahme am Markt dieses Mitgliedstaats würde durch einseitige Bevorzugungen anderer

---

[301] Ex-Art. 3 Abs. 1 EG wurde aufgehoben und im Wesentlichen ersetzt durch Art. 3 bis 6 AEUV (vgl. Synopse bei Streinz/Ohler/Herrmann, Der Vertrag von Lissabon zur Reform der EU, S. 411 und Fn. 2 auf S. 429).

[302] Cordewener, Grundfreiheiten und nationales Steuerrecht, S. 201; Englisch in: Cordewener/Enchelmaier/Schindler, Meistbegünstigung im Steuerrecht der EU-Staaten, S. 169; Knobbe-Keuck, DB 1990, 2573, 2574; EuGH vom 5.5.1982, Rs. 15/81 *Gaston Schul*, Rn. 33.

[303] Randelzhofer/Forsthoff in: Grabitz/Hilf, Das Recht der Europäischen Union, Vor Art. 39–55 EG, Rn. 5 f.

[304] Dies wird verneint durch Enchelmaier in: Cordewener/Enchelmaier/Schindler, Meistbegünstigung im Steuerrecht der EU-Staaten, S. 114; Rödder/Schönfeld, IStR 2005, 523, 525.

[305] Enchelmaier in: Cordewener/Enchelmaier/Schindler, Meistbegünstigung im Steuerrecht der EU-Staaten, S. 114; Rödder/Schönfeld, IStR 2005, 523, 525.

Wirtschaftsteilnehmer innerhalb dieses Marktes verschlechtert. Zumindest im Hinblick auf miteinander konkurrierende Tätigkeiten innerhalb ein und desselben nationalen Marktes ist es somit für die Verwirklichung eines homogenen Binnenmarktes erforderlich, dass einheitliche steuerrechtliche Regelungen für Angehörige verschiedener Mitgliedstaaten bestehen.

2. Ziele der Verträge

Einen zusätzlichen Aspekt enthält Art. 2 EUV[306], der nicht nur die Errichtung eines Binnenmarktes vorsieht, sondern auch die Förderung des „wirtschaftlichen, sozialen und territorialen Zusammenhalts" sowie der „Solidarität zwischen den Mitgliedstaaten" als Ziele nennt. Dieser erstrebte wirtschaftliche Zusammenhalt unter den Mitgliedstaaten wird jedoch konterkariert, wenn ein Mitgliedstaat Sondervorteile in DBA nur den in bestimmten Mitgliedstaaten ansässigen Ausländern gewährt. Solche spezifischen Bevorzugungen sind auch nicht mit dem Zweck, einen einheitlichen Wirtschaftsraum zu schaffen, vereinbar.[307] Art. 350 AEUV (ex-Art. 306 EG) zeigt – wie bereits dargelegt – dass derartige Bevorzugungen einzelner Gruppen oder einzelner Betroffener als Ausnahmefälle einer ausdrücklichen Genehmigung durch die Verträge bedürfen.[308]

Dieser Auslegung wird zwar zum Teil entgegengehalten, dass eine Ausländergleichbehandlung nicht für das Funktionieren des Binnenmarktes erforderlich sei, da sie insbesondere vorhandene Unterschiede eher noch verstärken könne.[309] Dies wird auf die Überlegung gestützt, dass bei Bestehen von Unterschieden zwischen den Mitgliedstaaten hinsichtlich mehrerer wettbewerbsrelevanter Faktoren, Besteuerungsunterschiede Wettbewerbsverzerrungen verringern bzw. ausgleichen können:

> **Beispielsfall**[310]: Das Unternehmen A ist in einem Staat mit schlecht entwickelter Infrastruktur ansässig und erzielt vor Steuern einen Gewinn von 150. Bei einem Steuersatz im Staat A von 33 1/3% bleibt ein Gewinn nach Steuern in Höhe von 100. Das Unternehmen B hingegen ist in einem anderen Staat mit gut entwickelter Infrastruktur tätig und erzielt deswegen einen Gewinn von 200. Bei einem Steuersatz von 50% im Staat B verbleibt ebenfalls ein Gewinn von 100 nach Steuern.

---

[306] Ex-Art. 2 EG wurde aufgehoben und im wesentlichen ersetzt durch Art. 3 EUV, der daneben auch ex-Art. 2 EU ersetzt (vgl. Synopse bei Streinz/Ohler/Herrmann, Der Vertrag von Lissabon zur Reform der EU, S. 173, 411 und Fn. 1 auf S. 429).

[307] Weggenmann, IStR 2003, 677, 679; Herzig/Dautzenberg, DB 1992, 2519, 2521 f.

[308] Vgl. hierzu S. 76 f.

[309] Stockmann, IStR 1999, 129, 136; Englisch in: Cordewener/Enchelmaier/Schindler, Meistbegünstigung im Steuerrecht der EU-Staaten, S. 181 ff.

[310] Dieser Fall wird angeführt von Herzig in: Lehner, Steuerrecht im Europäischen Binnenmarkt, S. 121, 131.

Dieses Beispiel kann jedoch nicht gegen eine Ausländergleichbehandlung vorgebracht werden, da es in der vorliegenden Arbeit – anders als im o.g. Beispielsfall – um zwei Steuerpflichtige geht, die zwar in verschiedenen Mitgliedstaaten ansässig sind, jedoch im selben Quellenstaat eine Tätigkeit ausüben und bezüglich dieser Tätigkeit demnach denselben wettbewerbsrelevanten Faktoren wie z.B. der Infrastruktur unterliegen, und dennoch unterschiedlich besteuert werden.

Hinzu kommt, dass die Europäische Union einen intensiveren Zusammenschluss darstellen soll, als die bisherigen Handelsabkommen, und diese Handelsabkommen bereits eine Pflicht zur Ausländergleichbehandlung beinhalten.[311] Demnach müsste innerhalb eines Binnenmarktes erst recht ein Grundsatz der Ausländergleichbehandlung bestehen.

Eng mit dem Ziel eines Binnenmarktes verknüpft ist der Grundsatz der Gleichheit der Mitgliedstaaten. Die Bedeutung dieses Grundsatzes für die Union wurde durch den EuGH wiederholt hervorgehoben,[312] und steht einer unterschiedlichen Behandlung der Mitgliedstaaten untereinander entgegen. Die Verträge beinhalten zwar einerseits Vorteile für die Mitgliedstaaten, verpflichten sie jedoch andererseits auch, gemeinschaftsrechtliche Regelungen nicht zu verletzen. Eine solche Verletzung liegt jedoch vor, wenn ein Mitgliedstaat aufgrund nationaler Interessen die Gleichheit der Mitgliedstaaten nach dem Unionsrecht nicht beachtet und so die Staatsangehörigen anderer Mitgliedstaaten diskriminiert.[313]

3. Ergebnis der teleologischen Auslegung

Sinn und Zweck der Grundfreiheiten ist die Garantie eines Binnenmarktes, der sich einfügt in ein Gesamtkonzept der Europäischen Union, die einen weitaus intensiveren Zusammenschluss von Staaten schaffen soll, als dies zuvor durch internationale Handelsabkommen geschehen ist. Diese Handelsabkommen sehen Verpflichtungen vor, Angehörige von verschiedenen anderen Staaten gleich zu behandeln. Hieraus folgt, dass ein engerer Zusammenschluss mindestens auch eine solche „Ausländergleichbehandlung" gewähren muss, da ein in sich homogener Binnenmarkt innerhalb der Union untrennbar verknüpft ist mit wirtschaftlichem Zusammenhalt und gegenseitiger Solidarität und diese nur schwer verwirklich werden können, wenn sich Teile der Union untereinander besser behandeln als den Rest der Union. Für diesen Grundgedanken hat

---

[311] Plötscher, Der Begriff der Diskriminierung im Europäischen Gemeinschaftsrecht, S. 109.
[312] Vgl. EuGH vom 7.2.1973, Rs. 39/72 *Kommission/Italien*, Rn. 24; EuGH vom 7.2.1979, Rs. 128/78 *Kommission/Vereinigtes Königreich*, Rn. 12.
[313] Vgl. hierzu EuGH vom 7.2.1973, Rs. 39/72 *Kommission/Italien*, Rn. 24; EuGH vom 7.2.1979, Rs. 128/78 *Kommission/Vereinigtes Königreich*, Rn. 12.

sich auch der EuGH ausgesprochen, indem er die Bedeutung des Grundsatzes der Gleichheit der Mitgliedstaaten immer wieder hervorgehoben hat.

IV. Gegenargumente

Auch die in der Literatur vorgebrachten Argumente sprechen nicht gegen das gefundene Ergebnis, dass die Grundfreiheiten auch vor einer Ungleichbehandlung zweier Nicht-Ansässiger schützen.

Eine Differenzierung zwischen den Grundfreiheiten dahingehend, dass nur die Arbeitnehmerfreizügigkeit und die Kapitalverkehrsfreiheit eine Ausländergleichbehandlung vorsehen können,[314] ist abzulehnen. Zwar mag eine solche Unterscheidung aufgrund des unterschiedlichen Wortlauts nahe liegen; zum einen ist der Wortlaut der Grundfreiheiten – wie festgestellt – jedoch nicht abschließend und zum anderen kann angesichts der durch den EuGH festgestellten Konvergenz der Grundfreiheiten keine Abweichung der Grundfreiheiten untereinander angenommen werden.

Das Argument, dass auch ein Inländer nicht wählen kann, welches der von seinem Ansässigkeitsstaat abgeschlossenen DBA auf den ihn betreffenden Sachverhalt anwendbar ist,[315] ist zwar stimmig, es spricht jedoch nur dagegen, die Gleichbehandlung zweier Nicht-Ansässiger auf das Gebot der Inländergleichbehandlung zu stützen, nicht jedoch dagegen, dass den Grundfreiheiten neben der Pflicht zu Inländergleichbehandlung auch eine Pflicht zur Ausländergleichbehandlung zu entnehmen ist.

Auch die weiterhin bestehende Kompetenz der Mitgliedstaaten, DBA abzuschließen,[316] kann nicht gegen eine Pflicht zur Ausländergleichbehandlung sprechen, da die Mitgliedstaaten bei der Ausübung dieser Kompetenz das vorrangige Unionsrecht zu beachten haben.[317]

Ebenso wenig kann die Tatsache, dass DBA ein austariertes System gegenseitiger Zugeständnisse sind und sich ihr Anwendungsbereich jeweils nur auf die Angehörigen der Abkommensbeteiligten erstreckt,[318] in dieser Grundsätzlichkeit nicht gegen das Bestehen einer Pflicht zur Ausländergleichbehandlung vorgebracht werden, da ein zweiseitiges Abkommen, das die Gewährung von Vorteilen den Staatsangehörigen der beiden Mitgliedstaaten, die Parteien des

---

[314] Herzig/Dautzenberg, DB 1992, 2519, 2522.

[315] Lehner, IStR 2001, 329, 336; ders. in: Vogel/Lehner, DBA, Einl., Rn. 68; ders., IStR 2001, 221, 222.

[316] Dourado, ECTR 2002, 147, 151 f.; vgl. hierzu oben S. 21 ff.

[317] Vgl. hierzu oben S. 21 ff. und S. 29 f.

[318] Strunk/Kaminski, Stbg. 2005, 462; Dourado, ECTR 2002, 147, 151 f.; Hinnekens, ET 1996, 286, 297.

Abkommens sind, vorbehält, die Anwendung des Grundsatzes der Gleichbehandlung nicht hindern kann.[319]

Die weiteren vorgebrachten Argumente, dass eine solche Pflicht zur Ausländergleichbehandlung unkontrollierbar in die Haushaltspolitik und die interne Steuerpolitik eingreift und deshalb schlicht und einfach nicht sein könne,[320] zum Treaty Shopping einlade und zu einer mehrfachen Nichtbesteuerung führen könne,[321] sprechen lediglich mögliche unerwünschte Folgen einer Meistbegünstigung an, begründen jedoch keinen Widerspruch zu dem gefundenen Auslegungsergebnis.

V. Zwischenergebnis

Die Wortlautauslegung hat ergeben, dass zwar die Grundfreiheiten unterschiedlich formuliert sind, die jeweiligen Formulierungen jedoch nicht abschließend sind, so dass zumindest nicht ausgeschlossen ist, dass die Grundfreiheiten eine Ausländergleichbehandlung mit umfassen. Aus der Systematik des AEUV war zu schließen, dass den Grundfreiheiten ein einheitlicher Schutzumfang zukommt. Dieser umfasst in Zusammenschau mit dem allgemeinen Diskriminierungsverbot des Art. 18 AEUV (ex-Art. 12 EG), der einen Mindeststandard für den Schutzbereich der Grundfreiheiten festlegt, eine Pflicht zur Ausländergleichbehandlung. Auch ist aus Art. 350 AEUV (ex-306 EG), der eine gegenseitige Bevorzugung der Benelux-Staaten untereinander ausnahmsweise zulässt, der Umkehrschluss zu ziehen, dass der AEUV in allen anderen Fällen der Ungleichbehandlung von Angehörigen verschiedener Mitgliedstaaten entgegensteht, da eine Regelung wie Art. 350 AEUV (ex-306 EG) anderenfalls nicht erforderlich wäre. Die Pflicht zur Gewährung einer Ausländergleichbehandlung ist zudem auch im Hinblick auf den historischen Hintergrund der ersten Vertragsentwürfe zu stützen, die innerhalb der Union das höchste Integrationsniveau herstellen wollten. Wenn ausnahmsweise eine Ausländergleichbehandlung einen weitergehenden Schutz als eine Inländergleichbehandlung bietet, ist jeweils der weitergehende Schutz zu gewähren. Ein solcher Schutz der Ausländergleichbehandlung war auch Ergebnis der teleologischen Auslegung, da die Grundfreiheiten bezwecken, einen hindernisfreien Binnenmarkt zu schaffen und somit innerhalb der Union ein weitaus engerer Zusammenschluss erfolgt, als dies in den internationalen Handelsabkommen vorgesehen ist. Nachdem selbst diese Handelsabkommen jedoch Pflichten zur Ausländergleichbehandlung enthalten, müssen die Grundfreihei-

---

[319] EuGH vom 27.9.1988, Rs. 235/87 *Matteucci*, Rn. 23.
[320] Hinnekens, ECTR 1994, 146, 148 ff.; Hinnekens, ET 1996, 286, 297.
[321] Vogel, ECTR 1995, 264 f.; Dourado, ECTR 2002, 147, 151 f., die jedoch zugibt, dass ohne Ausländergleichbehandlung Gleiches ungleich behandelt würde.

ten erst recht eine derartige Pflicht enthalten. Als Ergebnis festzuhalten bleibt
demnach, dass die Grundfreiheiten des AEUV eine horizontale Diskriminierung durch die Ungleichbehandlung zweier beschränkt Steuerpflichtiger verbieten.

B. Vergleichskriterien

Da somit die Auslegung des AEUV ergibt, dass die Grundfreiheiten auch eine Gleichbehandlung von Angehörigen verschiedener Mitgliedstaaten verlangen, wenn sich diese in einer vergleichbaren Situation befinden, ist zu prüfen,
ob nach der Definition des EuGH für den Begriff „Diskriminierung" Gleiches
ungleich behandelt wird.

Die Lage eines in einem bestimmten Mitgliedstaat (Mitgliedstaat 1) ansässigen Steuerpflichtigen (Steuerpflichtiger 1), der über einen steuerlichen Anknüpfungspunkt in einem bestimmten Drittstaat verfügt, soll „gleich" sein wie
die bzw. „vergleichbar" sein mit der Lage eines in einem anderen Mitgliedstaat
(Mitgliedstaat 2) ansässigen Steuerpflichtigen (Steuerpflichtiger 2) mit demselben steuerlichen Anknüpfungspunkt im selben Drittstaat.

Der Rechtsprechung des EuGH zufolge müssen zwei Sachverhalte in ihren
wesentlichen Merkmalen übereinstimmen, um vergleichbar zu sein.[322] Für die
Bestimmung der wesentlichen Merkmale eines Falls lässt sich der Rechtsprechung des EuGH jedoch keine allgemeingültige Formel entnehmen, da dieser
jeweils nur Einzelfallentscheidungen trifft.[323] Aus Gründen der Rechtssicherheit
wäre eine genauere Eingrenzung der maßgeblichen Kriterien für eine Vergleichbarkeit wünschenswert, insbesondere, da die Feststellung der maßgeblichen Kriterien einerseits ein sehr komplexer Vorgang ist und andererseits subjektive Wertungen bei der Wesentlichkeit zu einer Vielzahl verschiedener
Ergebnisse führen können, die nicht nur den Zielen der Grundfreiheiten, sondern sich auch gegenseitig widersprechen können.[324]

Im Folgenden soll deswegen ein Ansatz entwickelt werden, der durch die
Wertungen der Verträge und der Rechtsprechung des EuGH gestützte Grund-
sätze dafür festlegt, welche Kriterien für die Bestimmung der „Gleichheit" bzw.
„Vergleichbarkeit" als wesentlich zu berücksichtigen sind.

Erste Anhaltspunkte für diesen Ansatz können der verfassungsrechtlichen
Diskussion des Gleichheitsbegriffs von Art. 3 GG entnommen werden, da nach
der Definition des BVerfG Art. 3 GG verbietet, „wesentlich Gleiches un-

---

[322] EuGH vom 12.9.2002, Rs. C-431/01 *Mertens*, Rn. 32.
[323] Mohn, Der Gleichheitssatz im Gemeinschaftsrecht, S. 52 u. 55.
[324] Hinnekens, ET 1996, 286, 288; Kewenig, Der Begriff der Diskriminierung, S. 74; Plötscher, Der Begriff der Diskriminierung im Europäischen Gemeinschaftsrecht, S. 43.

gleich" zu behandeln[325] und hierin „deutliche Parallelen in der dogmatischen Ausprägung der Diskriminierungsdefinition"[326] durch das BVerfG und den EuGH erkennbar sind.

Ein Ansatz der verfassungsrechtlichen Diskussion findet seinen Ausgangspunkt in der Definition der „Gleichheit" auf dem Gebiet der Logik. Danach ist Gleichheit „die Übereinstimmung zweier oder mehrerer Gegenstände, Gegenstandsmerkmale oder Sachverhalte hinsichtlich eines bestimmten..., vieler oder der überwiegenden Zahl ihrer Eigenschaften und Merkmale unter Absehung solcher Eigenschaften, in denen sie ungleich sind"[327].

Gleichheit ist demnach nicht gleichzusetzen mit Identität, da diese nur bei einer ausnahmslosen Übereinstimmung eines Gegenstandes mit sich selbst in sämtlichen Merkmalen gegeben ist. Identität bedeutet also „Einssein", während ein Vergleich zwingend nur bei zwei Gegenständen möglich ist.[328] Muss jedoch mindestens ein Merkmal für einen Vergleich unterschiedlich sein, kann sich die Gleichheit nur auf einzelne Merkmale des Gegenstands beziehen (relative Gleichheit) und die Vergleichsobjekte weisen jeweils Unterschiede und Gemeinsamkeiten bezüglich des einen oder anderen Merkmals auf.

> „Das Urteil über Gleichheit oder Diskriminierung ist immer nur Abstraktion von gegebener Ungleichheit unter bestimmten weltanschaulich vorgeprägten Gesichtspunkten."[329]

Jeder Sachverhalt kann enger und weiter umschrieben werden. Werden beispielsweise ein pensionierter Beamter und ein noch aktiver Beamter gegenübergestellt, sind die Sachverhalte gleich, wenn auf das Merkmal des „Beamten" abgestellt wird. Nimmt man als Bezugspunkt hingegen einen „pensionierten Beamten", sind die Sachverhalte nicht mehr gleich.[330]

Die entscheidende Fragestellung ist folglich, welche einzelnen Merkmale wesentlich sind und welche unwesentlich. Stimmen zwei Gegenstände in ihren wesentlichen Merkmalen überein, kann ihre Ungleichbehandlung zu einer Diskriminierung führen, während bei einer Übereinstimmung lediglich in un-

---

[325] BVerfGE 49, 148, 165, st. Rspr; Pieroth/Schlink, Grundrechte, S. 109.

[326] Cordewener, Grundfreiheiten und nationales Steuerrecht, S. 177, Fn. 14; Bieg, Der Gerichtshof der Europäischen Gemeinschaften und sein Einfluss auf das deutsche Steuerrecht, S. 227 f.

[327] Brockhaus, Enzyklopädie, Bd. 7, Stichwort „Gleichheit", S. 388.

[328] Kewenig, Der Begriff der Diskriminierung, S.73; Plötscher, Der Begriff der Diskriminierung, S. 42;

[329] Rüthers/Fischer, Rechtstheorie, S. 234 f. Ähnlich auch Zippelius, Rechtsphilosophie, S. 203 f..

[330] Beispiel nach Hintersteininger, Binnenmarkt und Diskriminierungsverbot, S. 9.

wesentlichen Merkmalen die Ungleichbehandlung von Nicht-Gleichem vorliegt und der Tatbestand der Diskriminierung nicht erfüllt ist.[331]

Zur Ermittlung, ob die übereinstimmenden oder die verschiedenen Merkmale zweier Sachverhalte wesentlich sind, ist ein Bezugspunkt zu bestimmen, unter dem die Sachverhalte miteinander verglichen werden (sog. *tertium comparationis*; im Folgenden: Differenzierungskriterium).[332]

Die Festlegung des Differenzierungskriteriums bzw. der Differenzierungskriterien erfolgt zunächst durch Ermittlung eines gemeinsamen Oberbegriffs (sog. *genus proximum*), dem sich die Vergleichsobjekte unterordnen lassen und der einerseits die Vergleichsobjekte von anderen Objekten abgrenzt und andererseits die dem Diskriminierungsverbot zugrunde liegenden Vergleichs- und Unterscheidungsmerkmale (*differentia specifica*) erkennbar werden lässt.[333]

Zu beachten ist, dass das Vergleichskriterium nicht zu eng gefasst werden darf, da ansonsten die Grundfreiheiten und der Grundsatz der Gleichbehandlung nicht ausreichend Beachtung finden können, sondern vielmehr „Ungleichbehandlungen unter Berufung auf die Nichtvergleichbarkeit Vorschub geleistet werden würde".[334]

Ebenfalls von entscheidender Bedeutung für die Prüfung der Vergleichbarkeit ist die Einsicht, dass es nicht ein logisch zwingendes Differenzierungskriterium gibt, sondern die Auswahl desselben aus mehreren denkbaren Möglichkeiten aufgrund eines Werturteils erfolgt.[335] Dem Werturteil zugrunde zu legen sind zum einen die aus der jeweiligen Regelung des geprüften Diskriminierungsverbots ableitbaren Anhaltspunkte und zum anderen diejenigen Ziele des Vertrages, zu deren Verwirklichung das in Frage stehende Diskriminierungsverbot in den Vertragstext aufgenommen wurde.[336]

---

[331] Plötscher, Der Begriff der Diskriminierung, S. 42; Mohn, Der Gleichheitssatz im Gemeinschaftsrecht, S. 52; Kewenig, Der Begriff der Diskriminierung, S. 73 f.; Cordewener, Grundfreiheiten und nationales Steuerrecht, S. 178.

[332] Zur Notwendigkeit der Bestimmung eines *tertium comparationis* (lat. das Dritte des Vergleichs) vgl. Isensee/Kirchhof, HdbStR, Bd. V, § 124, Rn. 20; Von Münch/Kunig, GG-Kommentar, Art. 3, Rn. 16a; Schoch, DVBl. 1988, 863, 873; Robbers, DÖV 1988, 749 f.; Cordewener, Grundfreiheiten und nationales Steuerrecht, S. 178; Kofler, ÖStZ 2006, 154; Reimer in: Lehner, Grundfreiheiten im Steuerrecht der EU-Staaten, S. 48.

[333] Cordewener, Grundfreiheiten und nationales Steuerrecht, S. 178; Wahle, Gleichheitssatz in der Europäischen Union, S. 148.

[334] Mohn, Der Gleichheitssatz im Gemeinschaftsrecht, S. 50

[335] Schoch, DVBl. 1988, 863, 874; Dürig in: Maunz/Dürig, GG, Art. 3, Rn. 1, 2; Rüfner in: Dolzer/Vogel/Graßhof, Bonner Kommentar zum Grundgesetz, Art. 3, Rn. 13 f. Nach Von Münch/Kunig führt diese Notwendigkeit eines Werturteils dazu, dass die Gleichheitsprüfung „in besonders hohem Maße den Unzulänglichkeiten der juristischen Methode ausgeliefert ist" (Von münch/Kunig, GG-Kommentar Art. 3, Rn. 17).

[336] Mohn, Der Gleichheitssatz im Gemeinschaftsrecht, S. 52; Ipsen, Europäisches Gemeinschaftsrecht, S. 602; EuGH vom 27.10.1971, Rs. 6/71 *Rheinmühlen Düsseldorf/Einfuhr- und Vorratsstelle für Getreide und Futtermittel*, Rn. 14.

Zudem ist zu berücksichtigen, dass zwei Situationen nur aus dem Blickwinkel eines Staates miteinander verglichen werden können. Dies muss der Blickwinkel desjenigen Staates sein, der die Ungleichbehandlung „begeht", im vorliegenden Fall ist demnach die Sicht des Drittstaats als Quellenstaat maßgeblich.[337]

Im Folgenden werden zunächst die Grundfreiheiten anhand ihres Wortlauts, ihrer Anwendungsvoraussetzungen und ihrer Ziele auf Hinweise für die Wesentlichkeit von Kriterien für eine vergleichbare Lage untersucht (s.u. I.). Im Anschluss folgt die Prüfung der Frage, welche Merkmale der Vergleichspersonen nicht zu einer Differenzierung führen dürfen (s.u. II.). Die hieraus gewonnenen Erkenntnisse werden schließlich auf die vorliegende Fragestellung angewandt (s.u. III.).

I. Positive Eingrenzung

1. Anwendungsbereich der Grundfreiheiten

Zunächst enthalten die Grundfreiheiten bereits in der Umschreibung ihres Anwendungsbereichs erste Anhaltspunkte für eine Eingrenzung der wesentlichen Merkmale für die Vergleichbarkeit.[338]

So schützen Art. 45 AEUV (ex-Art. 39 EG) die Arbeitnehmer der Mitgliedstaaten, Art. 49 AEUV (ex-Art. 43 EG) die Staatsangehörigen eines Mitgliedstaates, die eine selbständige Erwerbstätigkeit aufnehmen und ausüben wollen und Art. 56 AEUV (ex-Art. 49 EG) (Staats-) Angehörige der Mitgliedstaaten, die eine Dienstleistung erbringen oder erhalten. Die Art. 54 und 62 AEUV (ex-Art. 48 und 55 EG) erweitern den Anwendungsbereich der Niederlassungs- und Dienstleistungsfreiheit auf Gesellschaften, die ihren satzungsmäßigen Sitz, ihre Hauptverwaltung oder ihre Hauptniederlassung innerhalb der Union haben. Der Schutzbereich des Art. 63 AEUV (ex-Art. 56 EG) beinhaltet den Kapitalverkehr innerhalb der Union bzw. zwischen der Union und einem Drittstaat, an dem zumindest ein Staatsangehöriger eines Mitgliedstaats beteiligt ist.[339]

Hieraus lässt sich ableiten, dass für eine Vergleichbarkeit zweier Steuerpflichtiger im Hinblick auf die Grundfreiheiten vor allem die Staatsangehörigkeit eines Mitgliedstaats bzw. – bei Gesellschaften – der satzungsmäßige Sitz, die Hauptverwaltung oder Hauptniederlassung in einem Mitgliedstaat erforderlich ist. Ansonsten wären die Regelungen der Grundfreiheiten nicht auf

---

[337] Schuch in: Gassner/Lang/Lechner, DBA und EU-Recht, S. 113.
[338] Plötscher, Der Begriff der Diskriminierung im Europäischen Gemeinschaftsrecht, S. 43.
[339] Streinz, Europarecht, S. 304.

beide Vergleichspartner anwendbar und sie befänden sich bereits diesbezüglich in einer nicht vergleichbaren Lage.

Zudem müssen die weiteren Anwendungsvoraussetzungen der Grundfreiheiten gegeben sein, so dass beide Vergleichspartner eine durch die Grundfreiheiten geschützte wirtschaftliche Tätigkeit ausüben müssen. Dies ist erfüllt, wenn entweder beide Vergleichspersonen Arbeitnehmer, beide Selbständige bzw. dem entsprechende Gesellschaften oder beide Dienstleistende bzw. Dienstleistungsempfänger sind, da anderenfalls unterschiedliche Grundfreiheiten auf sie anwendbar wären. Im Hinblick auf die Kapitalverkehrsfreiheit müssen beide Vergleichspartner als Staatsangehörige eines Mitgliedstaats am Kapitalverkehr innerhalb der Union oder am Kapitalverkehr zwischen einem Mitgliedstaat und einem Drittstaat teilnehmen.

2. Ungeschriebene Voraussetzungen für die Anwendbarkeit der Grundfreiheiten

Nach der Rechtsprechung des EuGH sind die Grundfreiheiten zudem nur auf Sachverhalte anwendbar, die einen grenzüberschreitenden Bezug aufweisen, d.h. die fragliche wirtschaftliche Tätigkeit muss in einem beachtlichen Aspekt über die Grenze eines Mitgliedstaats hinausweisen.[340] Ein solcher grenzüberschreitender Bezug soll die durch die Grundfreiheiten geschützten Sachverhalte von reinen Inlandssachverhalten ohne jeden Bezug zur Union abgrenzen, die nach der ständigen Rechtsprechung des EuGH und eines Großteils der Literatur nicht unter den Schutzbereich der Grundfreiheiten fallen.[341]

Hieraus lässt sich das Kriterium ableiten, dass die Vergleichspartner durch die fragliche – durch die Grundfreiheiten geschützte – wirtschaftliche Tätigkeit einen Bezugspunkt in einem anderen Staat als ihren Herkunftsstaat, dessen Staatsangehörigkeit sie besitzen, haben müssen.[342]

Hinzu kommt, dass die Diskriminierungsverbote des AEUV nach ganz herrschender Meinung nur vor solchen Ungleichbehandlungen schützen, die durch ein und denselben Hoheitsträger vorgenommen werden, nicht jedoch

---

[340] Randelzhofer/Forsthoff in: Grabitz/Hilf, Das Recht der Europäischen Union, Vor. Art. 39–55 EG, Rn. 42 f.; Streinz, Europarecht, S. 305; Fischer, Primäres Gemeinschaftsrecht und direkte Steuern, S. 114; Hahn, DStZ 2005, 433, 437.

[341] Siehe hierzu bereits oben S. 40 , sowie EuGH vom 28.3.1979, Rs. 175/78 *Saunders*, Rn. 9 f.; EuGH vom 28.6.1984, Rs. 180/83 *Moser*, Rn. 15 st. Rspr.; Randelzhofer/Forsthoff in: Grabitz/Hilf, Das Recht der Europäischen Union, Vor. Art. 39–55 EG, Rn. 42 f., 45; Oppermann/Classen/Nettesheim, Europarecht, S. 415. Vgl. auch die Nachweise bei Epiney in: Calliess/Ruffert, EUV/EGV, Art. 12 EG, Rn. 29 ff., die jedoch die Gegenansicht vertritt (Rn. 33).

[342] Und sei es im Fall der passiven Dienstleistungsfreiheit lediglich ein Dienstleistungsempfänger in einem anderen Mitgliedstaat.

vor Ungleichbehandlungen durch verschiedene Hoheitsträger.[343] Grund hierfür ist, dass solche Ungleichbehandlungen durch unterschiedliche Staaten auf den Unterschieden der verschiedenen innerstaatlichen Rechtsvorschriften beruhen und damit Folge der fehlenden Harmonisierung der nationalen Regelungen sind. Eine fehlende Harmonisierung kann jedoch nicht durch die Grundfreiheiten ersetzt werden.[344]

Hieraus lässt sich schließen, dass die wirtschaftliche Tätigkeit der Vergleichspartner im selben anderen Staat ausgeübt werden muss, da die fragliche Ungleichbehandlung bezüglich dieser Tätigkeit ansonsten nicht durch denselben Hoheitsträger erfolgt. Speziell für das Steuerrecht folgt aus dem Erfordernis, dass die Vergleichspersonen einer Ungleichbehandlung durch den selben Mitgliedstaat ausgesetzt sein müssen, zudem, dass die Vergleichspersonen einen Bezugspunkt zur gleichen Steuerrechtsordnung haben, da nur in diesem Fall der jeweilige Hoheitsträger aufgrund seiner Finanzhoheit steuerliche Regelungen für die Vergleichspersonen erlassen kann.[345]

3. Ziele der Grundfreiheiten und der Verträge

Zusätzlich zu den geschriebenen und ungeschriebenen Anwendungsvoraussetzungen der Grundfreiheiten sind Anhaltspunkte für wesentliche Vergleichsmerkmale den Zielen der Grundfreiheiten und der Verträge zu entnehmen.[346]

Wie bereits dargestellt, bilden die Grundfreiheiten fundamentale Grundsätze des Vertrages, da sie die wesentlichen Instrumente zur Verwirklichung des Binnenmarktes gemäß Art. 26 AEUV (ex-Art. 14 EG) darstellen.

Ein Schlüsselziel des Binnenmarktes ist nach dem EuGH die Beseitigung der Handelshemmnisse zwischen den Mitgliedstaaten „mit dem Ziel der Verschmelzung der nationalen Märkte zu einem einheitlichen Markt".[347] Kennzeichnend für den Binnenmarkt sind demnach freie Verkehrsströme – insbesondere ein freier Wirtschaftsverkehr – sowie eine Prägung durch marktwirtschaftliche Ordnungsprinzipien.[348]

---

[343] Epiney in: Calliess/Ruffert, EUV/EGV, Art. 12 EG, Rn. 9; Mohn, Der Gleichheitssatz im Gemeinschaftsrecht, S. 9; für den entsprechenden Grundsatz im deutschen Verfassungsrecht vgl. Cordewener, Grundfreiheiten und nationales Steuerrecht, S. 178 mwN.

[344] EuGH vom 13.2.1969, Rs. 14/68 *Walt Wilhelm*, Rn. 13; EuGH vom 3.7.1979, verb. Rs. 185–208/78 *Van Dam*, Rn. 10; EuGH vom 19.1.1988, Rs. 223/86 *Pesca Valentina*, Rn. 18; Von Bogandy in: Grabitz/Hilf, Das Recht der Europäischen Union, Art. 12 EG, Rn. 9 u. 53 f.

[345] Kofler, HBTLJ 2005, 1, 66; Schuch, IWB Gruppe 2, 1996, 259, 261; Petritz in: Stefaner/Züger, Tax Treaty Policy and Development, S. 137.

[346] Mohn, Der Gleichheitssatz im Gemeinschaftsrecht, S. 52; EuGH vom 27.10.1971, Rs. 6/71 *Rheinmühlen*, Rn. 14; Ipsen, Europäisches Gemeinschaftsrecht, S. 602.

[347] EuGH vom 5.5.1982, Rs. 15/81 *Gaston Schul*, Rn. 33.

[348] Streinz, Europarecht, S. 299 f.; Herdegen, Europarecht, S. 276.

Aus dieser wirtschaftlichen Ausrichtung der Grundfreiheiten sowie der Verträge lässt sich ableiten, dass die Vergleichbarkeit zweier Personen/Unternehmen zusätzlich zu den bereits genannten Kriterien davon abhängt, dass sie die gleiche wirtschaftliche Tätigkeit ausüben. Für das Vorliegen einer gleichen wirtschaftlichen Tätigkeit ist abermals keine vollkommen identische Tätigkeit zu verlangen, sondern es genügt vielmehr, wenn sich die Tätigkeiten in Bezug auf ihre wirtschaftliche Funktion ähnlich sind. Dies ist erfüllt, wenn die Vergleichspartner miteinander im Wettbewerb stehen und gegebenenfalls gegenseitig austauschbar wären.[349]

4. Zwischenergebnis und Übertragung auf die vorliegende Fragestellung

Als Zwischenergebnis lässt sich festhalten, dass zwei Personen im Hinblick auf die Grundfreiheiten vergleichbar sind, wenn beide (i) die Staatsangehörigkeit eines – nicht notwendigerweise desselben – Mitgliedstaats besitzen und (ii) eine gleiche oder vergleichbare wirtschaftliche Tätigkeit entfalten. Hierbei muss die Tätigkeit (iii) im selben „dritten" Staat ausgeübt werden, der (iv) von den jeweiligen Heimatstaaten der Vergleichspersonen verschieden ist und hierdurch (v) einen Bezugspunkt zur selben Steuerrechtsordnung herstellen. Differenzierungskriterium ist danach die Art der wirtschaftlichen Tätigkeit im Drittstaat, die übereinstimmen muss.

Eine Übertragung auf den vorliegend in Frage kommenden Vergleich der Steuerpflichtigen 1 und 2 anhand des oben beschriebenen Beispiels 3[350] zeigt, dass die Voraussetzungen (i) bis (v) erfüllt sind. Nach diesem Beispiel ist ein Angehöriger des Mitgliedstaats 1 an einem Unternehmen im Drittstaat beteiligt und bezieht aus dieser Beteiligung Dividenden. Der Drittstaat ist bereit, den auf die Dividenden anwendbaren Quellensteuersatz für die Angehörigen des Mitgliedstaats 1 auf 0% zu reduzieren. Hingegen unterliegt ein im Mitgliedstaat 2 ansässiger Steuerpflichtiger 2 aufgrund des DBA zwischen dem Drittstaat und dem Mitgliedstaat 2 im Hinblick auf Dividenden aus Beteiligungen im selben Drittstaat einem Quellensteuersatz von 15%.

Sowohl der Steuerpflichtige 1 als auch der Steuerpflichtige 2 besitzen die Staatsangehörigkeit eines Mitgliedstaats (Mitgliedstaat 1 bzw. 2) und üben mit dem Halten der Beteiligung an einem Unternehmen aus dem Drittstaat auch die gleiche wirtschaftliche Tätigkeit aus. Der Drittstaat ist zudem nicht mit den Mitgliedstaaten 1 und 2 identisch. Aufgrund dieser Beteiligung am drittstaatlichen Unternehmen beziehen die Vergleichspartner in Form von Dividenden

---

[349] EuGH vom 19.10.1977, verb. Rs. 117/76, 16/77 *Ruckdeschel u.a.*, Rn. 8; EuGH vom 25.10.1978, Rs. 125/77 *Scholten-Honig*, Rn. 28/32; Van Thiel, Free Movement of Persons and Income Tax Law, S. 366; Mohn, Der Gleichheitssatz im Gemeinschaftsrecht, S. 53 mwN.

[350] Siehe oben S. 2 f.

dieselbe Art von Einkünften aus dem Drittstaat und haben durch diese die beschränkte Steuerpflicht auslösende Beteiligung auch einen steuerlich relevanten Bezugspunkt zum Steuersystem desselben Drittstaats.

Im Hinblick auf die bereits genannten Merkmale sind die Steuerpflichtigen 1 und 2 demnach vergleichbar. Dies wird dadurch bestätigt, dass sie nach den Generalnormen des innerstaatlichen Steuerrechts des Drittstaats gleich behandelt werden, da Normen wie z.B. § 49 EStG nicht zwischen den Angehörigen verschiedener Staaten unterscheiden.[351]

Eine unterschiedliche Behandlung wird erst durch die Anwendung der unterschiedlichen DBA bewirkt, die zwischen dem Drittstaat und dem jeweiligen Ansässigkeitsstaat des Steuerpflichtigen abgeschlossen wurden. Zwar gehören die DBA aufgrund ihrer Transformation ebenfalls zum innerstaatlichen Abgabenrecht; im Gegensatz zu den Generalnormen des innerstaatlichen Steuerrechts unterscheiden sie für die Besteuerung jedoch nicht nur zwischen Ansässigen und Nicht-Ansässigen, sondern sehen auch unterschiedliche Regelungen für Steuerpflichtige aus verschiedenen Mitgliedstaaten vor.

Hieraus ergibt sich die Frage, ob das Vorliegen unterschiedlicher DBA sowie die Ansässigkeit in unterschiedlichen Staaten zulässige Differenzierungskriterien sind, die eine Vergleichbarkeit des Steuerpflichtigen 1 und 2 ausschließen.

II. Negative Abgrenzung

1. Unzulässigkeit der Berücksichtigung prüfungsgegenständlicher Merkmale

Nach der jüngeren Rechtsprechung des EuGH in den Fällen *D.*, *Bujara* und *Test Claimants Class IV of the ACT Group Litigation* sowie der im Verfahren zu Fall *D.* vorgebrachten Ansicht der Kommission ist eine Vergleichbarkeit zweier Steuerpflichtiger aus verschiedenen Mitgliedstaaten im Hinblick auf Einkünfte aus ein und demselben Quellenstaat zu verneinen, da unterschiedliche DBA zwischen dem Quellenstaat und dem jeweiligen Ansässigkeitsstaat bestehen.

a) EuGH Rs. C-376/03 *D.* und Rs. C-8/04 *Bujara*

Der Fall *D.*[352] betraf das niederländische Vermögensteuergesetz, das Freibeträge für in den Niederlanden ansässige Steuerpflichtige vorsah, während gebietsfremde – also nicht in den Niederlanden ansässige – Steuerpflichtige keinen solchen Freibetrag erhielten. Das Doppelbesteuerungsabkommen zwischen den Niederlanden und Belgien sah jedoch in seinem Nichtdiskriminierungsar-

---

[351] Ebenso Van der Linde, ECTR 2004, 10, 13 (für die Niederlande); Kofler, HBTLJ 2005, 1, 66.

[352] EuGH vom 5.7.2005, Rs. C-376/03 *D.*

tikel vor, dass den im jeweils anderen Staat ansässigen Steuerpflichtigen Freibeträge ebenso gewährt werden wie den eigenen Angehörigen des jeweiligen Staates. Das belgische Steuerrecht sah keine Vermögensteuer vor.

Der Kläger D. wohnte in Deutschland und sein Vermögen bestand zu 10% aus Immobiliarvermögen in den Niederlanden und zu 90% aus Vermögen in Deutschland.

Die erste Vorlagefrage betraf die Frage der Diskriminierung gegenüber den in den Niederlanden ansässigen Steuerpflichtigen (Inländergleichbehandlung). Hierbei wurde eine Vergleichbarkeit der Lage des in Deutschland ansässigen D. mit in den Niederlanden Ansässigen verneint, da lediglich 10% und nicht ein Großteil des Vermögens des D. in den Niederlanden belegen war.

Die zweite Vorlagefrage befasste sich mit dem Problem, ob die Gewährung des Freibetrags an in Belgien ansässige Steuerpflichtige aufgrund des DBA Niederlande – Belgien zu einer benachteiligenden Schlechterbehandlung des D. führt. Nach Ansicht des D. lag eine solche diskriminierende Behandlung vor, insbesondere sei die fragliche Regelung im DBA Niederlande – Belgien kein Ergebnis der Aufteilung der Steuerhoheit und beruhe auch nicht auf Gegenseitigkeit, da in Belgien keine Vermögensteuer erhoben werde. Die am Verfahren beteiligten Regierungen verneinten eine Diskriminierung mit dem Hinweis auf die Rechtsunsicherheit und Gefahr für bilaterale Abkommen, wenn jegliche Vergünstigungen eines DBA nicht nur den in den beteiligten Staaten Ansässigen, sondern auch an alle anderen Mitgliedstaaten gewährt werden müssten.

Der EuGH stellte fest, dass der Fall D. – im Gegensatz zu den Fällen *Saint-Gobain* und *Gilly*[353] – den Vergleich zwischen einer Person, die in einem nicht am Abkommen beteiligten Mitgliedstaat ansässig ist und einer Person, die unter das Abkommen fällt, betrifft. Da der Anwendungsbereich von DBA auf die darin genannten natürlichen und juristischen Personen beschränkt sei und dies aus dem Wesen von DBA folge, seien diese beiden Personen nicht in einer vergleichbaren Lage.[354] Die Annahme einer vergleichbaren Lage des in Deutschland ansässigen Steuerpflichtigen und des in Belgien ansässigen Steuerpflichtigen im Hinblick auf die niederländische Vermögensteuer scheitert nach Ansicht des EuGH folglich daran, dass das DBA Niederlande – Belgien auf letzteren Steuerpflichtigen anwendbar ist und auf den in Deutschland ansässigen Steuerpflichtigen nicht.

Auch der Fall *Bujara* behandelte die Frage, ob die Niederlande personenbezogene vermögens- und einkommensteuerliche Freibeträge in Deutschland Ansässigen verwehren durften, obwohl sie diese Freibeträge in Belgien Ansäs-

---

[353] EuGH vom 21.9.1999, C-307/97 *Saint-Gobain*, Rn. 57; EuGH vom 12.5.1998, C-336/96 *Gilly*, Rn. 30.

[354] Ein besonderer Fall, wie im Verfahren *Saint-Gobain*, wo Abkommensvorteile unter bestimmten Voraussetzungen auch auf nicht im Abkommen Genannte erstreckt werden müssten, sei im Fall *D.* nicht anzunehmen (EuGH vom 5.7.2005, Rs. C-376/03 *D.*, Rn. 59 und 61).

sigen aufgrund des belgisch-niederländischen DBA gewährten. Der EuGH kam zum gleichen Ergebnis wie im Fall *D.* und verwies auch lediglich auf seine dort dargestellte Argumentation.[355]

b) EuGH Rs. C-374–704 Test Claimants Class IV of the ACT Group Litigation (im Folgenden „Class IV"; Fragen 1b-d)[356]

Die EuGH-Entscheidung im Fall der *Class IV* behandelte das britische System zur Vermeidung der wirtschaftlichen Doppelbesteuerung, die bei der Ausschüttung von Dividenden durch die Besteuerung bei der ausschüttenden Gesellschaft (im Folgenden: Tochtergesellschaft bzw. ausschüttende Gesellschaft) und bei den Anteilseignern (im Folgenden: Muttergesellschaft bzw. Anteilseigner) entsteht. Dieses komplizierte – und 1999 abgeschaffte – System setzte sich zusammen aus einer Körperschaftsteuervorauszahlung durch die ausschüttende Gesellschaft und einer Steuergutschrift in Höhe dieser Vorauszahlung bei den Anteilseignern.

Im Fall von nicht-ansässigen Anteilseignern galt, dass von einer ansässigen Gesellschaft bezogene Dividenden grundsätzlich zwar der Einkommensteuer unterlagen, jedoch eine Steuerpflicht entfiel, wenn der nicht-ansässige Anteilseigner keine Steuergutschrift erhielt. Gewährte hingegen ein DBA einem nicht-ansässigen Anteilseigner einen Anspruch auf die Steuergutschrift, unterlagen die Dividenden auch der Besteuerung, wobei innerhalb der DBA unterschiedliche Steuerhöchstsätze festgelegt wurden. Das DBA Großbritannien – Deutschland sieht keine Steuergutschrift vor, so dass Dividenden auch in Großbritannien nicht steuerpflichtig sind. Hingegen enthält das DBA Großbritannien – Niederlande unter bestimmten Voraussetzungen[357] einen Anspruch auf eine Steuergutschrift.

---

[355] EuGH Rs. C-8/04 *Bujara*. Vgl. hierzu Kofler, ÖStZ 2006, 154, 159, der darauf hinweist, dass der EuGH die Rechtssache *Bujara* aufgrund des vorangegangenen Urteils im Fall *D.* im verkürzten Verfahren nach Art 104 § 3 seiner Verfahrensordnung (Verfahrensordnung des Gerichtshofes der Europäischen Gemeinschaften vom 19. Juni 1991, ABl. L 176/7 vom 4.7.1991) am 27. 10. 2005 per Beschluss entschieden hat. Am 15.12.2005 beschloss der EuGH allerdings mit Hinweis auf die am 5.12.2005 erfolgte Rücknahme der Vorlage durch das nationale Gericht die Streichung der Entscheidung *Bujara* aus dem Register. Offenbar war einerseits dem nationalen Gericht der Beschluss des EuGH noch nicht bekannt und andererseits hatte wohl der EuGH seinen eigenen – noch nicht veröffentlichten – Beschluss übersehen. Trotz dieser Streichung kommt jedoch dem Beschluss vom 27.10.2005 zumindest argumentative Bedeutung zu (vgl. Kofler, ÖStZ 2006, 154, 159 unter Fn. 91).

[356] EuGH vom 12.12.2006, Rs. C-374/04 *Test Claimants in Class IV of the ACT Group Litigation*.

[357] Bei einer Beteiligung von weniger als 10% der Stimmrechte an der ausschüttenden Gesellschaft stand dem Anteilseigner eine Gutschrift in voller Höhe zu, während eine partielle Gutschrift bei Beteiligungen über 10% vorgesehen war. Gehörte jedoch der Anteil einer Gesellschaft, die in einem Staat ansässig war, mit dem ein DBA ohne Steuergutschrift bestand, entfiel der Anspruch auf die Gutschrift (sog. Vorteilsbegrenzung; vgl. EuGH vom 12.12.2006, Rs. C-374/04 *Test Claimants in Class IV of the ACT Group Litigation*, Rn. 19 f.).

Die Vorlagefragen 1 b) bis d) behandeln die Frage, ob es gegen ex-Art. 43, 56 ff. EG (heute: Art. 49, 63 ff. AEUV) verstößt, wenn aufgrund von DBA Anteilseignern aus bestimmten Mitgliedstaaten eine (partielle) Steuergutschrift zugesprochen wird, während Anteilseigner aus anderen Mitgliedstaaten keine Gutschrift erhalten. In seiner Entscheidung verneint der EuGH die Vergleichbarkeit der Lage eines nicht-ansässigen Anteilseigners aus einem Mitgliedstaat mit der Lage eines nicht-ansässigen Anteilseigners aus einem anderen Mitgliedstaat. Begründet wird dieses Ergebnis damit, dass sich die DBA zwischen verschiedenen Mitgliedstaaten je nach den inländischen Steuersystemen der beteiligten Staaten, dem Zeitpunkt des Abschlusses des Abkommens und der geregelten Inhalte unterscheiden. Zudem könne die Steuergutschrift als integraler Bestandteil des DBA nicht von den übrigen Abkommensbestimmungen getrennt werden, da bei Gewährung einer Steuergutschrift auch eine Besteuerung durch den Quellenstaat vorgesehen sei und der Steuersatz ebenfalls von der zugesprochenen Gutschrift abhänge. Dass die gegenseitigen Rechte und Pflichten aus dem DBA nur für Ansässige eines der beiden abkommensbeteiligten Mitgliedstaaten gelten, entspreche zudem dem Wesen bilateraler Abkommen. Die Annahme einer vergleichbaren Lage scheitert demnach wiederum am Vorliegen unterschiedlicher DBA, die nur für Angehörige der vertragsschließenden Staaten gelten.

c) Kommission

Ähnlich argumentierte die Kommission im Verfahren zum Fall D.: Die Frage der Gleichbehandlung im Hinblick auf einen konkreten Sachverhalt könne nicht anhand einer bestimmten Vertragsbestimmung oder eines bestimmten Abkommens beantwortet werden, sondern es müsse vielmehr das gesamte nationale Abgabenrecht berücksichtigt werden, da durch unterschiedliche Vertragsbestimmungen unterschiedliche Sachverhalte geschaffen würden, die nicht vergleichbar seien.[358]

d) Gegenargumente

Unabhängig von der sonstigen Kritik an der Entscheidung des EuGH im Fall D.[359] ist gerade die Argumentation zur Vergleichbarkeit angreifbar.

Die Rechtsprechung des EuGH nimmt an, dass ein in Deutschland ansässiger Steuerpflichtiger und ein in Belgien ansässiger Steuerpflichtiger für Zwecke der Vermögensteuer im Quellenstaat unterschiedlich behandelt werden dürften, da sie sich nicht in einer vergleichbaren Situation befänden. Zwar übten die Vergleichspartner dieselbe wirtschaftliche Aktivität aus – das Halten von

---

[358] Vgl. hierzu Weber, Intertax 2005, 429, 434 f.; Schlussanträge des GA Colomer vom 26.10.2004, Rs. C-376/03 *D.*, Rn. 99.

[359] Vgl. hierzu Van Thiel, Intertax 2005, 454, 455 f.; Weber, Intertax 2005, 429, 440 ff.

Grundvermögen in den Niederlanden – und hatten 10% ihres Vermögens im Quellenstaat. Der Unterschied liege darin, dass der Quellenstaat die beiden Nicht-Ansässigen aufgrund unterschiedlicher DBA unterschiedlich behandle.

Die unterschiedlichen DBA zwischen den Wohnsitzstaaten der zu vergleichenden Steuerpflichtigen und dem Quellenstaat führen die unterschiedliche Behandlung der Steuerpflichtigen 1 und 2 durch den Quellenstaat also erst herbei. Das Vorliegen unterschiedlicher DBA ist mithin Grundlage der auf ihre Unionsrechtskonformität zu überprüfenden Ungleichbehandlung und damit Teil des Prüfungsgegenstands.

Als Vergleichskriterium scheiden jedoch diejenigen Merkmale zwingend aus, die als Tatbestandsmerkmale die später zu prüfende Ungleichbehandlung hervorrufen. Zum Beispiel darf für die Prüfung, ob Ansässige und Nicht-Ansässige unterschiedlich behandelt werden können, die Vergleichbarkeit nicht daran scheitern, dass der Steuerpflichtige gebietsfremd, der Vergleichspartner hingegen ansässig ist, da die Ansässigkeit Prüfungsgegenstand ist.[360]

Nach diesen Grundsätzen darf folglich die Vergleichbarkeit ebenso wenig daran scheitern, dass unterschiedliche DBA vorliegen[361], wie im Fall der Inländergleichbehandlung eine Ausdehnung auf Nicht-Ansässige mit dem Argument verneint werden kann, dass der strikt nationale Charakter der nationalen Regelung eine Ausdehnung auf Nicht-Ansässige ausschließt[362]. Gegen diese Grundsätze hat jedoch der EuGH verstoßen, weshalb seine Argumentation abzulehnen ist. Ein Teil der Literatur wirft dem EuGH zudem vor, einem Zirkelschluss zu erliegen, da er eine unterschiedliche Behandlung erlaubt, weil es eine unterschiedliche Behandlung gibt.[363]

2. Weitere verbotene Differenzierungskriterien

Die in den Grundfreiheiten enthaltenen speziellen Diskriminierungsverbote verbieten eine unterschiedliche Behandlung aufgrund der Staatsangehörigkeit

---

[360] Reimer in: Lehner, Grundfreiheiten im Steuerrecht der EU-Staaten, S. 48.

[361] Gleicher Ansicht Küper, Doppelbesteuerung und europarechtliche Meistbegünstigung bei Erbschaften und Schenkungen, S. 170; Enchelmaier in: Cordewener/Enchelmaier/Schindler, Meistbegünstigung im Steuerrecht der EU-Staaten, S. 118; Herzig/Dautzenberg, DB 1992, 2519, 2521; Kokott in: Lehner, Grundfreiheiten im Steuerrecht der EU-Staaten, S. 1, 8; Englisch in: Cordewener/Enchelmaier/Schindler, Meistbegünstigung im Steuerrecht der EU-Staaten, S. 171; Wassermeyer in: Lang, Multilateral Tax Treaties, S. 15, 25.

[362] Englisch in: Cordewener/Enchelmaier/Schindler, Meistbegünstigung im Steuerrecht der EU-Staaten, S. 171.

[363] Van Thiel, Intertax, 2005, 454, 455; Kofler/Schindler, ET 2005, 530, 537; ähnlich Enchelmaier in: Cordewener/Enchelmaier/Schindler, Meistbegünstigung im Steuerrecht der EU-Staaten, S. 118.

(sog. offene Diskriminierung). Hierdurch wird das Differenzierungskriterium der Staatsangehörigkeit von vornherein als nicht beachtlich erklärt.

Im Steuerrecht ist eine Unterscheidung nach der Staatsangehörigkeit jedoch, wie bereits erläutert,[364] äußerst selten. Die Grundfreiheiten verbieten jedoch nicht nur die direkte Anknüpfung an ein verbotenes Kriterium wie die Staatsangehörigkeit, sondern auch das Abstellen auf ein vermeintlich „neutrales" Kriterium, dessen Wirkungen denjenigen entsprechen, die durch eine Unterscheidung nach dem verbotenen Kriterium hervorgerufen werden.[365] Zu dem gleichen Ergebnis wie die Unterscheidung nach der Staatsangehörigkeit führt eine Anknüpfung an andere Merkmale, die besonders häufig bzw. zumindest überwiegend Ausländer betreffen.

Zu diesen Merkmalen, die die gleichen Auswirkungen wie eine Unterscheidung nach der Staatsangehörigkeit haben, indem sie besonders häufig Ausländer betreffen, gehört auch die Ansässigkeit, da ein Großteil der EU-Bürger auch in dem Mitgliedstaat ansässig ist, dessen Staatsangehörigkeit er besitzt, so dass Nicht-Ansässige meist auch Ausländer sind.[366]

Im Verbot versteckter Diskriminierungen durch Anknüpfung an das Merkmal der Ansässigkeit liegt auch ein wesentlicher Unterschied zwischen den gemeinschaftsrechtlichen Diskriminierungsverboten der Grundfreiheiten einerseits und den abkommensrechtlichen Diskriminierungsverboten, verkörpert durch Art. 24 OECD-MA, andererseits. Im Abkommensrecht sind nur offene, direkte Diskriminierungen verboten, die an eines der vier in Art. 24 OECD-MA genannten Tatbestandsmerkmale der (i) Staatsangehörigkeit, (ii) des Unterhaltens einer Betriebsstätte im Inland, (iii) der Zahlung von Zinsen, Lizenzgebühren und anderen Entgelten ins Ausland sowie (iv) der Beteiligung von Ausländern an einem anderen Unternehmen anknüpfen. Nicht von Art. 24 OECD-MA umfasst sind hingegen versteckte Diskriminierungen, die an ein anderes Merkmal anknüpfen, jedoch typischerweise den geschützten Personenkreis benachteiligen.[367] Vor diesem Hintergrund ist die Formulierung des Art. 24 Abs. 1 OECD-MA zu verstehen, die lautet:

> „Staatsangehörige eines Vertragsstaats dürfen im anderen Vertragsstaat keiner Besteuerung oder damit zusammenhängenden Verpflichtung unterworfen werden, die anders oder belastender ist als die Besteuerung und die damit zusammenhängenden Verpflichtungen, denen Staatsangehörige des anderen Staates unter gleichen Verhältnissen,

---

[364] Siehe oben S. 16.

[365] EuGH vom 12.2.1974, Rs. 152/73 *Sotgiu*, Rn. 10 f.

[366] EuGH vom 14.2.1995, Rs. C-279/93 *Schumacker*, Rn. 28; EuGH vom 12.2.1974, Rs. 152/73 *Sotgiu*, Rn. 11; Hahn, DStZ 2005, 433, 440; Klein in: Lehner, Steuerrecht im Europäischen Binnenmarkt, S. 18.

[367] Rust in: Vogel/Lehner, DBA, Art. 24, Rn. 5; Wassermeyer in: Debatin/Wassermeyer, Doppelbesteuerung, Art. 24 MA, Rn. 16.

insbesondere hinsichtlich der Ansässigkeit, unterworfen sind oder unterworfen werden können."[368]

Die Formulierung „insbesondere hinsichtlich der Ansässigkeit" zeigt, dass zwar Unterscheidungen nach der Staatsangehörigkeit verboten sind, die Ansässigkeit jedoch ein zulässiges Kriterium zur Feststellung des Vorliegens „gleicher Verhältnisse" darstellt. Demnach befinden sich zwei Steuerpflichtige nach den Grundsätzen des Internationalen Steuerrechts nicht in gleichen Verhältnissen, wenn sie in unterschiedlichen Staaten ansässig sind, wie die Ausführungen des Musterkommentars zum OECD-MA bestätigen:

> „Ebenso findet der Absatz 1 keine Anwendung, wenn ein Staatsangehöriger eines Vertragsstaats (Staat R), der auch im Staat R ansässig ist, im anderen Vertragsstaat (Staat S) etwa auf Grund von Bestimmungen gegen die Benutzung von Steueroasen weniger vorteilhaft besteuert wird als ein Staatsangehöriger des Staates S, der in einem Drittstaat ansässig ist, weil sich die beiden Personen in Bezug auf ihre Ansässigkeit nicht in den gleichen Verhältnissen befinden."[369]

Im Gegensatz dazu verbieten die in den Grundfreiheiten verankerten Diskriminierungsverbote auch versteckte Diskriminierungen, es sei denn, die an ein vermeintlich neutrales Kriterium anknüpfende Regelung berücksichtigt zulässigerweise sachliche Unterschiede in der Lage der Vergleichspersonen.[370]

Solche sachlichen Unterschiede in der Lage der Vergleichspersonen könnten darin gesehen werden, dass in den Ansässigkeitsstaaten der Vergleichspartner u.a. (i) ein unterschiedliches innerstaatliches Steuerrecht und (ii) ein unterschiedliches innerstaatliches Privatrecht (d.h. Vertrags- und Gesellschaftsrecht) gelten, sowie dass (iii) die tatsächlichen Gegebenheiten unterschiedlich sind.[371] Bei den tatsächlichen Gegebenheiten kommen wirtschaftliche, strukturelle, politische oder sogar geographische Unterschiede in Betracht.[372]

Während das Bestehen solcher Unterschiede unbestritten ist, und anzuerkennen ist, dass nicht nur ein unterschiedliches Steuerrecht, sondern auch ein unterschiedliches Gesellschaftsrecht durch die Unterscheidung zwischen transparenten und nicht-transparenten Gesellschaften Auswirkungen auf die steuerliche Lage haben kann, bleibt jedoch zum einen fraglich, inwieweit politische oder geographische Unterschiede für die Vergleichbarkeit zweier Angehöriger verschiedener Mitgliedstaaten im Hinblick auf die Grundfreiheiten

---

[368] Hervorhebung nicht im Original.

[369] Kommentar zum OECD-Musterabkommen in der Fassung vom 15.7.2005 (MA-Komm), Art. 24 Ziffer 4 (vgl. Rust in: Vogel/Lehner, DBA, Art. 24, S. 1673 f.).

[370] EuGH vom 12.2.1974, Rs. 152/73 *Sotgiu*, Rn. 12; Plötscher, Der Begriff der Diskriminierung, S. 56; Lehner in: Birk/Ehlers, Rechtsfragen des europäischen Steuer-, Aussenwirtschafts- und Zollrechts, S. 18, 28.

[371] Vogel/Gutmann/Dourado, ECTR 2006, 83 f.; ähnlich Hughes, BIFD 1997, 126, 129.

[372] Vogel/Gutmann/Dourado, ECTR 2006, 83 f., die als Beispiel für unterschiedliche tatsächliche Gegebenheiten die Existenz eines Festlandsockels nennen.

maßgeblich sind, und zum anderen, ob die Situation in den jeweiligen Ansässigkeitsstaaten überhaupt eine Rolle spielt bzw. spielen sollte.

Ein berechtigter Einwand gegen eine solche umfassende Berücksichtigung aller Faktoren eines Sachverhalts wurden von Generalanwalt *Colomer* im Fall *D.* vorgebracht, der darauf hinwies, dass eine solche

> „maximalistische Sichtweise […] dem Erlass der Urteile Gottardo und Saint-Gobain ZN entgegengestanden [hätte], und überhaupt jeder Prüfung am Maßstab des Gleichheitssatzes, denn würde außer der Gleichheit des Sachverhalte und der anwendbaren Normen auch noch Vergleichbarkeit der zugrunde liegenden Erwägungen und Verfahren sowie der Rechtsordnungen, in die die verglichenen Normen sich einfügen, gefordert, so gäbe es nie oder fast nie vergleichbare Sachverhalte und eine entsprechende Bewertung. In Wirklichkeit ist die Prüfung am Maßstab des Gleichheitssatzes einfacher und bescheidener[…].“[373]

Ebenso trat der EuGH in einem Fall auf dem Gebiet des Transports der Ansicht der Klägerinnen entgegen, dass nicht lediglich eine Vergleichbarkeit hinsichtlich des Transports maßgeblich sei, sondern vielmehr sämtliche Gegebenheiten zu berücksichtigen seien, denen Unternehmen unterliegen, wie z.B. „der Standort ihrer Produktionsstätten, die wirtschaftliche Ergiebigkeit der ausgebeuteten Vorkommen sowie gegebenenfalls der Umstand, dass sie sich in einem wirtschaftlich benachteiligten Gebiet befinden“.[374] Denn nach dem EuGH würde

> „die Ansicht, dass bei einem Vergleich zwischen mehreren Unternehmen sämtliche Bedingungen zu berücksichtigen seien, denen sie unterliegen, zu dem Ergebnis führen, dass jedes Unternehmen nur mit sich selbst vergleichbar wäre; auf diese Weise würde der Begriff der „vergleichbaren Lage“ und damit auch der Begriff der „Diskriminierung“ seines Inhaltes beraubt.“[375]

Hieraus ist zu erkennen, dass der EuGH anstrebt, einen möglichst engen Bezug zwischen dem Vergleichstatbestand und der in Frage stehenden, möglicherweise diskriminierenden Maßnahme herzustellen.[376]

Im Folgenden soll eine Analyse der Rechtsprechung des EuGH auf dem Gebiet der direkten Steuern die grundlegenden Wertungen des EuGH ermitteln und hieraus weitere Anhaltspunkte dafür liefern, welche Kriterien im Allgemeinen über die bereits genannten hinaus für die Vergleichbarkeit zweier im Quellenstaat nicht-ansässiger Steuerpflichtiger in Betracht gezogen werden dürfen und ob speziell die unterschiedlichen Verhältnisse in den jeweiligen Wohnsitzstaaten zu einer Verneinung der Vergleichbarkeit führen.

Die Untersuchung der EuGH-Rechtsprechung berücksichtigt diejenigen Verfahren, die eine Regelung des direkten Steuerrechts als Verfahrensgegen-

---

[373] Schlussanträge des GA *Colomer* vom 26. Oktober 2004, Rs. C-376/03 *D.*, Rn. 100.
[374] EuGH vom 10.5.1960, verb. Rs. 3–18, 25, 26/58 *Barbara Erzbergbau AG*, unter B.
[375] EuGH vom 10.5.1960, verb. Rs. 3–18, 25, 26/58 *Barbara Erzbergbau AG*, unter B.
[376] Ebenso Kewenig, Der Begriff der Diskriminierung, S. 94.

stand haben und eine Prüfung anhand der Grundfreiheiten enthalten. Nicht berücksichtigt wurden mithin Fälle, die indirekte Steuern oder Fragen des europäischen Beihilfenrechts betrafen oder ausschließlich unter Anwendung einer Richtlinie entschieden wurden.

Die EuGH-Fälle auf dem Gebiet der direkten Steuern lassen sich in verschiedene Gruppen einteilen. Zunächst sind die Fälle danach zu unterscheiden, ob sie den Vergleich zweier ansässiger Steuerpflichtiger oder den Vergleich eines nicht-ansässigen mit einem ansässigen Steuerpflichtigen betreffen. Eine weitere Unterscheidung zwischen Fällen, in denen die Rechte natürlicher Personen in Frage stehen und solchen Fällen, in denen juristische Personen betroffen sind, ist nicht zwingend, jedoch sinnvoll, da sich besondere Wertungen aus dem Vorhandensein von inländischen Betriebsstätten oder eines Konzerns mit Tochtergesellschaften in mehreren Mitgliedstaaten ergeben können.

a) Vergleich zweier Ansässiger (natürliche Personen)

In den Fällen, in denen zwei im gleichen Staat ansässige natürliche Personen miteinander verglichen wurden, bezogen diese Personen Einkünfte aus verschiedenen Staaten. Ein Steuerpflichtiger erhielt Einkünfte aus einer Tätigkeit, die er in einem von seinem Wohnsitzstaat verschiedenen Mitgliedstaat ausübte, während die Vergleichsperson aus derselben Tätigkeit in ihrem gemeinsamen Wohnsitzstaat Einkünfte erzielte.

aa) Fälle der stillschweigenden Annahme der Vergleichbarkeit

In vielen Fällen wurde, ohne die Frage der vergleichbaren Lage anzusprechen, eine Diskriminierung bejaht bzw. eine solche aus anderen Gründen abgelehnt.

Im Fall *Biehl*[377] wurde eine Regelung angegriffen, die für eine Erstattung zuviel einbehaltener Einkommensteuer verlangte, dass der fragliche Arbeitnehmer das ganze Jahr im Inland ansässig war. In der Versagung der Erstattung für Arbeitnehmer, die während des Jahres zu- bzw. aus diesem Staat wegzogen, sah der EuGH eine unzulässige versteckte Diskriminierung und ging damit von einer vergleichbaren Lage von Arbeitnehmern mit einer Tätigkeit in unterschiedlichen Mitgliedstaaten aus.

Die Fälle *Bachmann* und *Kommission/Belgien*[378] betrafen die Abziehbarkeit von Beiträgen zu Kranken- und Invaliditätsversicherungen sowie von Prämien für Renten- und Lebensversicherungen. Diese Abziehbarkeit wurde davon abhängig gemacht, dass die Beiträge und Prämien innerhalb des Inlands gezahlt wurden; d.h. der Versicherer musste im Inland ansässig sein. Ohne auf die

---

[377] EuGH vom 8.5.1990, Rs. 175/88 *Biehl*.
[378] EuGH vom 28.1.1992, Rs. C-204/90 *Bachmann* und Rs. C-300/90 *Kommission/Belgien*.

Vergleichbarkeit der Lage der ansässigen Steuerpflichtigen mit Versicherungen in unterschiedlichen Staaten einzugehen, befand der EuGH diese Regelung durch das Argument der Kohärenz des Steuersystems gerechtfertigt, da Versicherungsleistungen eines ansässigen Versicherungsunternehmens besteuert wurden, während Versicherungsleistungen von nicht-ansässigen Versicherungsunternehmen steuerfrei blieben. Ohne eine stillschweigende Annahme der Vergleichbarkeit hätte der EuGH eine mögliche Rechtfertigung der Diskriminierung nicht prüfen müssen.

Das Verfahren *Verkooijen*[379] betraf einen Freibetrag bei der Besteuerung von Dividendenausschüttungen, der nur für Beteiligungen an im Inland ansässigen Gesellschaften gewährt wurde. Auch hier wurde eine Diskriminierung bejaht, ohne die Voraussetzung der vergleichbaren Lage der beiden im Inland ansässigen Anteilsinhaber zu prüfen.

Auch im Fall *Vestergaard*[380] wurde die Vermutung, dass Fortbildungsveranstaltungen, die an üblichen Urlaubsorten im Ausland stattfinden, größtenteils Urlaubszwecken dienen und deshalb nicht als berufliche Aufwendungen abziehbar sind, als Diskriminierung angesehen, ohne dass die Vergleichbarkeit überprüft wurde.

Im Fall *Baars*[381] wurde schließlich eine Regelung angegriffen, die für die Vermögensteuer einen Unternehmensfreibetrag nur für wesentliche Beteiligungen an im Inland ansässigen Unternehmen vorsah. Wiederum wurde in der Nichtgewährung des Unternehmensfreibetrags für Beteiligungen an im Ausland ansässigen Unternehmen, ohne Behandlung der Frage der vergleichbaren Lage zweier im Inland ansässiger Anteilseigner, als nicht gerechtfertigte Diskriminierung beurteilt.

bb) *Fälle der Beschränkungsprüfung; in Ausnahmefällen Ausführungen zur Vergleichbarkeit*

In einer weiteren Gruppe von Fällen, die zwei im gleichen Mitgliedstaat Ansässige betrafen, wurde nicht eine Diskriminierungs- sondern eine Beschränkungsprüfung vorgenommen, so dass das Kriterium der Vergleichbarkeit nicht geprüft werden musste. Zu dieser Gruppe gehörten die Fälle *Safir, Sandoz, De Groot, X und Y AB* sowie *Weidert/Paulus.*[382]

Eine Ausnahme bilden Verfahren, die die Kapitalverkehrsfreiheit betreffen, da hier in einigen Fällen im Rahmen der Rechtfertigung auf ex-Art. 58 Abs. 1

---

[379] EuGH vom 6.6.2000, Rs. C-35/98 *Verkooijen.*

[380] EuGH vom 28.10.1999, Rs. C-55/98 *Vestergaard.*

[381] EuGH vom 13.4.2000, Rs. C-251/98 *Baars.*

[382] EuGH vom 28.4.1998, Rs. C-118/96 *Jessica Safir*; EuGH vom 14.10.1999, Rs. C-439/97 *Sandoz*; EuGH vom 12.12.2002, Rs. C-385/00 *de Groot*; EuGH vom 21.11.2002, Rs. C-436/00 *X und Y AB* sowie EuGH vom 15.7.2004, Rs. C-242/03 *Weidert/Paulus.*

lit. a und Abs. 3 EG (heute: Art. 65 Abs. 1 lit. a und 3 AEUV) eingegangen wurde. Art. 65 AEUV (ex-Art. 58 EG) beinhaltet folgende Regelung:

> „(1) Artikel 63 berührt nicht das Recht der Mitgliedstaaten,
>
> a) die einschlägigen Vorschriften ihres Steuerrechts anzuwenden, die Steuerpflichtige mit unterschiedlichem Wohnort oder Kapitalanlageort unterschiedlich behandeln, [...]
>
> (3) Die in den Absätzen 1 und 2 genannten Maßnahmen und Verfahren dürfen weder ein Mittel zur willkürlichen Diskriminierung noch eine verschleierte Beschränkung des freien Kapital- und Zahlungsverkehrs im Sinne des Artikels 63 darstellen."

Hierbei werden Art. 63 Abs. 1 und 3 AEUV (ex-Art. 58 Abs. 1 und Abs. 3 EG) in ihrer Zusammenschau so ausgelegt, dass unterschieden werden muss zwischen Ungleichbehandlungen, die durch die eng auszulegende Ausnahmevorschrift des Art. 63 Abs. 1 AEUV (ex-Art. 58 Abs. 1 EG) erlaubt sind und solchen Ungleichbehandlungen, die eine nach Art. 63 Abs. 3 AEUV (ex-Art. 58 Abs. 3 EG) verbotene, willkürliche Diskriminierung darstellen. Danach ist eine Regelung, die bei Ansässigen zwischen inländischen und ausländischen Einkünften unterscheidet, nur mit den Verträgen vereinbar, wenn die unterschiedliche Behandlung Situationen betrifft, die nicht objektiv miteinander vergleichbar sind.[383] In diesen Fällen wurde demnach im Rahmen der Rechtfertigungsprüfung auf die Frage der vergleichbaren Lage zweier Ansässiger eingegangen.

Im Fall *Lenz*[384] wurden Kapitalerträge von ansässigen Steuerpflichtigen aus inländischen Beteiligungen besser behandelt als Kapitalerträge von ansässigen Steuerpflichtigen aus ausländischen Beteiligungen. An inländischen Unternehmen Beteiligte konnten wählen, ob eine pauschale und endgültige Besteuerung mit einem Steuersatz von 25% oder eine Besteuerung mit einem Steuersatz in Höhe des halben auf das Gesamteinkommen dieses Steuerpflichtigen entfallenden Durchschnittssteuersatzes erfolgt. Im Gegensatz dazu unterlagen Kapitalerträge aus ausländischen Beteiligungen dem normalen Einkommensteuersatz mit einem Höchstsatz von 50%. Nach den Ausführungen des EuGH befinden sich die ansässigen Anteilseigner von in- und ausländischen Unternehmen in einer vergleichbaren Lage, da sowohl die ausländischen als auch die inländischen Kapitalerträge einer Doppelbelastung durch Körperschaft- und Einkommensteuer unterliegen können. Hierdurch wird eng an den Zweck der prüfungsgegenständlichen steuerlichen Erleichterungen für Beteiligungen an inländischen Unternehmen angeknüpft, der darin bestand, „die wirtschaftlichen Auswirkungen einer Doppelbesteuerung der Gesellschaftsgewinne [zu] mildern, die sich aus der Erhebung der Körperschaftsteuer auf der Grundlage der erzielten Gewinne bei der Gesellschaft und der Erhebung der Einkom-

---

[383] EuGH vom 15.7.2004, Rs. C-315/02 *Lenz*, Rn. 26 f.; EuGH vom 7.9.2004, Rs. C-319/02 *Manninen*, Rn. 28 f.
[384] EuGH vom 15.7.2004, Rs. C-315/02 *Lenz*.

mensteuer auf der Grundlage derselben, als Dividenden ausgeschütteten Gewinne bei den steuerpflichtigen Aktionären ergeben".[385]

Ähnlich war die Fallgestaltung im Verfahren *Manninen*.[386] Hier wurde im Inland ansässigen Steuerpflichtigen, die Dividenden von ebenfalls im Inland ansässigen Unternehmen bezogen, eine Steuergutschrift in Höhe von 29/71 des Dividendenbetrags gewährt, um eine Doppelbelastung der Dividenden mit Körperschaft- und Einkommensteuer zu vermeiden. Wieder führte der EuGH aus, dass sich die beiden Ansässigen mit Beteiligungen im Inland bzw. Ausland in einer vergleichbaren Lage befänden, da die Dividenden in beiden Staaten der Doppelbelastung mit Einkommen- und Körperschaftsteuer unterliegen können. Verdeutlicht wird die Sichtweise des EuGH durch die Ausführungen, dass eine vergleichbare Lage insbesondere dann zu verneinen sei, wenn die Steuerregeln des Mitgliedstaats, in dem das Kapital angelegt wird, die Gefahr einer Doppelbelastung dadurch ausschließt, dass nur die nicht ausgeschütteten Gewinne eines Unternehmens der Körperschaftsteuer unterliegen.

cc) Fälle mit Prüfung des Vergleichbarkeitserfordernisses

Zwei der untersuchten Fälle, die den Vergleich zweier Ansässiger beinhalteten, enthielten Ausführungen zur vergleichbaren Lage. Der Fall *Zurstrassen*[387] betraf die Besteuerung eines Ehepaars, bei dem der Ehemann im Inland ansässig war und dort auch sein Arbeitseinkommen erzielte, während seine Ehefrau und Kinder im benachbarten Mitgliedstaat wohnten. Die Ehefrau verfügte über kein eigenes Einkommen. Die angegriffene Regelung machte eine Zusammenveranlagung und die Einordnung in die teilweise günstigere Steuerklasse 2 davon abhängig, dass beide Ehepartner im Inland ansässig sind. Die Ausführungen des EuGH beginnen mit der Feststellung, dass sich Ansässige und Nicht-Ansässige zwar grundsätzlich nicht in einer vergleichbaren Lage befänden, es im vorliegenden Fall jedoch um den Vergleich zweier Ansässiger gehe, da Herr Zurstrassen selbst im Inland ansässig sei und lediglich seine Ehefrau, die über kein eigenes Einkommen verfüge, im Ausland ansässig sei. Aus diesem Grund konnte das Argument der fehlenden Vergleichbarkeit im Fall Zurstrassen nach Ansicht des EuGH nicht eingreifen. Als weiteres Argument für eine Gleichbehandlung der Eheleute Zurstrassen mit zwei im Inland ansässigen Eheleuten brachte der EuGH vor, dass der Wohnsitzstaat von Herrn Zurstrassen auch als einziger dessen persönliche Lage und Familienstand berücksichtigen könne, da nur hier Einkünfte erzielt würden.

---

[385] EuGH vom 15.7.2004, Rs. C-315/02 *Lenz*, Rn. 32.
[386] EuGH vom 7.9.2004, Rs. C-319/02 *Manninen*.
[387] EuGH vom 16.5.2000, Rs. C-87/99 *Zurstrassen*.

Etwas unklar ist die Argumentation des EuGH im Fall *Mertens*.[388] Das Verfahren betraf eine Regelung, die eine Anrechnung von Verlusten auf solche Einkünfte vorsah, die nach einem DBA steuerfrei sind. Im Gegensatz dazu waren Verluste bei rein inländischen Einkünften auf steuerpflichtige Einkünfte anrechenbar bzw. falls dies nicht genügte, auf steuerpflichtige Einkünfte eines anderen Besteuerungszeitraums übertragbar. Zunächst stellt der EuGH fest, die fragliche Regelung behandele „die Steuerpflichtigen, die alle ihre Tätigkeiten ausschließlich im belgischen Hoheitsgebiet ausüben, steuerlich anders als diejenigen, die in Belgien eine selbständige Tätigkeit und zugleich in einem anderen Mitgliedstaat eine nichtselbständige Tätigkeit ausüben."[389] Im Folgenden kommt es jedoch zu Ungereimtheiten: Der EuGH weist darauf hin, dass die fragliche Regelung für alle Steuerpflichtigen, die durch eine selbständige Tätigkeit Verluste erlitten haben, gleichermaßen gelte. Steuerpflichtige, die zugleich einer selbständigen Tätigkeit im Inland und einer nichtselbständigen Tätigkeit im Ausland nachgingen seien jedoch nicht in einer vergleichbaren Situation wie die Steuerpflichtigen, die alle steuerlich relevanten Tätigkeiten ausschließlich im Inland ausüben, da die Einkünfte aus nichtselbständiger Arbeit im Quellenstaat besteuert würden, ohne dass die Verluste aus dem Wohnsitzstaat hierbei berücksichtigt werden könnten. Im Ergebnis sieht der EuGH eine „Ungleichbehandlung" als gegeben an.[390] Die Argumentationslinie deutet jedoch eher auf die zweite Alternative einer Diskriminierung – die Gleichbehandlung von nicht vergleichbaren Sachverhalten – hin. Im Fortgang der Prüfung wird von einer „Beschränkung" gesprochen.

dd) Schlussfolgerungen

Zumindest in den Fällen *Biehl*, *Verkooijen*, *Vestergaard* und *Baars*, in denen eine Diskriminierung ohne Prüfung der Vergleichbarkeit bejaht wurde, kann davon ausgegangen werden, dass die Vergleichbarkeit der Lage zweier Ansässiger stillschweigend vorausgesetzt wurde. Das Gleiche gilt für die Fälle *Bachmann* und *Kommission / Belgien*, in denen lediglich der Rechtfertigungsgrund der Kohärenz der Steuerregelung die Bejahung einer Diskriminierung verhinderte. In diesen Fällen genügte für die Bejahung der Vergleichbarkeit grundsätzlich, dass die beiden Steuerpflichtigen dieselbe wirtschaftliche Tätigkeit ausüben und daraus Einkünfte beziehen.[391]

Aus dem Fall *Zurstrassen* ist zudem zu schließen, dass der EuGH zum einen bei zwei ansässigen Steuerpflichtigen grundsätzlich von einer Vergleichbarkeit

---

[388] EuGH vom 12.9.2002, Rs. C-431/01 *Mertens*.
[389] EuGH vom 12.9.2002, Rs. C-431/01 *Mertens*, Rn. 29.
[390] EuGH vom 12.9.2002, Rs. C-431/01 *Mertens*, Rn. 30–33.
[391] Van Thiel, Free Movement of Persons and Income Tax Law, S. 435.

ausgeht und es zum anderen nur auf die Ansässigkeit und damit die Lage desjenigen ankommt, der eine steuerlich relevante Tätigkeit ausübt.

Besondere Wertungen sind den Entscheidungen in den Fällen *Lenz* und *Manninen* zu entnehmen. Hier wurde neben der Rechtsordnung des Wohnsitzstaates auch die Rechtsordnung des Quellenstaates beachtet. Zu beachten ist jedoch die Beobachtung, dass die „fremde" Rechtsordnung des Quellenstaats nicht en detail mit der Rechtsordnung des Ansässigkeitsstaates verglichen wurde, sondern nur geprüft wurde, ob in dieser Rechtsordnung Einkünfte aus Beteiligungen an Körperschaften grundsätzlich auch einer Doppelbelastung durch Einkommen- und Körperschaftsteuer unterliegen können. Hintergrund dieser Prüfung ist, dass die Grundfreiheiten zwar verhindern sollen, dass Steuerpflichtigen Nachteile aus der Inanspruchnahme der Verkehrsfreiheiten erwachsen, jedoch nicht dazu führen sollten, dass Steuerpflichtige ungerechtfertigte Vorteile aus der Anwendung der Grundfreiheiten ziehen können. Ein solcher ungerechtfertigter Vorteil wäre dadurch entstanden, dass der Steuerpflichtige einerseits im Ansässigkeitsstaat Steuererleichterungen wie einen niedrigeren Steuersatz bzw. eine Steuergutschrift in Anspruch genommen hätte, die die Doppelbelastung mit Einkommen- und Körperschaftsteuer vermindern sollen, auch wenn er andererseits einer solchen Doppelbelastung gar nicht unterlag, weil z.B. der Quellenstaat aus den gleichen Gründen bei Ausschüttungen von einer Belastung mit Körperschaftsteuer absieht.

Die Kehrseite der Medaille der Inanspruchnahme der Grundfreiheiten war Gegenstand im Fall *Mertens*. Hier wäre einem Steuerpflichtigen aus der Inanspruchnahme der Möglichkeiten eines Binnenmarktes ein Nachteil in Bezug auf die Verlustverrechnung erwachsen, so dass ebenso wie in den Fällen *Lenz* und *Manninen* sowohl die Lage im Wohnsitzstaat als auch im Quellenstaat zu berücksichtigen war und eine Vergleichbarkeit eines Ansässigen mit rein inländischen Tätigkeiten und eines Ansässigen mit Tätigkeiten im In- und Ausland im Hinblick auf die Verlustverrechnung verneint wurde.

b) Vergleich zweier ansässiger Gesellschaften

Die Fälle, in denen es um den Vergleich zweier ansässiger Gesellschaften ging, behandelten zum einen die Verhältnisse von ansässigen Tochtergesellschaften zu ihren (nicht-)ansässigen Muttergesellschaften bzw. von ansässigen Muttergesellschaften zu ihren (nicht-)ansässigen Tochtergesellschaften (z.B. Verlustverrechnungen, Ausschüttungen, Gesellschafterfremdfinanzierung), zum anderen wirtschaftliche Vorgänge innerhalb eines Konzerns (z.B. Vermietung/Verpachtung, Grundstücksveräußerungen, Konzernbeiträge, Verlustverrechnungen) sowie zudem Verlustverrechnungen von ansässigen Gesellschaften mit in- bzw. ausländischer Betriebsstätte.

Keine Aussagekraft für die Frage der Vergleichbarkeit hat der Fall *Daily Mail*[392], in dem das Erfordernis der Zustimmung des Finanzministeriums zu einer Verlegung des Hauptsitzes einer nach inländischem Recht gegründeten Gesellschaft in einen anderen Staat geprüft wurde, da bereits die Anwendbarkeit der Niederlassungsfreiheit unter Hinweis auf die bestehenden nationalen Unterschiede auf diesem Gebiet verneint wurde.

aa) Fälle der stillschweigenden Annahme der Vergleichbarkeit

In einigen Fällen wurde wiederum eine Grundfreiheitsverletzung bejaht, ohne ausdrücklich auf das Erfordernis der vergleichbaren Lage einzugehen. Das Verfahren *ICI*[393] betraf eine ansässige Muttergesellschaft, die Teil eines Konsortiums war und über eine Holdinggesellschaft Tochtergesellschaften in verschiedenen Mitgliedstaaten hielt. Nach der angegriffenen nationalen Regelung waren Verluste einer Tochtergesellschaft nur dann bei der Körperschaftsteuer der Muttergesellschaft abziehbar (sog. Konzernsteuerabzug), wenn die Holdinggesellschaft ausschließlich im Inland ansässige Tochtergesellschaften kontrollierte. Ohne die Frage der vergleichbaren Lage von Muttergesellschaften mit Tochtergesellschaften im In- und Ausland zu behandeln, bejahte der EuGH eine nicht gerechtfertigte Verletzung der Niederlassungsfreiheit, weshalb anzunehmen ist, dass die Vergleichbarkeit allein aufgrund der Verlustsituation der Tochtergesellschaften bejaht wurde.

Im Fall *Eurowings*[394] wurde eine Regelung zur Überprüfung vorgelegt, die Hinzurechnungen zum Gewerbsertrag in Höhe der Miet- bzw. Pachtzinsen sowie des Wertes der betreffenden Wirtschaftsgüter vorsah, es sei denn, der Leasinggeber unterlag bereits der Gewerbesteuer. Hierdurch wurden von den Hinzurechnungen nur solche Wirtschaftsgüter befreit, deren Leasinggeber im selben Mitgliedstaat ansässig waren, und damit die ansässigen Leasingnehmer mit nicht-ansässigem Leasinggeber benachteiligt. Auch hier bejahte der EuGH – unter stillschweigender Annahme der Vergleichbarkeit – eine Verletzung der Dienstleistungsfreiheit.

In *X AB – Y AB*[395] sah eine Regelung vor, dass Konzernbeiträge einer inländischen Gesellschaft (beherrschende Gesellschaft) an eine von ihr zu 90% gehaltene andere inländische Gesellschaft abzugsfähige Betriebsausgaben der beherrschenden Gesellschaft und Einnahmen der empfangenden Gesellschaft darstellen. Dies galt jedoch nur, wenn die 90%-Beteiligung (i) durch die beherrschende Gesellschaft allein gehalten wurde, (ii) durch die beherrschende Gesellschaft und eine ansässige Tochtergesellschaft gemeinsam oder (iii) durch

---

[392] EuGH vom 27.9.1988, Rs. 81/87 *Daily Mail*.
[393] EuGH vom 16.7.1998, Rs. C-264/96 *ICI*.
[394] EuGH vom 26.10.1999, Rs. C-294/97 *Eurowings*.
[395] EuGH vom 18.11.1999, Rs. C-200/98 *X AB – Y AB*.

die beherrschende Gesellschaft und mehrere nicht-ansässige Tochtergesellschaften aus demselben Mitgliedstaat, mit dem ein DBA mit Diskriminierungsverbot vereinbart wurde, vermittelt wurde. Im Ausgangsfall wurde die
90%-Beteiligung jedoch durch die beherrschende Gesellschaft und mehreren
nicht-ansässigen Tochtergesellschaften aus *verschiedenen* Mitgliedstaaten gehalten. Da Rechtfertigungsgründe nicht vorgebracht wurden, bejahte der
EuGH eine Verletzung der Niederlassungsfreiheit aufgrund der Ungleichbehandlung verschiedener Typen von Konzernbeiträgen nach Maßgabe des Sitzes
der Tochtergesellschaften. Dass die Tochtergesellschaften in ihren Ansässigkeitsstaaten unterschiedlichen (Steuer-)Rechtsordnungen unterlagen, war demnach für die Frage der Vergleichbarkeit unerheblich.

bb) Fälle der Beschränkungsprüfung

Im Gegensatz zu den Fällen, in denen stillschweigend von einer Vergleichbarkeit ausgegangen wurde, können aus Fällen der reinen Beschränkungsprüfung keine Rückschlüsse gezogen werden, da das Vorliegen einer Beschränkung
– von der Ausnahme der Rechtfertigung nach Art. 65 AEUV (ex-Art. 58 EG)
abgesehen – keine vergleichbare Lage voraussetzt. Ohne Aussagekraft für die
Frage der Vergleichbarkeit sind folglich die Entscheidungen in den Sachen
Lankhorst-Hohorst[396], *Marks & Spencer*[397], *Cadbury-Schweppes*[398], *Meilicke*[399]
und *Test Claimants in the Thin Cap Group Litigation*[400].

cc) Fälle mit konkreten Aussagen zur Vergleichbarkeit

Sehr aufschlussreiche Ausführungen zur Vergleichbarkeitsprüfung enthalten
die Fälle *Metallgesellschaft*, *AMID*, *Keller Holding*, *Oy AA* und *Amurta*.

Im Fall *Metallgesellschaft*[401] wurde eine Option zur Besteuerung von Grup-
peneinkommen überprüft, bei deren Ausübung eine Tochtergesellschaft für
Ausschüttungen an ihre Muttergesellschaft keine Körperschaftsteu-
er-Vorauszahlungen (KSt-Vorauszahlungen) zu leisten hatte. Eine solche Option bestand jedoch nur für ansässige Tochtergesellschaften, deren Muttergesellschaften ebenfalls ansässig waren. Die beteiligte Regierung argumentierte,
dass sich ansässige Tochtergesellschaften mit ebenfalls inländischer Muttergesellschaft einerseits und ansässige Tochtergesellschaften mit ausländischer
Muttergesellschaft andererseits nicht in einer vergleichbaren Lage befänden.
Zum einen werde die Befreiung der Tochtergesellschaften mit ansässiger Muttergesellschaft von KSt-Vorauszahlungen dadurch kompensiert, dass die Mut-

---

[396] EuGH vom 12.12.2002, Rs. C-324/00 *Lankhorst-Hohorst*.
[397] EuGH vom 13.12.2005, Rs. C-446/03 *Marks & Spencer*.
[398] EuGH vom 12.9.2006, Rs. C-196/04 *Cadbury-Schweppes*.
[399] EuGH vom 6.3.2007, Rs. C-292/04 *Meilicke*.
[400] EuGH vom 13.3.2007, Rs. C-524/04 *Test Claimants in the Thin Cap Group Litigation*.
[401] EuGH vom 8.3.2001, verb. Rs. C-97/98 *Metallgesellschaft* und C-410/98 *Hoechst*.

tergesellschaften selbst bei einer Weiterausschüttung eine KSt-Vorauszahlung zu leisten hätten. Zum anderen würden bei nicht-ansässigen Muttergesellschaften im Inland gar keine Vorauszahlungen geleistet, wenn die Tochtergesellschaften auch von einer Vorauszahlung befreit würden. Der EuGH lehnte diese Argumentation jedoch ab und bejahte eine vergleichbare Lage, da beide Tochtergesellschaften einer Körperschaftsteuer-Abschlusszahlung unterlägen. Sowohl die Tochtergesellschaft mit ausländischer Muttergesellschaft als auch eine Tochtergesellschaft mit inländischer Muttergesellschaft könnten den Betrag der nicht zu leistenden Vorauszahlung lediglich bis zu dieser Abschlusszahlung behalten. Zudem führten die unterschiedlichen steuerrechtlichen Regelungen, denen die Muttergesellschaften im In- und Ausland unterliegen, nicht zu einem Ausschluss der Vergleichbarkeit der Tochtergesellschaften.

Die im Verfahren *AMID*[402] angegriffene Regelung sah vor, dass inländische Verluste eines ansässigen Unternehmens mit Gewinnen einer ausländischen Betriebsstätte verrechnet werden konnten, die nach dem relevanten DBA im Ansässigkeitsstaat steuerbefreit waren. Dies hatte zur Folge, dass Verluste aus dem Ansässigkeitsstaat nicht in einen anderen Besteuerungszeitraum übertragen werden konnten, was hingegen einem ansässigen Unternehmen mit einer inländischen Betriebsstätte möglich gewesen wäre. Eine vergleichbare Lage wurde ausdrücklich bejaht. Die Tatsache, dass die Gesellschaft mit der ausländischen Betriebsstätte im Mitgliedstaat der Betriebsstätte nach dessen Recht besteuert wird, während die Gesellschaft mit einer inländischen Betriebsstätte mit ihrem Gesamteinkommen dem Recht des Ansässigkeitsstaates unterliegt, ist nach Ansicht des EuGH unerheblich, da sich beide Unternehmen in einer Verlustsituation befänden. Er verdeutlicht seine Ansicht noch, indem er ausführt, dass eine Gesellschaft mit einem Verlust im Inland und eine Gesellschaft mit einem Verlust im Inland und einem Gewinn im Ausland in der gleichen Situation seien.

Der Fall *Keller Holding*[403] betraf die Abziehbarkeit von Finanzierungsaufwendungen einer ansässigen Muttergesellschaft. Nach den innerstaatlichen Regelungen konnten Dividenden, die von einer mittelbaren Tochtergesellschaft über die die Beteiligung vermittelnde Gesellschaft an die Muttergesellschaft weitergeleitet wurden, beim steuerpflichtigen Einkommen der Muttergesellschaft berücksichtigt werden, wenn alle an diesem Vorgang beteiligten Gesellschaften im Inland ansässig waren. Aufgrund der Berücksichtigung beim steuerpflichtigen Einkommen konnten mit den Dividenden zusammenhängende Betriebsausgaben abgezogen werden. Die auf jeder Ausschüttungsstufe gezahlten Steuern wurden jedoch angerechnet, so dass die Muttergesellschaft faktisch von der Steuer entlastet war. Im Gegensatz dazu gehörten Dividenden, die un-

---

[402] EuGH vom 14.12.2000, Rs. C-141/99 *AMID*.
[403] EuGH vom 23.2.2006, Rs. C-471/04 *Keller Holding*.

ter gleicher Vorgehensweise von einer nicht-ansässigen mittelbaren Tochtergesellschaft ausgeschüttet wurden, aufgrund des einschlägigen DBA zu den steuerfreien Einkünften und mit diesen steuerfreien Einkünften zusammenhängende Betriebsausgaben waren nicht abziehbar. Obwohl also die Muttergesellschaften in beiden Fällen im Ergebnis nicht mit Steuern belastet waren, konnte lediglich die Muttergesellschaft mit ansässigen unmittelbaren und mittelbaren Tochtergesellschaften Finanzierungsaufwendungen als Betriebsausgaben abziehen. Den Ausführungen des EuGH zufolge[404] sind ansässige Muttergesellschaften hinsichtlich der Besteuerung der von ihnen vereinnahmten Dividenden in einer vergleichbaren Lage, da diese Dividenden faktisch von der Steuer entlastet sind. Dass dies im Fall der nicht-ansässigen mittelbaren Tochtergesellschaft durch ein DBA und im Fall der ansässigen mittelbaren Tochtergesellschaft durch Anrechnung bereits entrichteter Steuern geschieht, sei ebenso irrelevant wie die Tatsache, dass die nicht-ansässige mittelbare Tochtergesellschaft im Ansässigkeitsstaat der Muttergesellschaft nicht der Körperschaftsteuer unterliegt.

Ähnlich argumentierte der EuGH im Fall *Oy AA*[405], der eine Regelung betraf, wonach die Gewährung eines Konzernbeitrags zwischen Mutter- und Tochtergesellschaften bei der gewährenden Gesellschaft als Betriebsausgabe abziehbar war, wenn der jeweilige Betrag bei der empfangenden Gesellschaft als Einnahme verbucht wurde. Die Abziehbarkeit des Konzernbeitrags wurde jedoch verneint, wenn die empfangende Gesellschaft in einem anderen (Mitglied-)Staat ansässig war. Der EuGH sah die Lage von verbundenen Unternehmen in verschiedenen Mitgliedstaaten als vergleichbar mit der Lage von verbundenen Unternehmen im selben Mitgliedstaat an. Insbesondere schließe die Tatsache, dass nicht-ansässige Unternehmen beim Empfang des Konzernbeitrags nicht im Inland besteuert werden, die Vergleichbarkeit nicht aus.[406]

Ebenfalls in engem Zusammenhang mit dem Verfahren *Keller Holding* steht der Fall *Amurta*[407], dem eine Regelung zugrunde lag, die eine Befreiung von einer Dividendenbesteuerung nur für ansässige beteiligte Gesellschaften vorsah. Die Vergleichbarkeit von ansässigen und nicht-ansässigen Gesellschaften als Anteilseigner bejahte der EuGH mit dem Argument, dass die Situation von ansässigen und nicht-ansässigen Anteilseignern einander angenähert ist, wenn ein Mitgliedstaat die Dividenden beider der Steuer unterwirft.

---

[404] Der EuGH prüfte den Sachverhalt nicht anhand der Grundfreiheiten, da der fragliche Staat zum entscheidungserheblichen Zeitpunkt noch kein Mitglied der EG war, sondern anhand der nach Ansicht des EuGH inhaltsgleichen Regelungen des EWR-Abkommens, weshalb die Argumente des EuGH auch für die Grundfreiheiten relevant sind.

[405] EuGH vom 18.7.2007, Rs. C-231/05 *Oy AA*.

[406] EuGH vom 18.7.2007, Rs. C-231/05 *Oy AA*, Rn. 38.

[407] EuGH vom 15.11.2007, Rs. C-379/05 *Amurta*.

dd) Schlussfolgerungen

Aus den soeben dargestellten Ausführungen des EuGH lässt sich zunächst schließen, dass es für die Beurteilung der Vergleichbarkeit ausschließlich auf die Situation der Gesellschaft ankommt, die von der potentiell diskriminierenden Regelung betroffen ist. So war die jeweilige Lage der nicht-ansässigen Muttergesellschaft im Fall *Metallgesellschaft* ebenso wenig von Bedeutung wie die Tatsache, dass die nicht-ansässige Muttergesellschaft in ihrem jeweiligen Ansässigkeitsstaat einem anderen Steuersystem unterlag als die das Vergleichspaar komplettierende ansässige Muttergesellschaft. Dies wurde im Verfahren *Amurta* bestätigt. Hieraus ist abzuleiten, dass es zudem grundsätzlich nur auf die Lage in bzw. steuerliche Behandlung durch den Staat ankommt, der auch die potentiell diskriminierende Regelung erlassen hat, obwohl sich die (Steuer)Situation der Muttergesellschaft im Ausland auf die steuerliche Lage der Tochtergesellschaft im Inland ausgewirkt hat. Dies bestätigt sowohl der Fall *X AB – Y AB*, bei dem die unterschiedliche steuerliche Behandlung der Tochtergesellschaften in ihren jeweiligen Ansässigkeitsstaaten ohne Bedeutung war, als auch der Fall *AMID*, bei dem die Verlustsituation beider Gesellschaften für eine Vergleichbarkeit ausreichte, während etwaige Gewinne ausländischer Betriebsstätten nicht in die Betrachtung mit einbezogen wurden. Das augenscheinliche Ausreichen einer Verlustsituation für die Vergleichspaarbildung hat der Fall *AMID* mit dem Fall *ICI* gemeinsam. Neben einer Bestätigung, dass – zumindest bei Fehlen von Besonderheiten – die Lage und steuerliche Behandlung im Inland maßgeblich ist, verdeutlicht die Entscheidung des EuGH im Fall *Keller Holding*, dass ein enger Bezug (Konnex) zwischen dem Inhalt der potentiell diskriminierenden Regelung und den maßgeblichen Vergleichskriterien erforderlich ist.

c) Nicht-Ansässige natürliche Personen im Vergleich mit Ansässigen

Die Entscheidungen des EuGH, die einen Vergleich von Ansässigen und Nicht-Ansässigen zum Gegenstand hatten, gehen von der gemeinsamen Annahme aus, dass sich Ansässige und Nicht-Ansässige nicht in einer vergleichbaren Position befinden. Eine Gruppe von Fällen belässt es bei dieser Aussage und verneint deshalb eine Verletzung der jeweiligen Grundfreiheit. Eine andere Gruppe von Fällen bejaht hingegen eine Vergleichbarkeit unter bestimmten Umständen. Ob dies nur Einzelfälle sind, oder ob eine Struktur dahinter erkennbar ist, soll die folgende Analyse zeigen.

Keine relevante Aussage ist dem Fall *Werner*[408] zu entnehmen, da der EuGH in diesem Verfahren bereits die Anwendbarkeit einer Grundfreiheit aufgrund fehlenden grenzüberschreitenden Bezugs verneint hat.

---

[408] EuGH vom 26.1.1993, Rs. C-112/91 *Werner*.

Nur bedingt aussagekräftig ist die Entscheidung im Fall *Blanckaert*[409], der Sozialversicherungsbeiträge für Ansässige behandelt, die bei fehlender Verrechnungsmöglichkeit mit zu leistenden Beiträgen die Einkommensteuer vermindern. Zwar werden in der Entscheidung trotz der vorgenommenen Beschränkungsprüfung aufgrund von Art. 65 Abs. 1 lit. a und Abs. 3 AEUV (ex-Art. 58 Abs. 1 lit. a und Abs. 3 EG) Aussagen zur Vergleichbarkeit getroffen. Die Vergleichbarkeit wird jedoch aufgrund der sozialversicherungsrechtlichen Besonderheiten des Falls verneint, da die Gewährung der Steuerermäßigungen davon abhing, ob der Steuerpflichtige dem inländischen Sozialversicherungssystem angeschlossen war und ob verrechenbare Sozialversicherungsbeiträge vorhanden waren. Personen, die nicht an das Sozialversicherungssystem angeschlossen waren, befanden sich in einer nicht vergleichbaren Position, da sie keine verrechenbare Sozialversicherungsbeiträge haben konnten und deshalb in jedem Fall eine Steuergutschrift erhalten hätten.

Der Fall *Ritter-Coulais*[410] betraf eine Regelung, nach der Verluste, die wegen der Selbstnutzung des eigenen Wohnhauses entstanden, zwar nach dem einschlägigen DBA im Quellenstaat berücksichtigt werden konnten, jedoch die nationalen Regeln des Quellenstaates eine Berücksichtigung bei Nicht-Ansässigen ausschlossen, wenn den Verlusten keine positiven Einkünfte aus Vermietung und Verpachtung aus einem anderem Staat gegenüberstanden. Ohne auf die Frage der Vergleichbarkeit einzugehen, wird die Ungleichbehandlung von nicht-ansässigen und ansässigen Arbeitnehmern, die jeweils ihr eigenes Haus bewohnen, als Verletzung der Arbeitnehmerfreizügigkeit angesehen.

aa) Fälle der grundsätzlichen Nichtvergleichbarkeit von Ansässigen und Nicht-Ansässigen

Im ersten wegweisenden Fall zum Vergleich von Ansässigen und Nicht-Ansässigen – dem Fall *Schumacker*[411] – war die Frage zu behandeln, ob die Grundfreiheiten dadurch verletzt wurden, dass das Splittingverfahren für Ehegatten und ein Lohnsteuer-Jahresausgleich bzw. -Veranlagungsverfahren, die einen Ausgleich zwischen Einkünften aus nichtselbständiger Arbeit mit anderen Einkunftsarten sowie die Berücksichtigung von Werbungskosten, Sonderausgaben etc. ermöglichten, nur auf ansässige Steuerpflichtige anwendbar waren. Der EuGH befand, dass sich Ansässige und Nicht-Ansässige im Hinblick auf die direkten Steuern in der Regel nicht in einer vergleichbaren Situation befinden, da das Einkommen eines Nicht-Ansässigen im Tätigkeitsstaat in der Regel nur einen Teil seines Welteinkommens darstelle, der Schwerpunkt liege hingegen in seinem Wohnsitzstaat. Zudem könne die persönliche Steuerkraft,

---

[409] EuGH vom 8.9.2005, Rs. C-512/03 *Blanckaert*.
[410] EuGH vom 21.2.2006, Rs. C-152/03 *Ritter-Coulais*.
[411] EuGH vom 14.2.1995, Rs. C-279/93 *Schumacker*.

die sich aus der persönlichen Lage und dem Familienstand des Nicht-An-sässigen ergibt, am besten am Mittelpunkt seiner persönlichen Interessen, also dem Wohnsitzstaat beurteilt werden. Hingegen ist der Interessensmittelpunkt eines Steuerpflichtigen, der auch im Tätigkeitsstaat ansässig ist, im Tätigkeits- und Wohnsitzstaat, der deshalb auch insbesondere die persönliche Steuerkraft am besten berücksichtigen könne. Eine Ausnahme von diesem Grundsatz sei nur zu machen, wenn der Nicht-Ansässige im Wohnsitzstaat keine nennens-werten Einkünfte bezieht und der Wohnsitzstaat die persönliche Lage und den Familienstand wegen fehlendem zu verrechnendem Einkommen nicht berück-sichtigen kann. In diesem Fall muss wie beim Ansässigen der Tätigkeitsstaat die persönliche Steuerkraft berücksichtigen.

Auch im Verfahren *Gschwind*[412], dem eine Regelung zu Grunde lag, die ebenfalls das Splittingverfahren nur für ansässige Eheleute bzw. Nicht-An-sässige mit mindestens 90% ihres Welteinkommens im Tätigkeitsstaat vorsah, wurde eine Vergleichbarkeit von Ansässigen und Nicht-Ansässigen aus den selben Gründen wie im Fall *Schumacker* verneint.

Im viel beachteten Fall *Gilly*[413] wurde die Vergleichbarkeit für eine Teilfrage relevant, ob die Tatsache, dass der durch das DBA Deutschland-Frankreich festgelegte Anrechnungsbetrag im Einzelfall niedriger[414] sein kann als die tat-sächlich in Deutschland gezahlte Steuer, eine Diskriminierung darstellt. Nach Ansicht des EuGH befinden sich Ansässige und Nicht-Ansässige im Hinblick auf die direkten Steuern in der Regel jedoch nicht in einer vergleichbaren Situ-ation, „da das Einkommen, das ein Gebietsfremder im Hoheitsgebiet eines Staates erzielt, meist nur einen Teil seiner Gesamteinkünfte darstellt, deren Schwerpunkt an seinem Wohnort liegt".[415]

Ebenfalls in einer Teilfrage behandelt wurde die Vergleichbarkeit von Ansäs-sigen und Nicht-Ansässigen im Fall *D.*[416] Die in diesem Verfahren angegriffene Regelung sah einen Freibetrag für die Vermögensteuer lediglich für Ansässige vor. In Anlehnung an die Rechtsprechung für die Einkommensteuer entschied der EuGH, dass sich Ansässige und Nicht-Ansässige auch im Hinblick auf die Vermögensteuer nicht in einer vergleichbaren Lage befinden, da sich nicht nur die wesentlichen Einkünfte, sondern in der Regel auch die wesentlichen Ver-mögenswerte eines Nicht-Ansässigen in seinem Wohnsitzstaat konzentrieren und der Wohnsitzstaat folglich am besten die Gesamtsteuerkraft beurteilen und Freibeträge gewähren kann.

---

[412] EuGH vom 14.9.1999, Rs. C-391/97 *Gschwind.*
[413] EuGH vom 12.5.1998, Rs. C-336/96 *Gilly.*
[414] Gründe hierfür waren eine höhere Progression in Deutschland sowie die Nichtberück-sichtigung der persönlichen Verhältnisse des Steuerpflichtigen in Deutschland.
[415] EuGH vom 12.5.1998, Rs. C-336/96 *Gilly*, Rn. 49.
[416] EuGH vom 5.7.2005, Rs. C-376/03 *D.* (siehe bereits S. 96).

bb) Fälle, in denen trotz der grundsätzlich unterschiedlichen Lage eine
Vergleichbarkeit bejaht wurde

Im Fall *Wielockx*[417] war es nur Ansässigen möglich, Gewinne aus einer unternehmerischen Tätigkeit, die zur Bildung der Altersrücklage verwendet wurde, vom steuerpflichtigen Einkommen abzuziehen. Zwar verwies der EuGH wieder auf die im *Schumacker*-Urteil postulierte Annahme, dass grundsätzlich Ansässige und Nicht-Ansässige nicht vergleichbar sind, jedoch bestand im Fall *Wielockx* die Besonderheit, dass der Steuerpflichtige keine nennenswerten Einkünfte aus dem Wohnsitzstaat bezog und deshalb eine Vergleichbarkeit doch bejaht werden konnte.

Der Fall *Wallentin*[418] behandelte eine Regelung, die Nicht-Ansässige, die sich höchstens sechs Monate im Inland aufhielten und Einkünfte im Inland erzielten, mit einer Quellensteuer von 25% auf diese Einkünfte belastete, ohne dass ihre persönlichen Verhältnisse berücksichtigt wurden oder ein Grundfreibetrag erhältlich war. In diesem speziellen Fall verfügte der Steuerpflichtige in seinem Wohnsitzstaat nur über steuerfreie Einkünfte, weshalb nur der Tätigkeitsstaat seine persönlichen Verhältnisse berücksichtigen konnte und seine Lage folglich mit der eines Ansässigen vergleichbar war.

Zwar wurde auch im Fall *Asscher*[419] daran festgehalten, dass sich Ansässige und Nicht-Ansässige grundsätzlich nicht in einer vergleichbaren Lage befinden. In Bezug auf eine Regelung, die einen höheren Lohnsteuersatz für Nicht-Ansässige bzw. Ansässige mit weniger als 90% ihres steuerbaren Welteinkommens aus dem Inland vorsah, wurde jedoch der Sinn dieser Regelung näher betrachtet. Der höhere Steuersatz sollte verhindern, dass beschränkt Steuerpflichtige der Steuerprogression entgehen. Dieses Ziel ist zwar nach den Grundfreiheiten zulässig, jedoch regelte das einschlägige Doppelbesteuerungsabkommen, dass selbst freigestellte Einkünfte in die Progression einbezogen werden können und es demnach ausgeschlossen war, der Steuerprogression zu entgehen. So urteilte der EuGH auch, dass sich Ansässige und Nicht-Ansässige „im Hinblick auf diese Bestimmung" in einer vergleichbaren Lage befinden.

Eine ähnlich differenzierte Betrachtungsweise wandte der EuGH im Fall *Gerritse*[420] an, dem eine Regelung für Nicht-Ansässige zugrunde lag, die eine Definitivbesteuerung ohne Berücksichtigung von Betriebsausgaben oder Werbungskosten vorsah, außer diese betrugen mehr als 50% der Einnahmen, und zudem einen Steuersatz von 25% ohne Grundfreibetrag und ohne Progression vorsah. Bezüglich der Nichtberücksichtigung der Betriebsausgaben bzw. Werbungskosten bejahte der EuGH eine vergleichbare Lage von Ansässigen und

---

[417] EuGH vom 11.8.1995, Rs. C-80/94 *Wielockx*.
[418] EuGH vom 1.7.2004, Rs. C-169/03 *Wallentin*.
[419] EuGH vom 27.6.1996, Rs. C-107/94 *Asscher*.
[420] EuGH vom 12.6.2003, Rs. C-234/01 *Gerritse*.

Nicht-Ansässigen, da diese Ausgaben unmittelbar mit der im Inland ausgeüb-
ten und zu versteuernden Tätigkeit zusammenhingen. Auch hinsichtlich des
Steuersatzes von 25% ohne Progression waren Ansässige und Nicht-Ansässige
nach Ansicht des EuGH vergleichbar, da aufgrund des einschlägigen DBAs der
Wohnsitzstaat Einkünfte aus dem Tätigkeitsstaat in die Progression einbeziehen konnte und zudem die Steuer des Tätigkeitsstaats nach der Anrechnungsmethode berücksichtigt wurde. Hinsichtlich des Grundfreibetrags, der das
Existenzminimum sichern sollte, beließ es der EuGH hingegen bei der grundsätzlichen Annahme der Nichtvergleichbarkeit von Ansässigen und Nicht-Ansässigen.

Im Verfahren *Centro Equestro da Leziria Grande*[421] wurde eine Regelung
angegriffen, die eine Abziehbarkeit von Betriebsausgaben bzw. Werbungskosten für Nicht-Ansässige versagte, wenn diese Betriebsausgaben bzw. Werbungskosten nicht mehr als 50% der Einnahmen erreichten. Auch hier bejahte
der EuGH eine Vergleichbarkeit von Ansässigen und Nicht-Ansässigen im
Hinblick auf die Berücksichtigung von Aufwendungen, die mit den Einnahmen
unmittelbar zusammenhängen.[422]

Einen sehr engen Vergleichsbereich wählte der EuGH auch im Fall *Bouanich*[423], der die Behandlung von Auszahlungen an Aktionäre beim Rückkauf
von Aktien betraf. Während die Zahlungen bei ansässigen Aktionären Veräu-
ßerungsgewinne darstellten, vom Auszahlungsbetrag die Einstandskosten der
Aktie abziehbar waren und auf diesen Restbetrag eine Steuer von 30% erhoben wurde, wurden die Auszahlungen bei Nicht-Ansässigen als Dividendenausschüttungen behandelt, die ohne Abzugsmöglichkeit der Einstandskosten
ebenfalls mit einem Steuersatz von 30% besteuert wurden. Einige DBA sahen
jedoch eine Verringerung dieses Steuersatzes vor. Obwohl der EuGH die Regelung unter dem Gesichtspunkt einer Beschränkung des freien Kapitalverkehrs prüfte, ging er aufgrund von Art. 65 Abs. 1 lit. a und Abs. 3 AEUV
(ex-Art. 58 Abs. 1 lit. a und Abs. 3 EG) auf die Frage der vergleichbaren Lage
von Ansässigen und Nicht-Ansässigen ein und bejahte die Vergleichbarkeit mit
dem Argument, dass die Einstandskosten sowohl bei Ansässigen als auch bei
Nicht-Ansässigen unmittelbar mit dem beim Aktienrückkauf gezahlten Betrag
zusammenhängen und somit die Steuerpflichtigen insofern in einer vergleichbaren Lage sind.

Im Verfahren *Talotta*[424] wurde eine Regelung als die Grundfreiheiten verlet-
zend angesehen, nach der Nicht-Ansässige mit Einkünften im In- und Ausland
einer Steuerschätzung und einer Mindestbesteuerung unterworfen wurden.

---

[421] EuGH vom 15.2.2007, Rs. C-345/04 *Centro Equestro da Leziria Grande*.
[422] EuGH vom 15.2.2007, Rs. C-345/04 *Centro Equestro da Leziria Grande*, Rn. 23.
[423] EuGH vom 19.1.2006, Rs. C-265/04 *Bouanich*.
[424] EuGH vom 22.3.2007, Rs. C-383/05 *Talotta*.

Nach Ansicht des EuGH befanden sich Ansässige und Nicht-Ansässige in einer vergleichbaren Lage, da für die Finanzverwaltung die selben Probleme bestehen, unabhängig davon, ob ein unbeschränkt Steuerpflichtiger oder ein beschränkt Steuerpflichtiger in- und ausländische Einkünfte bezieht.[425]

cc) Schlussfolgerungen

Die Fälle, in denen eine Vergleichbarkeit von Ansässigen und Nicht-Ansässigen verneint wurde[426] bzw. nur deswegen bejaht wurde, weil die fraglichen Nicht-Ansässigen in ihrem Wohnsitzstaat keine bzw. keine nennenswerten Einkünfte erzielten[427], berücksichtigten die steuerlich relevanten persönlichen Verhältnisse sowohl im Quellenstaat als auch im Wohnsitzstaat. Dies steht nicht im Widerspruch zur oben getroffenen Schlussfolgerung, dass der EuGH einen engen Bezug zwischen der fraglichen Regelung und den in den Vergleich einbezogenen Kriterien verlangt. Denn die genannten Fälle weisen die grundlegende Gemeinsamkeit auf, dass sie die persönliche Leistungsfähigkeit betrafen: die Gewährung des Ehegattensplittings, die Gewährung von Freibeträgen zur Sicherung des Existenzminimums oder Progressionsregelungen. Für die Beurteilung, ob im Hinblick auf die persönliche Leistungsfähigkeit eine vergleichbare Lage besteht, müssen logischerweise die persönlichen Verhältnisse und der Familienstand berücksichtigt werden und diese betreffen im Fall von Nicht-Ansässigen zwingend zwei Staaten. Im Fall von steuerlichen Regelungen, die die persönliche Lebensführung bzw. das Familieneinkommen betreffen, werden folglich die jeweiligen persönlichen Umstände sowie die steuerliche Behandlung im Wohnsitz- und im Quellenstaat beachtet. Ein weiterer Grund findet sich im Gedanken, dass solche Vorteile für die Steuerpflichtigen lediglich einmal verfügbar sein sollten und dass der Wohnsitzstaat grundsätzlich besser in der Lage ist, die persönliche Lebenssituation des Steuerpflichtigen zu berücksichtigen. Eine Gewährung von persönlichen Steuervorteilen wie z.B. des Ehegattensplittings durch den Quellenstaat kommt danach nur in Betracht, wenn der fragliche Steuerpflichtige fast sein gesamtes Welteinkommen aus dem Quellenstaat bezieht (s.o. 90%-Grenze) und zudem nicht genügend Einkommen im Wohnsitzstaat vorhanden ist, um die familiäre Situation des Steuerpflichtigen zu berücksichtigen (Leistungsfähigkeitsgedanke). Für die Berücksichtigung der steuerlichen Behandlung im Wohnsitzstaat spricht im Fall von persönlichen Vorteilen, dass nach dem Unionsrecht nicht nur eine übermäßige Steuerbelastung für grenzüberschreitend Tätige verhindert werden soll, son-

---

[425] EuGH vom 22.3.2007, Rs. C-383/05 *Talotta*, Rn. 28.

[426] EuGH vom 14.2.1995, Rs. C-279/93 *Schumacker*; EuGH vom 14.9.1999, Rs. C-391/97 *Gschwind*; EuGH vom 12.5.1998, Rs. C-336/96 *Gilly* sowie EuGH vom 5.7.2005, Rs. C-376/03 *D*.

[427] EuGH vom 11.8.1995, Rs. C-80/94 *Wielockx* und EuGH vom 1.7.2004, Rs. C-169/03 *Wallentin*.

dern dass nach dem Prinzip der Gleichbehandlung von Steuerpflichtigen auch ungerechte Vorteile für grenzüberschreitende Betätigungen unterbunden werden sollten.[428]

Anders stellt sich die Situation in den Fällen dar, in denen die angegriffene Norm objektive Besteuerungsfaktoren – wie z.B. Steuersätze oder die Abziehbarkeit von Betriebsausgaben und Anschaffungskosten – regelt.[429] Für diese Faktoren bzw. Regelungen sind die persönlichen Verhältnisse unerheblich und es besteht auch grundsätzlich keine Notwendigkeit, die Besteuerung in einem anderen Staat als dem Quellenstaat zu beachten, außer es sind ungerechtfertigte Vorteile durch die Ausübung der Grundfreiheiten zu befürchten. Dies zeigt insbesondere der Fall *Asscher*, wo eine vergleichbare Lage im Hinblick auf die fragliche Regelung bejaht wurde, da durch eine Abkommensregelung sichergestellt war, dass sowohl der Nicht-Ansässige als auch der Ansässige der Steuerprogression unterliegen. Hier wurde die Besteuerung im Wohnsitzstaat ebenso wenig beachtet, wie in den Verfahren *Gerritse* und *Bouanich*, die ebenfalls Aspekte der objektiven Leistungsfähigkeit betrafen. Insbesondere im Fall *Bouanich* führte ein im einschlägigen DBA vorgesehener niedrigerer Steuersatz als derjenige, der auf Ansässige bei der Besteuerung eines Rückkaufs von Aktien anwendbar war, nicht zu einer fehlenden Vergleichbarkeit. Gut nachzuvollziehen ist die Unterscheidung zwischen Faktoren, die die persönliche Leistungsfähigkeit betreffen, und objektiven Besteuerungsfaktoren insbesondere auch im Fall *Gerritse*, bei dessen Prüfung von objektiven Besteuerungsregeln die Vergleichbarkeit von Ansässigen und Nicht-Ansässigen ohne Berücksichtigung der Verhältnisse im Heimatstaat des Nicht-Ansässigen bejaht wurde, während für die dritte Regelung, die die persönliche Leistungsfähigkeit betraf, die Vergleichbarkeit verneint wurde. Insgesamt ist in dieser Entscheidung auch wieder ein enger Bezug zwischen den angegriffenen Regelungen und den vom EuGH berücksichtigten Vergleichskriterien erkennbar.

d) Betriebsstätten im Vergleich zu inländischen Unternehmen

Die vierte Fallgruppe innerhalb der EuGH-Rechtsprechung betrifft den Vergleich von Betriebstätten nicht-ansässiger Unternehmen mit ansässigen Unternehmen.

Keine Aussage zur Vergleichbarkeit trifft der Fall *Futura*,[430] da der EuGH hier eine Beschränkungsprüfung vornahm. Ebenfalls keine Erwähnung findet der Prüfungspunkt der vergleichbaren Lage im Fall *Baxter*[431], wo im Rahmen

---

[428] Van Thiel/Achilles, IStR 2003, 553, 555; Van Thiel, Free Movement of Persons and Income Tax Law, S. 421.

[429] Die gleiche Unterscheidung entnimmt Van Thiel (Free Movement of Persons and Income Tax Law, S. 423 f. mwN zu Ansichten der Literatur) der EuGH-Rechtsprechung.

[430] EuGH vom 15.5.1997, Rs. C-250/95 *Futura und Singer*.

[431] EuGH vom 8.7.1999, Rs. C-254/97 *Baxter*.

einer Sonderabgabe auf den Umsatz aus Arzneispezialitäten lediglich Ausgaben zum Abzug zugelassen waren, die für Forschungstätigkeiten im Inland anfielen. Hierdurch konnten ausländische Unternehmen, die lediglich über eine Betriebsstätte im Inland auftraten, ihre Forschungsausgaben nicht abziehen. Hier bejahte der EuGH allerdings einen Verstoß gegen die Niederlassungsfreiheit und ging somit stillschweigend von einer vergleichbaren Lage von Betriebsstätte und ansässigen Unternehmen aus.

aa) Fälle mit ausdrücklicher Behandlung der Vergleichbarkeit

Eine grundlegende Entscheidung für die Behandlung von Betriebsstätten im Vergleich zu ansässigen Unternehmen ist im sog. *avoir fiscal* – Fall[432] zu sehen. Dieser betraf eine Steuergutschrift für die Empfänger von Dividenden ansässiger Gesellschaften, die der Hälfte des tatsächlichen Betrags der Dividende entsprach und gewährt wurde, um eine Doppelbelastung der ausgeschütteten Unternehmensgewinne mit der Körperschaft-steuer der Gesellschaft und der Einkommen- bzw. Körperschaftsteuer der Anteilseigner zu vermeiden. Voraussetzung für die Gewährung der Steuergutschrift war jedoch, dass Empfänger der Dividenden ebenfalls im Inland ansässig waren. Hielten jedoch ausländische Unternehmen die Aktien inländischer Unternehmen im Vermögen von inländischen Betriebsstätten und erhielten sie Dividenden, war für die Betriebsstätten keine Steuergutschrift erhältlich. Die betroffene Regierung berief sich darauf, dass sich Betriebsstätten und ansässige Unternehmen in einer objektiv unterschiedlichen Situation befänden, die auf der im Internationalen Steuerrecht üblichen Unterscheidung zwischen Ansässigen und Nicht-Ansässigen beruhe. Dieses Vorbringen wies der EuGH jedoch zurück: Zwar sei es nicht auszuschließen, dass eine Unterscheidung nach dem Sitz bzw. Wohnsitz einer Gesellschaft bzw. natürlichen Person unter Umständen gerechtfertigt werden könne. Der inländische Gesetzgeber habe jedoch dadurch, dass er Betriebstätten und inländische Unternehmen im Rahmen der Besteuerung ihrer Gewinne gleich behandelt habe, anerkannt, dass zwischen beiden Niederlassungsformen bezüglich der „Modalitäten und Voraussetzungen dieser Besteuerung kein Unterschied in der objektiven Situation besteht, der eine unterschiedliche Behandlung rechtfertigen könnte".[433] Insbesondere träfen die nationalen Steuerbestimmungen für die Festlegung der Besteuerungsgrundlage der Körperschaftsteuer keine Unterscheidung zwischen beiden Niederlassungsformen.

Ähnlich argumentierte der EuGH im Fall *Royal Bank of Scotland*[434], in dem eine Regelung zur Prüfung vorgelegt wurde, die einen höheren Steuersatz für nicht-ansässige Gesellschaften mit lediglich einer Niederlassung im Inland als

---

[432] EuGH vom 28.1.1986, Rs. 270/83 *Kommission/Frankreich* (im Folgenden: *avoir fiscal*).
[433] EuGH vom 28.1.1986, Rs. 270/83 *avoir fiscal*, Rn. 20.
[434] EuGH vom 29.4.1999, Rs. C-311/97 *Royal Bank of Scotland*.

für ansässige Gesellschaften vorsah. Der EuGH begann zwar mit der Feststellung, dass sich Ansässige und Nicht-Ansässige grundsätzlich nicht in einer vergleichbaren Lage befänden, da es objektive Unterschiede zwischen ihnen bezüglich der Einkunftsquelle und der persönlichen Steuerkraft gäbe. Jedoch sah er es als im fraglichen Fall entscheidend an, dass das Verfahren zur Ermittlung der Besteuerungsgrundlagen nicht zwischen Ansässigen und Nicht-Ansässigen unterscheidet, da in beiden Fällen die Nettoeinnahmen bzw. der Reingewinn angesetzt wurden. Darüber hinaus stellte der EuGH fest, dass die Tatsache, dass inländische Unternehmen mit ihrem Welteinkommen besteuert würden, während nicht-ansässige Gesellschaften nur ihre inländischen Einkünfte versteuern müssten, einer Vergleichbarkeit der beiden Niederlassungsformen nicht entgegensteht.

Weniger aussagekräftig ist die Begründung im Fall *Commerzbank*[435]. Hier wurden für Zinseinkünfte gezahlte Steuern, die aufgrund eines DBA im Inland steuerfrei waren, zurückgezahlt. Der Klägerin – einer nicht-ansässigen Gesellschaft mit Zweigniederlassung im Inland – wurde jedoch hierbei ein Zuschlag versagt, der einer Verzinsung der Rückzahlungsforderung mit 8,25% p.a. entspricht, mit der Begründung, dass sie nicht ansässig sei. Der EuGH wies lediglich das von der betroffenen Regierung vorgebrachte Argument zurück, dass nur die nicht-ansässige Gesellschaft den Vorteil der Steuerfreiheit habe und damit nicht in der gleichen Lage sei wie eine ansässige Gesellschaft, und bejahte eine diskriminierende Ungleichbehandlung.

Ebenfalls eine Steuervergünstigung aus einem DBA betraf das Verfahren *Saint-Gobain.*[436] Bei der Besteuerung von Einkünften aus Beteiligungen an ausländischen Kapitalgesellschaften sah das DBA mit einem Drittstaat vor, dass Dividenden, die eine Muttergesellschaft von einer Tochtergesellschaft aus dem Drittstaat bezog, steuerfrei blieben (sog. internationales Schachtelprivileg). Zudem wurden Steuern, denen die Tochtergesellschaft hinsichtlich der Ausschüttung an die Muttergesellschaft unterlag, auf die Körperschaftsteuer der Muttergesellschaft angerechnet (sog. indirekte Anrechnung). Beide Regelungen wurden jedoch nur auf im Inland ansässige Tochtergesellschaften angewandt, nicht jedoch auf inländische Betriebsstätten nicht-ansässiger Unternehmen, die eine solche Beteiligung im Betriebsvermögen hielten. Hier bejahte der EuGH eine Vergleichbarkeit der Lage der Betriebsstätte und des inländischen Unternehmens mit der Begründung, dass sowohl der Bezug von Dividenden als auch die Beteiligungen an einer Tochtergesellschaft unabhängig davon steuerbar seien, ob sie von einer ansässigen Gesellschaft oder einer Betriebsstätte einer nicht-ansässigen Gesellschaft bezogen bzw. gehalten würden. Demnach trete die unterschiedliche Behandlung erst auf der Ebene der fraglichen Steuerver-

---

[435] EuGH vom 13.7.1993, Rs. C-330/91 *Commerzbank*.
[436] EuGH vom 21.9.1999, Rs. C-307/97 *Saint-Gobain*.

günstigung auf, was der Vergleichbarkeit nach Ansicht des EuGH nicht entgegensteht. Auch sonstige Unterschiede zwischen beschränkt und unbeschränkt Steuerpflichtigen, wie die (fehlende) Besteuerung des Welteinkommens, sind in diesem Fall laut EuGH unerheblich, da das Welteinkommen die fraglichen Einkünfte aufgrund der Vergünstigung nicht erfasst.

Diese Argumentation wandte der EuGH auch im Fall *CLT-UFA*[437] an. Hier wurde ein Steuersatz auf die Gewinne einer inländischen Betriebsstätte eines nicht-ansässigen Unternehmens angewandt, der höher war als der auf ansässige Tochtergesellschaften angewandte Steuersatz, wenn diese ihre Gewinne vollständig an ihre Muttergesellschaft ausschütteten. Wieder verwies der EuGH darauf, dass das nationale Steuerrecht in Bezug auf die Modalitäten der Bestimmung der Besteuerungsgrundlage von nicht-ansässigen Gesellschaften nicht danach entscheide, ob sie ihre Tätigkeit durch eine Betriebsstätte oder durch eine Tochtergesellschaft ausüben. Auch lehnte der EuGH das Argument ab, dass ein objektiver Unterschied der beiden Niederlassungsformen darin bestehe, dass die Gewinne, die eine Tochtergesellschaft ausschüttet, dieses Unternehmen verlassen, während Gewinne von der Betriebsstätte auf die Gesellschaft transferiert würden und im Vermögen derselben Gesellschaft verblieben. In beiden Fällen würden die Gewinne derjenigen Gesellschaft zur Verfügung gestellt, die die Tochtergesellschaft bzw. Betriebsstätte kontrolliert.

bb) Schlussfolgerungen

Im Fall von Betriebsstätten ausländischer Unternehmen überprüft der EuGH zusätzlich zur Frage einer ähnlichen wirtschaftlichen Tätigkeit, ob das steuerbare Einkommen der Betriebsstätte nach denselben Regeln ermittelt wird wie das Einkommen inländischer Unternehmen. Hervorzuheben ist hierbei die Entscheidung des EuGH im Fall *avoir fiscal*, in der der EuGH feststellte, dass der französische Staat dadurch, dass er die Betriebsstätte bei der Ermittlung der Bemessungsgrundlage des steuerpflichtigen Einkommens und damit bei der Besteuerung der Gewinne nach originär nationalem Recht mit einem inländischen Unternehmen gleich behandelt, anerkannt hat, dass zwischen beiden Niederlassungsformen kein relevanter Unterschied besteht.[438]

Aus den Fällen *Saint-Gobain* und *Royal Bank of Scotland* ist wieder erkennbar, dass für die Frage der Wesentlichkeit der Vergleichskriterien ein enger Bezug zur potentiell diskriminierenden Regelung hergestellt wird, da in diesen Fällen die Unterschiede zwischen der Besteuerung des Welteinkommens einerseits und der Besteuerung lediglich inländischer Einkünfte andererseits unerheblich waren.

---

[437] EuGH vom 23.2.2006, Rs. C-253/03 *CLT-UFA S.A.*
[438] EuGH vom 28.1.1986, Rs. 270/83 *avoir fiscal*, Rn. 20.

Zudem waren solche Unterschiede unerheblich, die erst auf der Ebene der Steuervergünstigung (z.B. in einem DBA) auftreten, wenn die Generalnormen des nationalen Steuerrechts keine Unterscheidung treffen.

e) Sonderfälle

Halliburton[439] betraf eine Regelung, die eine Befreiung von der Grunderwerbsteuer für Umstrukturierungen im Konzern nur vorsah, wenn die veräußernde Gesellschaft nach nationalem Recht errichtet wurde. Die Ungleichbehandlung knüpfte demnach ausnahmsweise nicht an die Ansässigkeit der Gesellschaft, sondern an das Recht an, nach dem sie errichtet wurde. Dies entspricht einer Ungleichbehandlung aufgrund der Staatsangehörigkeit bei natürlichen Personen. In diesem Fall wurde eine Verletzung der Niederlassungsfreiheit bejaht, ohne die Vergleichbarkeit der Lage zu prüfen, weshalb davon ausgegangen werden kann, dass diese stillschweigend bejaht wurde. Demzufolge genügte für eine vergleichbare Lage die Veräußerung eines Grundstücks innerhalb eines Konzerns an eine im Inland ansässige Gesellschaft.

Der Fall *Stauffer*[440] stellt insofern einen Sonderfall dar, als er die steuerliche Behandlung einer nicht-ansässigen Gesellschaft in einem anderen Mitgliedstaat prüft, die dort weder eine Tochtergesellschaft noch eine Betriebsstätte besitzt, sondern lediglich aufgrund von Immobilien Einkünfte aus Vermietung bezieht. Das fragliche innerstaatliche Steuerrecht sah vor, dass im Inland ansässige und als gemeinnützig anerkannte Stiftungen von der Körperschaftsteuer befreit sind. Diese Befreiung wurde nicht-ansässigen und damit lediglich beschränkt steuerpflichtigen Stiftungen des privaten Rechts verweigert. Obwohl der EuGH eine Beschränkung der Kapitalverkehrsfreiheit prüfte, machte er im Rahmen der Rechtfertigung wegen Art. 65 Abs. 1 lit. a und Abs. 3 AEUV (ex-Art. 58 Abs. 1 lit. a und Abs. 3 EG) Ausführungen zur Vergleichbarkeit der Lage von ansässigen und nicht-ansässigen Stiftungen. Zunächst lehnte der EuGH das durch die betroffene Regierung vorgebrachte Argument ab, ein objektiver Unterschied bestünde darin, dass die ansässige Stiftung in das soziale Leben im Inland integriert sei und Aufgaben von Behörden übernehme, während die nicht-ansässige Stiftung dies für ihren Ansässigkeitsstaat übernehme. Nach dem EuGH war es nach dem inländischen Verfahren für die Anerkennung der Gemeinnützigkeit unerheblich, ob eine enge Verbindung zwischen der Tätigkeit und der Stiftung besteht. Auch das Argument, dass die Vergleichbarkeit daran scheitere, dass die Mitgliedstaaten jeweils verschiedene Voraussetzungen für die Gemeinnützigkeit verlangten, wurde abgelehnt. Nach dem EuGH muss eine nicht-ansässige Stiftung mit einer ansässigen gleich behandelt

---

[439] EuGH vom 12.4.1994, Rs. C-1/93 *Halliburton.*
[440] EuGH vom 14.9.2006, Rs. C-386/04 *Stauffer.*

werden, wenn sie ebenfalls die Voraussetzungen des Mitgliedstaats für die Anerkennung der Gemeinnützigkeit erfüllt. Hier wurde einmal mehr verdeutlicht, dass Unterschiede eng mit dem Regelungsinhalt der potentiell diskriminierenden Norm zusammenhängen müssen, um maßgeblich zu sein.

f) Zusammenfassung und Schlussfolgerungen aus der Rechtsprechung des EuGH

Die Auswertung der EuGH-Rechtsprechung auf dem Gebiet der direkten Steuern ergibt – neben den grundsätzlichen Feststellungen, dass der EuGH stets einen sehr engen Vergleichsbereich wählt und lediglich steuerlich relevante Faktoren in den Vergleich einbezieht – folgende Anhaltspunkte und Wertungen für die Wahl der maßgeblichen Vergleichskriterien:

Grundvoraussetzung ist, dass die beiden Vergleichspartner die wirtschaftlich gleiche Tätigkeit ausüben. Dies gilt nicht nur für den Vergleich zweier Ansässiger[441] – wo teilweise bereits das Vorliegen der gleichen Situation, z.B. einer Verlustsituation ausreicht[442] – sondern auch für den Vergleich von Ansässigen und Nicht-Ansässigen, wenn die potentiell diskriminierende Regelung objektive Besteuerungsfaktoren, wie z.B. den Steuersatz oder die Abziehbarkeit von Ausgaben von den steuerbaren Einkünften betrifft.

Hierbei ist grundsätzlich nur auf die Lage bzw. steuerliche Behandlung in dem Staat abzustellen, der auch die potentiell diskriminierende Regelung erlassen hat.[443] Zudem kommt es allein auf die Person oder Gesellschaft an, die von der fraglichen Regelung betroffen wird.[444]

Die steuerliche Behandlung bzw. Rechtslage in einem anderen Staat als demjenigen, der die zu überprüfende Regelung erlassen hat, ist lediglich in zwei Gruppen von Fällen relevant: Zum einen sind bei Regelungen für natürliche Personen, die die persönliche Leistungsfähigkeit von Steuerpflichtigen betreffen, wie z.B. die Gewährung von Freibeträgen oder dem Ehegattensplitting, die persönliche Lage und die Familiensituation der jeweiligen Steuerpflichtigen zu berücksichtigen.[445] Bei Nicht-Ansässigen liegen diese persönlichen Faktoren außerhalb des Tätigkeitsstaats, weshalb in diesen Fällen sowohl die steuerliche Behandlung im Quellen- als auch im Wohnsitzstaat relevant ist. Bei einem Vergleich unter Einbeziehung von Quellen- und Wohnsitzstaat befinden sich

---

[441] Siehe oben S. 104 ff.
[442] Vgl. EuGH vom 14.12.2000, Rs. C-141/99 *AMID* und oben S. 112.
[443] Vgl. EuGH vom 18.11.1999, Rs. C-200/98 *X AB – Y AB*; EuGH vom 23.2.2006, Rs. C-471/04 *Keller Holding*; EuGH vom 14.12.2000, Rs. C-141/99 *AMID*.
[444] Vgl. EuGH vom 18.11.1999, Rs. C-200/98 *X AB – Y AB*; EuGH vom 8.3.2001, verb. Rs. C-397/98 und C-410/98 *Metallgesellschaft*; EuGH vom 14.12.2000, Rs. C-141/99 *AMID*.
[445] Vgl. auch Van Thiel, Free Movement of Persons and Income Tax Law, S. 424 f. und 435.

Ansässige und Nicht-Ansässige in Bezug auf diese persönlichen Faktoren folglich grundsätzlich nicht in einer vergleichbaren Lage, außer der Nicht-Ansässige bezieht mindestens 90% seiner Einkünfte aus dem Quellenstaat.

Zum anderen sind Faktoren außerhalb des die Regelung erlassenden Staates zu berücksichtigen, wenn es ansonsten durch die Ausübung der Grundfreiheiten bei einer grenzüberschreitenden Tätigkeit mit Bezug zum Binnenmarkt zu ungerechtfertigten Vor- oder auch Nachteilen käme. Eine Hauptfallgruppe stellen hierbei Verlustsituationen dar, bei denen einerseits eine vollständige Nichtberücksichtigung der Verluste bei steuerbarem Einkommen vermieden werden soll,[446] andererseits aber auch eine doppelte Verlustberücksichtigung, die nicht mit dem Binnenmarktgedanken und dem Gleichbehandlungsgrundsatz vereinbar ist. Weitere Fallgruppen von ungerechtfertigten Vorteilen bei grenzüberschreitenden Tätigkeiten stellen Entlastungen von Ausschüttungen von einer doppelten Belastung mit Körperschaft- und Einkommensteuer in Fällen dar, in denen Maßnahmen eines der beteiligten Staaten bereits eine solche doppelte Belastung verhindern, sowie die doppelte Nichtbesteuerung aufgrund der Ausnutzung von DBA-Regelungen. Hieraus folgt, dass beide Vergleichspartner auch tatsächlich der Doppelbelastung oder –besteuerung unterliegen müssen[447], um sich auf einen Vorteil aus einem DBA berufen zu können.

Selbst wenn jedoch die Verhältnisse in einem anderen Staat als dem regelnden Staat grundsätzlich eine Rolle spielen, wird nicht die gesamte fremde (Steuer-)Rechtsordnung als Unterscheidungskriterium in den Vergleich einbezogen, sondern nur solche Elemente, die im Einzelfall unmittelbar mit der zu überprüfenden Regelung zusammenhängen. Eine solche Konnexität zwischen zu beachtenden Differenzierungskriterien und der überprüften Regelung bestand beispielsweise in den Fällen *Lenz* und *Manninen*[448] darin, dass die überprüfte Regelung der Vermeidung der wirtschaftlichen Doppelbelastung diente und als zu beachtendes Differenzierungskriterium das tatsächliche Vorliegen einer solchen Doppelbelastung herangezogen wurde.

Zudem kann sich ein Staat in solchen Fällen nicht auf eine fehlende Vergleichbarkeit berufen, in denen er die Vergleichspartner für die Ermittlung der

---

[446] EuGH vom 14.12.2000, Rs. C-141/99 *AMID;* EuGH vom 16.7.1998, Rs. C-264/96 *ICI.*

[447] Cordewener in: Cordewener/Enchelmaier/Schindler, Die Meistbegünstigung im Steuerrecht der EU-Staaten, S. 148. Anderenfalls wäre es möglich, dass sich ein Steuerpflichtiger dem Quellenstaat gegenüber auf eine DBA-Regelung beruft, nach der dieser auf die Besteuerung bestimmter Einkünfte verzichtet und sich dem Wohnsitzstaat gegenüber auf eine andere DBA-Regelung beruft, nach der dieser ebenfalls von einer Besteuerung absieht bzw. das Besteuerungsrecht dem Quellenstaat zuerkennt (sog. „weiße Einkünfte"). Auf diese Gefahr wurde hingewiesen durch Vogel, ECTR 1995, 264. Ebenso Englisch in: Cordewener/Enchelmaier/Schindler, Meistbegünstigung im Steuerrecht der EU-Staaten, S. 163 f.

[448] Vgl. EuGH vom 15.7.2004, Rs. C-315/02 *Lenz;* EuGH vom 7.9.2004, Rs. C-319/02 *Manninen.*

Steuerbemessungsgrundlage gleich behandelt.[449] Diese Bindung an eine Gleichbehandlung auf einer vorhergehenden Stufe gilt auch für Regelungen in
DBA.[450] Zwar achtet der EuGH die Besteuerungshoheit der Mitgliedstaaten,
indem er von den Mitgliedstaaten keine grundlegende Änderung ihrer Steuersysteme verlangt; jedoch fordert er, dass diese nationalen Steuersysteme konsequent, folgerichtig und widerspruchsfrei auf die Vergleichspartner angewandt werden.[451] Hierbei sind Unterschiede, die erst auf der Ebene der zu
prüfenden Regelung auftreten, unbeachtlich.[452]

III. Zwischenergebnis: Übertragung der Wertungen auf das Vergleichspaar zweier Nicht-Ansässiger

Zwei Nicht-Ansässige mit Einkünften aus dem Quellenstaat sind den genannten Wertungen des EuGH zufolge grundsätzlich vergleichbar, wenn sie zur
Erzielung dieser Einkünfte wirtschaftlich dieselbe Tätigkeit ausüben, d.h. wenn
sie gegenseitig im Wettbewerb stehen oder austauschbar sind. Somit bleibt es
auch gemäß der Rechtsprechung des EuGH beim bereits oben genannten Differenzierungskriterium der Art der wirtschaftlichen Tätigkeit im Drittstaat.
Innerhalb der Art der wirtschaftlichen Tätigkeit können lediglich solche Faktoren zur Differenzierung herangezogen werden, die in engem Zusammenhang
mit der potentiell diskriminierenden Regelung stehen, weshalb in der vorliegenden Untersuchung ausschließlich für die jeweilige Steuernorm relevante
Unterschiede maßgeblich sind.

Im Gegensatz zum Vergleichspaar eines Ansässigen und eines Nicht-Ansässigen sind zwei Ansässige im Quellenstaat gleichermaßen beschränkt steuerpflichtig, so dass nicht von einer grundsätzlichen Unvergleichbarkeit ausgegangen werden muss. Zudem behandelt der Quellenstaat, auf dessen Maßnahmen
es in diesem Fall ankommt, zwei Nicht-Ansässige nach den Generalnormen des
innerstaatlichen Steuerrechts auch grundsätzlich gleich, denn die Ungleichbehandlung, die erst auf der Ebene der fraglichen DBA-Normen besteht, kann
das Vorliegen einer vergleichbaren Lage nicht hindern. Aus diesen Gründen
kann sich der Quellenstaat nicht auf die eine Vergleichbarkeit ausschließenden
Unterschiede zwischen zwei Nicht-Ansässigen berufen. Dies gilt nicht nur für
Normen, die objektive Besteuerungsfaktoren betreffen, sondern auch diejeni-

---

[449] Vgl. EuGH vom 28.1.1986, Rs. 270/83 *avoir fiscal*; EuGH vom 21.9.1999, Rs. C-307/97 *Saint-Gobain*.

[450] Vgl. EuGH vom 28.1.1986, Rs. 270/83 *avoir fiscal*; EuGH vom 21.9.1999, Rs. C-307/97 *Saint-Gobain*; EuGH vom 15.5.1997, Rs. C-250/95 *Futura Participations und Singer*; EuGH vom 29.4.1999, Rs. C-311/97 *Royal Bank of Scotland*; EuGH vom 8.3.2001, verb. Rs. C-397/07 und C-410/98 *Metallgesellschaft*.

[451] Cordewener, Grundfreiheiten und nationales Steuerrecht, S. 827 f.

[452] EuGH vom 21.9.1999, Rs. C-307/97 *Saint-Gobain*.

gen, die subjektive Besteuerungsfaktoren betreffen, da die erstmals im Fall *Schumacker* angenommene fehlende Vergleichbarkeit im Hinblick auf personenbezogene Besteuerungsfaktoren auf den Besteuerungsunterschieden zwischen beschränkt und unbeschränkt Steuerpflichtigen basiert.[453] Im Fall des Vergleichs zweier Nicht-Ansässiger ist hingegen eine vergleichbare Lage aus der Sicht des Quellenstaats auch bei persönlichen Besteuerungsmerkmalen gegeben, da dieser nach dem Grundgedanken der *Schumacker*-Rechtsprechung bei beiden Nicht-Ansässigen nicht zur Berücksichtigung der persönlichen Verhältnisse verpflichtet ist, solange sie nicht 90% ihres Einkommens aus dem Quellenstaat beziehen.

Eine Vergleichbarkeit zweier Nicht-Ansässiger aus verschiedenen Mitgliedstaaten ist nur ausnahmsweise in bestimmten Fallgruppen zu verneinen, in denen es aufgrund von Regelungen des Ansässigkeitsstaates zu einer doppelten Verlustberücksichtigung bzw. einer vollkommenen Nichtbesteuerung der Einkünfte käme – sei es durch die mehrfache Inanspruchnahme von Vorteilen in verschiedenen DBA oder durch die Entlastung von Ausschüttungen im Ansässigkeits- und Quellenstaat zur Vermeidung von Doppelbelastungen bei Ausschüttendem und Anteilseigner.

---

[453] Ebenso Schnitger, Die Grenzen der Einwirkung der Grundfreiheiten des EG-Vertrages auf das Ertragssteuerrecht, S. 298.

Kapitel. 5: Nachteilige Ungleichbehandlung durch Versagung eines Abkommensvorteils

Befinden sich die beiden Nicht-Ansässigen in einer vergleichbaren Lage, muss für das Vorliegen einer Diskriminierung zudem eine nachteilige Ungleichbehandlung gegeben sein.[454]

Eine Ungleichbehandlung liegt vor, wenn eine Regelung einem Nicht-Ansässigen eine andere steuerliche Behandlung zukommen lässt, als diejenige, der ein anderer Nicht-Ansässiger aus einem anderen Mitgliedstaat unterliegt.

Schwieriger ist die Feststellung, ob die fragliche Ungleichbehandlung nachteilig ist. Eine Benachteiligung ist jede Schlechterstellung oder Beeinträchtigung der Position des Betroffenen, unabhängig davon, ob diese Beeinträchtigung sofort eintritt oder erst in Zukunft spürbar wird, solange der Eintritt nach allgemeiner Lebenserfahrung zu erwarten ist.[455]

Im Steuerrecht ist nach allgemeiner Ansicht eine nachteilige Ungleichbehandlung gegeben, wenn der betroffene Steuerpflichtige durch die Besteuerung einer höheren wirtschaftlichen Belastung unterliegt als sein Vergleichspartner.[456]

Von entscheidender Bedeutung ist auch auf dieser Stufe, welche Faktoren zur Beurteilung der Benachteiligung im Hinblick auf die wirtschaftliche bzw. steuerliche Belastung herangezogen werden.

Zunächst ist fraglich, ob es „neutrale" Regelungen gibt, die keinesfalls eine für die Grundfreiheiten relevante nachteilige Ungleichbehandlung hervorrufen können (s.u. A.).

Zudem besteht zum einen die Möglichkeit, ausschließlich die Behandlung durch den Quellenstaat oder die Besteuerung sowohl im Quellenstaat als auch im Ansässigkeitsstaat in die vergleichende Betrachtung einzubeziehen. (s.u. B.).

Zum anderen könnten lediglich einzelne Besteuerungsmerkmale isoliert betrachtet werden oder aber eine Gesamtsaldierung der steuerlichen Belastung vorgenommen werden (s.u. C.).

Schließlich ist fraglich, ob ein für die Diskriminierungsverbote des AEUV relevanter Nachteil nur in einem höheren Betrag der im Einzelfall erhobenen

---

[454] Von Bogandy in: Grabitz/Hilf, Das Recht der Europäischen Union, Art. 12 EG, Rn. 7; EuGH vom 13.7.1962, verb. Rs. 17 und 20/61 *Klöckner*, Leitsatz 6; EuGH vom 29.10.1980, Rs. 22/80 *Boussac*, Rn. 10.

[455] Kewenig, Der Grundsatz der Nichtdiskriminierung im Völkerrecht, S. 153; Mohn, Der Gleichheitssatz im Gemeinschaftsrecht, S. 103 f.

[456] Reimer in: Lehner, Grundfreiheiten im Steuerrecht der EU-Staaten, S. 50.

Steuern, oder auch in sonstigen Nachteilen, wie z.b. erschwerte Bedingungen für den Erhalt eines Vorteils in Form von Verfahrensregelungen oder einem früheren Besteuerungszeitpunkt von Bedeutung sein kann (s.u. D.).

Der Rechtsprechung des EuGH ist für diese Fragen nur in wenigen Fällen eine explizite Aussage zu entnehmen, da meist die Nachteiligkeit der Ungleichbehandlung entweder nicht erwähnt wird oder ohne nähere Prüfung bejaht wurde.[457] Im Folgenden sollen Antworten auf diese Fragen – soweit möglich – aus den Urteilen des EuGH sowie den Literaturmeinungen abgeleitet werden.

A. Frage des Bestehens neutraler Regelungen

Nach der Rechtsprechung des EuGH steht es den Mitgliedstaaten frei, im Rahmen bilateraler DBA die Anknüpfungsmerkmale für die Aufteilung der Steuerhoheit festzulegen, um das Besteuerungsrecht für die jeweiligen Einkünfte untereinander aufzuteilen. Diese Aufteilung der Besteuerungsbefugnis, bei der die abkommensbeteiligten Staaten wechselseitig eine Eingrenzung ihrer Steuerhoheit hinnehmen und somit zur Vermeidung der Doppelbesteuerung teilweise auf deren Ausübung verzichten, stellt den hauptsächlichen Zweck von DBA dar. Vorgenommen wird die Aufteilung durch die Umschreibung von Einkünften oder Vermögensgegenständen (z.B. unbewegliches Vermögen) sowie die Festlegung von Anknüpfungskriterien (z.B. Belegenheit des Vermögens), anhand derer das vorrangige Besteuerungsrecht einem Staat (bei unbeweglichem Vermögen dem Belegenheitsstaat) zugewiesen wird.[458]

---

[457] Vgl. EuGH vom 27.9.1988, Rs. 81/87 *Daily Mail*; EuGH vom 8.5.1990, Rs. 175/88 *Biehl*; EuGH vom 28.1.1992, Rs. 204/90 *Bachmann*; EuGH vom 28.1.1990, Rs. 300/90 *Kommission/Belgien*; EuGH vom 26.1.1993, Rs. C-112/91 *Werner*; EuGH vom 11.8.1995, Rs. C-80/94 *Wielockx*; EuGH vom 27.6.1996, Rs. C-107/94 *Asscher*; EuGH vom 15.5.1997, Rs. C-250/95 *Futura Participations und Singer*; EuGH vom 16.7.1998, Rs. C-264/96 *ICI*; EuGH vom 29.4.1999, Rs. C-311/97 *Royal Bank of Scotland*; EuGH vom 8.7.1999, Rs. C-254/99 *Baxter*; EuGH vom 14.9.1999, Rs. C-391/97 *Gschwind*; EuGH vom 14.10.1999, Rs. C-439/97 *Sandoz*; EuGH vom 28.10.1999, Rs. C-55/98 *Vestergaard*; EuGH vom 18.11.1999, Rs. C-200/98 *X AB – Y AB*; EuGH vom 13.4.2000, Rs. C-251/98 *Baars*; EuGH vom 16.5.2000, Rs. C-87/99 *Zurstrassen*; EuGH vom 6.6.2000, Rs. C-35/98 *Verkooijen*; EuGH vom 14.12.2000, Rs. C-141/99 *AMID*; EuGH vom 12.12.2002, Rs. C-324/00 *Lankhorst-Hohorst*; EuGH vom 12.6.2003, Rs. C-234/01 *Gerritse*; EuGH vom 1.7.2004, Rs. C-169/03 *Wallentin*; EuGH vom 15.7.2004, Rs. C-315/02 *Lenz*; EuGH vom 15.7.2004, Rs. C-242/03 *Weidert-Paulus*; EuGH vom 7.9.2004, Rs. C-319/02 *Manninen*; EuGH vom 5.7.2005, Rs. C-376/03 *D.*; EuGH vom 8.9.2005, Rs. C-512/03 *Blanckaert*; EuGH vom 23.2.2006, Rs. C-471/04 *Keller Holding*; EuGH vom 23.2.2006, Rs. C-513/03 *Van Hilten-Van der Heijden*; EuGH vom 14.9.2006, Rs. C-386/04 *Stauffer*; EuGH vom 15.2.2007, Rs. 345/04 *Centro Equestro da Leziria Grande*.

[458] Vgl. hierzu Vogel in: Vogel/Lehner, DBA, Vor Art. 6–22, Rn. 1 f.

Die Bestimmung der Anknüpfungsmerkmale ist nach der Entscheidung des EuGH im Fall *Gilly* als neutral anzusehen, d.h. sie führt zu keiner verbotenen Ungleichbehandlung und somit zu keiner Diskriminierung.[459] Begründet wird dies damit, dass es auf der Stufe der Anwendung der Besteuerungskriterien nur darum geht, „jeweils zu entscheiden, welcher der beiden Staaten die Einkünfte besteuern soll"[460]. Je nachdem, welchem Staat so das Besteuerungsrecht zugeteilt wird, ändert sich die Höhe der jeweiligen Steuerschuld. Diese Unterschiede sind jedoch nicht Folge einer diskriminierenden Ungleichbehandlung, sondern Ausfluss der Unterschiede zwischen den Steuerrechtsordnungen der Mitgliedstaaten, die mangels vollständiger Harmonisierung des Steuerrechts weiterhin bestehen. Vor diesen nachteiligen Auswirkungen fehlender Harmonisierung schützen die Diskriminierungsverbote jedoch nicht.[461]

Wendet man diese Grundsätze auf das in Kapitel 1 angeführte Beispiel 1 an, gelangt man zu dem Ergebnis, dass die unterschiedliche Behandlung der beiden Steuerpflichtigen keine für die Diskriminierungsverbote der Grundfreiheiten relevante Ungleichbehandlung darstellt. Im genannten Beispiel ist der im Mitgliedstaat 1 ansässige Steuerpflichtige 1 im Drittstaat als angestellter Lehrer tätig. Das DBA zwischen dem Drittstaat und dem Mitgliedstaat 1 weist das Besteuerungsrecht dem Wohnsitzstaat (also dem Mitgliedstaat 1) zu, der das Einkommen mit 25% besteuert. Das DBA zwischen dem Drittstaat und einem Mitgliedstaat 2 weist das Besteuerungsrecht für die Lehrtätigkeit hingegen dem Tätigkeitsstaat (also dem Drittstaat) zu, der es mit einem Steuersatz von 30% besteuert. Ein im Mitgliedstaat 2 ansässiger Steuerpflichtiger 2 unterliegt somit aufgrund des Doppelbesteuerungsabkommens für dieselbe Tätigkeit als Lehrer einem um 5% höheren Steuersatz. Dass der Steuerpflichtige 2 einem solchen um 5% höheren Steuersatz unterliegt, beruht zum einen auf der unterschiedlichen Zuweisung des Besteuerungsrechts an den Tätigkeitsstaat (im Fall des Steuerpflichtigen 2) statt an den Wohnsitzstaat (wie im Fall des Steuerpflichtigen 1) und zum anderen auf den unterschiedlichen Steuersätzen im Mitgliedstaat 1 und im Drittstaat. Die Grundfreiheiten schützen jedoch nicht vor Unterschieden, die durch die Aufteilung der Besteuerungshoheit hervorgerufen werden und die demnach lediglich auf einer fehlenden Harmonisierung des Steuerrechts (hier: der Steuersätze) beruhen.

Zu beachten ist jedoch, dass diese Rechtsprechung des EuGH nur die Aussage enthält, dass die reine Aufteilung der Besteuerungshoheit keine Diskrimi-

---

[459] EuGH vom 12.5.1998, Rs. C-336/96 *Gilly*, Rn. 24 und 30.

[460] Schlussanträge des GA Colomer vom 20.11.1997, Rs. C-336/96 *Gilly*, Rn. 45, Slg. 1998 I, 2796, 2812.

[461] Cordewener, Grundfreiheiten und nationales Steuerrecht, S. 596 f., 601; Schlussanträge des GA Colomer vom 20.11.1997, Rs. C-336/96 *Gilly*, Rn. 46 f. , Slg. 1998 I, 2796, 2814; Birk in: Lehner, Steuerrecht im Europäischen Binnenmarkt, S. 77; Toifl, SWI 1999, 155, 157 f. Weniger deutlich EuGH vom 12.5.1998, Rs. C-336/96 *Gilly*, Rn. 34.

nierung beinhalten kann.[462] Hingegen dürfen die Mitgliedstaaten bei der Ausübung des aufgeteilten Besteuerungsrechts das Unionsrecht nicht unbeachtet lassen. Daraus folgt, dass die materiellen Regelungen der DBA-Normen zur Ausübung des zugewiesenen Besteuerungsrechts durchaus der Prüfung anhand der Grundfreiheiten unterliegen.[463]

Dies zeigt sich anhand des Beispiels 2,[464] in dem ein Angehöriger des Mitgliedstaats 1 (Steuerpflichtiger 1) eine Beteiligung an einem Unternehmen im Drittstaat hält und aus dieser Beteiligung Dividenden bezieht. Der Drittstaat ist bereit, auf die Dividenden, die die Angehörigen des Mitgliedstaats 1 erzielen, keine Quellensteuer zu erheben. Hingegen unterliegt ein im Mitgliedstaat 2 ansässiger Steuerpflichtiger 2 aufgrund des DBA zwischen dem Drittstaat und dem Mitgliedstaat 2 im Hinblick auf Dividenden aus Beteiligungen im Drittstaat einem Quellensteuersatz von 15%. Auch im Fall der Quellensteuerregelung wird das Besteuerungsrecht aufgeteilt. Anders als im Beispiel 1 beruht der Nachteil des Steuerpflichtigen 2 (Anwendung eines Quellensteuersatzes von 15% gegenüber 0% für den Steuerpflichtigen 1) nicht auf der fehlenden Harmonisierung des Steuerrechts, sondern auf einer unterschiedlichen Ausübung des Besteuerungsrechts für Dividendeneinkünfte durch den Drittstaat. Eine solche unterschiedliche Behandlung stellt eine für Grundfreiheiten relevante Ungleichbehandlung dar.[465]

B. Zu berücksichtigende Steuergesetzgebung

Im Rahmen der Beurteilung der Nachteiligkeit von Ungleichbehandlungen ist zunächst fraglich, ob lediglich die Besteuerung durch den Staat maßgeblich ist, der die angegriffene Regelung erlassen hat (hier: der Quellenstaat), oder ob auch die Besteuerung durch den jeweiligen Wohnsitzstaat berücksichtigt werden muss. Im soeben dargestellten Beispiel 2 wird für Dividenden, die der Steuerpflichtige 1 aus dem Quellenstaat bezieht, keine Quellensteuer einbehalten, während der Steuerpflichtige 2 einem Quellensteuersatz von 15% unterliegt. Wendet der Wohnsitzstaat des Steuerpflichtigen 2 (Mitgliedstaat 2) die Anrechnungsmethode an und kommt es zu einer vollständigen Anrechnung der vom Drittstaat einbehaltenen Quellensteuer auf die Steuerschuld im Mit-

---

[462] EuGH vom 21.9.1999, Rs. C-307/97 *Saint-Gobain*, Rn. 58; EuGH vom 12.12.2002, Rs. C-385/00 *de Groot*, Rn. 94; Lehner, IStR 1998, 341 f.; ders., BIFD 1998, 334 f.; Hughes, BIFD 1998, 329, 333.

[463] Ebenso Saß, DB 1998, 1482, 1483 f.; Cordewener, Grundfreiheiten und nationales Steuerrecht, S. 599.

[464] Siehe hierzu oben S. 2.

[465] Saß, DB 1998, 1482, 1483 f.; Vogel, ECTR 1998, 150. Ebenso Vogel/Gutmann/Dourado, ECTR 2006, 83, 86 f.

gliedstaat 2, würde die nachteilige Ungleichbehandlung (von einem Zinsnachteil abgesehen) wieder ausgeglichen.

I. EuGH-Rechtsprechung und Literatur

Die Fälle, die Aussagen zur Nachteiligkeit der Ungleichbehandlung enthalten, gehen unter diesem Prüfungspunkt allesamt allein von der Besteuerung durch den Staat aus, der die angegriffene Regelung erlassen hatte. Hierbei war es unerheblich, ob die Fälle das Vergleichspaar zweier Ansässiger oder eines Ansässigen und eines Nicht-Ansässigen betrafen.[466] Am deutlichsten ist dies dem EuGH-Urteil im Fall *Lenz* zu entnehmen. Hier stellte der EuGH fest, dass „die Höhe der Besteuerung der in einem anderen Mitgliedstaat ansässigen Gesellschaften nicht relevant [ist], wenn die Vereinbarkeit nationalen Rechts [...] mit den Artikeln 73 b und 73 d Absätze 1 und e EG-Vertrag beurteilt werden soll".[467] Die Besteuerung in einem anderen Staat wurde vielmehr – wenn sie überhaupt in die Argumentation einbezogen wurde – stets erst auf der Stufe der Rechtfertigung in Form einer Kompensation angeführt.[468] In der Literatur wird die Frage der Berücksichtigung der steuerlichen Behandlung im Ansässigkeitsstaat ebenfalls meist auf der Ebene der Rechtfertigungsgründe diskutiert.[469]

II. Bewertung

Die Prüfung der Nachteiligkeit einer Ungleichbehandlung ist richtigerweise ausschließlich aus dem Blickwinkel des Staates vorzunehmen, der die angegrif-

---

[466] Vgl. hierzu EuGH vom 28.1.1986, Rs. 270/83 *avoir fiscal;* EuGH vom 13.7.1993, Rs. C-330/91 *Commerzbank;* EuGH vom 14.2.1995, Rs. C-279/93 *Schumacker;* EuGH vom 28.4.1998, Rs. C-118/96 *Safir;* EuGH vom 21.9.1999, Rs. C-307/97 *Saint-Gobain;* EuGH vom 26.10.1999, Rs. C-294/97 *Eurowings;* EuGH vom 12.12.2002, Rs. C-385/00 *de Groot;* EuGH vom 21.11.2002, Rs. C-436/00 *X und Y AB;* EuGH vom 12.9.2002, Rs. C-431/01 *Mertens;* EuGH vom 8.3.2001, verb. Rs. C-397/98 und C-410/98 *Metallgesellschaft;* EuGH vom 13.12.2005, Rs. C-446/03 *Marks & Spencer;* EuGH vom 19.1.2006, Rs. C-265/04 *Bouanich;* EuGH vom 23.2.2006, Rs. C-253/03 *CLT-UFA;* EuGH vom 12.9.2006, Rs. C-196/04 *Cadbury-Schweppes.*

[467] EuGH vom 15.7.2004, Rs. C-315/02 *Lenz,* Rn. 41. Die Art. 73 b und 73 d ensprechen Art. 63 und 65 AEUV (ex-Art. 56 und 58 EG). Art. 73 e EG-Vertrages wurde durch den Vertrag von Amsterdam aufgehoben (vgl. EuGH vom 6.6.2000, Rs. C-35/98 *Verkooijen*).

[468] EuGH vom 26.10.1999, Rs. C-294/97 *Eurowings,* Rn. 44; EuGH vom 12.9.2006, Rs. C-196/04 *Cadbury-Schweppes,* Rn. 49; EuGH vom 27.6.1996, Rs. C-107/94 *Asscher,* Rn. 61; EuGH vom 15.7.2004, Rs. C-315/02 *Lenz,* Rn. 42 f.

[469] Schnitger, Die Grenzen der Einwirkung der Grundfreiheiten des EG-Vertrages auf das Ertragssteuerrecht, S. 340; Toifl, SWI 1996, 406; Reimer in: Lehner, Grundfreiheiten im Steuerrecht der EU-Staaten, S. 50. Kofler erkennt beide Prüfungsmöglichkeiten an, entscheidet sich jedoch für eine Prüfung auf der Tatbestandsebene (vgl. HBTLJ 2005, 1, 68).

fene Regelung erlassen hat. Diese Sichtweise wird gestützt durch eine Betrachtung der Rechtsfolgen einer Diskriminierung: Ergibt eine Prüfung anhand der Grundfreiheiten, dass eine unzulässige Diskriminierung vorliegt, muss der betroffene Staat diese nur insoweit korrigieren, als er sie begangen hat. Spiegelbildlich kann demnach auch bei der Prüfung der Diskriminierung lediglich die Steuerbelastung berücksichtigt werden, die dieser Staat dem jeweiligen Steuerpflichtigen auferlegt.[470] Zum einen sollen die Grundfreiheiten nicht die unterschiedlichen Steuerbelastungen ausgleichen, die in den verschiedenen Mitgliedstaaten bestehen, sondern lediglich „punktuelle Verwerfungen innerhalb der einzelnen nationalen Rechtsordnung [...] korrigieren"[471]. Zum anderen schützen die Diskriminierungsverbote der Grundfreiheiten nicht vor Ungleichbehandlungen, die erst durch das Zusammenwirken mehrerer Hoheitsträger entstehen, da hierdurch der Schutzbereich des Gleichheitssatzes überbelastet, sowie der Grundsatz der Gewaltenteilung und der Gewährleistung eines effektiven Rechtsschutzes beeinträchtigt würden.[472] Aus diesem Ansatz folgt, dass die Grundfreiheiten lediglich eine Art „Kästchengleichheit" gewähren, so dass eine gleichheitsrechtliche Prüfung auf der Basis der Diskriminierungsverbote immer nur auf einen Staat und dessen Regelungsmacht bezogen sein kann und steuerliche Regelungen anderer Mitgliedstaaten sowie deren Auswirkungen zumindest auf Tatbestandsebene unerheblich sind.[473]

C. Gesamtbetrachtung kontra Einzelbetrachtung

Ist demnach für die Frage, ob eine Ungleichbehandlung nachteilig ist, lediglich die Besteuerung durch den regelnden (Quellen-)Staat beachtlich, stellt sich die weitere Frage, in welchem Umfang diese Steuerbelastung, die den Vergleichspartnern durch den Quellenstaat auferlegt wird, in die Prüfung der Nachteiligkeit eingeht. Zum einen wäre eine saldierende Gesamtbetrachtung jeglicher steuerlicher Belastungen in diesem Staat denkbar, wonach ein niedrigerer Steuersatz für Nicht-Ansässige den Nachteil ausgleichen könnte, dass

---

[470] Reimer in: Lehner, Grundfreiheiten im Steuerrecht der EU-Staaten, S. 50. Ebenso Kofler, HBTLJ 2005, 1, 72; Birk in: Lehner, Steuerrecht im Europäischen Binnenmarkt, S. 65 f.
[471] Cordewener, Grundfreiheiten und nationales Steuerrecht, S. 829.
[472] Kokott in: Lehner, Grundfreiheiten im Steuerrecht der EU-Staaten, S. 6; Cordewener, Grundfreiheiten und nationales Steuerrecht, S. 829.
[473] Birk in: Lehner, Steuerrecht im Europäischen Binnenmarkt, S. 65 f.; Lehner in: FS für Offerhaus, S. 131; Reimer in: Lehner, Grundfreiheiten im Steuerrecht der EU-Staaten, S. 50; Cordewener, Grundfreiheiten und nationales Steuerrecht, S. 829. Vgl. zu diesem Argument auch Kofler, HBTLJ 2005, 1, 72.

ihnen der Betriebsausgabenabzug verwehrt wird.[474] Des Weiteren könnten ausschließlich solche Vor- und Nachteile saldierungsfähig sein, die in einem unmittelbaren rechtlichen und/oder wirtschaftlichen Zusammenhang stehen. Ein Beispiel hierfür wäre, dass einem Steuerpflichtigen die Abziehbarkeit von Ausgaben verwehrt wird, wenn die zugehörigen Einkünfte günstigeren (Pauschal-)Steuersätzen mit Abgeltungswirkung unterliegen. Schließlich wäre auch denkbar, lediglich einzelne Besteuerungsmerkmale isoliert zu betrachten und konkrete Nachteile innerhalb dieses engen Bereichs für das Vorliegen einer Diskriminierung ausreichen zu lassen.

I. Rechtsprechung des EuGH

Die Rechtsprechung des EuGH legt auch hier eine enge Sichtweise nahe. Im Fall *Safir*[475] wurden als Nachteile benannt: eine Registrierungspflicht, eine Nachweispflicht dahingehend, dass die fraglichen Versicherungsprämien im Ausland einer der inländischen Steuer entsprechenden Besteuerung unterlagen, sowie ein nachteiliger Schwelleneffekt, der dadurch entstand, dass eine ausländische Steuer nur dann (teilweise) als Abzugsposten geltend gemacht werden konnte, wenn sie mindestens ein Viertel der inländischen Steuer ausmachte. Im Verfahren *de Groot*[476] stellten die Nichtberücksichtigung der persönlichen Verhältnisse und die Nichtanwendung von steuerlichen Vergünstigungen ebenso eine relevante Benachteiligung dar wie im Fall *Schumacker*.[477] Im Fall *X und Y*[478] genügte bereits die Nichtgewährung eines Steueraufschubs und der daraus folgende Liquiditätsnachteil für die Annahme einer nachteiligen Ungleichbehandlung. In den Verfahren *Metallgesellschaft*[479] bzw. *Marks & Spencer*[480] wurde ebenfalls ein Liquiditätsnachteil aufgrund der Auferlegung einer KSt-Vorauszahlung bzw. aufgrund der Nichtgewährung eines Konzernabzugs als Nachteil gewertet.

Interessant sind die Ausführungen des EuGH im Fall *Mertens*.[481] Zum einen wurde die in Frage stehende Anrechnung inländischer Verluste auf ausländische Gewinne, obwohl diese nach dem einschlägigen DBA steuerfrei waren, und die daraus folgende Versagung eines Verlustvortrags im Inland als Be-

---

[474] Diese Thematik wurde im EuGH-Fall *Bouanich* angesprochen, jedoch zum einen außerhalb der Diskriminierungsprüfung im Rahmen der Beantwortung einer zusätzlich gestellten Vorlagefrage und zum anderen wurde das vorlegende Gericht zu einer genauen Sachverhaltsermittlung angehalten (vgl. EuGH vom 19.1.2006, Rs. C-265/04 *Bouanich*, Rn. 44 ff.).

[475] EuGH vom 28.4.1998, Rs. C-118/96 *Safir*.

[476] EuGH vom 12.12.2002, Rs. C-385/00 *de Groot*.

[477] EuGH vom 14.2.1995, Rs. C- 279/93 *Schumacker*.

[478] EuGH vom 21.11.2002, Rs. C-436/00 *X und Y AB*.

[479] EuGH vom 8.3.2001, verb. Rs. C-397/98 und C-410/98 *Metallgesellschaft u.a.*

[480] EuGH vom 13.12.2005, Rs. C-446/03 *Marks & Spencer*.

[481] EuGH vom 12.9.2002, Rs. C-431/01 *Mertens*.

nachteiligung qualifiziert. Zudem merkte der EuGH jedoch an, dass es unerheblich sei, dass die fragliche Regelung für einen Großteil der Steuerpflichtigen
neutral bzw. vorteilhaft war, solange sie für den Kläger nachteilige Wirkungen
zeitigte. Ähnlichkeit weist insofern der Fall *Ritter-Coulais*[482] auf, in dem ebenfalls eine Nichtberücksichtigung von Verlusten einen Nachteil darstellte. Im
Urteil in der Rechtssache *Eurowings*[483] begnügte sich der EuGH mit der Feststellung, die Nichtgewährung der Befreiung von der gewerbesteuerlichen Hin-
zurechnung sei ungünstiger. Ähnlich knapp sind die Begründungen des EuGH
im Fall *Commerzbank*[484] bezüglich der Nichtgewährung eines Zuschlags bei
der Rückgewähr zuviel gezahlter Steuern, in den Fällen *Saint-Gobain*[485] und
Meilicke[486] hinsichtlich der Nichtgewährung der fraglichen Steuervergünstigungen sowie im Fall *CLT-UFA*[487] in Bezug auf die Nachteiligkeit eines höheren Steuersatzes. Im Fall *Cadbury-Schweppes*[488] lag der Nachteil durch die
steuerliche Belastung einer ansässigen Gesellschaft im Hinblick auf Gewinne
einer anderen juristischen Person ebenso nahe wie im Verfahren *Bouanich*[489]
durch die fehlende Abzugsmöglichkeit der Einstandskosten von Beteiligungen.
Die im Verfahren *Test Claimants in the Thin Cap Group Litigation*[490] angegriffene Regelung führte zu einer erhöhten steuerlichen Belastung aufgrund der
Verneinung der Abziehbarkeit von Zinsaufwendungen und deren Umqualifi-
zierung in körperschaftsteuerpflichtige Ausschüttungen. Neben der Bewertung
der Nichtgewährung der verfahrensgegenständlichen Steuergutschrift als Benachteiligung wies der EuGH im Fall *avoir fiscal*[491] darauf hin, dass die Höhe
des Nachteils unerheblich sei, so dass es keine „de minimis"-Grenze für die
Annahme einer Diskriminierung gibt. Im Fall *Halliburton*[492] genügte für die
Annahme einer Benachteiligung, dass sich die Nichtgewährung der Steuerbefreiung für den Käufer negativ auf den für den Verkäufer zu erzielenden Ver-
äußerungspreis auswirke.

Die aufgeführten Urteile des EuGH[493] betrachten somit im Rahmen der tatbestandlichen Prüfung der Nachteiligkeit der Ungleichbehandlung nicht die
Gesamtbesteuerung des jeweiligen Steuerpflichtigen, sondern berücksichtigen
lediglich einzelne Besteuerungsmerkmale isoliert.

---

[482] EuGH vom 21.2.2006, Rs. C-152/03 *Ritter-Coulais.*
[483] EuGH vom 26.10.1999, Rs. C-294/97 *Eurowings.*
[484] EuGH vom 13.7.1993, Rs. C-330/91 *Commerzbank.*
[485] EuGH vom 21.9.1999, Rs. C-307/97, *Saint-Gobain.*
[486] EuGH vom 6.3.2007, Rs. C-292/04 *Meilicke.*
[487] EuGH vom 23.2.2006, Rs. C-253/03 *CLT-UFA S.A.*
[488] EuGH vom 12.9.2006, Rs. C-196/04 *Cadbury-Schweppes.*
[489] EuGH vom 19.1.2006, Rs. C-265/04 *Bouanich.*
[490] EuGH vom 13.3.2007, Rs. C-524/04 *Test Claimants in the Thin Cap Group Litigation.*
[491] EuGH vom 28.1.1986, Rs. 270/83 *avoir fiscal.*
[492] EuGH vom 12.4.1994, Rs. C-1/93 *Halliburton.*
[493] Siehe oben S. 135 ff.

Vorteile, die einen Nachteil ausgleichen könnten, wurden durch den EuGH entweder auf der Rechtfertigungsebene geprüft bzw. als gesonderte Vorlagefrage außerhalb des Prüfungsschemas der Diskriminierungsverbote behandelt. Im Hinblick auf eine Rechtfertigung wurden Vorteile unter dem Argument der Kompensation[494] bzw. in Form des Gedankens der Kohärenz des nationalen Steuersystems[495] vorgebracht. Als besondere Vorlagefragen wurden kompensierende Vorteile u.a. in den Fällen *Bouanich* und *Denkavit* behandelt.

II. Bewertung

Demnach ist für die Beurteilung der Nachteiligkeit einer Ungleichbehandlung lediglich das Besteuerungsmerkmal relevant, das den Prüfungsgegenstand darstellt. Dafür, dass die Prüfung, ob bestimmte Vorteile die nachteilige Ungleichbehandlung ausgleichen (können), erst auf der Rechtfertigungsebene durchzuführen ist, spricht, dass auf dieser Prüfungsstufe eine abwägende Betrachtung möglich ist. Während auf der Tatbestandsebene der Diskriminierungsprüfung potentielle Verletzungen der Grundfreiheiten herausgearbeitet werden, wird auf der Rechtfertigungsebene „das durch die Grundfreiheiten geschützte Rechtsgut dem Rechtsgut, das die Beeinträchtigung motiviert hat, gegenübergestellt und mit diesem abgewogen".[496] Die Berücksichtigung solcher Wertungen ist insbesondere erforderlich, wenn den diskriminierenden Nachteilen Vorteile gegenüberstehen, die beispielsweise nicht auf derselben Stufe des Einkommensteuertatbestands eingreifen bzw. unterschiedliche Einkunftsarten

---

[494] EuGH vom 6.6.2000, Rs. 35/98 *Verkooijen;* EuGH vom 12.12.2002, Rs. C-385/00 *de Groot;* EuGH vom 26.10.1999, Rs. C-294/97 *Eurowings;* EuGH vom 8.3.2001, verb. Rs. C-397/98 und C-410/98 *Metallgesellschaft u.a.;* EuGH vom 12.9.2006, Rs. C-196/04 *Cadbury-Schweppes;* EuGH vom 27.6.1996, Rs. C-107/94 *Asscher;* EuGH vom 28.1.1986, Rs. 270/83 *avoir fiscal;* EuGH vom 13.7.1993, Rs. C-330/91 *Commerzbank;* EuGH vom 21.9.1999, Rs. C-307/97, *Saint-Gobain;* EuGH vom 23.2.2006, Rs. C-253/03 *CLT-UFA S.A.*
[495] EuGH vom 28.1.1992, Rs. C-204/90 *Bachmann;* EuGH vom 28.1.1992, Rs. C-300/90 *Kommission/Belgien;* EuGH vom 28.10.1999, Rs. C-55/98 *Vestergaard;* EuGH vom 13.4.2000, Rs. C-251/98 *Baars;* EuGH vom 12.12.2002, Rs. C-385/00 *de Groot;* EuGH vom 21.11.2002, Rs. C-436/00 *X und Y AB;* EuGH vom 12.12.2002, Rs. C-324/00 *Lankhorst-Hohorst;* EuGH vom 15.7.2004, Rs. C-315/02 *Lenz;* EuGH vom 15.7.2004, Rs. C-242/03 *Weidert/Paulus;* EuGH vom 7.9.2004, Rs. C-319/02 *Manninen;* EuGH vom 16.7.1998, Rs. C- 264/96 *ICI;* EuGH vom 26.10.1999, Rs. C-294/97 *Eurowings;* EuGH vom 8.3.2001, verb. Rs. C-397/98 und C-410/98 *Metallgesellschaft u.a.;* EuGH vom 23.2.2006, Rs. C-471/04 *Keller Holding;* EuGH vom 14.2.1995, Rs. C- 279/93 *Schumacker;* EuGH vom 11.8.1995, Rs. C-80/94 *Wielockx;* EuGH vom 27.6.1996, Rs. C-107/94 *Asscher;* EuGH vom 1.7.2004, Rs. C-169/03, *Wallentin;* EuGH vom 21.2.2006, Rs. C-152/03 *Ritter-Coulais;* EuGH vom 14.9.2006, Rs. C-386/04 *Stauffer.*
[496] Fischer, Primäres Gemeinschaftsrecht und direkte Steuern, S. 124.

oder gar unterschiedliche Steuerpflichtige (insbesondere bei Konzerngruppen) betreffen.[497]

D. Berücksichtigung außersteuerlicher und rein potentieller Nachteile

In die Prüfung, ob eine nachteilige Ungleichbehandlung vorliegt, wird nach der Rechtsprechung des EuGH nicht nur die absolute Höhe der im Einzelfall zu zahlenden Steuern einbezogen. Vielmehr spielen auch Besteuerungszeitpunkt und verfahrensrechtliche Regelungen eine Rolle.[498] Im Fall *Safir* war eine Pflicht zur Registrierung und zum Nachweis der Entrichtung einer der inländischen Steuer entsprechenden Steuer als Nachteil ausreichend. Für die Bejahung einer Diskriminierung im Verfahren *Futura* sah der EuGH eine relevante Benachteiligung darin, dass ein Verlustvortrag davon abhängig gemacht wurde, dass nach einschlägigem nationalem Recht ordnungsgemäße Bücher geführt wurden.[499]

Zudem kann eine Regelung nicht mit dem Argument verteidigt werden, dass sie für einen Großteil der Steuerpflichtigen neutral bzw. vorteilhaft ist, sondern es ist ausreichend, dass sie für den Kläger potentiell nachteilig ist.[500]

E. Zwischenergebnis

Unter Berücksichtigung der dargestellten Überlegungen sowie der EuGH-Rechtsprechung ist demnach eine für die Diskriminierungsverbote der Grundfreiheiten relevante nachteilige Ungleichbehandlung bereits dann anzunehmen, wenn dem Steuerpflichtigen im Rahmen seiner Besteuerung durch den Quellenstaat ein Nachteil in lediglich einem einzigen Detail entsteht und dieser Nachteil nicht lediglich auf den Besteuerungsunterschieden zwischen den Mitgliedstaaten beruht. Unerheblich ist auf dieser Prüfungsstufe, ob die Situation des benachteiligten Steuerpflichtigen durch Maßnahmen des Quellenstaates oder eines anderen Staates verbessert wird. Als Nachteil werden sowohl materielle steuerliche Nachteile als auch verfahrensrechtliche Nachteile anerkannt.

---

[497] Ebenso Reimer in: Lehner, Grundfreiheiten im Steuerrecht der EU-Staaten, S. 50. Siehe auch Thömmes in: Schön, Gedächtnisschrift für Knobbe-Keuck, S. 795 ff., 819.

[498] Reimer in: Lehner, Grundfreiheiten im Steuerrecht der EU-Staaten, S. 50.

[499] EuGH vom 28.4.1998, Rs. C-118/96 *Safir*, Rn. 26, 28 ff.; EuGH vom 15.5.1997, Rs. C-250/95 *Futura*, Rn. 24 ff., auch wenn der EuGH hier eine Prüfung anhand eines Beschränkungsverbots vornimmt.

[500] EuGH vom 12.9.2002, Rs. C-431/01 *Mertens*, Rn. 35; EuGH vom 22.3.2007, Rs. C-383/05 *Talotta*, Rn. 31.

Kapitel. 6: Fehlende Rechtfertigung

Eine nachteilige Ungleichbehandlung zweier vergleichbarer Sachverhalte im Geltungsbereich der Grundfreiheiten stellt zwar einen Eingriff in die fragliche Grundfreiheit dar, dieser Eingriff führt jedoch zu keiner Verletzung der Grundfreiheit, wenn er durch einen Rechtfertigungsgrund gedeckt ist und der Eingriff verhältnismäßig ist. Die Prüfung, ob ein Rechtfertigungsgrund eingreift, ist wiederum aus Sicht des Mitgliedstaats vorzunehmen, da ausschließlich dem einer Bindung an das Unionsrecht unterliegenden Mitgliedstaat der Vorwurf eines Verstoßes gegen Unionsrecht gemacht wird, den er durch Vorbringen eines Rechtfertigungsgrundes entkräftigen muss.

Zum einen können Diskriminierungen gerechtfertigt sein, wenn dies im AEUV ausdrücklich vorgesehen ist (sog. kodifizierte Rechtfertigungsgründe, s.u. A.). Zum anderen besteht die Möglichkeit einer Rechtfertigung, wenn die den Eingriff konstituierende Maßnahme aufgrund von zwingenden Gründen des Allgemeininteresses erforderlich ist (sog. ungeschriebene Rechtfertigungsgründe, s.u. B.).

A. Kodifizierte Rechtfertigungsgründe

Im AEUV sind manche Gründe ausdrücklich genannt, die eine nachteilige Ungleichbehandlung im Anwendungsbereich der Grundfreiheiten rechtfertigen können.

Für die Warenverkehrsfreiheit nennt Art. 36 AEUV (ex-Art. 30 EG) die Gründe der öffentlichen Sittlichkeit, Ordnung und Sicherheit, den Schutz der Gesundheit und des Lebens von Menschen, Tieren oder Pflanzen, des nationalen Kulturguts von künstlerischem, geschichtlichem oder archäologischem Wert sowie des gewerblichen und kommerziellen Eigentums. Die Freiheit des Personenverkehrs steht gemäß Art. 45 Abs. 3, 52 Abs. 1 und 62 AEUV (ex-Art. 39 Abs. 3, 46 Abs. 1 und 55 EG) solchen Beschränkungen nicht entgegen, die aus Gründen der öffentlichen Ordnung, Sicherheit oder Gesundheit vorgenommen werden. Art. 65 Abs. 1 lit. b AEUV (ex-Art. 58 Abs. 1 lit. b EG) sieht für den freien Kapitalverkehr vor, dass Maßnahmen aus Gründen der öffentlichen Sicherheit oder Ordnung einen Verstoß gegen Art. 63 AEUV (ex-Art. 56 EG) rechtfertigen können.

Die genannten kodifizierten Rechtfertigungsgründe gelten zum einen für alle von den Grundfreiheiten erfassten Lebensbereiche und damit auch für das

Steuerrecht; zum anderen greifen sie sowohl bei offenen als auch bei versteckten Diskriminierungen ein. Dennoch waren sie in keinem Verfahren vor dem EuGH auf dem Gebiet der direkten Steuern von Bedeutung.[501] Da es auch schwer vorstellbar ist, wie die öffentliche Sicherheit, Ordnung oder Gesundheit durch Maßnahmen der Steuerpflichtigen wie Steuerplanung oder gar Steuerumgehung gefährdet sein können, sind diese Rechtfertigungsgründe für horizontale Diskriminierungen auf dem Gebiet der Doppelbesteuerungsabkommen zu vernachlässigen.[502]

Auch der in Art. 65 Abs. 1 lit. a AEUV (ex-Art. 58 Abs. 1 lit. a EG) enthaltene Vorbehalt für das Steuerrecht kann für die vorliegende Fragestellung nicht eingreifen. Zwar sieht dieser vor, dass Steuerpflichtige mit unterschiedlichem Wohnort oder Kapitalanlageort unterschiedlich behandelt werden dürfen, ohne dass dies einen Verstoß gegen Art. 63 AEUV (ex-Art. 56 EG) bedeutet. Auch ist diese Ausnahme im Verhältnis zu Drittstaaten nicht auf solche steuerrechtlichen Regelungen der Mitgliedstaaten beschränkt, die bereits 1993 existierten.[503] Jedoch dürfen nach Art. 65 Abs. 1 AEUV (ex-Art. 58 Abs. 1 EG) Maßnahmen der Mitgliedstaaten gemäß Art. 65 Abs. 3 AEUV (ex-Art. 58 Abs. 3 EG) weder ein Mittel zur willkürlichen Diskriminierung noch eine verschleierte Beschränkung des freien Kapital- und Zahlungsverkehrs im Sinne des Art. 63 AEUV (ex-Art. 56 EG) darstellen. Eine Rechtfertigung von Diskriminierungen im Anwendungsbereich der Kapitalverkehrsfreiheit unterliegt damit denselben Anforderungen wie bei den übrigen Grundfreiheiten.[504]

B. Ungeschriebene Rechtfertigungsgründe

Rechtfertigungsgründe können sich jedoch nicht nur aus den geschriebenen Regeln ergeben, sondern auch aus richterrechtlich geschaffenen Grundsätzen. Der EuGH merkte in dem auf dem Gebiet der Warenverkehrsfreiheit ergangenen Urteil im Verfahren *Cassis de Dijon* an, dass Hindernisse, die sich aus den Unterschieden der nationalen Rechtsordnungen ergeben, hinzunehmen sind, „soweit diese Bestimmungen notwendig sind, um zwingenden Erfordernissen gerecht zu werden, insbesondere den Erfordernissen einer wirksamen steuerli-

---

[501] Entweder wurde auf die kodifizierten Rechtfertigungsgründe überhaupt nicht eingegangen, oder ihre Einschlägigkeit wurde von vornherein abgelehnt (vgl. EuGH vom 29.4.1999, Rs. C-311/97 *Royal Bank of Scotland*, Rn. 32; EuGH vom 21.9.1999, Rs. C-307/97 *Saint-Gobain* Rn. 50). Ebenso Hahn, DStZ 2005, 507; Schnitger, Die Grenzen der Einwirkung der Grundfreiheiten des EG-Vertrages auf das Ertragssteuerrecht, S. 309.

[502] Ähnlich Van Thiel, Free Movement of Persons and Income Tax Law, S. 543.

[503] Schön in: Gocke/Gosch/Lang, FS für Wassermeyer, S. 489, 514.

[504] Schön in: Schön, Gedächtnisschrift für Knobbe-Keuck, S. 768; ders. in: Gocke/Gosch/Lang, FS für Wassermeyer, S. 489, 515.

chen Kontrolle, des Schutzes der öffentlichen Gesundheit, der Lauterkeit des Handelsverkehrs und des Verbraucherschutzes".[505] Eine Rechtfertigung durch zwingende Erfordernisse des Allgemeinwohls – auch *rule of reason* genannt – erfordert, dass eine Maßnahme vorliegt, die (i) in nicht-diskriminierender Weise angewandt wird, (ii) ein legitimes Ziel des Allgemeininteresses verfolgt, (iii) zur Erreichung des angestrebten Ziels geeignet und (iv) erforderlich ist, d.h. es darf nicht möglich sein, das Ziel auf andere, die Grundfreiheiten weniger einschränkende Weise zu verwirklichen (Grundsatz der Verhältnismäßigkeit).[506]

Der ungeschriebene Rechtfertigungsgrund wurde durch den EuGH zunächst für nicht-diskriminierende Maßnahmen (Beschränkungen) eingeführt und es ist umstritten, ob er auch für versteckte Diskriminierungen gilt.

Angesichts der Rechtsprechung des EuGH auf dem Gebiet der direkten Steuern, ist jedoch davon auszugehen, dass die *rule of reason* auch auf versteckte Diskriminierungen anzuwenden ist.[507] Steuerliche Vorschriften stellen zumeist auf die Ansässigkeit der Steuerpflichtigen und nicht auf deren Staatsangehörigkeit ab und beinhalten demzufolge fast ausschließlich versteckte Diskriminierungen. Dennoch hat der EuGH in diesen steuerrechtlichen Fällen stets geprüft, ob Allgemeinwohlgründe bestehen, die zu einer Rechtfertigung der jeweiligen Steuernorm führen können.[508] Besonders deutlich wird dies im Fall *Asscher*, in dem der EuGH nach der Feststellung, dass eine versteckte Diskriminierung vorliegt, eine Rechtfertigung anhand von Gründen wie der Verhinderung einer zu geringen Steuerbelastung grenzüberschreitender Vorgänge sowie der Kohärenz des Steuersystems prüft, die keine vertraglich geregelten Rechtfertigungsgründe, sondern Erfordernisse des Allgemeinwohls darstellen.[509]

Der Rechtfertigungsgrund der „zwingenden Erfordernisse des Allgemeinwohls" – bzw. „zwingenden Gründe des Gemeinwohls" wie der EuGH es teilweise formuliert – beschränkt sich nicht auf die in der *Cassis de Dijon* – Entscheidung aufgeführten Gründe der wirksamen steuerlichen Kontrolle, des Schutzes der öffentlichen Gesundheit, der Lauterkeit des Handelsverkehrs und

---

[505] EuGH vom 20.2.1979, Rs. 120/78 *Rewe-Zentral AG/Bundesmonopolverwaltung für Branntwein („Cassis de Dijon")*, Rn. 8.

[506] EuGH vom 30.11.1995, Rs. C-55/94 *Gebhard*, Rn. 37; EuGH vom 15.5.1997, Rs. C-250/95 *Futura Participations SA und Singer*, Rn. 26 mwN.

[507] Kofler, HBTLJ 2005, 1, 80; Rienks, Intertax 2004, 567, 568; Schnitger, Die Grenzen der Einwirkung der Grundfreiheiten des EG-Vertrages auf das Ertragsteuerrecht, S. 310. Allgemein für eine Anwendbarkeit der *rule of reason* auf versteckte Diskriminierungen Randelzhofer/Forsthoff in: Grabitz/Hilf, Das Recht der Europäischen Union, vor Art. 39–55 EG, Rn. 139 mwN.

[508] Vgl. nur EuGH vom 28.1.1986, Rs. 270/83 *avoir fiscal*, Rn. 17 ff.; EuGH vom 14.2.1995, Rs. C- 279/93 *Schumacker*, Rn. 40.

[509] EuGH vom 27.6.1996, Rs. C-107/94 *Asscher*, Rn. 49 ff.

des Verbraucherschutzes. Vielmehr kann durch diese Rechfertigungsmöglichkeit den Interessen der Mitgliedstaaten Rechnung getragen werden, soweit sie als schützenswert anzusehen sind und der Grundsatz der Verhältnismäßigkeit gewahrt bleibt.

Danach ergibt sich für die Rechtfertigung von Diskriminierungen und Beschränkungen folgendes Schema:

Abb. 4: Schema zur Prüfung von Rechtfertigungsgründen (s. auch *Kofler*, HBTLJ 2005, 28)

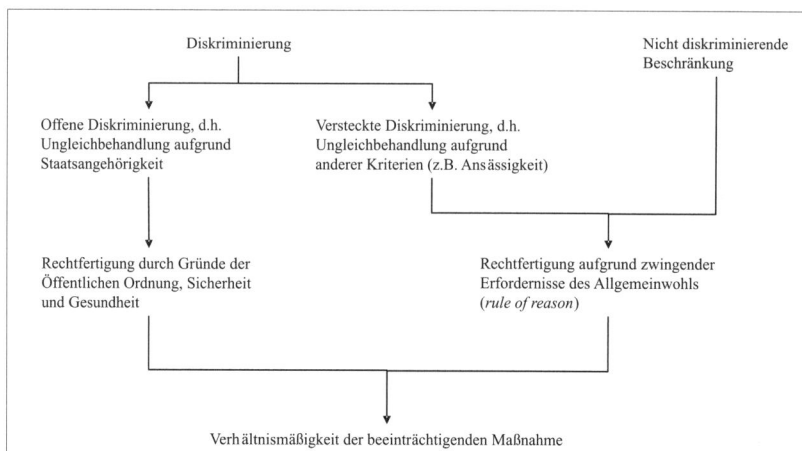

I. Abzulehnende nationale Interessen

Die folgenden von den Mitgliedstaaten zur Rechtfertigung beschränkender bzw. diskriminierender Maßnahmen vorgebrachten „zwingenden Gründe des Allgemeininteresses" wurden durch die Rechtsprechung des EuGH als nicht schützenswert angesehen:

1. Rein wirtschaftliche Interessen

In unzähligen Fällen[510] wurde von den Mitgliedstaaten als Rechtfertigung vorgetragen, die jeweilige Ungleichbehandlung sei erforderlich, um einen Verlust von Steuereinnahmen zu vermeiden. Eine Anerkennung dieses Rechtfertigungsgrundes hätte zur Wirkungslosigkeit der Grundfreiheiten im Bereich des

---

[510] EuGH vom 16.7.1998, Rs. C- 264/96 *ICI*, Rn. 28; EuGH vom 21.9.1999, Rs. C-307/97 *Saint-Gobain*, Rn. 50; EuGH vom 6.6.2000, Rs. 35/98 *Verkooijen*, Rn. 59; EuGH vom 8.3.2001, verb. Rs. C-397/98 und C-410/98 *Metallgesellschaft u.a.*, Rn. 59; EuGH vom 12.12.2002, Rs. C-385/00 *de Groot*, Rn. 103, um nur einige Verfahren auf dem Gebiet der direkten Steuern zu nennen.

Steuerrechts geführt, da jeder Verstoß gegen Diskriminierungsverbote mit dem Ziel der Sicherung von Steuereinnahmen begründet werden kann. So ist es nicht erstaunlich, dass eine solche Rechtfertigung durch den EuGH stets mit dem Hinweis abgelehnt wurde, rein wirtschaftliche Interessen wie der Erhalt von Steuereinnahmen gehörten nicht zu den zwingenden Gründen des Allgemeininteresses, die eine Ungleichbehandlung rechtfertigen könnten.[511] Auch die Beteiligung eines Drittstaats an dem eine Diskriminierung beinhaltenden Sachverhalt führt zu keiner anderweitigen Sichtweise, da sich auch im Verhältnis zu Drittstaaten nichts am rein wirtschaftlichen Charakter der Interessen ändert und somit der Schutz rein wirtschaftlicher Interessen der Mitgliedstaaten generell als Rechtfertigungsgrund abzulehnen ist.

2. *De minimis* – Erwägungen

Auch der Hinweis, die aufgrund der Diskriminierung für die betroffenen Steuerpflichtigen entstehenden Nachteile seien lediglich minimal und damit unbeachtlich, entlastet die Mitgliedstaaten nicht, da die Grundfreiheiten vor jeglichen Diskriminierungen schützen, unabhängig vom Ausmaß ihrer Wirkungen für die Betroffenen.[512] Dies steht auch im Einklang mit der Rechtsprechung des EuGH, dass es für die Nachteiligkeit einer Ungleichbehandlung ausreicht, dass sich die zu prüfende Maßnahme potentiell und indirekt nachteilig auswirkt.[513] Auch im Verhältnis zwischen Drittstaaten und Mitgliedstaaten gilt der umfassende Schutz vor Diskriminierungen durch die Grundfreiheiten, so dass auch in diesen Fällen *de minimis* – Erwägungen als Rechtfertigungsmöglichkeit ausscheiden.

3. Billigkeitsmaßnahmen

Verstöße gegen die Diskriminierungsverbote der Grundfreiheiten können auch nicht dadurch behoben werden, dass den benachteiligten Steuerpflichtigen Billigkeitsmaßnahmen in Aussicht gestellt werden.[514] Auch wenn solche Billigkeitsmaßnahmen den steuerlichen Nachteil eliminieren, bleiben dennoch

---

[511] EuGH vom 16.7.1998, Rs. C- 264/96 *ICI*, Rn. 28; EuGH vom 21.9.1999, Rs. C-307/97 *Saint-Gobain*, Rn. 50; EuGH vom 6.6.2000, Rs. 35/98 *Verkooijen*, Rn. 59; EuGH vom 8.3.2001, verb. Rs. C-397/98 und C-410/98 *Metallgesellschaft u.a.*, Rn. 59. Vgl. auch Randelzhofer/Forsthoff in: Grabitz/Hilf, Das Recht der Europäischen Union, vor Art. 39–55 EGV, Rn. 162 mwN.

[512] EuGH vom 28.1.1986, Rs. 270/83 *avoir fiscal*, Rn. 21; EuGH vom 31.3.1993, Rs. C-19/92 *Kraus*, Rn. 32; Van Thiel, Free Movement of Persons and Income Tax Law, S. 549.

[513] Vgl. hierzu oben S. 138 ; Van Thiel, Free Movement of Persons and Income Tax Law; S. 549.

[514] EuGH vom 14.2.1995, Rs. C-279/93 *Schumacker*, Rn. 56; EuGH vom 8.5.1990, Rs. 175/88 *Biehl*, Rn. 17 f.

verfahrensrechtliche Nachteile, wie z.B. zeitliche Verzögerungen. Auch kann den Betroffenen die Ungewissheit nicht zugemutet werden, ob die jeweilige Steuerbehörde die Billigkeitsmaßnahmen – die in ihrem Ermessen stehen – tatsächlich gewährt.[515] Zudem liegt der Ausgleich von Diskriminierungen nicht innerhalb des Sinns und Zwecks der Billigkeitsmaßnahmen, da diese einzelne Personen in besonderen Notlagen betreffen und nicht eine große Personengruppe, die einen abstrakten Diskriminierungstatbestand geltend macht.[516] Diese gegen eine Rechtfertigung durch den Hinweis auf mögliche Billigkeitsmaßnahmen sprechenden Gründe sind grundsätzlicher Natur und gelten somit auch für Sachverhalte mit Drittstaatsbeteiligung.

4. Fehlende Harmonisierung der direkten Steuern

Auch die Tatsache, dass die direkten Steuern selbst innerhalb der Mitgliedstaaten weitestgehend nicht harmonisiert sind, kann nicht zur Rechtfertigung von Diskriminierungen führen, da die Ausübung der Grundfreiheiten ein unbedingtes Recht ist.[517] Vielmehr ist festzustellen, dass eine fehlende Steuerharmonisierung Diskriminierungen erst erzeugt, da bei harmonisierten Besteuerungsregeln die Unterscheidung zwischen Ansässigen und Nicht-Ansässigen nicht mehr nötig wäre, da beide Gruppen unabhängig von ihrer Staatsangehörigkeit oder Ansässigkeit einheitlich besteuert würden.[518] Aus diesen Gründen kann auch die noch viel stärker zu Tage tretende fehlende Steuerharmonisierung zwischen Mitgliedstaaten und Drittstaaten nicht zu einer Rechtfertigung von Diskriminierungen führen.

5. Administrative Erfordernisse

Die Ziele, Erschwernisse der Verwaltung zu vermeiden und das Steuererhebungsverfahren zu vereinfachen, stellen nach der Rechtsprechung des EuGH grundsätzlich ebenfalls keinen Rechtfertigungsgrund dar, solange die Behörden ihre Aufgaben weiterhin erfüllen können. Andernfalls könnten die Mitgliedstaaten durch Organisationsentscheidungen über die Anwendung der Grund-

---

[515] EuGH vom 8.5.1990, Rs. 175/88 *Biehl*, Rn. 17 f.; EuGH vom 14.2.1995, Rs. C-279/93 *Schumacker*, Rn. 56; Van Thiel, Free Movement of Persons and Income Tax Law; S. 564.

[516] Schön, IStR 1995, 119, 123.

[517] EuGH vom 28.1.1986, Rs. 270/83 *avoir fiscal*, Rn. 24; Thömmes in: Schön, Gedächtnisschrift für Knobbe-Keuck, S. 795, 821.

[518] Grundlegend hierzu Thömmes in: Schön, Gedächtnisschrift für Knobbe-Keuck, S. 795, 821; ebenso Schnitger, Die Grenzen der Einwirkung der Grundfreiheiten des EG-Vertrages auf das Ertragsteuerrecht, S. 312 f.

freiheiten entscheiden.[519] Zudem stellte der EuGH fest, dass die von den Mitgliedstaaten vorgebrachten Informationsdefizite im Fall der grenzüberschreitenden Besteuerungsfälle innerhalb der Union meist durch die Möglichkeiten der Sachverhaltsaufklärung, die die Amtshilferichtlinie bietet, beseitigt werden können.[520] Auch wenn die Amtshilferichtlinie im Verhältnis zu Drittstaaten keine Erleichterung der Sachverhaltsaufklärung darstellt, können Grundfreiheitsverletzungen auch im Verhältnis Mitgliedstaat – Drittstaat nicht durch administrative Erfordernisse gerechtfertigt werden, solange sich die staatlichen Behörden die notwendigen Informationen anderweitig beschaffen können, wie z.B. durch gegenseitige Informationsvereinbarungen in DBA.[521]

6. Vorteilsausgleich

Nach der Rechtsprechung des EuGH kann ein steuerlicher Nachteil im Rahmen der Diskriminierungsverbote nicht generell dadurch gerechtfertigt werden, dass dieser Nachteil durch einen beliebigen anderweitigen steuerlichen Vorteil ausgeglichen wird.[522] Erst recht sollen solche Vorteile keine Diskriminierung rechtfertigen können, die einem anderen als dem benachteiligten Steuerpflichtigen zu Gute kommen. Hiermit stellt der EuGH allein auf die diskriminierenden Wirkungen einer bestimmten steuerlichen Norm ab, um die bei einer Berücksichtigung anderer Normen drohenden willkürlichen Ergebnisse zu vermeiden.[523] Eine Ausnahme von diesen Grundsätzen gilt nach der Rechtsprechung des EuGH zum Rechtfertigungsgrund der „Kohärenz" nur, wenn sich Vor- und Nachteil in der Person des selben Steuerpflichtigen aufgrund der selben steuerlichen Regelung spiegelbildlich gegenüberstehen. Die genauen Voraussetzungen für diesen Rechtfertigungsgrund sind im Folgenden noch zu prüfen.[524]

---

[519] EuGH vom 14.2.1995, Rs. C-279/93 *Schumacker*, Rn. 45 f.; EuGH vom 28.1.1992, Rs. C-204/90 *Bachmann*, Rn. 18; EuGH vom 12.4.1994, Rs. C-1/93 *Halliburton*, Rn. 22; EuGH vom 4.12.1984, Rs. 205/84 *Kommission/Deutschland*, Rn. 54; Hahn, DStZ 2005, 507, 511; Thömmes in: Schön, Gedächtnisschrift für Knobbe-Keuck, S. 795, 824.

[520] EuGH vom 14.2.1995, Rs. C-279/93 *Schumacker*, Rn. 45 f.; EuGH vom 28.1.1992, Rs. C-204/90 *Bachmann*, Rn. 18; EuGH vom 12.4.1994, Rs. C-1/93 *Halliburton*, Rn. 22.

[521] Vgl. hierzu auch Cordewener, Grundfreiheiten und nationales Steuerrecht, S. 942 f.

[522] EuGH vom 28.1.1986, Rs. 270/83 *avoir fiscal*, Rn. 21; ebenso EuGH vom 27.6.1996, Rs. C-107/94 *Asscher*, Rn. 53; EuGH vom 26.10.1999, Rs. C-294/97 *Eurowings*, Rn. 44; EuGH vom 21.9.1999, Rs. C-307/97 *Saint-Gobain*, Rn. 51 f.; EuGH vom 6.6.2000, Rs. C-35/98 *Verkooijen*, Rn. 61; Thömmes in: Schön, Gedächtnisschrift für Knobbe-Keuck, S. 795, 819; Cordewener, Grundfreiheiten und nationales Steuerrecht, S. 933 f.

[523] Vgl. hierzu eingehend Cordewener, Grundfreiheiten und nationales Steuerrecht, S. 933.

[524] Siehe hierzu S. 153 ff.

II. Anerkennenswerte nationale Interessen

Hingegen gibt es eine Reihe von beachtlichen Gründen des Allgemeinwohls, die Diskriminierungen aufgrund steuerrechtlicher Regelungen rechtfertigen können.

1. Gewährleistung einer wirksamen Steueraufsicht

Der Rechtfertigungsgrund einer wirksamen Steueraufsicht hat für die vorliegende Fragestellung insofern Bedeutung, als dass ein gewährter Vorteil auch darin bestehen kann, dass der Drittstaat im Verhältnis zu einem bestimmten Mitgliedstaat (Mitgliedstaat 1) auf benachteiligende Steueraufsichtsmaßnahmen verzichtet, während er sie bei einem anderen Mitgliedstaat (Mitgliedstaat 2) anwendet. Der Mitgliedstaat 1 kann seine Zustimmung zu der die Ansässigen des Mitgliedstaats 2 benachteiligenden Abkommensregelung jedoch gegebenenfalls dadurch rechtfertigen, dass er sich auf die Notwendigkeit einer wirksamen Steueraufsicht beruft.

a) Grundsätzliche Anerkennung als Rechtfertigungsgrund

Bereits im Urteil *Cassis de Dijon* erkannte der EuGH die „wirksame steuerliche Kontrolle" bzw. „steuerliche Aufsicht" als Rechtfertigungsgrund an[525] und führte diese Rechtsprechung auch auf dem Gebiet der direkten Steuern im Verfahren *Futura Participations* konsequent fort.[526] Mitgliedstaaten dürfen danach Maßnahmen durchführen, die die klare und eindeutige Feststellung der Höhe sowohl der in ihrem Staat steuerbaren Einkünfte als auch der Höhe von Verlustvorträgen erlauben.[527]

b) Grundsatz der Verhältnismäßigkeit

Die Rechtfertigung auf Basis der Notwendigkeit einer wirksamen steuerlichen Kontrolle ist jedoch nur innerhalb bestimmter Grenzen möglich. Diese Grenzen werden insbesondere durch den Grundsatz der Verhältnismäßigkeit vorgegeben.[528] Nach diesem Grundsatz muss der durch die zu prüfenden Vorschriften begründete Eingriff in die Grundfreiheiten geeignet sein, die Verwirklichung des mit ihm verfolgten Ziels zu gewährleisten, und er darf nicht über das hinausgehen, was zur Erreichung dieses Ziels erforderlich ist. Hierbei ist

---

[525] EuGH vom 20.2.1979, Rs. 120/78 *Cassis de Dijon*, Rn. 8.
[526] EuGH vom 15.5.1997, Rs. C-250/95 *Futura Participations und Singer*, Rn. 23 ff.
[527] EuGH vom 15.5.1997, Rs. C-250/95 *Futura Participations und Singer*, Rn. 31.
[528] Da die Prüfung der Einhaltung des Grundsatzes der Verhältnismäßigkeit eine Einzelfallprüfung darstellt, können im Folgenden nur Eckpunkte dargelegt werden.

unter mehreren geeigneten Maßnahmen die am wenigsten belastende zu wählen.[529]

Zum einen sind solche Regelungen nicht verhältnismäßig, die

- grenzüberschreitende Tätigkeiten auch ohne Erfüllung eines inländischen Besteuerungstatbestands einer pauschalen Quellensteuer unterwerfen und nur eine verzögerte Erstattung vorsehen,
- zu einem Zurückbehalt der grundsätzlich erstattungsfähigen Beträge bei einem bloßen Verdacht auf Steuerhinterziehung oder bei Rechtsstreitigkeiten über die Rechtmäßigkeit von Steuerbescheiden/Steuernachforderungen führen, oder
- die Benennung eines Steuervertreters bzw. Fiskalvertreters verlangen.[530]

Darüber hinaus sind Regelungen nicht verhältnismäßig, die es dem jeweiligen Steuerpflichtigen nicht erlauben, die für eine wirksame Steueraufsicht notwendigen Nachweise zu erbringen. Dies bestätigte der EuGH im Fall *Futura Participations*.[531] In diesem Verfahren wurde eine Regelung Luxemburgs als diskriminierend angegriffen, die den Verlustvortrag einer Kapitalgesellschaft mit inländischer Betriebsstätte nur gewährte, wenn nach Luxemburger Recht entsprechende Bücher geführt wurden, die diese Verlustvorträge nachwiesen. Der EuGH entschied, dass das Erfordernis des Führens ordnungsgemäßer Bücher nötig ist, um eine wirksame steuerliche Kontrolle zu gewährleisten. Jedoch sah er das Buchführungserfordernis nach dem Recht Luxemburgs als nicht verhältnismäßig an, da Nicht-Ansässige nicht generell eine solche Buchführungspflicht erfüllen mussten, sondern nur, wenn sie Verlustvorträge geltend machen wollten. Als weniger einschneidende Maßnahme wäre in Betracht gekommen, vom jeweiligen Steuerpflichtigen einen Nachweis zu verlangen, dass die Verluste in wirtschaftlichem Zusammenhang mit Einkünften stehen, die der Steuerpflichtige in Luxemburg erzielt hat.[532]

Zum anderen zeigen die Verfahren *Vestergaard*, *Baxter* und *Lenz*, dass der Rechtfertigungsgrund der wirksamen Kontrolle kaum Bedeutung für materiellrechtliche Benachteiligungen hat. Im Verfahren *Vestergaard* wurde eine Regelung angegriffen, die Kosten für Fortbildungsveranstaltungen nicht als berufliche Aufwendungen abziehbar betrachtete, wenn die Veranstaltungen an üblichen Urlaubsorten im Ausland stattfinden, es sei denn, die Ortswahl war fachlich zu rechtfertigen.[533] Die Rechtssache *Baxter* betraf eine innerstaatliche

---

[529] EuGH vom 31.3.1993, Rs. C-19/92 *Kraus*, Rn. 32; EuGH vom 30.11.1995, Rs. C-55/94 *Gebhard*, Rn. 37; Frenz, Handbuch Europarecht, S. 198 f.; Hahn, DStZ 2005, 507, 513.

[530] Vgl. zu diesen Fallgruppen und weiteren Nachweisen Cordewener, Grundfreiheiten und nationales Steuerrecht, S. 946 ff.

[531] EuGH vom 15.5.1997, Rs. C-250/95 *Futura Participations und Singer*.

[532] EuGH vom 15.5.1997, Rs. C-250/95 *Futura Participations und Singer*, Rn. 36 ff., 43.

[533] EuGH vom 28.10.1999, Rs. C-55/98 *Vestergaard*, Rn. 25 ff.

Norm, wonach im Rahmen einer Sonderabgabe auf Umsätze aus Arzneispezialitäten nur Ausgaben für Forschungstätigkeiten im Inland abgezogen werden
konnten.[534] Die Klage im Verfahren *Lenz* wandte sich gegen eine Regelung,
wonach für inländische Kapitalerträge, die Wahlmöglichkeit bestand, ob eine
pauschale und endgültige Besteuerung mit einem Steuersatz von 25% angewandt wird oder ob die Einkünfte mit einem Steuersatz in Höhe der Hälfte des
auf das gesamte Einkommen entfallenden Durchschnittssteuersatzes versteuert
werden; während Dividenden aus ausländischen Aktien hingegen stets dem
normalen Einkommensteuersatz mit einem Höchstsatz von 50% unterfielen.[535]
In allen Verfahren brachten die betroffenen Mitgliedstaaten als Rechtfertigungsgrund das Erfordernis einer wirksamen steuerlichen Kontrolle vor. Indem
der EuGH in allen Fällen eine Rechtfertigung ablehnte, machte er deutlich,
dass der Rechtfertigungsgrund der steuerlichen Aufsicht grundsätzlich nicht
geeignet ist, materiellrechtliche Nachteile zu rechtfertigen.[536] Auch der bloße
Hinweis auf eine andernfalls erschwerte Informationsbeschaffung, ohne Möglichkeit für den betroffenen Steuerpflichtigen, die erforderlichen Angaben und
Nachweise selbst beizubringen, kann keine materiellrechtlichen Nachteile
rechtfertigen.[537]

c) Berücksichtigung der Drittstaatsbeteiligung

   Dem Rechtfertigungsgrund einer wirksamen steuerlichen Kontrolle kommt
bei Drittstaatssachverhalten insgesamt eine höhere Bedeutung zu, als bei innergemeinschaftlichen Sachverhalten, da die Informationsbeschaffung im Vergleich zu Sachverhalten innerhalb der Union erschwert sein dürfte, es sei denn,
die Nichtanwendbarkeit der Amtshilferichtlinie wird durch entsprechende
DBA-Regelungen über gegenseitige Informationspflichten ausgeglichen.[538]
Dennoch können auch im Verhältnis zu Drittstaaten materiellrechtliche
Nachteile grundsätzlich nicht unter Hinweis auf die Steueraufsicht gerechtfertigt werden, da auch hier der Verhältnismäßigkeitsgrundsatz die vorrangige
Anwendung weniger einschneidender Maßnahmen – wozu rein verfahrens-
rechtliche Vorschriften zählen – verlangt.[539]

---

[534] EuGH vom 8.7.1999, Rs. C-254/99 *Société Baxter*, Rn. 4, 17.
[535] EuGH vom 15.7.2004, Rs. C-315/02 *Lenz*, Rn. 6, 11.
[536] Ebenso Schnitger, Die Grenzen der Einwirkung der Grundfreiheiten des EG-Vertrages
auf das Ertragssteuerrecht, S. 381.
[537] Ebenso Cordewener, Grundfreiheiten und nationales Steuerrecht, S. 942. Vgl. auch
EuGH vom 15.5.1997, Rs. C-250/95 *Futura Participations und Singer*, Rn. 36 ff., 43.
[538] Vgl. hierzu bereits oben S. 144 f.
[539] Ebenso Schnitger, Die Grenzen der Einwirkung der Grundfreiheiten des EG-Vertrages
auf das Ertragssteuerrecht, S. 413.

d) Zusammenfassung

Auch wenn die Notwendigkeit einer wirksamen steuerlichen Kontrolle grundsätzlich als Rechtfertigungsgrund anerkannt ist, kommt ihr nur für verfahrensrechtliche Nachteile Bedeutung zu und hier auch lediglich im Rahmen des Grundsatzes der Verhältnismäßigkeit. Die Beteiligung eines Drittstaats führt zu keiner anderen Sichtweise, sondern höchstens zu etwas geringeren Anforderungen aufgrund eingeschränkter Informationsmöglichkeiten.

2. Verhinderung von Steuerumgehungen und Steuerhinterziehungen

Die zunächst durch den EuGH in seinem Urteil im Verfahren *avoir fiscal* dargelegte Grundaussage, dass die „Gefahr der Steuerflucht" eine Verletzung der Niederlassungsfreiheit nicht rechtfertigen könne,[540] wurde durch ihn im Lauf der Jahre revidiert, so dass die Bekämpfung der Steuerflucht oder, anders ausgedrückt, die Verhinderung von Steuerumgehungen und Steuerhinterziehungen[541] inzwischen als beachtlicher Grund des Allgemeininteresses anerkannt ist, der eine Diskriminierung rechtfertigen kann.[542] Dem tatsächlichen Anwendungsbereich dieses Rechtfertigungsgrundes wurden jedoch aufgrund der Rechtsprechung des EuGH enge Grenzen gesetzt.[543]

a) Negativabgrenzung

Eine erste Negativabgrenzung lässt sich dahingehend vornehmen, dass der genannte Rechtfertigungsgrund nicht bereits dann einschlägig ist, wenn sich ein Steuerpflichtiger dem Anwendungsbereich des nationalen Steuerrechts durch Verlagerung von Tätigkeiten in einen anderen Mitgliedstaat entzieht, da der Steuerpflichtige in jedem Fall noch der Besteuerung des Quellen-/Niederlassungsstaats unterliegt.[544] Aus dem gleichen Grund stellt die Tat-

---

[540] EuGH vom 28.1.1986, Rs. 270/83 *avoir fiscal*, Rn. 25.

[541] Unter Steuerhinterziehung ist nach allgemeiner Ansicht jedenfalls die vorsätzliche Falschangabe oder die pflichtwidrige Nichtangabe von für die Besteuerung erheblichen Tatsachen durch den Steuerpflichtigen zu verstehen. Schwieriger ist eine Definition der Steuerumgehung, jedoch fallen unter diesen Begriff die Maßnahmen, die durch die Mitgliedstaaten dem Bereich des Missbrauchs der Gestaltungsmöglichkeiten (vgl. in Deutschland § 42 AO) zugeordnet werden (vgl. Cordewener, Grundfreiheiten und nationales Steuerrecht, S. 952 ff.).

[542] EuGH vom 16.7.1998, Rs. C-264/96 *ICI*, Rn. 26; EuGH vom 21.11.2002, Rs. C-436/00 *X und Y AB*, Rn. 60 f.; EuGH vom 12.12.2002, Rs. C-324/00 *Lankhorst-Hohorst*, Rn. 37; EuGH vom 11.3.2004, Rs. C-9/02 *De Lasteyrie du Saillant*, Rn. 50. Die grundsätzliche Bedeutung dieses Grundes lässt sich zudem Art. 65 Abs. 1 lit. b AEUV (ex-Art. 58 Abs. 1 lit. b EG) entnehmen.

[543] Vgl. auch die Schlussanträge des GA Léger vom 2.5.2006 in der Rs. C-186/04 *Cadbury-Schweppes*, Rn. 87.

[544] EuGH vom 16.7.1998, Rs. C-264/96 *ICI*, Rn. 28.

sache, dass ein Steuerpflichtiger grenzüberschreitende Aktivitäten entfaltet und sich eines günstigeren Steuerregimes bedient, indem er beispielsweise eine Tochtergesellschaft in einem anderen Mitgliedstaat gründet, allein noch keine Steuerflucht dar.[545]

b) Bekämpfung rein künstlicher Gestaltungen

Vielmehr können sich die Mitgliedstaaten nur auf die Verhinderung von Steuerumgehungen und Steuerflucht berufen, wenn sie Regelungen erlassen, die „sich speziell auf rein künstliche Gestaltungen bezieh[en], die darauf ausgerichtet sind, der Anwendung der Rechtsvorschriften des betreffenden Mitgliedstaats zu entgehen".[546]

In welchen Fällen derartige rein künstliche Gestaltungen vorliegen, lässt sich nach der Rechtsprechung des EuGH aus Inhalt und Zweck der Grundfreiheiten näher bestimmen.

Im Verfahren *Cadbury-Schweppes* hatte der EuGH eine Regelung zu überprüfen, wonach in die Steuerbemessungsgrundlage einer in einem Mitgliedstaat ansässigen Muttergesellschaft die Gewinne einbezogen wurden, die eine von ihr beherrschte ausländische Tochtergesellschaft in einem anderen Mitgliedstaat erzielte, wenn diese Gewinne einem niedrigeren Besteuerungsniveau als im Ansässigkeitsstaat der Muttergesellschaft unterlagen. Ziel der potentiell verletzten Niederlassungsfreiheit ist, jede wirtschaftliche Tätigkeit zu schützen, die mittels einer festen Einrichtung in einem anderen Mitgliedstaat auf bestimmte Zeit tatsächlich ausgeübt wird.[547] Demnach können Maßnahmen der Mitgliedstaaten aufgrund der Gefahr von Steuerflucht gerechtfertigt werden, wenn sie sich gegen Verhaltensweisen richten, die den Zweck haben einer Besteuerung im Inland zu entgehen und hierzu Gesellschaften ohne die Ausübung von tatsächlichen wirtschaftlichen Tätigkeiten, ohne feste Einrichtung in einem anderen Mitgliedstaat angesiedelt werden.[548] Auch wenn sich Normen zur Missbrauchsverhinderung nicht darauf beschränken dürfen, eine Missbrauchsabsicht anhand vorgegebener allgemeiner Kriterien festzustellen, sondern stets den jeweiligen Einzelfall untersuchen müssen,[549] ist festzustellen, dass sie grundsätzlich Kriterien enthalten dürfen, die eine solche tatsächliche

---

[545] EuGH vom 16.7.1998, Rs. C-264/96 *ICI*, Rn. 28; EuGH vom 21.11.2002, Rs. C-436/00 *X und Y AB*, Rn. 62; EuGH vom 12.9.2006, Rs. C-196/04 *Cadbury-Schweppes*, Rn. 50; Cordewener, Grundfreiheiten und nationales Steuerrecht, S. 956.

[546] EuGH vom 16.7.1998, Rs. C-264/96 *ICI*, Rn. 26; EuGH vom 12.12.2002, Rs. C-324/00 *Lankhorst-Hohorst*, Rn. 37; EuGH vom 11.3.2004, Rs. C-9/02 *De Lasteyrie du Saillant*, Rn. 50; EuGH vom 13.12.2005, Rs. C-446/03 *Marks & Spencer*, Rn. 57; EuGH vom 12.9.2006, Rs. C-196/04 *Cadbury-Schweppes*, Rn. 51.

[547] EuGH vom 12.9.2006, Rs. C-196/04 *Cadbury-Schweppes*, Rn. 54.

[548] EuGH vom 12.9.2006, Rs. C-196/04 *Cadbury-Schweppes*, Rn. 55.

[549] EuGH vom 17.7.1997, Rs. C-28/95 *Leur Bloem*, Rn. 41.

Ausübung einer wirtschaftlichen Tätigkeit überprüfen, wie z.B. Substanzerfordernisse (Räumlichkeiten, Personal und Ausrüstung), Anforderungen an die tatsächliche Durchführung der wirtschaftlichen Tätigkeiten durch das Personal oder den wirtschaftlichen Wert der Tätigkeit.[550] Zudem darf auch ein Zeitfaktor berücksichtigt werden, d.h. nur kurzfristige Verlagerungen ohne wirtschaftlichen Grund können Anhaltspunkt für einen Missbrauch sein. Dies wurde bereits im Fall *De Lasteyrie du Saillant* deutlich, der die Frage einer Grundfreiheitsverletzung durch die französische Wegzugsbesteuerung behandelte. In seinem Urteil hierzu stellte der EuGH fest, dass die Wegzugsbesteuerung nur greifen sollte, wenn der betreffende Steuerpflichtige bereits nach einer verhältnismäßig kurzen Ansässigkeit in einem anderen Mitgliedstaat nach einer Realisierung von Wertsteigerungen in seinen ursprünglichen Ansässigkeitsstaat zurückkehrt.[551]

Eine weitere Fallgruppe möglicherweise missbräuchlicher Gestaltungen wurde im Verfahren *Marks & Spencer* behandelt. Die angegriffenen Regelungen über den Konzernabzug sahen vor, dass gebietsansässige Gesellschaften, die zum gleichen Konzern gehören, untereinander ihre Gewinne und Verluste verrechnen können. Ein Konzernabzug für Verluste von in anderen Mitgliedstaaten ansässigen Tochtergesellschaften ohne Betriebstätte im Inland war hingegen nicht möglich.[552] Auch in diesem Fall erkannte der EuGH den Rechtfertigungsgrund der Gefahr der Steuerflucht an, da bei der Möglichkeit einer grenzüberschreitenden Übertragung von Verlusten innerhalb des Konzerns das Risiko bestehe, dass die Verluste auf diejenigen Konzerngesellschaften übertragen werden, die im Mitgliedstaat mit der höchsten Steuerbelastung ansässig sind und bei denen demnach der steuerliche Nutzen der Verluste am höchsten sei.[553]

c) Grundsatz der Verhältnismäßigkeit

Auch wenn in jedem der genannten Verfahren eine Rechtfertigung aufgrund der Vermeidung der Steuerflucht grundsätzlich als möglich angesehen wurde, kam jeweils der Prüfung, ob die Regelungen nicht über das hinausgehen, was zur Erreichung des Ziels der Verhinderung von Steuerumgehungen oder Steuerhinterziehungen erforderlich ist (Verhältnismäßigkeitsprüfung), eine entscheidende Bedeutung zu. Danach sind Maßnahmen zur Verhinderung der Steuerflucht insbesondere dann nicht mehr verhältnismäßig, wenn sie auch auf solche steuerlichen Gestaltungen Anwendung finden, bei denen eine Steuerumgehung ausgeschlossen ist.

---

[550] Vgl. Schlussanträge des GA Léger vom 2.5.2006 in der Rs. C-186/04 *Cadbury-Schweppes*, Rn. 111 ff.; Schnitger, Die Grenzen der Einwirkung der Grundfreiheiten des EG-Vertrages auf das Ertragsteuerrecht, S. 395.
[551] Vgl. EuGH vom 11.3.2004, Rs. C-9/02 *De Lasteyrie du Saillant*, Rn. 54.
[552] EuGH vom 13.12.2005, Rs. C-446/03 *Marks & Spencer*, Rn. 9 f.
[553] EuGH vom 13.12.2005, Rs. C-446/03 *Marks & Spencer*, Rn. 49.

Im Fall der Einschaltung von nicht-ansässigen Niederlassungen ist dies der Fall, wenn deren Gründung mit einer tatsächlichen Ansiedlung in einem anderen Mitgliedstaat zusammenhängt und durch diese Niederlassungen/Tochtergesellschaften wirkliche wirtschaftliche Tätigkeiten ausgeführt werden.[554] Im Hinblick auf die grenzüberschreitende Verlustnutzung im Konzern sind Regelungen unverhältnismäßig, die eine Übertragung von Verlusten selbst dann ausschließen, wenn die nicht-ansässigen Konzerngesellschaften in ihrem Ansässigkeitsstaat alle Möglichkeiten zur Verlustnutzung ausgeschöpft haben (gegebenenfalls durch Übertragung auf Dritte oder auf frühere Zeiträume) und auch in Zukunft eine Verlustnutzung im Ansässigkeitsstaat ausgeschlossen ist.[555]

Jedenfalls darf nicht aufgrund bloßer Vermutungen von einer Steuerumgehung ausgegangen werden, sondern es ist den betroffenen Gesellschaften stets die Möglichkeit zu geben, Beweise für entlastende Tatsachen wie z.B. eine tatsächliche wirtschaftliche Tätigkeit vorzubringen.[556]

d) Besonderheiten bei Drittstaatssachverhalten

An den Rechtfertigungsgrund der Verhinderung der Steuerflucht sind bei Beteiligung eines Drittstaats ähnliche Anforderungen zu stellen wie innerhalb der Union. Zum einen besteht zwar bei Drittstaaten zum einen wohl ein größeres Potential an die Steuerflucht begünstigenden Normen und zum anderen ist mangels Anwendbarkeit der Amtshilferichtlinie die Informationsbeschaffung für den Mitgliedstaat erschwert. Jedoch können sich die Mitgliedstaaten nicht auf ein Informationsdefizit berufen, wenn in den jeweiligen DBA mit den Drittstaaten Informationsklauseln enthalten sind. Zudem kann das Informationsdefizit in jedem Fall dadurch ausgeglichen werden, dass dem Steuerpflichtigen die Möglichkeit gegeben wird, den tatsächlichen Sachverhalt vorzubringen und nachzuweisen.[557] Im Hinblick auf den Verhältnismäßigkeitsgrundsatz ist die Zulassung eines Entlastungsbeweises als milderes Mittel gegenüber der Versagung von Steuervorteilen auch eine unabdingbare Pflicht der Mitgliedstaaten.

e) Zusammenfassung

Die Verhinderung von Steuerflucht stellt einen beachtlichen Rechtfertigungsgrund für Grundfreiheitsbeeinträchtigungen dar, solange lediglich rein künst-

---

[554] EuGH vom 12.9.2006, Rs. C-196/04 *Cadbury-Schweppes*, Rn. 65 f.

[555] EuGH vom 13.12.2005, Rs. C-446/03 *Marks & Spencer*, Rn. 55.

[556] EuGH vom 12.9.2006, Rs. C-196/04 *Cadbury-Schweppes*, Rn. 70; EuGH vom 13.3.2007, Rs. C-524/04 *Test Claimants in the Thin Cap Group Litigation*, Rn. 92; EuGH vom 11.10.2007, Rs. C-451/05 *ELISA*, Rn. 99.

[557] Vgl. hierzu auch Schnitger, Die Grenzen der Einwirkung der Grundfreiheiten des EG-Vertrages auf das Ertragssteuerrecht, S. 412 ff.

lichen Gestaltungen Vorteile – z.B. aus einer Verlagerung von Einnahmen ins Ausland bzw. aus einer grenzüberschreitenden Verlustnutzung – versagt werden. Zudem muss stets der Grundsatz der Verhältnismäßigkeit gewahrt werden, so dass den Betroffenen selbst bei scheinbar künstlichen Gestaltungen die Möglichkeit gegeben werden muss, entlastende Sachverhalte nachzuweisen.

3. Kompensation im weiteren Sinn

Der Rechtfertigungsgrund der steuerlichen Kohärenz kann herangezogen werden, wenn Mitgliedstaaten Steuervorschriften erlassen, die in einem so engen Zusammenhang mit anderen Regelungen stehen, dass sie insgesamt ein einheitliches, in sich geschlossenes System bilden und die Aufhebung der einen Vorschrift die jeweils andere in ihrer Funktion beeinträchtigen würde.[558] Demnach lässt der Rechtfertigungsgrund der Kohärenz unter bestimmten Voraussetzungen die Anerkennung kompensatorischer Effekte zu, während im Übrigen der Grundsatz gilt, dass ein im Hinblick auf einen Steuerpflichtigen bestehender Nachteil nicht generell dadurch gerechtfertigt werden kann, dass dieser Nachteil durch einen beliebigen anderweitigen steuerlichen Vorteil ausgeglichen wird.[559]

Dieser Rechtfertigungsgrund kann im Hinblick darauf einschlägig sein, dass Nachteile, die aufgrund von DBA-Regelungen entstehen und damit im Quellenstaat zu einer höheren Steuer führen, durch die Vereinbarung und Anwendung der Anrechnungsmethode im Ansässigkeitsstaat ausgeglichen werden können.[560] Wie bereits dargestellt, bezieht der Ansässigkeitsstaat bei Anwendung der Anrechnungsmethode das Gesamteinkommen des Steuerpflichtigen aus Ansässigkeits- und Quellenstaat in seine Steuerberechnung ein,[561] zieht jedoch von seiner so berechneten Steuer die im Quellenstaat gezahlte Steuer ab.[562] Dieser Abzug kann auf zwei Arten geregelt sein. Entweder ist der Gesamtbetrag der Steuern des Quellenstaats auf die dort zu besteuernden Einkünfte anrechenbar (sog. „uneingeschränkte Anrechnung") oder die Steuern

---

[558] Fischer, Primäres Gemeinschaftsrecht und direkte Steuern, S. 216; Hahn, IStR 2000, 436, 437.

[559] Zu dieser Kompensation im engeren Sinn vgl. oben S. 145.

[560] Teilweise wird die Rechtfertigung durch Ausgleich von Nachteilen durch die Anrechnungsmethode unabhängig vom Rechtfertigungsgrund der Kohärenz unter dem Stichwort „Berücksichtigung der Gesamtbesteuerung" (vgl. z.B. Jann in: Gassner/Lang/Lechner, Doppelbesteuerungsabkommen und EU-Recht, S. 67) oder unter dem Gesichtspunkt des fehlenden Nachteils (vgl. Vogel, ECTR 1995, 264; Hughes, BIFD 1997, 126, 129) diskutiert, was jedoch im Ergebnis zu keinem relevanten Unterschied führen sollte. Wie hier u.a. Lang, Die Rechtsprechung des EuGH zu den direkten Steuern, S. 76.

[561] Einkünfte hingegen, für die dem Quellenstaat nach dem DBA das ausschließliche Besteuerungsrecht zusteht, bleiben außer Betracht.

[562] Vgl. hierzu bereits S. 11.

des Quellenstaats sind lediglich in Höhe der Steuer des Ansässigkeitsstaates abzugsfähig, die auf die Einkünfte aus dem Quellenstaat entfällt (sog. „gewöhnliche Anrechnung").[563] Zahlt demnach ein Nicht-Ansässiger im Quellenstaat aufgrund einer nachteiligen Ungleichbehandlung gegenüber einem Nicht-Ansässigen aus einem anderen Mitgliedstaat eine höhere Steuer, wird ihm in seinem Ansässigkeitsstaat auch ein höherer Abzugsposten zuerkannt und der Nachteil somit aufgehoben.

Hingegen bleiben bei einem Großteil der Fälle, in denen die Freistellungsmethode angewandt wird, die Vor- bzw. Nachteile einer unterschiedlichen Behandlung zweier Nicht-Ansässiger durch den Quellenstaat ohne Abmilderung bestehen, da in diesen Fällen die Steuerbelastung, die dem Steuerpflichtigen durch den Quellenstaat auferlegt wurde, für den Ansässigkeitsstaat unerheblich ist.[564] Unterliegt der im Mitgliedstaat 1 ansässige Steuerpflichtige 1 im Drittstaat mit Einkünften aus Unternehmensbeteiligungen keiner Quellensteuer, während auf Dividenden des im Mitgliedstaat 2 ansässigen Steuerpflichtigen 2 im Drittstaat eine Quellensteuer in Höhe von 15% einbehalten wird, bleibt es für beide Steuerpflichtige bei dieser Belastung von 0% bzw. 15%, da der jeweilige Mitgliedstaat die Dividendeneinkünfte im Rahmen seiner Besteuerung ausklammert.[565] Es sind jedoch Fallgestaltungen denkbar, in denen auch die Freistellungsmethode zu einem Ausgleich von Nachteilen führen kann. Im Fall einer Bautätigkeit wird im Drittstaat eine Baubetriebstätte und damit ein Besteuerungsrecht des Drittstaats in Abhängigkeit davon angenommen, wie lange die Bautätigkeit im Drittstaat ausgeübt wird. Wird nach dem DBA zwischen dem Drittstaat und dem Mitgliedstaat 1 eine Baubetriebstätte ab sechs Monaten Bauzeit angenommen, während das DBA zwischen dem Drittstaat und dem Mitgliedstaat 2 eine solche Betriebstätte erst nach zwölf Monaten Mindestbaudauer vorliegt, wird der im Mitgliedstaat 1 ansässige Steuerpflichtige 1 bei einer Baudauer von acht Monaten durch den Drittstaat besteuert, während der im Mitgliedstaat 2 ansässige Steuerpflichtige 2 nicht durch den Drittstaat besteuert wird. Ein gewisser Ausgleich wird jedoch dadurch geschaffen, dass zwar die Einkünfte des Steuerpflichtigen 2 aus seiner Bautätigkeit im Drittstaat nicht besteuert werden, jedoch im Mitgliedstaat 2 der uneingeschränkten Besteuerung unterliegen, während die Einkünfte des Steuerpflichtigen 1 aus seiner Bautätigkeit im Drittstaat im Mitgliedstaat 1 freigestellt werden, so dass es bei der Besteuerung durch den Drittstaat bleibt.[566]

---

[563] Kommentar zum OECD-Musterabkommen in der Fassung vom 28.1.2003 (MA-Komm), Art. 23, Ziffer 13, 15 f. (vgl. Vogel in: Vogel/Lehner, DBA, Art. 23, S. 1631 f.).
[564] Vgl. hierzu oben S. 11.
[565] Dieser Sachverhalt entspricht Beispiel 2 (vgl. S. 2).
[566] Das Beispiel ist angelehnt an Cordewener in: Cordewener/Enchelmaier/Schindler, Meistbegünstigung im Steuerrecht der EU-Staaten, S. 123, 130 und Beul, IStR 1997, 1, 4.

Fraglich ist diesbezüglich jedoch insbesondere, inwieweit der Rechtfertigungsgrund der Kohärenz nach seinem traditionellen Verständnis (s.u. a) sowie aufgrund seiner Weiterentwicklung in der Rechtsprechung des EuGH (s.u. b) auch auf DBA-Regelungen Anwendung findet und ob die steuerlichen Maßnahmen verschiedener Staaten hierbei berücksichtigt werden dürfen (Kompensation im weiteren Sinn). Hierbei wird auf vorgebrachte Gegenargumente eingegangen (s.u. c) und die Rechtsprechung des EuGH im Fall *Denkavit Internationaal* berücksichtigt (s.u. d). Schließlich ist zu untersuchen, ob bzw. unter welchen Prämissen die Anrechnungsmethode und die Freistellungsmethode tatsächlich zu einem vollständigen Ausgleich von Nachteilen führen (s.u. e).

a) Kohärenz nach traditionellem Verständnis

Der Rechtfertigungsgrund der Kohärenz wurde durch den EuGH erstmals in den Urteilen zu den Fällen *Bachmann*[567] und *Kommission gegen Belgien*[568] angewandt. Beide Verfahren behandelten eine Regelung des belgischen Einkommensteuerrechts, wonach für Beiträge zu Lebensversicherungen, die der Altersvorsorge dienten, ein Wahlrecht bestand: Entweder, (i) die Beiträge minderten im Jahr ihrer Zahlung als Sonderausgaben die Steuerbemessungsgrundlage, und die späteren Rentenzahlungen waren zu versteuern, oder (ii) der Steuerpflichtige verzichtete auf die Abziehbarkeit als Sonderausgaben, konnte dann jedoch die späteren Rentenzahlungen steuerfrei beziehen. Die Alternative (ii) bestand jedoch nur für Steuerpflichtige, die bei einem belgischen Versicherer Versicherungsnehmer waren. Hierdurch waren – im konkreten Fall – deutsche Staatsangehörige benachteiligt, die zwar in Belgien arbeiteten, ihre Lebensversicherung jedoch bei einem deutschen Versicherer abgeschlossen hatten. Der EuGH sah diese nachteilige Ungleichbehandlung jedoch unter dem Gesichtspunkt als gerechtfertigt an, dass der belgische Staat nur im Fall eines belgischen Versicherers die Rentenleistungen besteuern konnte und so ein unmittelbarer Zusammenhang zwischen dem Einnahmeverlust aus dem Abzug der Beträge zur Lebensversicherung vom Gesamtbetrag der Einkünfte einerseits und der Besteuerung der von den Versicherern zu zahlenden Pensionen, Renten oder Kapitalabfindungen andererseits bestand.[569] Mit anderen Worten existierte zwischen dem Nachteil der fehlenden Wahlmöglichkeit, die Beiträge als Sonderausgaben abzuziehen, und dem Vorteil, dass die späteren Rentenzahlungen steuerfrei bleiben, eine unmittelbare Verknüpfung.[570]
Die genauen Voraussetzungen für einen solchen unmittelbaren Zusammenhang und damit das Eingreifen des Rechtfertigungsgrundes der Kohärenz

---

[567] EuGH vom 28.1.1992, Rs. C-204/90 *Bachmann*.

[568] EuGH vom 28.1.1992, Rs. C-300/90 *Kommission/Belgien*.

[569] EuGH vom 28.1.1992, Rs. C-204/90 *Bachmann*, Rn. 22; EuGH vom 28.1.1992, Rs. C-300/90 *Kommission/Belgien*, Rn. 15.

[570] Hahn, DStZ 2005, 507, 511.

wurden durch den EuGH nicht definiert. Weiteren Entscheidungen des EuGH lassen sich jedoch als Eingrenzungskriterien entnehmen, dass Vor- und Nachteil

– beide steuerrechtlicher Natur sein und sich auch innerhalb derselben Steuerart manifestieren,[571]
– in der gleichen Person wirksam werden[572] und
– ein und demselben Steuersystem entstammen müssen.[573]

In funktioneller Hinsicht ist zu verlangen, dass nur durch das Zusammenwirken der jeweiligen Vorschriften deren Regelungszweck erreicht werden kann.[574]

Sowohl ein in Form einer DBA-Regelung bestehender Nachteil als auch dessen Ausgleich durch die ebenfalls im DBA vereinbarte Anrechnung der im Drittstaat gezahlten Steuern auf die Steuerschuld im Ansässigkeitsstaat bzw. die im DBA vereinbarte Freistellung der jeweiligen Einkünfte sind steuerrechtlicher Natur und betreffen auch dieselbe Steuerart. Zudem treten Vor- und Nachteil bei der Person desselben Steuerpflichtigen ein. Auch ein funktioneller Zusammenhang ist gegeben, da die Regelungen der Verteilungsnormen der DBA eine Doppelbesteuerung nur im Zusammenwirken mit den Methodenartikeln verhindern und somit ihren Zweck erfüllen können.

Unabhängig von der Beantwortung der Frage, ob die sich gegenüberstehenden Vor- und Nachteile auch ein und demselben Steuersystem entstammen, könnte dem Rechtfertigungsgrund der Kohärenz entgegenstehen, dass der unmittelbare Zusammenhang auf Ebene eines DBA hergestellt wird. Diese Aussage wird teilweise dem Urteil des EuGH im Fall *Wielockx* entnommen.[575] In diesem Verfahren wurde die Frage behandelt, ob es zulässig war, dass Ansässige Gewinne aus unternehmerischer Tätigkeit, die zur Bildung der Altersrücklage verwendet werden, vom steuerpflichtigen Einkommen abziehen konnten, während Nicht-Ansässigen diese Möglichkeit nicht gewährt wurde.[576] Als Rechtfertigungsgrund brachte der betroffene niederländische Staat vor, dass Nicht-Ansässigen zwar einerseits die Bildung einer steuermindernden Altersrücklage nicht möglich sei, jedoch andererseits die Renten eines Nicht-An-

---

[571] EuGH vom 14.11.1995, Rs. C-484/93 *Svensson und Gustavson*, Rn. 18; EuGH vom 27.6.1996, Rs. C-107/94 *Asscher*, Rn. 58 ff.

[572] EuGH vom 16.7.1998, Rs. C-264/96 *ICI*, Rn. 35; EuGH vom 11.8.1995, Rs. C-80/94 *Wielockx*, Rn. 24; Schnitger, Die Grenzen der Einwirkung der Grundfreiheiten des EG-Vertrages auf das Ertragssteuerrecht, S. 333.

[573] Schlussanträge des GA Saggio vom 1.7.1999, verb. Rs. C-400/97 bis 402/97, *Administración del Estado/Juntas Generales de Guipúzcoa*, Rn. 24; Cordewener, Grundfreiheiten und nationales Steuerrecht, S. 968.

[574] Hahn, IStR 2000, 436, 437; Cordewener, Grundfreiheiten und nationales Steuerrecht, S. 968.

[575] Vgl. hierzu Fischer, Primäres Gemeinschaftsrecht und direkte Steuern, S. 216.

[576] EuGH vom 11.8.1995, Rs. C-80/94 *Wielockx*, Rn. 3 ff.

sässigen aus einer solchen Altersrücklage nach dem einschlägigen DBA auch nicht in den Niederlanden besteuert werden können.[577] Hierzu führte der EuGH aus, dass die steuerliche Kohärenz

> „nicht auf der Ebene der Einzelperson, durch eine strenge Wechselbeziehung zwischen der Abzugsfähigkeit der Beiträge und der Besteuerung der Renten, hergestellt [wird], sondern […] auf eine andere Ebene, nämlich die der Gegenseitigkeit der in den Vertragsstaaten anwendbaren Vorschriften verlagert [wird]. Da die steuerliche Kohärenz auf der Grundlage eines mit einem anderen Mitgliedstaat geschlossenen bilateralen Abkommens gewährleistet wird, kann dieser Grundsatz nicht herangezogen werden, um die Verweigerung einer Abzugsmöglichkeit, wie sie hier in Rede steht, zu rechtfertigen."[578]

Diesem Urteil ist jedoch nur zu entnehmen, dass ein im innerstaatlichen Recht angelegter spezifischer Regelungszusammenhang nicht extern in Form eines DBA aufgegeben werden darf. Auch darf die kompensierende Wirkung der DBA-Regelung nicht zufällige Folge des DBA-Abschlusses sein, sondern muss sich direkt auf den jeweiligen Nachteil beziehen.[579] Im Gegensatz zu der Fallkonstellation im Verfahren *Wielockx* betrifft die vorliegende Fragestellung den Fall, dass der Regelungszusammenhang auf Ebene des DBA erst hergestellt wird. In dieser Sachverhaltsgestaltung stellt sich eher die Frage, ob der Rechtfertigungsgrund der Kohärenz eine Gesamtbetrachtung dergestalt zulässt, dass die steuerliche Behandlung in einem anderen Mitgliedstaat für die Beurteilung des Regelungszusammenhangs zwischen Vor- und Nachteil berücksichtigt werden darf. Nach dem ursprünglichen Verständnis der Kohärenz, das auch im Verfahren *Lenz* zum Ausdruck kam, ist die Höhe der Besteuerung in einem anderen Mitgliedstaat nicht relevant, wenn die Vereinbarkeit nationalen Rechts mit den Grundfreiheiten beurteilt werden soll.[580]

b) Weiterentwicklung des Kohärenzgedankens zu einer Gesamtbetrachtung

Der Rechtfertigungsgrund der Kohärenz hat in der Rechtsprechung des EuGH Schritt für Schritt eine Weiterentwicklung erfahren. Das Urteil *Futura Participations* beinhaltete eine Weiterentwicklung, die sich auf das Territorialitätsprinzip gründet.[581] Das Verfahren betraf u.a. die Gewährung des Verlust-

---

[577] EuGH vom 11.8.1995, Rs. C-80/94 *Wielockx*, Rn. 23.

[578] EuGH vom 11.8.1995, Rs. C-80/94 *Wielockx*, Rn. 24 f. Diese Rechtsprechung wurde durch den EuGH in weiteren Urteilen bestätigt (vgl. EuGH vom 21.11.2002, Rs. C-436/00 *X und Y AB*, Rn. 54 f. und Schnitger, Die Grenzen der Einwirkung der Grundfreiheiten des EG-Vertrages auf das Ertragssteuerrecht, S. 336 ff. mwN).

[579] Cordewener, Grundfreiheiten und nationales Steuerrecht, S. 969; Kofler, Doppelbesteuerungsabkommen und Europäisches Gemeinschaftsrecht, S. 715.

[580] EuGH vom 15.7.2004, Rs. C-315/02 *Lenz*, Rn. 41. Zum Verfahrensinhalt der Rechtssache *Lenz* vgl. bereits oben, S. 106.

[581] Teilweise wird das Territorialitätsprinzip als eigenständiger Rechtfertigungsgrund begriffen (vgl. Schnitger, Die Grenzen der Einwirkung der Grundfreiheiten des EG-Vertrages auf

vortrags für Steuerausländer, die davon abhängig war, dass ein wirtschaftlicher Zusammenhang dieser Verluste mit im Inland erzielten Erträgen bestand.[582] Der EuGH sah in dieser Regelung keine Verletzung der Grundfreiheiten mit der Begründung, dass es dem steuerlichen Territorialitätsprinzip entspreche, wenn bei der Berechnung der Bemessungsgrundlage für die Besteuerung von Nicht-Ansässigen nur Gewinne und Verluste berücksichtigt werden, die aus inländischen Tätigkeiten stammen.[583] Diesem Ergebnis wurde in der Literatur auch überwiegend zugestimmt, da „eine innerstaatliche Norm dann nicht als europarechtswidrige Diskriminierung sanktioniert werden darf, wenn sich diese Norm als Teil eines (gemeineuropäischen) Bestands von äquivalenztheoretisch fundierten Rechtfertigungs- und Zuordnungsnormen erweist".[584] Solange ein Mitgliedstaat demnach für Ansässige das Welteinkommensprinzip und für Nicht-Ansässige das Territorialitätsprinzip anwendet, ist hierin allein noch keine Diskriminierung zu sehen, sondern es müssen weitere diskriminierende Gesichtspunkte hinzukommen. Sobald ein Quellenstaat jedoch auch bei Nicht-Ansässigen zu einer Besteuerung des Welteinkommens übergeht, kann das Territorialitätsprinzip keine Rechtfertigung darstellen.[585] Diese Form der Rechtfertigung bleibt demnach auf einen sehr engen Anwendungsbereich beschränkt, der dem Sachverhalt in der Rechtssache *Futura Participations* weitgehend entspricht.

Im Urteil *Manninen* ging die Weiterentwicklung der Kohärenz in eine viel versprechende Richtung.[586] Das fragliche Verfahren behandelte eine Regelung des finnischen Steuerrechts zur Vermeidung der wirtschaftlichen Doppelbelastung von Dividenden. Danach wurde dem Anteilseigner einer Gesellschaft, deren Aktien an der Börse notiert waren, eine Steuergutschrift in Höhe von 29/71 des Dividendenbetrags gewährt, die bewirkt, dass die Gesamtsteuer auf den ausgeschütteten Gewinn 29% beträgt. Die Steuergutschrift war jedoch nur auf Dividenden anwendbar, die von im Inland ansässigen Gesellschaften an im Inland ansässige Anteilseigner ausgeschüttet wurden. Zusätzlich zur Steuergutschrift war geregelt, dass, wenn sich die entrichtete Körperschaftsteuer einer Gesellschaft in einem Besteuerungszeitraum auf weniger als 29/71 der

---

das Ertragssteuerrecht, S. 359 mwN). Wie hier jedoch Cordewener, Grundfreiheiten und nationales Steuerrecht, S. 632.

[582] EuGH vom 15.5.1997, Rs. C-250/95, *Futura Participations und Singer*.

[583] EuGH vom 15.5.1997, Rs. C-250/95, *Futura Participations und Singer*, Rn. 21 f.

[584] Lehner in: Gocke/Gosch/Lang, FS für Wassermeyer, S. 241, 257. Für weitere Nachweise vgl. Cordewener, Grundfreiheiten und nationales Steuerrecht, S. 630.

[585] Cordewener, Grundfreiheiten und nationales Steuerrecht, S. 631 f.; Schnitger, Die Grenzen der Einwirkung der Grundfreiheiten des EG-Vertrages auf das Ertragssteuerrecht, S. 362.

[586] Englisch, GmbHR 2004, R421; Vanistendael, ECTR 2005, 208, 219; Schnitger, Die Grenzen der Einwirkung der Grundfreiheiten des EG-Vertrags auf das Ertragssteuerrecht, S. 339.

ausgeschütteten Dividenden beläuft, diese Gesellschaft mit einer Ergänzungssteuer in Höhe des Unterschiedsbetrags belastet wird.[587] Die finnische Regierung brachte vor, dass ein unmittelbarer Zusammenhang zwischen der Besteuerung der Gewinne der Gesellschaft und der dem Aktionär gewährten
Steuergutschrift bestehe, da der Aktionär die Steuergutschrift nur unter der
Voraussetzung erhalte, dass die betreffende Gesellschaft tatsächlich die Körperschaftsteuer auf ihre Gewinne entrichtet habe. Bleibe diese Steuer hinter der
Mindeststeuer zurück, so habe die Gesellschaft eine Ergänzungssteuer zu entrichten.[588] Der EuGH lehnte zwar eine Rechtfertigung im Ergebnis ab, da aus
seiner Sicht im Hinblick auf das Ziel der Vermeidung der Doppelbesteuerung
die Kohärenz des Steuersystems gewährleistet bleibt, „soweit der Zusammenhang zwischen der dem Aktionär gewährten Steuervergünstigung und der ge-
schuldeten Körperschaftsteuer aufrechterhalten wird"[589] – mit anderen Worten,
solange der Ansässigkeitsstaat des Aktionärs ebenfalls eine Körperschaftsteuer
auf die fraglichen Gewinne erhebt.

Der Entscheidung des EuGH sind dennoch einige wichtige Aussagen zu
entnehmen. Zum einen erkannte der EuGH grundsätzlich einen Zusammenhang zwischen der Steuervergünstigung und der Ergänzungssteuer an.[590] Dies
ist insofern bemerkenswert, als der EuGH damit eine Verknüpfung zwischen
Vor- und Nachteilen bejaht, die bei verschiedenen Steuerpflichtigen wirksam
werden.[591] Darüber hinaus bezieht der EuGH im Rahmen des Rechtfertigungsgrundes der Kohärenz nicht mehr nur Regelungen innerhalb eines Mitgliedstaats ein, sondern nimmt eine staatenübergreifende Gesamtschau vor.
Dies ergibt sich bereits daraus, dass die verschiedenen Steuerpflichtigen, bei
denen Vor- bzw. Nachteil im Fall *Manninen* eintraten, auch in verschiedenen
Mitgliedstaaten ansässig waren.[592]

Zum anderen hob der EuGH die Bedeutung des Ziels hervor, das diejenige
Steuerregelung verfolgt, die durch den Rechtfertigungsgrund der Kohärenz
gerechtfertigt sein soll. Nachdem im Fall *Manninen* das Ziel der Vermeidung

---

[587] EuGH vom 7.9.2004, Rs. C-319/02 *Manninen*, Rn. 8 ff.

[588] EuGH vom 7.9.2004, Rs. C-319/02 *Manninen*, Rn. 40.

[589] EuGH vom 7.9.2004, Rs. C-319/02 *Manninen*, Rn. 46.

[590] EuGH vom 7.9.2004, Rs. C-319/02 *Manninen*, Rn. 45. Ebenso Vanistendael, ECTR
2005, 208, 219 f.

[591] Ebenso Lang, Die Rechtsprechung des EuGH zu den direkten Steuern, S. 57 f.; Schnitger,
Die Grenzen der Einwirkung der Grundfreiheiten des EG-Vertrags auf das Ertragssteuerrecht,
S. 339; Englisch, GmbHR 2004, R421, R422.

[592] Englisch, GmbHR 2004, R421, R422; Schnitger, Die Grenzen der Einwirkung der
Grundfreiheiten des EG-Vertrags auf das Ertragssteuerrecht, S. 339; Vanistendael, ECTR
2005, 208, 220; Englisch, Intertax 2005, 310, 334. Eine ähnliche Gesamtschau ist auch dem
EuGH-Urteil zum Fall *Marks & Spencer* bezüglich der grenzüberschreitenden Verlustberück-
sichtigung im Konzern zu entnehmen (vgl. EuGH vom 13.12.2005, Rs. C-446/03 *Marks &
Spencer*).

der Doppelbelastung auch auf andere – weniger einschneidende – Weise aufrechterhalten werden konnte, verneinte der EuGH die Verhältnismäßigkeit der
finnischen Regelung.[593]

Die beschriebene Weiterentwicklung des Kohärenzgedankens beinhaltet
demzufolge, dass der Ausgleich eines Nachteils auch in der Person eines anderen Steuerpflichtigen eintreten bzw. auf der Besteuerung durch einen anderen
Staat basieren kann, wenn das Ziel der zugrunde liegenden Regelung eine solche erweiterte Gesamtschau erfordert. Voraussetzung bleibt jedoch, dass ein
enger funktionaler Zusammenhang zwischen beiden Regelungen besteht und
das genannte Ziel nicht ohne das Zusammenwirken der fraglichen Normen
erreicht werden kann.

Angewendet auf die vorliegende Fragestellung bedeutet dies, dass die Anrechnung der im Quellenstaat entrichteten Steuern im Ansässigkeitsstaat eine
nachteilige Besteuerung im Quellenstaat grundsätzlich ausgleichen kann, da
ein enger Zusammenhang zwischen den Verteilungsnormen und den Methodenartikeln der DBA besteht und zudem auch das Ziel der DBA-Regelungen –
Doppelbesteuerung zu vermeiden – nur durch ein Zusammenspiel dieser beiden Arten von Normen erreicht werden kann.

c) Abzulehnende Argumente gegen eine Berücksichtigung der Besteuerung in
   einem anderen Mitgliedstaat

In der Literatur werden jedoch einige Argumente vorgebracht, die gegen eine Berücksichtigung der Besteuerung in einem anderen Staat sprechen können.
So wird teilweise vertreten, es sei mit der weiterhin bestehenden Souveränität
der Mitgliedstaaten unvereinbar, wenn die Übereinstimmung von Handlungen
und Regelungen eines Mitgliedstaates mit Unionsrecht durch die Gesetzgebung
eines anderen Staates entscheidend beeinflusst werden könne.[594] Eine solche
Abhängigkeit von der Gesetzgebung eines anderen Staates würde bestehen,
falls steuerliche Belastungen, die dem potentiell diskriminierten Steuerpflichtigen durch andere Staaten als dem regelnden Staat auferlegt werden, im Rahmen der Prüfung eines Diskriminierungsverbots Berücksichtigung finden
könnten.

Diesem Argument kann jedoch im Fall eines Ausgleichs in Form von
DBA-Regelungen entgegengehalten werden, dass der Ansässigkeitsstaat hier
entscheidende Einwirkungsmöglichkeiten auf die durch das DBA geregelte
steuerliche Behandlung hat: Zum einen kann das DBA ohne die Zustimmung
beider Staaten nicht zustande kommen und zum anderen können die abkommensbeteiligten Staaten die getroffenen Regelungen nicht ohne weiteres und

---

[593] EuGH vom 7.9.2004, Rs. C-319/02 *Manninen*, Rn. 43.
[594] Lang in: Gassner/Lang/Lechner, Doppelbesteuerungsabkommen und EU-Recht, S. 25,
36; Kofler, HBTLJ 2005, 1, 72 mwN.

einseitig – d.h. ohne Einverständnis des jeweils anderen Abkommensbeteiligten – ändern.[595] Zudem muss auch berücksichtigt werden, dass der Ansässigkeitsstaat durch den Abschluss eines DBA für das die Grundfreiheiten verletzende Verhalten des Quellenstaats verantwortlich ist.[596] Entsprechend muss ihm auch die Möglichkeit gegeben werden, das den Nachteil beinhaltende Verhalten dadurch zu rechtfertigen, dass dieser Nachteil durch seine eigenen Ausgleichsmaßnahmen aufgewogen wird.[597] Nicht vergessen werden darf auch, dass eine Rechtfertigung ohnehin nur greifen kann, wenn die jeweilige Ausgleichsmaßnahme gerade den Zweck hat, den Nachteil zu beseitigen und zudem ein enger Funktionszusammenhang zwischen Vor- und Nachteil besteht.

Ein weiterer Grund, der gegen eine Berücksichtigung der Gesamtsteuerbelastung sprechen soll, ist, dass der auch im Unionsrecht anerkannte Grundsatz der Rechtssicherheit einem Mitgliedstaat verbiete, seine Pflichten aus den Verträgen auf einen anderen Mitgliedstaat zu übertragen.[598] Dieser Einwand wurde durch den EFTA-Gerichtshof im Verfahren *Fokus Bank* als entscheidend angesehen. Das genannte Verfahren betraf eine Regelung, nach der inländischen Gesellschaftern einer inländischen Kapitalgesellschaft ein Steuerguthaben gezahlt wurde, das die Besteuerung von 28 % auf Null reduzierte. Ausländischen Anteilseignern wurde dieses Steuerguthaben verweigert mit dem Hinweis, dass die inländische Steuer zum einen durch das anwendbare DBA reduziert werde und zum anderen die im Quellenstaat gezahlte Steuer ohnehin im Ansässigkeitsstaat angerechnet werde.[599] Der EFTA-Gerichtshof verneinte u.a. aus dem oben genannten Grund eine Rechtfertigung der Benachteiligung durch Nichtgewährung der Steuergutschrift.

Gegen diese grundsätzliche Ablehnung einer Übertragung von Pflichten aus den Verträgen spricht jedoch die Argumentation des EuGH im Fall *de Groot*.[600] Dieses Verfahren behandelte eine nationale Regelung zur Vermeidung der Doppelbesteuerung, nach der der Wohnsitzstaat bei Vorhandensein von Einkünften aus einem anderen (Mitglieds-)Staat die persönlichen Umstände und Familienverhältnisse nur in Höhe des Prozentsatzes anerkannte, der dem Anteil der inländischen Einkünfte an den Gesamteinkünften des Steuerpflichtigen entsprach. Folge dieser Regelung war, dass beim Bezug von Einkünften aus einem anderen Staat als dem Wohnsitzstaat Teile des Steuerfreibetrags und weiterer persönlicher steuerlicher Vergünstigungen verloren gingen. Dem EuGH zufolge war in dieser Behandlung zwar ein Verstoß gegen das Diskrimi-

---

[595] Vgl. ebenso Schlussanträge des GA Mengozzi vom 7.6.2007, Rs. C-379/05 *Amurta*, Rn. 80.
[596] Vgl. oben S. 47 f. und 53.
[597] Im Ergebnis ebenso EuGH vom 15.11.2007, Rs. C-379/05 *Amurta*, Rn. 79.
[598] EFTA-Gerichtshof vom 23.11.2004, E-1/04 *Fokus Bank ASA*, IStR 2005, 55 ff., Rn. 37.
[599] EFTA-Gerichtshof vom 23.11.2004, E-1/04 *Fokus Bank ASA*, IStR 2005, 55 ff., Rn. 36.
[600] EuGH vom 12.12.2002, Rs. C-385/00 *de Groot*.

nierungsverbot des Art. 48 EG (heute: Art. 54 AEUV) zu sehen, jedoch stellte
er dennoch fest:

> „Den Mitgliedstaaten steht es in Ermangelung gemeinschaftlicher Maßnahmen zur
> Vereinheitlichung oder Harmonisierung zwar frei, diese Wechselbeziehung zwischen
> der Berücksichtigung des Gesamteinkommens der Gebietsansässigen sowie ihrer per-
> sönlichen und familiären Gesamtsituation durch den Wohnsitzstaat *durch bilaterale*
> *oder multilaterale Doppelbesteuerungsübereinkünfte zu ändern.* Der Wohnsitzstaat
> kann somit *im Vertragswege von seiner Verpflichtung* zur vollständigen Berücksichti-
> gung der persönlichen und familiären Situation der Steuerpflichtigen, die in seinem
> Hoheitsgebiet wohnen und ihre wirtschaftliche Betätigung teilweise im Ausland aus-
> üben, *entbunden werden.*"[601]

Hieraus ergibt sich, dass die Vereinbarung der Anrechnungsmethode in ei-
nem DBA eine geeignete Methode sein kann, das Ziel der Vermeidung der
Doppelbesteuerung zu erreichen und hierdurch Nachteile aufgrund anderer
(DBA-)Normen auszugleichen.[602]

Zudem wurde die ablehnende Sichtweise des EFTA-Gerichtshofs in der Folge mehrfach nicht geteilt. So argumentierte Generalanwalt Geelhoed im Verfahren *ACT Group Litigation*, dass es den Mitgliedstaaten frei stehe, neben
der Aufteilung der Besteuerungskompetenz auch eine Aufteilung des Vorrangs
bei der Besteuerung vorzunehmen und so durch ein DBA den abkommensbeteiligten Staat zu einer Befreiung des Steuerpflichtigen von Nachteilen zu verpflichten. Zudem würden „die wirtschaftliche Realität der Tätigkeit dieses
Steuerpflichtigen und die Anreize in einem grenzüberschreitenden Zusammenhang verkannt", wenn die Wirkungen von DBA nicht berücksichtigt würden.[603]

d) Bestätigung der Berücksichtigung der Anrechnungsmethode durch
   EuGH-Rechtsprechung

Die Möglichkeit, eine nachteilige Steuernorm des Quellenstaats im Hinblick
auf eine Anrechnung der Steuer im Ansässigkeitsstaat als ausgeglichen zu betrachten, wurde durch den EuGH in der Rechtssache *Denkavit Internatio-*
naal[604] bestätigt. In diesem Verfahren wurde die französische Regelung angegriffen, dass Ausschüttungen einer Kapitalgesellschaft an im Inland ansässige
Anteilseigner zu 95% steuerfrei waren, während Ausschüttungen an

---

[601] EuGH vom 12.12.2002, Rs. C-385/00 *de Groot*, Rn. 99 (Hervorhebungen nicht im
Original).

[602] Kofler, Doppelbesteuerungsabkommen und Europäisches Gemeinschaftsrecht, S. 583;
Eicker/Breuer, IStR 2005, 59, 61. Anderer Ansicht allerdings Cordewener, FR 2005, 345,
350 ff.

[603] Schlussanträge des GA Geelhoed vom 23.2.2006, Rs. C-374/04 *ACT Group Litigation*,
Rn. 71; vgl. ebenso Schlussanträge des GA Mengozzi vom 7.6.2007, Rs. C-379/05 *Amurta*,
Rn. 80.

[604] EuGH vom 14.12.2006, Rs. C-170/05 *Denkavit Internationaal BV*.

nicht-ansässige Anteilseigner einer Quellensteuer von 25% unterworfen wurden. Insbesondere wurde die Frage vorgelegt, ob für die Beurteilung der Unionsrechtskonformität relevant ist, dass das anwendbare Doppelbesteuerungsabkommen die Anrechnung der Quellensteuer im Ansässigkeitsstaat des Anteilseigners vorsieht. Erwähnenswert ist auch, dass der nicht-ansässige Anteilseigner im fraglichen Fall nicht in den Genuss der Anrechnung kam, da im Ansässigkeitsstaat aufgrund eines Schachtelprivilegs keine Steuerlast bestand, auf die die Quellensteuer hätte angerechnet werden können.[605] Der EuGH bejahte die Frage, ob die im DBA vorgesehene Anrechnungsmethode für die Beurteilung der EU-Rechtskonformität herangezogen werden kann,[606] indem er ausführte:

> „Da die sich aus dem französisch-niederländischen Abkommen ergebende steuerliche Regelung Bestandteil des rechtlichen Rahmens ist, der auf das Ausgangsverfahren anzuwenden ist, und als solche vom vorlegenden Gericht auch dargestellt worden ist, ist sie vom Gerichtshof im vorliegenden Fall zu berücksichtigen.“[607]

Im konkreten Fall bejahte der EuGH jedoch eine Diskriminierung, da die Anrechnungsmethode aufgrund fehlender Steuerlast im Ansässigkeitsstaat zu keiner Entlastung führen konnte.[608] Insgesamt bleibt jedoch der Grundsatz festzuhalten, dass ein Ausgleich von steuerlichen Nachteilen im Quellenstaat durch eine Anwendung der im relevanten DBA vereinbarten Anrechnungsmethode möglich ist und so eine Diskriminierung rechtfertigen kann.

e) Voraussetzungen einer Rechtfertigung im Einzelfall, Verhältnismäßigkeit

Dem Urteil des EuGH im Verfahren *Denkavit* kann die Voraussetzung entnommen werden, dass die Vereinbarung der Anrechnungsmethode allein nicht ausreicht, um einen tatsächlich im Quellenstaat bestehenden Nachteil auszugleichen. Vielmehr muss die Anrechnungsmethode im konkreten Fall auch zu einer vollständigen Aufhebung der Nachteile für den Steuerpflichtigen füh-

---

[605] EuGH vom 14.12.2006, Rs. C-170/05 *Denkavit Internationaal BV*, Rn. 3 f., 42.

[606] Diese Ansicht ist auch innerhalb der Literatur vorherrschend: vgl. Hughes, BIFD 1997, 126, 129; De Ceulaer, BIFD 2003, 493, 500 f.; Vogel, ECTR 1995, 264 f.; Kofler, Doppelbesteuerungsabkommen und Europäisches Gemeinschaftsrecht, S. 564 ff., 604 mwN insbes. in Fn. 593. Anderer Ansicht wohl Cordewener, Grundfreiheiten und nationales Steuerrecht, S. 933 f.

[607] EuGH vom 14.12.2006, Rs. C-170/05 *Denkavit Internationaal BV*, Rn. 45 unter Hinweis auf seine vorhergehende Rechtsprechung (EuGH vom 7.9.2004, Rs. C-319/02 *Manninen*, Rn. 21; EuGH vom 19.1.2006, Rs. C-265/04 *Bouanich*, Rn. 51 und EuGH vom 12.12.2006, Rs. C-374/04 *Test Claimants in Class IV of the ACT Group Litigation*, Rn. 71). Die grundsätzliche Pflicht zur Berücksichtigung der im DBA enthaltenen Anrechnungsmethode wurde bestätigt durch EuGH vom 15.11.2007, Rs. C-379/05 *Amurta*, Rn. 80.

[608] EuGH vom 14.12.2006, Rs. C-170/05 *Denkavit Internationaal BV*, Rn. 46 ff., 48.

ren.[609] Fraglich ist, ob dies für jede Form der in DBA geregelten Anrechnungs-methode sowie auch für die Fälle der Freistellungsmethode erfüllt ist.

aa) Uneingeschränkte Anrechnung

Der Ausgleich von Nachteilen durch eine uneingeschränkte Anrechnung lässt sich anhand des folgenden Beispiels darstellen:

> **Beispiel A:** Der Steuerpflichtige A ist im Mitgliedstaat A ansässig und bezieht Divi-denden in Höhe von 100 aus dem Drittstaat D, der darauf 15% Quellensteuer erhebt. Der im Mitgliedstaat B ansässige Steuerpflichtige B bezieht ebenfalls Dividenden aus D; nach dem DBA D-B behält der Drittstaat D jedoch keine Quellensteuer ein.[610] Die Staaten A und B erheben jeweils eine Einkommensteuer in Höhe von 30%.

	Steuerpflichtiger A	Steuerpflichtiger B
Steuerliche Situation im Drittstaat:		
Dividendeneinkommen	100	100
Quellensteuer	(15)	(0)
Steuerlast im Drittstaat	15	0
Steuerliche Situation im Ansässigkeitsstaat:		
Weitergeleitete Dividende	85	100
Dividendeneinkünfte für Steuer-zwecke	100	100
Einkommensteuer	(30)	(30)
Anrechnung ausländischer Steuer	15	(0)
Steuerlast im Ansässigkeitsstaat	15	0
Gesamtsteuerlast	30	30

Hierin ist erkennbar, dass trotz der unterschiedlichen Quellensteuersätze im Drittstaat von 15% im Fall des Steuerpflichtigen A gegenüber 0% im Fall des Steuerpflichtigen B die auf den Gewinnen ruhende Gesamtsteuerlast gleicher-maßen 30% beträgt.

---

[609] Aus diesem Grund ist auch die Literaturansicht abzulehnen, die vorbringt, dass nur weil eine DBA-Regelung einen Vorteil zu enthalten scheint, das betreffende DBA als Ganzes nicht vorteilhaft sein muss (vgl. O'Shea, ECTR 2005, 190, 197; Hughes, BIFD 1997, 126, 129; Dourado, ECTR 2002, 147, 151), da auf den einzelnen Steuerpflichtigen nie alle Regelungen eines DBA anwendbar sind.

[610] Die folgenden Beispiele basieren auf dem in der Einleitung angeführten Beispiel 2 (vgl. S. 2).

Falls der Steuersatz im Ansässigkeitsstaat des Steuerpflichtigen höher ist als derjenige des Ansässigkeitsstaats seines Vergleichspartners, führt die Anrechnungsmethode zwar zu einer „Hochschleusung" auf ein höheres Steuerniveau, wie folgendes Beispiel zeigt:

Beispiel B: Der Steuerpflichtige A ist im Mitgliedstaat A ansässig und bezieht Dividenden in Höhe von 100 aus dem Drittstaat D, der darauf 15% Quellensteuer erhebt. Der im Mitgliedstaat B ansässige Steuerpflichtige B bezieht ebenfalls Dividenden aus D; nach dem DBA D-B behält der Drittstaat D jedoch keine Quellensteuer ein. Der Einkommensteuersatz im Staat A beträgt 30%, im Staat B hingegen 25%.

	Steuerpflichtiger A	Steuerpflichtiger B
Steuerliche Situation im Drittstaat:		
Dividendeneinkommen	100	100
Quellensteuer	(15)	(0)
Steuerlast im Drittstaat	15	0
Steuerliche Situation im Ansässigkeitsstaat:		
Weitergeleitete Dividende	85	100
Dividendeneinkünfte für Steuerzwecke	100	100
Einkommensteuer	(30)	(25)
Anrechnung ausländischer Steuer	15	0
Steuerlast im Ansässigkeitsstaat	15	25
Gesamtsteuerlast	30	25

Im Fall des Steuerpflichtigen A wird die durch den Drittstaat D einbehaltene Quellensteuer in Höhe von 15% zwar durch die Anrechnungsmethode vollständig ausgeglichen, die auf den Gewinnen des Steuerpflichtigen A ruhende Gesamtsteuerlast ist jedoch mit 30% um 5% höher als die Gesamtsteuerlast, der der Steuerpflichtige B mit seinen Gewinnen unterliegt.

Die Benachteiligung basiert jedoch einzig und allein auf den unterschiedlichen Steuerniveaus der jeweiligen Ansässigkeitsstaaten und damit auf der fehlenden Harmonisierung des Steuerrechts. Die steuerliche Belastung im Quellenstaat ist für diesen Unterschied hingegen nicht verantwortlich[611] und wird auch vollständig durch die Anrechnung ausgeglichen.

---

[611] Cordewener in: Cordewener/Enchelmaier/Schindler, Meistbegünstigung im Recht der EU-Staaten, S. 131. Vgl. zu dieser Problematik Vogel, ECTR 1995, 264 f.

Im Fall der uneingeschränkten Anrechnung ist folglich der Nachteil der höheren Quellensteuer im Drittstaat als vollständig aufgehoben anzusehen.[612]

bb) Gewöhnliche Anrechnung

Der Nachteil einer höheren Quellensteuerlast wird hingegen im Fall der Vereinbarung der sog. gewöhnlichen Anrechnung nicht vollständig ausgeglichen. Bei einer gewöhnlichen Anrechnung ist die Anrechnung der ausländischen Steuer im Ansässigkeitsstaat auf den Betrag beschränkt, der im Ansässigkeitsstaat auf die Einkünfte aus dem Quellenstaat entfällt (Anrechnungshöchstbetrag).

Dies zeigt das folgende Beispiel:

> Beispiel C: Der Steuerpflichtige A ist im Mitgliedstaat A ansässig und bezieht Dividenden in Höhe von 100 aus dem Drittstaat D, der darauf 15% Quellensteuer erhebt. Der im Mitgliedstaat B ansässige Steuerpflichtige B bezieht ebenfalls Dividenden aus D. Nach dem DBA D-B behält der Drittstaat D jedoch keine Quellensteuer ein. Die Ansässigkeitsstaaten der Steuerpflichtigen A und B stellen Dividendeneinkünfte steuerfrei und in den DBA D-A und D-B ist ein Anrechnungshöchstbetrag vorgesehen.

	Steuerpflichtiger A	Steuerpflichtiger B
Steuerliche Situation im Drittstaat:		
Dividendeneinkommen	100	100
Quellensteuer	(15)	(0)
Steuerlast im Drittstaat	15	0
Steuerliche Situation im Ansässigkeitsstaat:		
Weitergeleitete Dividende	85	100
Dividendeneinkünfte für Steuerzwecke	100	100
Einkommensteuer	(0)	(0)
Anrechnung ausländischer Steuer	0	0
Steuerlast im Ansässigkeitsstaat	0	0
Gesamtsteuerlast	15	0

Die für den Steuerpflichtigen A im Drittstaat entstandene Steuerbelastung mit 15% kann aufgrund des Anrechnungshöchstbetrages im Ansässigkeits-

---

[612] De Ceulaer, BIFD 2003, 493, 500. Es bleiben allerdings Liquiditätsnachteile bestehen (vgl. hierzu sogleich unter cc).

staat A nicht ausgeglichen werden, da im Staat A keine Steuer auf die Dividenden anfällt. Insgesamt unterliegt der Steuerpflichtige A damit mit seinen Gewinnen einer Gesamtsteuerlast von 15%, während die Gewinne des Steuerpflichtigen B steuerfrei sind.

Ist demnach im einschlägigen DBA ein Anrechnungshöchstbetrag vorgesehen, kann der jeweilige Mitgliedstaat die nachteilige Ungleichbehandlung im Quellenstaat nicht unter Berufung auf einen Ausgleich der Nachteile im Wege der Anrechnung rechtfertigen.[613]

cc) Verbleibende Liquiditätsnachteile

Auch bei Anwendung der uneingeschränkten Anrechnung verbleiben jedoch Liquiditätsnachteile für die Steuerpflichtigen, die einem höheren Quellensteuersatz unterliegen, da sie eine niedrigere Dividende ausgezahlt bekommen und die Anrechnung auf die Steuer im Ansässigkeitsstaat zumeist erst in einem Antragsverfahren erfolgt, für das häufig noch ein zusätzlicher Kosten- und Zeitaufwand entsteht. Diese Nachteile wurden – insbesondere aufgrund des Fehlens einer *de minimis* – Grenze für Diskriminierungen – durch den EuGH im Fall des Vergleichspaars Ansässiger – Nicht-Ansässiger als beachtlich angesehen.[614] Fraglich ist, ob dies auch für Fälle des Vergleichs zweier Nicht-Ansässiger gilt, bei denen sowohl der Nachteil im Quellenstaat als auch dessen Ausgleich aufgrund der Anrechnungsmethode auf einem DBA beruhen. Anhaltspunkte für eine Unbeachtlichkeit der Liquiditätsnachteile in den genannten Fällen können dem EuGH-Urteil *Marks & Spencer* entnommen werden.[615] Die verfahrensgegenständliche Benachteiligung von Muttergesellschaften mit nicht-ansässigen Tochtergesellschaften in Form einer Versagung des Konzernabzugs wurde durch den EuGH als grundsätzlich gerechtfertigt angesehen; lediglich im Rahmen der Verhältnismäßigkeitsprüfung sah er eine Pflicht der Mitgliedstaaten zur grenzüberschreitenden Verlustberücksichtigung für Fälle vor, in denen „keine Möglichkeit besteht, dass die Verluste der ausländischen Tochtergesellschaft im Staat ihres Sitzes für künftige Zeiträume von ihr selbst oder von einem Dritten, insbesondere im Fall der Übertragung der Tochtergesellschaft auf ihn, berücksichtigt werden".[616] Können Verluste demnach in zu-

---

[613] Ebenso Kofler, Doppelbesteuerungsabkommen und Europäisches Gemeinschaftsrecht, S. 593 f.; De Ceulaer, BIFD 2003, 493, 500.

[614] EuGH vom 8.3.2001, verb. Rs. C-397/98 und C-410/98 *Metallgesellschaft Ltd. u. Hoechst AG u.a.*, Rn. 44; EuGH vom 21.11.2002, Rs. C-436/00 *X und Y AB*, Rn. 36; Cordewener in: Cordewener/Enchelmaier/Schindler, Meistbegünstigung im Recht der EU-Staaten, S. 135 f. Zum Fehlen einer Spürbarkeitsgrenze vgl. EuGH vom 28.1.1986, Rs. 270/83 *avoir fiscal*, Rn. 21.

[615] EuGH vom 13.12.2005, Rs. C-446/03 *Marks & Spencer* (vgl. hierzu bereits S. 135). Ebenso Kofler, Doppelbesteuerungsabkommen und Europäisches Gemeinschaftsrecht, S. 592.

[616] EuGH vom 13.12.2005, Rs. C-446/03 *Marks & Spencer*, Rn. 55.

künftigen Zeiträumen im Ansässigkeitsstaat der Tochtergesellschaft berücksichtigt werden, liegt keine Verletzung der Grundfreiheiten vor, obwohl ein um Jahre verzögerter Verlustausgleich im Vergleich zu einem sofortigen Verlustausgleich im Konzern erhebliche Liquiditätsnachteile mit sich bringt. Im Vergleich zu seiner bisherigen Rechtsprechung, nach der auch Liquiditätsnachteile für die Begründung einer Verletzung der Grundfreiheiten ausreichten, ist dies eine Verringerung des Schutzumfangs der Grundfreiheiten.[617] Auch wenn dem EuGH-Urteil *Marks & Spencer* keine vollständige Unbeachtlichkeit von Liquiditätsnachteilen entnommen werden kann, ist dennoch der Grundgedanke erkennbar, dass im Rahmen einer differenzierten Abwägung zwischen dem den Grundfreiheiten zugrunde liegenden Ziel des Binnenmarktes und internationalen Besteuerungsprinzipien ein Liquiditätsnachteil hinzunehmen ist, der auf der Aufteilung der Steuerhoheit basiert und in Form einer reinen Zeitverschiebung eintritt.[618] Im Fall des Ausgleichs von nachteiligen Regelungen durch die Anwendung der Anrechnungsmethode sind folglich verbleibende Liquiditätsnachteile unschädlich.

dd) Freistellungsmethode

Wie bereits dargestellt, führt die Freistellungsmethode nur in wenigen Spezialfällen zu einem Ausgleich von Nachteilen, die durch eine unterschiedliche Besteuerung im Quellenstaat hervorgerufen werden.

Im soeben behandelten Beispiel A, in dem der im Mitgliedstaat A ansässige Steuerpflichtige A Dividenden in Höhe von 100 aus dem Drittstaat D bezieht, der darauf 15% Quellensteuer erhebt, während die Dividenden aus dem Drittstaat D des im Mitgliedstaat B ansässigen Steuerpflichtigen B keiner Quellensteuer unterliegen, führt die Freistellungsmethode zu keinem Ausgleich der Nachteile:

	Steuerpflichtiger A	Steuerpflichtiger B
Steuerliche Situation im Drittstaat:		
Dividendeneinkommen	100	100
Quellensteuer	(15)	(0)
Steuerlast im Drittstaat	15	0

---

[617] Haunold/Tumpel/Widhalm, SWI 2006, 44, 47 f.; Lang, ET 2006, 54, 61; Kofler, Doppelbesteuerungsabkommen und Europäisches Gemeinschaftsrecht, S. 593.

[618] Ebenso Kofler, Doppelbesteuerungsabkommen und Europäisches Gemeinschaftsrecht, S. 593; siehe auch Englisch, IStR 2006, 19, 23.

	Steuerpflichtiger A	Steuerpflichtiger B
Steuerliche Situation im Ansässigkeitsstaat:		
Weitergeleitete Dividende	85	100
Dividendeneinkünfte für Steuerzwecke	0	0
Einkommensteuer	(0)	(0)
Steuerlast im Ansässigkeitsstaat	0	0
Gesamtsteuerlast	15	0

Aus der Tabelle ist ersichtlich, dass die Freistellungsmethode im Fall des Steuerpflichtigen A zwar eine Doppelbesteuerung vermeidet, der in Folge der höheren Quellensteuer des Drittstaates bestehende Nachteil einer höheren Steuerlast von 15% (im Vergleich zu 0% beim Steuerpflichtigen B) jedoch nicht ausgeglichen wird.

Hingegen führt die Berücksichtigung der Besteuerung im Ansässigkeitsstaat auch bei Anwendung der Freistellungsmethode im folgenden Fall zu einem Ausgleich der unterschiedlichen steuerlichen Behandlung der jeweiligen Steuerpflichtigen im Drittstaat:

Beispiel D: Die im Mitgliedstaat A ansässige Körperschaft A betreibt ein Bauunternehmen im Mitgliedstaat A (Steuerpflichtiger A) und führt für einen in einem anderen Mitgliedstaat ansässigen Bauträger einen Bauauftrag mit einer Dauer von acht Monaten im Drittstaat durch. Das DBA zwischen dem Drittstaat und dem Mitgliedstaat A sieht vor, dass ab einer Bauzeit von sechs Monaten eine sog. „Baubetriebstätte" vorliegt, die im Drittstaat beschränkt steuerpflichtig ist. Ein Bauunternehmen aus dem Mitgliedstaat B (Steuerpflichtiger B) führt ebenfalls für einen in einem anderen Mitgliedstaat ansässigen Bauträger denselben Bauauftrag mit einer Dauer von acht Monaten durch. Im DBA zwischen dem Mitgliedstaat B und dem Drittstaat ist jedoch vorgesehen, dass eine Besteuerung der Betriebstätte durch den Drittstaat erst ab einer Mindestbaudauer von zwölf Monaten möglich ist. Der Steuerpflichtige B unterliegt demnach nicht der beschränkten Steuerpflicht im Drittstaat, während der Steuerpflichtige A im Drittstaat besteuert wird. Sowohl der Drittstaat als auch die Mitgliedstaaten A und B wenden einen Steuersatz von 30% an.

	Steuerpflichtiger A	Steuerpflichtiger B
Steuerliche Situation im Drittstaat:		
Betriebstätteneinkünfte aus Bautätigkeit	100	0
Einkommensteuer/ Körperschaftsteuer	(30)	-
Steuerlast im Drittstaat	30	0

	Steuerpflichtiger A	Steuerpflichtiger B
Steuerliche Situation im Ansässigkeitsstaat:		
Zu berücksichtigende Einkünfte aus Bautätigkeit	0	100
Einkommensteuer/ Körperschaftsteuer	-	(30)
Steuerlast im Ansässigkeitsstaat	0	30
Gesamtsteuerlast	30	30

In diesem Fall besteht für den Steuerpflichtigen A bei reiner Betrachtung der Besteuerung im Drittstaat zwar ein Nachteil in Form der Steuerbelastung von 30% gegenüber einer Steuerbelastung von 0% beim Steuerpflichtigen B. Bei Berücksichtigung der Besteuerung im jeweiligen Ansässigkeitsstaat wird dieser Nachteil jedoch durch die Anwendung der Freistellungsmethode ausgeglichen, da beide Steuerpflichtigen eine Gesamtsteuerlast von 30% tragen.[619]

Falls der Steuersatz im soeben beschriebenen Beispiel D im Quellenstaat 30% beträgt, während der Mitgliedstaat B einen Steuersatz von 25% anwendet, unterliegt der Steuerpflichtige A auch bei Berücksichtigung der steuerlichen Behandlung im Ansässigkeitsstaat einer höheren Besteuerung:

	Steuerpflichtiger A	Steuerpflichtiger B
Steuerliche Situation im Drittstaat:		
Betriebstätteneinkünfte aus Bautätigkeit	100	0
Einkommensteuer/ Körperschaftsteuer	(30)	-
Steuerlast im Drittstaat	30	0
Steuerliche Situation im Ansässigkeitsstaat:		
Zu berücksichtigende Einkünfte aus Bautätigkeit	0	100
Einkommensteuer/ Körperschaftsteuer	-	(25)
Steuerlast im Ansässigkeitsstaat	0	25
Gesamtsteuerlast	30	25

---

[619] Zu den Neutralitätswirkungen der Freistellungsmethode vgl. Vogel, StuW 1993, 380, 386 ff.; Wassermeyer in: Lehner, Steuerrecht im Europäischen Binnenmarkt, S. 162 ff. sowie Vogel, ECTR 1995, 264 f.

Der Steuerpflichtige A trägt somit eine Gesamtsteuerlast von 30%, während der Steuerpflichtige B einer Gesamtsteuerlast von lediglich 25% unterliegt.

Die höhere Steuerbelastung des Steuerpflichtigen A ist jedoch ausschließlich auf unterschiedliche Steuerniveaus und damit Unterschiede in den Steuersystemen des Ansässigkeits- und des Quellenstaats zurück zu führen. Vor diesen Unterschieden schützen jedoch die Grundfreiheiten nicht.[620] Folglich ist der Nachteil der höheren Steuerbelastung im Drittstaat in diesem Fall als ausgeglichen anzusehen und die nachteilige Ungleichbehandlung des Steuerpflichtigen A kann gerechtfertigt werden.

Zu beachten ist jedoch, dass in derartigen Fallkonstellationen häufig keine Rechtfertigung notwendig sein wird, da die Kombination der Begrenzung des Besteuerungsrechts des Ansässigkeitsstaats mit der Vereinbarung der Freistellungsmethode wie eine ausschließliche Zuordnung des Besteuerungsrechts an den Quellenstaat wirkt. Diese reine Aufteilung der Besteuerungshoheit durch Festlegung der Anknüpfungskriterien durch die Abkommensbeteiligten stellt nach der Rechtsprechung des EuGH jedoch eine neutrale Regelung dar, die keine Diskriminierung beinhaltet.[621]

f) Zusammenfassung

Aufgrund einer Weiterentwicklung des Kohärenzgedankens in der Rechtsprechung des EuGH kann im Rahmen dieses Rechtfertigungsgrundes auch die Besteuerung im Ansässigkeitsstaat berücksichtigt werden. Dem steht weder die Souveränität der Mitgliedstaaten noch das Prinzip der Rechtssicherheit entgegen, da im Fall einer Verankerung einer Ausgleichsregelung (hier: der Anrechnungs- bzw. Freistellungsmethode) in einem DBA die Mitgliedstaaten entscheidenden Einfluss auf Einführung und Fortbestand einer bestimmten steuerlichen Behandlung haben. Zudem muss für die Mitgliedstaaten die Möglichkeit bestehen, einen gemeinschaftsrechtswidrigen Zustand, der ihnen aufgrund des DBA-Abschlusses zugerechnet wird, selbst wieder zu beseitigen. Die Berücksichtigung der Besteuerung durch den Ansässigkeitsstaat – insbesondere einen Ausgleich von Nachteilen durch Anwendung der Anrechnungsmethode – wurde durch EuGH im Verfahren *Denkavit* anerkannt. Eine Rechtfertigung kann jedoch nur erfolgen, wenn der entsprechende Nachteil durch die Anrechnungs- bzw. Freistellungsmethode vollständig beseitigt wird; dies ist nur bei Vereinbarung der uneingeschränkten Anrechnung stets der Fall, während bei Vereinbarung eines Anrechnungshöchstbetrages im Fall einer fehlenden oder niedrigeren Steuerlast im Ansässigkeitsstaat kein Ausgleich und damit

---

[620] EuGH vom 12.5.1998, C-336/96 *Gilly*, Rn. 34; vgl. auch Kofler, Doppelbesteuerungsabkommen und Europäisches Gemeinschaftsrecht, S. 569; Cordewener, Grundfreiheiten und nationales Steuerrecht, S. 597 ff.

[621] Vgl. hierzu bereits S. 130 ff.

auch keine Rechtfertigung erfolgen kann. Im Rahmen der Anrechnungsmethode verbleibende Liquiditätsnachteile sind im Hinblick auf das DBA-Allokationsgefüge hinzunehmen. Auch im Hinblick auf die Freistellungsmethode kann nicht stets von einer Rechtfertigung ausgegangen werden, sondern lediglich dann, wenn die Abkommensbeteiligen die Besteuerungsrechte dergestalt aufgeteilt haben, dass der Besteuerung des einen Steuerpflichtigen im Drittstaat eine Freistellung im Ansässigkeitsstaat gegenübersteht, während der Freistellung des Vergleichspartners im Drittstaat eine Besteuerung in dessen Ansässigkeitsstaat gegenübersteht. Verbleiben Nachteile, die allein auf den unterschiedlichen Steuersystem des Quellen- und des Ansässigkeitsstaats basieren, ist die nachteilige Ungleichbehandlung gerechtfertigt.

4. Spezifische Rechtfertigung für bilaterale Verträge mit Drittstaaten

Auch bei Anwendung des Rechtfertigungsgrundes einer erweiterten Kohärenz bleiben Fallgestaltungen, in denen ein aufgrund eines DBA in der Besteuerung durch den Quellenstaat bestehender Nachteil nicht durch einen Vorteil im Ansässigkeitsstaat ausgeglichen werden kann.[622] Im Folgenden ist zu prüfen, ob aus der Natur der DBA als bilaterale Verträge unter Berücksichtigung der Beteiligung eines Drittstaates an dem DBA für die vorliegende Fallgestaltung ein zusätzlicher Rechtfertigungsgrund hergeleitet werden kann.

a) Ablehnung des Grundsatzes der Reziprozität als Rechtfertigungsgrund

Wie bereits erwähnt[623] haben Doppelbesteuerungsabkommen eine Doppelnatur; zum einen gehören sie aufgrund ihrer Transformation zum innerstaatlichen Recht und zum anderen stellen sie völkerrechtliche Verträge dar. Als solche bilaterale Vereinbarungen sind sie das Ergebnis von Vertragsverhandlungen, innerhalb derer die abkommensbeteiligten Staaten zur Festlegung ihrer gegenseitigen Rechte und Pflichten Zugeständnisse machen und Kompromisse eingehen. Hierbei werden neben den Gegebenheiten der zwischen den Abkommenspartnern bestehenden Wirtschaftsbeziehungen auch die tatsächlichen und rechtlichen Verhältnisse in den beiden Staaten berücksichtigt, um eine ausgeglichene Einkommensverteilung zu erreichen.[624] Das Gleichgewicht der Einkommensverteilung wird dadurch erreicht, dass ein Staat auf sein hoheitliches Besteuerungsrecht für eine Art von Einkünften verzichtet, um den Abkom-

---

[622] Namentlich sind dies Fälle, in denen die Freistellungsmethode vereinbart wurde bzw. in denen die Vereinbarung eines Anrechnungshöchstbetrags eine vollständige Kompensation des Nachteils verhindert.

[623] Vgl. oben S. 30.

[624] Vogel/Gutmann/Dourado, ECTR 2006, 83, 86 f.; Hinnekens, ECTR 1995, 202, 213 f.; Jann in: Gassner/Lang/Lechner, Doppelbesteuerungsabkommen und EU-Recht, S. 70 ff.; Lang in: Gassner/Lang/Lechner, Doppelbesteuerungsabkommen und EU-Recht, S. 32 ff.

menspartner zu veranlassen, ihm das Besteuerungsrecht für eine andere Art von Einkünften zu überlassen. Dieses System von „Geben" und „Nehmen" wird als Grundsatz der Gegenseitigkeit bzw. Reziprozität bezeichnet.[625]

Ist nun ein Staat durch die Diskriminierungsverbote des AEUV verpflichtet, auch gegenüber den Angehörigen anderer Staaten auf das Besteuerungsrecht für bestimmte Einkünfte zu verzichten, ohne im Gegenzug die jeweiligen anderen Einkünfte besteuern zu dürfen, würde das Gleichgewicht des DBA gestört und dem Gegenseitigkeitsgrundsatz zuwidergehandelt.[626]

Aufgrund dieser Überlegungen wird in der Literatur teilweise die Auffassung vertreten, dass der Schutz des Gleichgewichts der gegenseitigen steuerlichen Zugeständnisse in DBA einen schutzwürdigen Allgemeinwohlbelang darstellt, der eine Diskriminierung rechtfertigen kann.[627] Gegen eine derartige uneingeschränkte Rechtfertigungsmöglichkeit wendet sich jedoch die Rechtsprechung des EuGH im Fall *avoir fiscal*.[628] In diesem Verfahren brachte die französische Regierung vor, dass die Gewährung der verfahrensgegenständlichen Steuergutschrift an Unternehmen, die in Frankreich nur über eine Betriebstätte verfügen, nur möglich sei, wenn der Ansässigkeitsstaat der Unternehmen französischen Unternehmen ebenfalls ein Steuerguthaben zuspricht, mit anderen Worten, dass die Steuergutschrift auf Gegenseitigkeit beruhe. Anderenfalls würde bei einer Ausdehnung der Gutschrift auf Betriebsstätten nicht-ansässiger Unternehmen zudem das Gleichgewicht der mit den anderen Mitgliedstaaten abgeschlossenen DBA gestört.[629] Bereits Generalanwalt Mancini wies diese Argumentation jedoch mit der Begründung zurück, dass die Geltung der Grundfreiheiten zum einen nicht durch eine Gegenseitigkeitsvoraussetzung eingeschränkt werden dürfe[630] und zum anderen auch die Störung des Gleichgewichts von DBA keine Rechtfertigung darstellen könne, da aus Art. 234 EWGV (ex-Art. 307 EG; heute: Art. 351 AEUV) folge, dass nach dem Inkrafttreten des E[W]G-Vertrags (heute: AEUV) abgeschlossene internationale Ab-

---

[625] Lüdicke in: Gocke/Gosch/Lang, FS für Wassermeyer, S. 473, 478; De Graaf/Janssen, ECTR 2005, 174; Kofler, HBTLJ 2005, 1, 81; Lang in: Gassner/Lang/Lechner, Doppelbesteuerungsabkommen und EU-Recht, S. 25, 32; Kraft/Robra, RIW 2005, 248, 251.

[626] Hinnekens, ECTR 1995, 202, 213 f.; ders., ET 1996, 286, 297; Pistone, Intertax 2005, 412; Jann in: Gassner/Lang/Lechner, Doppelbesteuerungsabkommen und EU-Recht, S. 70 ff.; Lehner, BIFD 2000, 461, 470.

[627] Hinnekens, ECTR 1995, 202, 213; Van der Hurk, ECTR 1999, 211, 216; Van der Linde, ECTR 2004, 10, 13. Zur Bedeutung des Reziprozitätsprinzips vgl. Lehner, BIFD 2000, 461, 470.

[628] EuGH vom 29.1.1986, Rs. 270/83 *avoir fiscal* (vgl. hierzu bereits S. 123 f.).

[629] Schlussanträge des GA Mancini vom 16.10.1985, Rs. 270/83 *avoir fiscal*, Slg. 1986, S. 275, 279 f.

[630] Dies bestätigt ein Blick auf die ständige Rechtsprechung des EuGH seit dem Urteil vom 25.10.1979, Rs. 159/78 *Kommission/Italien* (vgl. Schlussanträge des GA Mancini vom 16.10.1985, Rs. 270/83 *avoir fiscal*, Slg. 1986, S. 275, 279).

kommen keine Regelungen enthalten dürfen, die diesem Vertrag zuwiderlaufen und seine Wirksamkeit beeinträchtigen.[631]

Der EuGH bestätigte diese Sichtweise, indem er ausführte:

> „Außerdem sind die Rechte, die sich für die Begünstigten aus Artikel 52 EWG-Vertrag[632] ergeben, unbedingt, und ein Mitgliedstaat kann ihre Beachtung nicht vom Inhalt eines mit einem anderen Mitgliedstaat geschlossenen Abkommens abhängig machen. Insbesondere erlaubt es dieser Artikel nicht, diese Rechte einer Gegenseitigkeitsbedingung zu unterwerfen, um in anderen Mitgliedstaaten entsprechende Vorteile zu erhalten."[633]

b) Unterschiede der vorliegenden Fragestellung zum Fall *avoir fiscal*

Zu beachten ist jedoch, dass die der Entscheidung des EuGH im Fall *avoir fiscal* zugrunde liegenden Verhältnisse zwei wesentliche Unterschiede zu der vorliegend zu prüfenden Konstellation aufweisen.

Zum einen wird in der Entscheidung des EuGH lediglich eine Aussage über DBA zwischen den Mitgliedstaaten untereinander (sog. *inter-se* – Abkommen) und nicht über DBA mit Drittstaaten getroffen. Diese Abweichung ist entscheidend, da im Fall eines *inter-se* – Abkommens beide Abkommenspartner an das Unionsrecht gebunden sind und die Bindung an das Unionsrecht nicht mit dem Hinweis auf ihre Pflichten oder die des Vertragspartners aus dem Abkommen aufheben können. Eindeutige Schlussfolgerungen für eine Rechtfertigung von Abkommen mit Drittstaaten können aus dieser Entscheidung demnach nicht gezogen werden.

Der zweite Unterschied besteht darin, dass im *avoir fiscal* – Verfahren eine nachteilige Ungleichbehandlung vergleichbarer Sachverhalte bereits dadurch vermieden werden konnte, dass der Mitgliedstaat den Vorteil (hier: die Steuergutschrift) unilateral auf die Angehörigen der anderen Mitgliedstaaten erweiterte, ohne die Rechte und Pflichten des Vertragspartners aus dem Abkommen zu berühren.

In der vorliegenden Konstellation müsste hingegen nicht der Mitgliedstaat, sondern der Drittstaat den Kreis der Begünstigten auf die Angehörigen der restlichen Mitgliedstaaten erweitern und dem Drittstaat würden mithin neue Verpflichtungen auferlegt.

Dass die Rechte und Pflichten der abkommensbeteiligten Drittstaaten für die Rechtfertigung von Diskriminierungen Bedeutung erlangen können, ist der Entscheidung des EuGH im Fall *Saint-Gobain* zu entnehmen, in der er ausführte:

> „Das Gleichgewicht und die Gegenseitigkeit der Abkommen zwischen der Bundesrepublik Deutschland und diesen beiden Ländern werden durch eine einseitig von der

---

[631] Schlussanträge des GA Mancini vom 16.10.1985, Rs. 270/83 *avoir fiscal*, Slg. 1986, S. 275, 279 f.

[632] Ex- Art. 43 EG, nach dem Vertrag von Lissabon Art. 49 AEUV.

[633] EuGH vom 29.1.1986, Rs. 270/83 *avoir fiscal*, Rn. 26.

Bundesrepublik Deutschland beschlossene Ausdehnung des persönlichen Geltungsbereichs der in diesen Abkommen vorgesehenen Steuervergünstigungen in Deutschland, im vorliegenden Fall des internationalen körperschaftsteuerlichen Schachtelprivilegs, nicht gefährdet, da eine solche Ausdehnung in keiner Weise die Rechte der an den Abkommen beteiligten Drittstaaten beeinträchtigt und ihnen keine neuen Verpflichtungen auferlegt."[634]

Diese Formulierung lässt den Rückschluss zu, dass das Gleichgewicht und die Gegenseitigkeit von bilateralen Abkommen gefährdet sind, wenn am Abkommen beteiligten Drittstaaten zusätzliche Verpflichtungen auferlegt werden. Inwieweit eine solche Gefährdung einen Rechtfertigungsgrund darstellen kann, ist im Folgenden zu prüfen.

c) Voraussetzungen des Rechtfertigungsgrundes

aa) *Rechtsprechung des EuGH*

Dass es einen entscheidenden Unterschied für den Umfang der Pflichten der Mitgliedstaaten aus den Verträgen darstellt, wenn einem Drittstaat zusätzliche Pflichten auferlegt werden, wurde durch den EuGH in zwei früheren Entscheidungen außerhalb des Steuerrechts gewürdigt. Das Verfahren *Déserbais* betraf eine französische Regelung, nach der ein Käse nur dann als „Edamer" bezeichnet werden durfte, wenn er einen Fettgehalt von mindestens 40% besaß. Aus diesem Grund wurde einem Importeur verboten, deutschen Edamer, der gemäß den deutschen Regeln lediglich einen Fettgehalt von 34,4% hatte, unter dem Namen „Edamer" zu verkaufen, obwohl der abweichende Fettgehalt hinreichend deutlich gemacht wurde. Der EuGH sah dieses Verbot als Verletzung der Warenverkehrsfreiheit an. Auch der Versuch, die Regelung im Hinblick auf internationale Abkommen für die Benutzung von Bezeichnungen für Käsesorten[635] zu rechtfertigen, die beide für die Bezeichnung „Edamer" ebenfalls einen Fettgehalt von 40% forderten, wurde vom EuGH zurückgewiesen. So stellte der EuGH fest, dass das Bestehen eines bilateralen Abkommens mit einem Drittstaat solange nicht dazu geeignet sei, Beschränkungen der Grundfreiheiten zu rechtfertigen, als die Rechte des Drittstaats durch die Anwendung des Unionsrechts nicht beeinträchtigt werden.[636]

---

[634] EuGH vom 21.9.1999, Rs. C-307/97 *Saint-Gobain*, Rn. 59.

[635] Diese Abkommen waren die „Stresa Convention" und der „Codex Alimentarius", vgl. EuGH vom 22.9.1988, Rs. 286/86 *Deserbais*, Rn. 14 ff.

[636] Vgl. EuGH vom 22.9.1988, Rs. 286/86 *Deserbais*, Rn. 18: „Consequently, provided that, as in the present case, the rights of non-member countries are not involved, a Member State cannot rely on the provisions of a pre-existing convention of that kind in order to justify restrictions on the marketing of products coming from another Member State where the marketing thereof is lawful by virtue of the free movement of goods provided for by the Treaty." Siehe hierzu auch EuGH vom 11.3.1986, Rs. 121/85 *Conegate*, Rn. 25. Beide Fälle betrafen Abkommen mit Drittstaaten, die vor Inkrafttreten des EG-Vertrages abgeschlossen wurden.

Noch deutlicher für eine Anerkennung des Gleichgewichts von Drittstaatsabkommen und dem Schutz der Rechte und Pflichten der abkommensbeteiligten Drittstaaten als Rechtfertigungsgrund spricht die Entscheidung des EuGH
im Fall *Gottardo*:

> „Die Gefährdung des Gleichgewichts und der Gegenseitigkeit eines bilateralen Abkom-
> mens zwischen einem Mitgliedstaat und einem Drittstaat kann [...] eine objektive
> Rechtfertigung für die Weigerung des an diesem Abkommen beteiligten Mitgliedstaats
> darstellen, die Vorteile, die seine eigenen Staatsangehörigen aus diesem Abkommen
> ziehen, auf die Staatsangehörigen der anderen Mitgliedstaaten zu erstrecken [...]“.[637]

In welchen Fällen hingegen das Gleichgewicht und die Gegenseitigkeit eines
bilateralen Abkommens bzw. die Rechte eines abkommensbeteiligten Drittstaats durch bestimmte Abkommensregelungen beeinträchtigt sind, wurde
durch den EuGH bislang nicht näher bestimmt.

Zum einen wäre es möglich, nur in solchen Fällen eine zusätzliche Verpflichtung für den Drittstaat und damit eine Beeinträchtigung der Rechte des
Drittstaats anzunehmen, in denen Abkommensregelungen betroffen sind, die
auf Gegenseitigkeit beruhen, wie z.B. eine Quellensteuerreduzierung in beiden
Abkommensstaaten auf 0%. Hingegen wäre nach dieser Ansicht eine Rechtfertigung nicht möglich, wenn die fragliche Abkommensregelung einen Vorteil
vorsähe, für den der den Vorteil gewährende Staat keine Gegenleistung von
seinem Abkommenspartner erhält.[638] Eine solche Differenzierung zwischen
einseitigen und gegenseitigen Abkommensvorteilen ist jedoch abzulehnen, da
die Ausweitung von einseitig gewährten Abkommensvorteilen durch den
Drittstaat auf alle Mitgliedstaaten ebenfalls zu zusätzlichen Verpflichtungen
führen kann. Zum einen stehen auch auf den ersten Blick einseitig gewährte
Vorteile mit anderen Regeln des Abkommens in Zusammenhang, da
DBA-Regelungen Ergebnis eines komplizierten Verhandlungsprozesses sind,
der durch gegenseitiges Geben und Nehmen gekennzeichnet ist und somit die
Vereinbarung einer begünstigenden Regelung die Gegenleistung für die Ak-
zeptanz einer anderen, davon völlig unabhängigen Regelung durch den Abkommenspartner sein kann.[639] So sind beispielsweise *tax sparing credits* in den

---

[637] EuGH vom 15.1.2002, Rs. C-55/00 *Gottardo*, Rn. 36. Vgl. auch Van der Linde, ECTR
2004, 10, 15. Im Fall *Gottardo* wurde allerdings nicht hinreichend dargelegt, dass die Rechte
des Drittstaats durch die begehrte Gleichbehandlung von Staatsangehörigen verschiedener
Mitgliedstaaten betroffen waren. Zum genauen Inhalt der Entscheidung *Gottardo* vgl. bereits
S. 58 ff.
[638] Eine solche Differenzierung scheint GA Colomer im Fall *D.* vornehmen zu wollen (vgl.
Schlussanträge des GA Colomer vom 26.10.2004, Rs. C-376/03 *D.*, Rn. 82). Vgl. auch
Lang/Dommes in: Lang/Schuch/Staringer, Tax Treaty Law and EC Law, S. 78;
Kofler/Schindler, ET 2005, 530, 538; Thömmes, IWB Fach 11a, Nr. 22 vom 24.11.2004,
S. 1087, 1093 f.
[639] Der EuGH erkannte dies in seinem Urteil im Fall *D.* an, indem er ausführte: „Eine Be-
stimmung wie Art. 25 Abs. 3 des belgisch – niederländischen Abkommens lässt sich nicht als

DBA der Niederlande als einseitig gewährte Vergünstigung formuliert; dennoch sind die Niederlande nur unter der Voraussetzung bereit, den *tax sparing credit* in das Abkommen aufzunehmen, wenn der jeweilige Abkommenspartner die abkommensrechtlichen Quellensteuersätze bis zu einer bestimmten Höhe reduziert.[640] Zum anderen kann eine zusätzliche Verpflichtung des Drittstaats auch in den unterschiedlichen Kapitalverkehrsflüssen ihren Ursprung haben. So hat ein Staat, der einem kapitalimportierenden Staat (Entwicklungs-, Schwellenländer) eine Vergünstigung für Kapitalanlagen gewährt, geringere Steuereinbußen hinzunehmen, als wenn er eine solche Vergünstigung einem kapitalexportierenden Industriestaat gewährten würde, da aus dem Industriestaat höhere Investitionen zu erwarten sind.[641] Demnach ist sowohl bei einseitig als auch bei gegenseitig gewährten Abkommensvorteilen von einer zusätzlichen Verpflichtung des Drittstaats auszugehen, wenn dieser durch die Ausweitung des jeweiligen Abkommensvorteils auf die Angehörigen aller Mitgliedstaaten Einbußen in seinem Steueraufkommen erleidet.

Einer Rechtfertigung steht auch nicht entgegen, dass der Einwand finanzieller Einbußen als rein wirtschaftliches Interesse auf Seiten der Mitgliedstaaten keinen beachtlichen Grund darstellt, der eine Diskriminierung rechtfertigen kann, da es vorliegend um finanzielle Einbußen des Drittstaats geht und sich die Rechtfertigung vor allem auf die Störung des Abkommensgleichgewichts stützt und damit auf die fehlende Macht des Mitgliedstaats, den Drittstaat zur Aufnahme einer für ihn nachteiligen Regelung in das Abkommen zwingen zu können.

bb) Gegenargumente der Literatur

Es bleibt jedoch darauf hinzuweisen, dass der EuGH – soweit ersichtlich – bisher in keinem Fall eine Diskriminierung anhand dieses Grundes der Störung des Abkommensgleichgewichts aufgrund zusätzlicher Pflichten für einen Drittstaat als gerechtfertigt angesehen hat; er hat ihn vielmehr lediglich zur Negativabgrenzung in Fällen herangezogen, in denen Rechte von Drittstaaten ohnehin nicht berührt wurden.[642] Insbesondere im EuGH-Fall *Open Skies*[643] hätte sich die Behandlung eines solchen Rechtfertigungsgrundes durch den EuGH

---

eine Vergünstigung ansehen, die von dem übrigen Abkommen losgelöst werden könnte, sondern bildet einen integralen Bestandteil des Abkommens und trägt zu seiner allgemeinen Ausgewogenheit bei." (vgl. EuGH vom 5.7.2005, Rs. C-376/03 *D.*, Rn. 62). Ebenso Lang, SWI 2005, 365, 370; Lang/Dommes in: Lang/Schuch/Staringer, Tax Treaty Law and EC Law, S. 78.

[640] De Graaf/Janssen, ECTR 2005, 173, 186.

[641] Instruktiv zur Problematik der Kapitalverkehrsflüsse, Rust in: Cordewener/Enchelmaier/Schindler, Meistbegünstigung im Steuerrecht der EU-Staaten, S. 83.

[642] Enchelmaier in: Cordewener/Enchelmaier/Schindler, Meistbegünstigung im Steuerrecht der EU-Staaten, S. 111 f.; Kofler, TNI 2004, 45, 63.

[643] EuGH vom 5.11.2002, C-476/98 *Open Skies*.

angeboten. Indem der EuGH dies unterließ, hat er in den Augen eines Teils der Literatur deutlich gemacht, dass nachteilige Ungleichbehandlungen nicht durch Berufung auf die Weigerung des abkommensbeteiligten Drittstaats gerechtfertigt werden können.[644] Dieser Ansicht ist zuzugestehen, dass sich ein Mitgliedstaat nicht dadurch dem Vorwurf einer gemeinschaftsrechtswidrigen Diskriminierung entziehen kann, dass er auf mögliche Nachteile für den Drittstaat und dessen Weigerung, eine Erweiterung der Vorteile auf alle Unionsbürger in das jeweilige DBA aufzunehmen, hinweist. Vielmehr ist in diesen Fällen eine umsichtige Abwägung zwischen zwei divergierenden Grundgedanken vorzunehmen:

Auf der einen Seite wird es für die Mitgliedstaaten umso schwieriger, die Erstreckung von Abkommensvorteilen auch auf die Angehörigen anderer Mitgliedstaaten in das Abkommen aufzunehmen, je mehr das Gleichgewicht eines Drittstaatsabkommens insbesondere dadurch gefährdet ist, dass dem Drittstaat zusätzliche Pflichten auferlegt werden. Da die abkommensbeteiligten Drittstaaten selbst auch souveräne Staaten sind, die ihre eigenen Rechte wahren möchten, können die Mitgliedstaaten den Drittstaaten Regelungen nur in begrenztem Umfang „aufzwingen".[645] Als Beispiel kann das DBA zwischen den USA und den Niederlanden von 1993 angesehen werden, dessen Verhandlungen sich über elf Jahre hinzogen und das als eines der „gemeinschaftsfreundlichsten" Abkommen gilt, da es den niederländischen Verhandlungsführenden gelungen ist, die USA zu weit reichenden Zugeständnissen zu bewegen. Dennoch beinhaltet das Abkommen einige Regelungen, die im Verdacht stehen, gegen Unionsrecht zu verstoßen. Hierbei muss auch bedacht werden, dass die einzige Alternative ein vollkommener Verzicht auf ein DBA mit den USA gewesen wäre, was nicht nur schädlich für die niederländische Wirtschaft, sondern auch die der gesamten Union gewesen wäre.[646]

Auf der anderen Seite entspricht es der Rechtsprechung des EuGH, dass jeder Mitgliedstaat aktiv für einen Schutz der Grundfreiheiten und damit den Geltungsanspruch des Unionsrechts eintreten muss. Dies wurde erstmals im Verfahren *Kommission/Frankreich*647 deutlich. Diesem Verfahren waren wiederholte gewalttätige Angriffe von Privatpersonen und Protestgruppen französischer Landwirte gegen landwirtschaftliche Erzeugnisse aus anderen Mitgliedstaaten vorangegangen. Die Übergriffe fanden über einen Zeitraum von über einem Jahrzehnt und teilweise mehrmals pro Woche am selben Ort statt, ohne dass die Ordnungsbehörden wirksame Gegenmaßnahmen ergriffen.[648] Die Verteidigung

---

[644] Kofler, TNI 2004, 45, 63.

[645] Vgl. hierzu auch Van Unnik/Boudesteijn, ECTR 1993, 106, 114.

[646] Van Unnik/Boudesteijn, ECTR 1993, 106, 114; dies erkennen auch Rödder/Schönfeld, IStR 2005, 523, 526 und Hughes, BIFD 1997, 126, 130 an.

[647] EuGH vom 9.12.1997, Rs. C-265/95 *Kommission/Frankreich*.

[648] EuGH vom 9.12.1997, Rs. C-265/95 *Kommission/Frankreich*, Rn. 2 ff.

durch die französische Regierung mit dem Vorbringen, sie habe den Behörden Anweisung zu strengem Durchgreifen gegeben, setze die gleichen Mittel ein wie gegen Verstöße gegen nationales Recht und Überfälle könnten aufgrund der Vielzahl der zu überwachenden Orte und der angreifenden kleinen Gruppen nie ganz ausgeschlossen werden,[649] wies der EuGH ebenso zurück wie den Hinweis darauf, dass alle entstandenen Schäden ersetzt würden.

Der EuGH führte in seinem Urteil aus, dass Art. 28 EG (heute: Art. 34 AEUV) einen der tragenden Grundsätze des EG-Vertrags (heute: AEUV) zur Verwirklichung des Ziels eines Binnenmarktes nach ex-Art. 14 EG (heute: Art. 26 AEUV) darstelle und verlange, dass alle unmittelbaren oder mittelbaren, tatsächlichen oder potentiellen Beeinträchtigungen der Einfuhrströme beseitigt werden. Insbesondere verpflichte Art. 28 EG (heute: Art. 34 AEUV) die Mitgliedstaaten dazu, „alle erforderlichen und geeigneten Maßnahmen zu ergreifen, um in ihrem Gebiet die Beachtung dieser Grundfreiheit sicherzustellen."[650]

Auch wenn der letztgenannte Gedanke Vorrang hat vor etwaigen Schwierigkeiten der Mitgliedstaaten, Vorteile für alle EU-Bürger gegenüber Drittstaaten durchsetzen zu können, bedeutet dies nicht, dass den Mitgliedstaaten jegliche Verletzungen der Grundfreiheiten vorwerfbar sind. Vielmehr ist einer zu weiten Auslegung des Rechtfertigungsgrundes des Abkommensgleichgewichts dadurch entgegen zu wirken, dass nur solche Diskriminierungen als gerechtfertigt angesehen werden können, die bestehen, obwohl der jeweilige Mitgliedstaat alle erforderlichen und geeigneten Maßnahmen ergriffen hat – mit anderen Worten, alles in seiner Macht Stehende getan hat – um Unionsrechtsverstöße zu vermeiden.

cc) *Völkerrechtlicher Grundsatz der **due diligence** und Art. 4 Abs. 3 EUV (ex-Art. 10 EG)*

Die Sichtweise, dass sich die Mitgliedstaaten darauf berufen können, alles in ihrer (Verhandlungs-)Macht Stehende unternommen zu haben, um einen Verstoß gegen die Grundfreiheiten zu vermeiden, findet Rückhalt im völkerrechtlichen Grundsatz der *due diligence*. Unter dem Grundsatz der *due diligence* ist die Verpflichtung eines Staates zu verstehen, bei der Erfüllung einer völkerrechtlichen Verpflichtung die nach den Umständen geforderte und notwendige Sorgfalt anzuwenden.[651]

Der Grundsatz der *due diligence* hat einen sehr weiten Anwendungsbereich, der nicht auf die Verantwortlichkeit von Staaten für das Verhalten Privater be-

---

[649] EuGH vom 9.12.1997, Rs. C-265/95 *Kommission/Frankreich*, Rn. 14 ff.

[650] EuGH vom 9.12.1997, Rs. C-265/95 *Kommission/Frankreich*, Rn. 32.

[651] Hintersteininger, Binnenmarkt und Diskriminierungsverbot, S. 225; Epiney, Die völkerrechtliche Verantwortlichkeit von Staaten, S. 207; Schröder in: Graf Vitzthum, Völkerrecht (2007), S. 586 f.; ders. in: Graf Vitzthum, Völkerrecht (2010), S. 589.

schränkt ist, sondern immer dann angewandt werden kann, wenn dem Staat bei der Erfüllung völkerrechtlicher Verpflichtungen ein gewisses Ermessen eingeräumt wird.[652]

Das Völkerrecht differenziert zwischen Erfolgspflichten auf der einen und Verhaltenspflichten auf der anderen Seite. Beim Bestehen einer Verhaltenspflicht muss der verpflichtete Staat eine spezielle, ausdrücklich normierte Handlung vornehmen, unterlassen oder dulden. Verletzt wird eine Verhaltenspflicht, wenn der Staat diese Verpflichtung – sei es ein Tun oder Unterlassen – nicht erfüllt. Eine Erfolgspflicht hingegen verpflichtet zur Gewährleistung eines bestimmten Ergebnisses. Mit welchen Mitteln der verpflichtete Staat dieses Ziel erreicht, unterliegt seiner freien Gestaltungs- und Entscheidungsbefugnis. Dieses ihm eingeräumte Ermessen muss ein Staat jedoch so ausüben, dass der Erfolg auch tatsächlich eintritt. Wird das angestrebte Ziel verfehlt, ist die Erfolgspflicht verletzt, außer dem Staat ist der fehlende Erfolgseintritt nicht vorzuwerfen, da er ihn trotz sorgfältigster Bemühungen nicht verhindern konnte.[653]

In der Regel erlangt der Grundsatz der *due diligence* nur im Zusammenhang mit Erfolgspflichten eine eigenständige Bedeutung, da nur hier dem betroffenen Staat ein Ermessen eingeräumt wird. Bei Verhaltenspflichten hingegen hat die Anwendung der *due diligence* zur Folge, dass die vorgeschriebene Handlung vorgenommen wird, so dass in diesen Fällen bereits kein Pflichtverstoß vorliegt.[654]

Fraglich ist nun, ob die den Mitgliedstaaten auferlegte Schutzpflicht hinsichtlich der Grundfreiheiten eine Erfolgs- oder eine Verhaltenspflicht darstellt. Eine Abgrenzung zwischen Erfolgs- und Verhaltenspflichten hat nach der Bestimmtheit des vom Staat geforderten Verhaltens zu erfolgen.[655]

Generalanwalt Lenz ging in seinen Schlussanträgen zum Agrarblockaden-Fall zwar davon aus, dass die Grundfreiheiten Verhaltenspflichten auferlegten, erkannte jedoch dennoch die Geltung des Grundsatzes der *due diligence* an.[656] Der Unterscheidung zwischen Erfolgs- und Verhaltenspflicht kommt folglich nur eine untergeordnete Bedeutung zu und im Ergebnis wird den Mitgliedstaaten einhellig die Möglichkeit zugesprochen, sich als Rechtfertigung darauf zu berufen, dass sie die nach den Umständen geforderte und notwendi-

---

[652] Epiney, Die völkerrechtliche Verantwortlichkeit von Staaten, S. 209; vgl. auch Schröder in: Graf Vitzthum, Völkerrecht (2007), S. 586 f.

[653] Hintersteininger, Binnenmarkt und Diskriminierungsverbot, S. 222 f.; vgl. auch Schröder in: Graf Vitzthum, Völkerrecht (2007), S. 586 f.

[654] Hintersteininger, Binnenmarkt und Diskriminierungsverbot, S. 225 und 229; Epiney, Die völkerrechtliche Verantwortlichkeit von Staaten, S. 210.

[655] Epiney, Die völkerrechtliche Verantwortlichkeit von Staaten, S. 210; Hintersteininger, Binnenmarkt und Diskriminierungsverbot, S. 224.

[656] Schlussanträge des GA Lenz vom 9.7.1997, Rs. C-265/95, Rn. 45, Slg. 1997 I, S. 6961, 6980.

ge Sorgfalt angewandt haben und die Verletzung der Grundfreiheiten somit nicht zu vermeiden war.[657]

Für das Unionsrecht wurde der Grundsatz der *due diligence* in Art. 4 Abs. 3 AEUV (ex-Art. 10 EG) niedergelegt.[658] Nach der Rechtsprechung des EuGH sind die Mitgliedstaaten aus den Grundfreiheiten in Verbindung mit Art. 4 Abs. 3 AEUV (ex-Art. 10 EG) lediglich dazu verpflichtet, „alle erforderlichen und geeigneten Maßnahmen zu ergreifen".[659] Den Mitgliedstaaten wird folglich kein spezifisches Verhalten vorgegeben, sondern es liegt in ihrem Ermessen, welche Schutzhandlungen vorgenommen werden. Auch prüft der EuGH insoweit nur, ob das Ermessen unterschritten wurde und die ausgewählte Maßnahme ungeeignet zum Schutz der Grundfreiheiten war.[660] Dieser geringen Bestimmtheit des den Mitgliedstaaten vorgegebenen Verhaltens ist zu entnehmen, dass die Grundfreiheiten in Verbindung mit Art. 4 Abs. 3 AEUV (ex-Art. 10 EG) eine Erfolgspflicht begründen.[661]

d) Anforderungen an die anzuwendende Sorgfalt (Verhältnismäßigkeit)

Für die Frage, welche Maßnahmen vorzunehmen sind, um die nach dem Grundsatz der *due diligence* erforderliche notwendige Sorgfalt bzw. die in Art. 4 Abs. 3 AEUV (ex-Art. 10 EG) enthaltene Forderung zu erfüllen, die erforderlichen und geeigneten Maßnahmen zu ergreifen, gibt es keine einheitlichen objektiven Kriterien. Vielmehr sind die Anforderungen an die anzuwendende Sorgfalt nach der völkerrechtlichen Lehre anhand der völkerrechtlichen Verpflichtungen und Umstände des Einzelfalls zu bestimmen.[662] Neben Ort und Zeitpunkt des Völkerrecht verletzenden Geschehens spielen bei der Abwägung vor allem der zu erwartende Schaden sowie die dem Staat zur Verfügung stehenden Mittel eine Rolle.[663]

Im Fall der Bindung an die Grundfreiheiten beim Abschluss von DBA mit Drittstaaten kann von den Mitgliedstaaten verlangt werden, in den DBA-Verhandlungen die Problematik der Benachteiligung der Angehörigen anderer Mitgliedstaaten vorzubringen und den Drittstaaten eine Anerkennung

---

[657] Schlussanträge des GA Lenz vom 9.7.1997, Rs. C-265/95, Rn. 45, Slg. 1997 I, S. 6961, 6980; Meurer, EWS 1998, 196, 200; Kadelbach/Petersen, EuGRZ 2002, 213, 216; Kainer, JuS 2000, 431, 435.

[658] Schlussanträge des GA Lenz vom 9.7.1997, Rs. C-265/95, Rn. 45, Slg. 1997 I, S. 6961, 6977 f.

[659] EuGH vom 9.12.1997, Rs. C-265/95 *Kommission/Frankreich*, Rn. 32.

[660] Ebenso Hintersteininger, Binnenmarkt und Diskriminierungsverbot, S. 224. Dies wird auch anerkannt von Meurer, EWS 1998, 196, 200 und Kadelbach/Petersen, EUGRZ 2002, 213, 216, die jedoch dennoch von einer Verhaltenspflicht ausgehen.

[661] Hintersteininger, Binnenmarkt und Diskriminierungsverbot, S. 225.

[662] Epiney, Die völkerrechtliche Verantwortlichkeit von Staaten, S. 217 f.; Hintersteininger, Binnenmarkt und Diskriminierungsverbot, S. 229.

[663] Epiney, Die völkerrechtliche Verantwortlichkeit von Staaten, S. 246 ff.

und Berücksichtigung der besonderen Verpflichtungen der Mitgliedstaaten aufgrund des AEUV abzuverlangen.[664]

Weigert sich der Drittstaat trotz dieser grundsätzlichen Anerkennung der Pflichten aus den Verträgen, Vorteile auch auf die Angehörigen anderer Mitgliedstaaten auszuweiten, ist von den Mitgliedstaaten zu fordern, zunächst Anreize für den Drittstaat zu schaffen.

Falls dies nicht ausreicht, ist der Rechtsprechung des EuGH im Fall *Matteucci* zu entnehmen, dass die Mitgliedstaaten verpflichtet sind, sich gegenseitig zu unterstützen, um für die Einhaltung der Vorgaben der Diskriminierungsverbote zu sorgen.[665] Durch ein solches geschlossenes Auftreten der Mitgliedstaaten wird folglich die Verhandlungsmacht des jeweiligen abkommensbeteiligten Mitgliedstaats verstärkt und eine Ausweitung von Abkommensvorteilen auf die anderen Mitgliedstaaten wird leichter durchsetzbar. Schließlich bliebe als letztes Mittel eine Einschaltung der Kommission als Vermittlerin.

Schließlich ist es denkbar, dass bei Drittstaaten mit besonders großer Verhandlungsmacht – wie z.B. den USA – auch ein geschlossenes Auftreten der Mitgliedstaaten keine Garantie dafür bietet, dass alle Abkommensvorschriften nach dem Wunsch der Mitgliedstaaten (d.h. unter Beachtung der Verpflichtungen aus den Grundfreiheiten) gestaltet werden. Hat jedoch der abkommensbeteiligte Mitgliedstaat die o.g. Schritte unternommen, kann er sich darauf berufen, die notwendige Sorgfalt angewandt zu haben und nach dem Grundsatz der *due diligence* gerechtfertigt zu sein, wenn die Ausweitung der Vorteile dem Drittstaat eine zusätzliche Verpflichtung auferlegt. Insbesondere kann von den Mitgliedstaaten nicht verlangt werden, einen Abbruch der Verhandlungen und somit den Nichtabschluss eines DBA zu riskieren, da in diesem Fall größere Risiken der Doppelbesteuerung bestehen – falls die jeweiligen Staaten diese nicht auch aufgrund innerstaatlicher Normen beseitigen – was zu nicht hinnehmbaren Wettbewerbsverzerrungen und der Gefahr weitergehender Diskriminierungen führen würde.[666]

---

[664] Eine solche Klausel, dass alle Rechte aus dem Abkommen in Übereinstimmung oder unter Berücksichtigung der Bindung des Mitgliedstaats an das Gemeinschaftsrechts ausgeübt werden, genügt jedoch allein nicht für eine Rechtfertigung des Mitgliedstaats (vgl. Panayi, ET 2006, 139, 151; EuGH vom 5.11.2002, Rs. C-467/98, *Kommission/Königreich Dänemark*, Rn. 105).

[665] Vgl. hierzu bereits S. 56 ff.

[666] Zwar ist bisher ungeklärt, ob Doppelbesteuerung an sich einen Grundfreiheitsverstoß darstellt (vgl. die Diskussion in Cordewener/Enchelmaier/Schindler, Meistbegünstigung im Steuerrecht der EU-Staaten, S. 242 ff.); ein geeignetes milderes Mittel kann im Fall der Verursachung einer Doppelbesteuerung jedoch keinesfalls angenommen werden.

e) Zusammenfassung

Zwar ist nach der Rechtsprechung des EuGH der Grundsatz der Reziprozität als Rechtfertigungsgrund abzulehnen, da die Rechte der Mitgliedstaaten unbedingt sind. Eine Beteiligung eines Drittstaats am Abkommen ändert an diesem Grundsatz nichts. Der Rechtsprechung des EuGH ist jedoch die Wertung zu entnehmen, dass dieser Grundsatz nur solange uneingeschränkt gilt, wie die durch die Diskriminierungsverbote geforderte Ausweitung von Vorteilen zu keinen zusätzlichen Verpflichtungen für den Drittstaat führt. Werden zusätzliche Verpflichtungen für den Drittstaat erforderlich, können die Mitgliedstaaten nachteilige Ungleichbehandlungen demgegenüber dadurch rechtfertigen, dass die Benachteiligung trotz Anwendung der erforderlichen Sorgfalt (Grundsatz der *due diligence*) nicht abwendbar war, da die Grundfreiheiten und Art. 4 Abs. 3 AEUV (ex-Art. 10 EG) nur dazu verpflichten, alle erforderlichen und geeigneten Maßnahmen zu ergreifen. An die anzuwendende erforderliche Sorgfalt sind jedoch strenge Anforderungen zu stellen; so müssen die Mitgliedstaaten dem Drittstaat Anreize für die Ausweitung der Vorteile bieten und die anderen Mitgliedstaaten sowie gegebenenfalls die Union zur Stärkung der Verhandlungsmacht um Unterstützung bitten. Weigert sich der Drittstaat dennoch, den Abkommensvorteil auszuweiten, ist die hierauf basierende Diskriminierung gerechtfertigt.

5. Zwischenergebnis

Zusammenfassend bleibt festzuhalten, dass trotz der großen Zahl an durch die Mitgliedstaaten vorgebrachten Rechtfertigungsgründen lediglich die Gewährleistung einer wirksamen Steueraufsicht, die Verhinderung von Steuerflucht, Kohärenz im weiteren Sinn sowie die Anwendung der *due diligence* im Fall von zusätzlichen Verpflichtungen für den Drittstaat als wirksame Rechtfertigungsgründe anzuerkennen sind.

Der Rechtfertigungsgrund der Steueraufsicht kann für die Mitgliedstaaten aufgrund des Verhältnismäßigkeitsgrundsatzes lediglich im Rahmen der Rechtfertigung von verfahrensrechtlichen Nachteilen relevant werden, nicht jedoch für materielle Steuernachteile. Die Verhinderung von Steuerflucht kann Diskriminierungen nur dann rechtfertigen, wenn sich die jeweiligen Regelungen lediglich auf rein künstliche Gestaltungen beziehen. Auch hier verpflichtet das Verhältnismäßigkeitsprinzip zu milderen Maßnahmen, so dass den Steuerpflichtigen jedenfalls die Möglichkeit gegeben werden muss, Missbrauchsvermutungen zu widerlegen.

Der fortentwickelte Gedanke der Kohärenz von Steuersystemen kann zum einen Regelungen rechtfertigen, die einen Abzug von Verlusten lediglich soweit erlauben, als auch damit unmittelbar zusammenhängende positive Einkünfte

der Besteuerungsmacht des betreffenden Staates unterliegen (Territorialitätsprinzip). Auch im Fall des vollständigen Ausgleichs von Nachteilen aufgrund
einer uneingeschränkten Anrechnung sind nachteilige Ungleichbehandlungen
gerechtfertigt. Die hierbei verbleibenden Liquiditätsnachteile sind hinzunehmen, soweit sie auf der Aufteilung der Steuerhoheit basieren und lediglich vo-
rübergehender Natur sind.

In Fällen, in denen eine Ausweitung der Vorteile zu zusätzlichen Verpflichtungen für den Drittstaat führen würde, sind Diskriminierungen gerechtfertigt,
wenn die Mitgliedstaaten den Grundsatz der *due diligence* beachtet haben, die
nachteilige Ungleichbehandlung jedoch trotz Anwendung der erforderlichen
Sorgfalt nicht abzuwenden war.

Inwieweit diese Rechtfertigungsgründe tatsächlich tragfähig sind, ist jedoch
eine Frage der Umstände des Einzelfalls.

Kapitel. 7: Schlussbetrachtung

A. Zusammenfassung

Im Rahmen dieser Arbeit wurde festgestellt, dass die Mitgliedstaaten aufgrund ihrer Souveränität zum Abschluss völkerrechtlicher Verträge berechtigt sind und sie diese Kompetenz weder durch ausdrückliche Übertragung auf die Union noch durch einen Übergang von Kompetenzen aufgrund Sachzusammenhangs nach der *implied powers* – Lehre (die nun in Art. 216 AEUV kodifiziert ist) verloren haben.

Die für die Annahme eines Verstoßes von DBA gegen Unionsrecht geltende Prämisse, dass das Unionsrecht Vorrang auch vor DBA mit Drittstaaten hat, ist erfüllt. Zum einen kommt dem Unionsrecht ein Anwendungsvorrang vor jeglichem innerstaatlichen Recht zu, so dass ein Vorrang von DBA vor innerstaatlichem Recht (wie z.B. in Frankreich) zu keiner anderen Beurteilung führt. Zum anderen ist aus Art. 351 Abs. 2 AEUV (ex-Art. 307 Abs. 2 EG) zu schließen, dass Mitgliedstaaten Widersprüche von Neuabkommen mit den Verträgen beim Abkommensschluss vermeiden müssen, soweit der Binnenmarkt durch diese Abkommen berührt ist, da selbst bei Altabkommen eine Verpflichtung zur Beseitigung von Widersprüchen zwischen Abkommen und Unionsrecht besteht. Verstoßen Abkommen mit Drittstaaten gegen Unionsrecht, bleiben sie jedoch völkerrechtlich wirksam und sind lediglich im Unionsgebiet unanwendbar.

Auch der Anwendungsbereich der Grundfreiheiten ist eröffnet, soweit bestimmte Vorgaben erfüllt werden. Zum einen müssen die Voraussetzungen des persönlichen und sachlichen Anwendungsbereichs der Grundfreiheiten vorliegen. Dies sind die neben dem Erfordernis der Staatangehörigkeit eines Mitgliedstaats die Arbeitnehmereigenschaft, die Tätigkeit als Selbständiger bzw. die Gründung von Zweigniederlassungen, die Eigenschaft als Dienstleistungserbringer oder -empfänger sowie die Teilnahme am Kapitalverkehr (z.B. durch Tätigung einer Kapitalanlage). In räumlicher Hinsicht gilt zwar der Grundsatz, dass die Grundfreiheiten auch Sachverhalte schützen, die teilweise außerhalb des Geltungsbereichs der Grundfreiheiten – dies sind die Hoheitsgebiete der Mitgliedstaaten – verwirklicht werden. Abgesehen von der Kapitalverkehrsfreiheit, bei der die Tätigung einer Kapitalanlage durch den Staatsangehörigen eines Mitgliedstaats in einem Drittstaat genügt, müssen bei den Grundfreiheiten jedoch sowohl ein hinreichend enger Bezug zum Unionsgebiet als auch ein grenzüberschreitendes Element im Hinblick auf einen anderen Mitgliedstaat vorliegen. Diese Vorraussetzungen sind erfüllt, wenn ein Staatsangehöriger eines Mitgliedstaats nicht nur steuerliche Anknüpfungspunkte im Drittstaat aufweist, sondern in einem anderen Mitgliedstaat einen steuerlichen Bezugspunkt hat. Im Fall von juristischen Personen wären Gründung und Sitz in einem Mitgliedstaat und eine Betriebsstätte in einem anderen Mitgliedstaat als ausreichende grenzüberschreitende Elemente denkbar. Der hinreichend enge Bezug zum Unionsgebiet liegt in der Besteuerung durch den Ansässigkeitsstaat nach dem Welteinkommensprinzip und die dadurch drohenden Wettbewerbsverzerrungen im Fall von Steuervorteilen im Drittstaat.

Zudem wird die Diskriminierung aufgrund einer staatlichen Maßnahme eines Mitgliedstaats bewirkt, auch wenn die auf dem DBA basierende Ungleichbehandlung konkret durch den Drittstaat vorgenommen wird. Spätestens der Erlass des Zustimmungsgesetzes zum DBA stellt eine die Grundfreiheiten verletzende Maßnahme des Mitgliedstaats dar, die – im Gegensatz zu den Fällen, in denen dem Mitgliedstaat fremdes Handeln zuzurechnen ist – zwingenden Charakter hat. Eine Verletzung der Grundfreiheiten ist unmittelbar darin zu sehen, dass die jeweilige Regelung dazu verpflichtet, die jeweiligen Vorteile nur an die Angehörigen des abkommensbeteiligten Mitgliedstaats zu gewähren. Diese Verletzung der Grundfreiheiten ist auch nicht lediglich indirekt oder mittelbar, da mit der völkerrechtlichen Verbindlichkeit von einer Anwendung des DBA ausgegangen werden kann und für einen Verstoß gegen Unionsrecht das Bestehen einer gemeinschaftsrechtswidrigen Vorschrift genügt; ihre tatsächliche Anwendung ist unerheblich. Im Übrigen würde aufgrund der Regelung des Art. 4 Abs. 3 UAbs. 3 EUV (ex-Art. 10 Abs. 2 EG) auch bereits die Gefahr einer Grundfreiheitsverletzung einen Verstoß des abkommensbeteiligten Mitgliedstaats gegen Unionsrecht begründen.

Des Weiteren hat die Untersuchung der vorliegenden Fragestellung ergeben, dass sich zwei in verschiedenen Mitgliedstaaten ansässige Steuerpflichtige mit derselben Art von Einkünften aus dem Drittstaat in einer vergleichbaren Lage befinden.

Zum einen stellen zwei beschränkt Steuerpflichtige ein mögliches Vergleichspaar dar, da die Auslegung der Grundfreiheiten in Verbindung mit dem allgemeinen Diskriminierungsverbot des Art. 18 AEUV (ex-Art. 12 EG) und dem Binnenmarktgedanken des Art. 26 AEUV (ex-Art. 14 EG) ergibt, dass die Grundfreiheiten neben dem traditionell geltenden Grundsatz der Inländergleichbehandlung auch eine Pflicht zu Ausländergleichbehandlung enthalten. Der Wortlaut der Grundfreiheiten ist in seiner Nennung von Beschränkungsverboten und Pflichten zur Inländergleichbehandlung nicht abschließend. Bei einer systematischen Auslegung ist zu beachten, dass Art. 18 AEUV (ex-Art. 12 EG) einen Mindeststandard für den Grundfreiheitsschutz darstellt, der bezüglich aller Grundfreiheiten einheitlich ist. Zudem wäre eine Regelung wie Art. 350 AEUV (ex-Art. 306 EG), der eine gegenseitige Bevorzugung der Benelux-Staaten untereinander ausnahmsweise zulässt, nicht erforderlich, wenn die Grundfreiheiten lediglich eine Inländergleichbehandlung beinhalten würden. In historischer Hinsicht ist festzustellen, dass durch die Grundfreiheiten innerhalb der Union eine größtmögliche Integration erreicht werden sollte, die nach damaligem Verständnis – wie auch heute in der überwiegenden Zahl der Fälle – in der Inländergleichbehandlung gesehen wurde. Stellt jedoch die Ausländergleichbehandlung teilweise eine intensivere Integrationsmöglichkeit dar, ist diese zu gewähren. Auch die teleologische Auslegung hat ergeben, dass der Zweck der Schaffung eines Binnenmarktes ohne Hindernisse einen weitaus engeren Zusammenschluss erfordert als die bestehenden internationalen Handelsabkommen. Da diese Handelsabkommen jedoch eine Ausländergleichbehandlung beinhalten, muss auch ein Binnenmarkt diese verpflichtend vorsehen.

Zum anderen befinden sich zwei beschränkt Steuerpflichtige aus verschiedenen Mitgliedstaaten auch in einer vergleichbaren Lage, da sie bezüglich des maßgeblichen Differenzierungskriteriums der gleichen wirtschaftlichen Tätigkeit im selben Drittstaat übereinstimmen.

Unterscheidungsmerkmale wie die Ansässigkeit in unterschiedlichen Mitgliedstaaten sind nicht zu berücksichtigen, da die Diskriminierungsverbote der Grundfreiheiten – im Gegensatz zu den Diskriminierungsverboten in DBA – auch vor versteckten Diskriminierungen schützen und die Ansässigkeit maßgeblicher Anknüpfungspunkt für eine versteckte Diskriminierung ist, da beschränkt Steuerpflichtige meist auch eine andere Staatsangehörigkeit haben. Zudem führt die Geltung unterschiedlicher DBA für die beiden Vergleichspartner nicht zu einer unterschiedlichen Lage, da das Vorliegen unterschiedlicher DBA als Teil des Prüfungsgegenstands nicht für die Begründung einer fehlenden Vergleichbarkeit herangezogen werden darf. Anderenfalls läge ein Zirkelschluss vor: Eine Ungleichbehandlung wäre – aufgrund des Fehlens einer vergleichbaren Lage – erlaubt, weil es eine Ungleichbehandlung gibt. Eine Orientierung ausschließlich am selben steuerlich relevanten Anknüpfungspunkt im selben Drittstaat steht auch im Einklang mit der Rechtsprechung des EuGH. Die dieser Rechtsprechung zu entnehmende grundsätzliche Unvergleichbarkeit von unbeschränkt und beschränkt Steuerpflichtigen (außer im Fall von persönlichen Steuervorteilen) steht einer Vergleichbarkeit zweier beschränkt Steuerpflichtiger nicht entgegen. Zudem behandelt der Quellenstaat, auf dessen Maßnahmen es in diesem Fall ankommt, zwei Nicht-Ansässige nach den Generalnormen des innerstaatlichen Steuerrechts auch grundsätzlich gleich. Die Ungleichbehandlung, die erst auf der Ebene der fraglichen DBA-Normen besteht, schließt das Vorliegen einer vergleichbaren Lage nicht aus, da sich der

Quellenstaat aufgrund der in den Generalnormen zutage tretenden Anerkennung der Vergleichbarkeit nicht mehr auf Unterschiede zwischen den Vergleichspartnern berufen kann. Eine Vergleichbarkeit zweier Nicht-Ansässiger
aus verschiedenen Mitgliedstaaten ist nur ausnahmsweise in bestimmten Fallgruppen zu verneinen, in denen es aufgrund von Regelungen des Ansässigkeitsstaates zu einer doppelten Verlustberücksichtigung bzw. einer vollkommenen Nichtbesteuerung der Einkünfte käme – sei es durch die mehrfache
Inanspruchnahme von Vorteilen in verschiedenen DBA oder durch die Entlastung von Ausschüttungen im Ansässigkeits- und Quellenstaat zur Vermeidung
von Doppelbelastungen bei Ausschüttendem und Anteilseigner.

Darüber hinaus wurde festgestellt, dass eine für die Diskriminierungsverbote
der Grundfreiheiten relevante nachteilige Ungleichbehandlung anzunehmen ist,
wenn dem Steuerpflichtigen im Quellenstaat ein steuerlicher Nachteil in lediglich einem einzigen Detail entsteht, solange dieser Nachteil nicht lediglich Folge der Besteuerungsunterschiede zwischen den Mitgliedstaaten ist. Hierfür ist
aufgrund des Prinzips der Kästchengleichheit ausschließlich die Besteuerung im
Quellenstaat zu berücksichtigen. Zwar kann die reine Aufteilung der Steuerhoheit keine Benachteiligung begründen; jedoch haben die Mitgliedstaaten bei
der Ausübung der verteilten Steuerhoheit die Grundfreiheiten uneingeschränkt
zu beachten. Für diesen Prüfungspunkt ist unerheblich, ob die Situation des
benachteiligten Steuerpflichtigen durch andere Maßnahmen des Quellenstaates
verbessert wird. Als Nachteil werden sowohl materielle steuerliche als auch
verfahrensrechtliche Nachteile anerkannt.

Liegt eine nachteilige Ungleichbehandlung zweier beschränkt Steuerpflichti-
ger in vergleichbarer Lage vor, kann sie nur unter Berufung auf einen zwin-
genden Grund des Allgemeininteresses gerechtfertigt werden; die geschriebe-
nen Rechtfertigungsgründe sind hingegen im Steuerrecht ohne Belang. Ob eine
Rechtfertigung tatsächlich vorliegt, kann jedoch nur durch eine Prüfung und
Abwägung im Einzelfall festgestellt werden, so dass hier nur grundlegende
Ergebnisse dargestellt werden können.
Ein anerkannter Rechtfertigungsgrund liegt in der Sicherung einer effektiven
Steueraufsicht. Dieser kann jedoch lediglich verfahrensrechtliche Nachteile
rechtfertigen, nicht aber materielle Steuernachteile, da bei diesen stets mildere
Mittel denkbar sind.
Auch die Verhinderung von Steuerflucht kann zwar Diskriminierungen
rechtfertigen, wenn sie sich lediglich gegen rein künstliche Gestaltungen wen-
det. Das Verhältnismäßigkeitsprinzip verpflichtet den Mitgliedstaat jedoch
auch hier zur Anwendung geeigneter, milderer Maßnahmen. Danach muss den
Steuerpflichtigen jedenfalls die Möglichkeit gegeben werden, Missbrauchsvermutungen zu widerlegen.

Der traditionelle Gedanke der Kohärenz von Steuersystemen hat im Lauf der Zeit in der Rechtsprechung des EuGH eine Fortentwicklung erfahren. Folglich kann er nicht nur Regelungen rechtfertigen, bei denen ein Nachteil durch einen Vorteil ausgeglichen wird und Vor- und Nachteil (i) steuerrechtlicher Natur sind, (ii) sich auch innerhalb derselben Steuerart niederschlagen, (iii) in der gleichen Person wirksam werden sowie (iv) ein und demselben Steuersystem entstammen und schließlich (v) deren Regelungszweck nur durch das Zusammenwirken der Vorschriften erreicht werden kann. Vielmehr ist es dem Mitgliedstaat aufgrund der Beachtlichkeit des Territorialitätsprinzips möglich, einen Abzug von Verlusten lediglich soweit zu erlauben, als auch die damit unmittelbar zusammenhängenden positiven Einkünfte der Besteuerungsmacht des betreffenden Staates unterliegen. Die Weiterentwicklung des ursprünglichen Kohärenzgedankens zu einer Gesamtbetrachtung hat zur Folge, dass nachteilige Ungleichbehandlungen im Quellenstaat dadurch gerechtfertigt werden können, dass die Nachteile aufgrund einer uneingeschränkten Anrechnung der im Quellenstaat entrichteten Steuern im Ansässigkeitsstaat ausgeglichen werden. Die hierbei verbleibenden Liquiditätsnachteile sind hinzunehmen, soweit sie auf der Aufteilung der Steuerhoheit basieren und nur vorläufiger Natur sind. In einigen Fällen ist auch ein Ausgleich von Nachteilen durch die Anwendung der Freistellungsmethode im Ansässigkeitsstaat denkbar.

Bisher in der Rechtsprechung nur angedeutet wurde die Möglichkeit, nachteilige Ungleichbehandlungen damit zu rechtfertigen, dass eine die Diskriminierung vermeidende Ausdehnung der Vorteile auf andere Steuerpflichtige dem Drittstaat zusätzliche Pflichten auferlegen würde. In diesem Zusammenhang sind sowohl einseitig als auch auf der Grundlage von Gegenseitigkeit gewährte Vergünstigungen von Bedeutung, solange der Drittstaat im Fall der Erstreckung des jeweiligen Abkommensvorteils auf die Angehörigen aller Mitgliedstaaten zusätzliche Einbußen in seinem Steueraufkommen erleiden würde. Diese Rechtfertigungsmöglichkeit ist tragfähig, auch wenn der Grundsatz besteht, dass die sich aus den Grundfreiheiten ergebenden Rechte unbedingt sind und nicht einem Gegenseitigkeitserfordernis unterworfen werden dürfen, solange eine übermäßige Ausdehnung dieser Rechtfertigungsmöglichkeit durch die Anwendung des in Art. 4 Abs. 3 EUV (ex-Art. 10 EG) enthaltenen völkerrechtlichen Grundsatzes der *due diligence* hinreichend begrenzt wird. Aufgrund der Souveränität, der eigenen Interessen und der fehlenden Bindung der Drittstaaten an das Unionsrecht muss eine nachteilige Ungleichbehandlung gerechtfertigt sein, die trotz Anwendung der erforderlichen Sorgfalt durch den Mitgliedstaat nicht abzuwenden war. Eine Weigerung des Drittstaats, die jeweiligen Vorteile auszuweiten, obwohl der Mitgliedstaat in den Verhandlungen zum Abschluss eines DBA dem Drittstaat weitere Vorteile hierfür anbietet, die anderen Mitgliedstaaten für ein gemeinsames Auftreten bei Verhandlungen um

Hilfe bittet und schließlich die Kommission als Vermittler einschaltet, hätte zur Folge, dass bei einem Bestehen des Mitgliedstaats auf der Ausweitung der Vorteile der Drittstaat gar kein DBA abschließen würde, was zu weitaus größeren Wettbewerbsverzerrungen führen würde.

Auf die dieser Arbeit zugrunde liegende Fragestellung, ob Mitgliedstaaten bei der Neuverhandlung von Doppelbesteuerungsabkommen mit Drittstaaten aufgrund des Unionsrechts dazu verpflichtet sind, Vorteile, die sie für ihre eigenen Angehörigen aushandeln, auch für alle Angehörigen der anderen EU-Mitgliedstaaten zu verlangen, ist somit zu antworten, dass eine solche Verpflichtung grundsätzlich besteht, solange keine Rechtfertigungsgründe eingreifen. Im Hinblick auf den Grundsatz der *due diligence* sind die Mitgliedstaaten jedoch lediglich dazu verpflichtet, alles in ihrer (Verhandlungs-)Macht stehende zu unternehmen, um den Vorteil auf die Angehörigen aller Mitgliedstaaten auszuweiten. Weigert sich der abkommensbeteiligte Drittstaat dennoch, den Vorteil auszuweiten bzw. die den Vorteil beinhaltende Regelung aus dem DBA auszuklammern, ist die aufgrund der Vorteilsgewährung entstehende Diskriminierung gerechtfertigt und die Mitgliedstaaten können das DBA ohne Verstoß gegen Unionsrecht abschließen.

B. Anwendung der Erkenntnisse auf die in der Einleitung genannten Beispiele

I. Beispiel 1

1. Sachverhalt

Der im Mitgliedstaat 1 ansässige Steuerpflichtige 1 ist im Drittstaat als angestellter Lehrer tätig. Im zu verhandelnden DBA zwischen dem Drittstaat und dem Mitgliedstaat 1 soll das Besteuerungsrecht ausschließlich dem Wohnsitzstaat (also dem Mitgliedstaat 1) zugewiesen werden, der das Einkommen mit 25% besteuert. Das DBA zwischen dem Drittstaat und einem Mitgliedstaat 2 weist das Besteuerungsrecht für die Lehrtätigkeit hingegen ausschließlich dem Tätigkeitsstaat (also dem Drittstaat) zu, der es mit einem Steuersatz von 30% besteuert. Ein im Mitgliedstaat 2 ansässiger Steuerpflichtiger 2 unterliegt somit aufgrund des Doppelbesteuerungsabkommens für dieselbe Tätigkeit als Lehrer einem um 5% höheren Steuersatz.

2. Pflichten des Mitgliedstaats 1

Der Mitgliedstaat 1 wäre verpflichtet, die Zuteilung des Besteuerungsrechts an den Wohnsitzstaat für alle Angehörigen der anderen Mitgliedstaaten aus-zuhandeln, wenn diese Zuteilung und die sich hieraus ergebende höhere Be-steuerung durch den Tätigkeitsstaat eine durch das Diskriminierungsverbot der Arbeitnehmerfreizügigkeit verbotene, nachteilige Ungleichbehandlung dar-stellt.

a) Anwendbarkeit der Arbeitnehmerfreizügigkeit

Die Arbeitnehmerfreizügigkeit des Art. 45 AEUV (ex-Art. 39 EG) ist in per-soneller Hinsicht anwendbar, da der Steuerpflichtige 2 ein Arbeitnehmer eines Mitgliedstaats im Sinne von Art. 45 Abs. 2 AEUV (ex-Art. 39 Abs. 2 EG) ist.

Auch der sachliche Anwendungsbereich der Arbeitnehmerfreizügigkeit ist eröffnet, da der Steuerpflichtige 2 ein Arbeitnehmer ist, d.h. eine Person, die für einen anderen nach dessen Weisungen Leistungen erbringt und als Gegen-leistung eine Vergütung erhält.

In räumlicher Hinsicht ist zum einen ein unmittelbarer Bezug zum Unions-gebiet erforderlich. Ein solcher unmittelbarer Bezug ist gegeben, wenn der zu prüfende Sachverhalt zumindest teilweise dem Recht eines Mitgliedstaats un-terliegt. Da der Steuerpflichtige 2 im Mitgliedstaat 2 mit seinem Welteinkom-men steuerpflichtig ist, unterliegen auch die Einkünfte aus der Tätigkeit im Drittstaat dem Steuerrecht eines Mitgliedstaats. Darüber hinaus muss jedoch auch das Erfordernis eines grenzüberschreitenden Elements gegeben sein; d.h. der im Mitgliedstaat 2 ansässige Steuerpflichtige 2 muss zusätzlich zur Ver-wirklichung steuerlicher Anknüpfungspunkte im Drittstaat auch eine Verbin-dung zu einem anderen Mitgliedstaat aufweisen. Ein bloßes Hinausreichen des Sachverhalts aus dem Mitgliedstaat 2 in den Drittstaat ist hingegen nicht aus-reichend, sodass in diesem Beispiel nicht von vornherein ein grenzüberschrei-tender Bezug in diesem Sinne vorliegt. Eine Verknüpfung mit einem anderen Mitgliedstaat ist allerdings gegeben, wenn der im Mitgliedstaat 2 ansässige Steuerpflichtige 2 ein Staatsangehöriger eines anderen Mitgliedstaats ist oder als Arbeitnehmer eines in einem anderen Mitgliedstaat ansässigen Unterneh-mens im Drittstaat tätig wird.

b) Verstoß gegen das Diskriminierungsverbot der Arbeitnehmerfreizügigkeit

Das Diskriminierungsverbot des Art. 45 AEUV (ex-Art. 39 EG) ist verletzt, wenn vergleichbare Sachverhalte durch eine staatliche Maßnahme ungleich behandelt werden, diese Ungleichbehandlung einen Nachteil beinhaltet und keine objektive Rechtfertigungsmöglichkeit besteht.

aa) Staatliche Maßnahme

Die erforderliche staatliche Maßnahme als Ursache der Diskriminierung ist, wie oben dargelegt,[667] im Abschluss eines DBA durch einen Mitgliedstaat, das gemeinschaftsrechtswidrige Regelungen enthält, zu sehen.

bb) Vergleichbare Lage

Wie oben dargestellt, stellen der Steuerpflichtige 1 und der Steuerpflichtige 2 ein zulässiges Vergleichspaar dar, da die Grundfreiheiten auch die Ausländergleichbehandlung umfassen.[668]

Zwei in unterschiedlichen Mitgliedstaaten ansässige Steuerpflichtige mit Einkünften aus demselben Drittstaat befinden sich in einer vergleichbaren Lage, wenn sie zur Erzielung der Einkünfte bei wirtschaftlicher Betrachtungsweise dieselbe Tätigkeit ausüben und zudem in allen steuerlich relevanten Faktoren Übereinstimmung besteht. Wirtschaftlich liegt dieselbe Tätigkeit vor, wenn die Vergleichspartner in gegenseitigem Wettbewerb stehen bzw. austauschbar sind.

Demnach sind der Steuerpflichtige 1 und der Steuerpflichtige 2 in einer vergleichbaren Lage, da beide als angestellte Lehrer im Drittstaat tätig sind und beide im Drittstaat der beschränkten Steuerpflicht unterliegen. Da das Bestehen unterschiedlicher DBA zwischen dem Mitgliedstaat 1 und dem Drittstaat einerseits und zwischen dem Mitgliedstaat 2 und dem Drittstaat andererseits den Prüfungsgegenstand der Überprüfung anhand der Arbeitnehmerfreizügigkeit bildet, darf dieser Unterschied nicht zur Begründung einer fehlenden Vergleichbarkeit herangezogen werden. Von den unterschiedlichen DBA-Regelungen abgesehen, werden der Steuerpflichtige 1 und der Steuerpflichtige 2 anhand der innerstaatlichen Generalnormen des Drittstaats für beschränkt Steuerpflichtige auch gleich besteuert und ihre Lage ist vergleichbar.

cc) Nachteilige Ungleichbehandlung

Eine nachteilige Ungleichbehandlung ist gegeben, wenn der Steuerpflichtige 2 aufgrund der zu prüfenden Norm einer höheren Besteuerung unterworfen ist als der Steuerpflichtige 1. Im vorliegenden Beispielsfall 1 unterliegt der Steuerpflichtige 2 zwar einem um 5 % höheren Steuersatz als der Steuerpflichtige 1 und bei gleich hoher Bemessungsgrundlage damit auch einer höheren Steuerbelastung; dieser Besteuerungsunterschied hat seinen Ursprung jedoch in der Aufteilung der Steuerhoheit zwischen Mitgliedstaat 1 und Mitgliedstaat 2 sowie den Unterschieden zwischen den Steuerrechtsordnungen der Mitgliedstaaten 1 und 2. Die Grundfreiheiten schützen jedoch nicht vor den nachteili-

---

[667] Vgl. oben S. 51 ff. Da diese Anforderung in allen Beispielsfällen erfüllt ist, wird sie im Folgenden nicht mehr gesondert überprüft.

[668] Vgl. oben S. 68 ff.

gen Folgen einer fehlenden Harmonisierung, so dass in der höheren Besteuerung des Steuerpflichtigen 2 im Vergleich zum Steuerpflichtigen 1 keine zu einer Verletzung der Grundfreiheiten führende nachteilige Ungleichbehandlung liegt.

Im Beispielsfall 1 ist folglich kein Verstoß gegen das Diskriminierungsverbot des Art. 45 AEUV (ex-Art. 39 EG) gegeben, so dass der Mitgliedstaat 1 diesbezüglich keinen weiteren Pflichten im Rahmen der DBA-Verhandlungen unterliegt.

II. Beispiel 2

1. Sachverhalt

Ein Angehöriger des Mitgliedstaats 1 hält eine Minderheitsbeteiligung an einem Unternehmen im Drittstaat und bezieht aus dieser Beteiligung Dividenden. Der Drittstaat ist bereit, auf die Dividenden, die die Angehörigen des Mitgliedstaats 1 erzielen, keine Quellensteuer zu erheben. Hingegen unterliegt ein im Mitgliedstaat 2 ansässiger Steuerpflichtiger 2 aufgrund des DBA zwischen dem Drittstaat und dem Mitgliedstaat 2 im Hinblick auf Dividenden aus Beteiligungen im Drittstaat einem Quellensteuersatz von 15%. Sowohl im DBA zwischen dem Drittstaat und dem Mitgliedstaat 1 als auch im DBA zwischen dem Drittstaat und dem Mitgliedstaat 2 ist zur Vermeidung der Doppelbesteuerung die Anrechnungsmethode mit Anrechnungshöchstbetrag vereinbart. Der Mitgliedstaat 2 besteuert die Dividenden mit einem Steuersatz von 25%, während der Mitgliedstaat 1 einen Steuersatz von 20% auf Dividendeneinkünfte anwendet.

2. Pflichten des Mitgliedstaats 1

Der Mitgliedstaat 1 wäre verpflichtet, einen Quellensteuerverzicht des Drittstaats hinsichtlich Dividendeneinkünften auch für die Angehörigen der anderen Mitgliedstaaten auszuhandeln, wenn die Anwendung eines höheren Quellensteuersatzes durch den Drittstaat auf in verschiedenen Mitgliedstaaten ansässige Steuerpflichtige eine durch die Vorschriften der Kapitalverkehrsfreiheit verbotene Diskriminierung darstellt.

a) Anwendbarkeit der Kapitalverkehrsfreiheit

Im Fall einer Minderheitsbeteiligung im Drittstaat kommt eine Verletzung der Kapitalverkehrsfreiheit gemäß Art. 63 AEUV (Ex-Art. 56 EG) in Betracht.

In sachlicher Hinsicht schützt die Kapitalverkehrsfreiheit jede über die Grenzen eines Mitgliedstaates der Union hinausgehende Übertragung von Geld- oder Sachkapital, die primär zu Anlagezwecken erfolgt. Das Halten einer Minderheitsbeteiligung stellt eine solche Übertragung von Geldkapital an die Gesellschaft, an der die Beteiligung besteht, dar. Im Fall einer Minderheitsbeteiligung stehen Anlagezwecke auch im Vordergrund, so dass die Kapitalverkehrsfreiheit anwendbar ist.[669]

Auch der persönliche Anwendungsbereich der Kapitalverkehrsfreiheit ist eröffnet, da mit dem Steuerpflichtigen 1 und 2 jeweils ein Angehöriger eines Mitgliedstaats am Sachverhalt beteiligt ist.

Auch in räumlicher Hinsicht ist die Kapitalverkehrsfreiheit anwendbar, da sie nicht nur Kapitalübertragungen zu Anlagezwecken innerhalb der Mitgliedstaaten, sondern auch Geldanlagen von Angehörigen der Mitgliedstaaten in Drittstaaten schützt.

b) Verstoß gegen das Diskriminierungsverbot der Kapitalverkehrsfreiheit

aa) Vergleichbare Lage

Die Lage des Steuerpflichtigen 1 und des Steuerpflichtigen 2 ist vergleichbar, wenn sie wirtschaftlich vergleichbare Tätigkeiten zur Erzielung von Einkünften ausüben. Beide Steuerpflichtigen investieren Kapital in eine Beteiligung an einer Gesellschaft im Drittstaat. Alle steuerlich relevanten Faktoren stimmen überein und die beiden Steuerpflichtigen sind in wirtschaftlicher Hinsicht auch austauschbar. Zudem unterliegen beide Steuerpflichtige nach dem innerstaatlichen Recht des Quellenstaats der Besteuerung in gleicher Höhe; die Unterschiede aufgrund der verschiedenen DBA zwischen dem Drittstaat und den Mitgliedstaaten 1 und 2 dürfen nicht beachtet werden. Die Steuerpflichtigen 1 und 2 sind somit in einer vergleichbaren Lage.

bb) Nachteilige Ungleichbehandlung

Eine nachteilige Ungleichbehandlung ist gegeben, wenn der Steuerpflichtige 2 aufgrund der zu prüfenden DBA-Regelung über den Quellensteuereinbehalt einer höheren Besteuerung unterworfen ist als der Steuerpflichtige 1. Zum einen ist festzustellen, dass die Festlegung eines niedrigeren Quellensteuersatzes nicht als rein neutrale Regelung über die Aufteilung der Besteuerungshoheit anzusehen ist, sondern als Regelung, aufgrund derer der Drittstaat in Ausübung des ihm zugeteilten Besteuerungsrechts teilweise auf die Belastung mit Quellensteuer verzichtet. Zum anderen ist auf dieser Prüfungsstufe lediglich die Besteuerung im Quellenstaat (also dem Drittstaat) zu berücksichtigen, so dass der Steuerpflichtige 2 eine Steuerbelastung in Höhe von 15% im Drittstaat zu tragen hat, während der Steuerpflichtige 1 keiner Besteuerung im Drittstaat unterliegt. Diese höhere Steuerbelastung im Drittstaat führt zu einer nachteiligen Ungleichbehandlung des Steuerpflichtigen 2.

---

[669] Im Fall einer Mehrheitsbeteiligung hingegen, müsste eine Abgrenzung zur Niederlassungsfreiheit erfolgen (vgl. hierzu S. 43 ff.).

cc) Rechtfertigungsgründe

Die nachteilige Ungleichbehandlung des Steuerpflichtigen 2 gegenüber dem Steuerpflichtigen 1 könnte durch eine Kompensation im weiteren Sinn in Form der Anwendung der Anrechnungsmethode gerechtfertigt sein.

Der Steuerpflichtige 2 unterliegt im Quellenstaat einer Steuer von 15%, d.h. bei Dividenden in Höhe von 10.000 € beträgt die Steuerlast im Drittstaat 1.500 €. Der Mitgliedstaat 2 erhebt auf die Dividenden eine Steuer in Höhe von 25%, d.h. bei Dividenden in Höhe von 10.000 € beträgt die Steuerlast 2.500 €. Auf diese 2.500 € werden die bereits durch den Drittstaat einbehaltenen 1.500 € angerechnet, so dass die Steuerlast im Mitgliedstaat 2 letztlich 1.000 € beträgt und der durch die Besteuerung im Drittstaat entstandene Nachteil vollständig ausgeglichen wird.

Auch wenn sich die Gesamtsteuerlast des Steuerpflichtigen 2 im Hinblick auf die Dividenden auf 2.500 € summiert und damit höher ist, als die Gesamtsteuerlast des Steuerpflichtigen 1 (2.000 €), ist die nachteilige Ungleichbehandlung durch die höhere Quellensteuer im Drittstaat gerechtfertigt, da die höhere Gesamtsteuerlast des Steuerpflichtigen 2 auf dem unterschiedlichen Steuerniveau der Mitgliedstaaten 1 und 2, und damit der mangelnden Harmonisierung des Steuerrechts basiert und die Grundfreiheiten hiervor nicht schützen.

Im Beispiel 2 ist der Mitgliedstaat somit nicht verpflichtet, darauf hinzuwirken, dass der Quellensteuerverzicht auf Seiten des Drittstaats auch auf die Angehörigen der anderen Mitgliedstaaten angewandt wird.

III. Beispiel 3

1. Sachverhalt

Die USA als Drittstaat erheben normalerweise eine Steuer für Versicherungsprämien, die von in den USA ansässigen Personen oder Unternehmen an Versicherungsunternehmen außerhalb der USA gezahlt werden (sog. US Federal Excise Tax, im folgenden FET), in Höhe von 4% (für Sachversicherungen) bzw. 1% (für Personenversicherungen)[670] Die FET wird jedoch zum einen bei solchen Versicherungsprämien nicht erhoben, die an Versicherer gezahlt werden, die in den USA als autorisierter Versicherer (*established as authorized insurer*) anerkannt sind, und zum anderen, wenn mit dem Herkunftsstaat des Versicherers ein DBA besteht, das eine FET-Befreiung vorsieht (privilegierter Staat). Zudem kann die FET-Befreiung nur in Anspruch genommen werden, wenn das Risiko in einem privilegierten Staat rückversichert ist.

---

[670] Eimermann in: Debatin/Wassermeyer, Doppelbesteuerung, Art. 2 DBA USA, Rn. 13.

Der Steuerpflichtige 1, eine im Mitgliedstaat 1 ansässige juristische Person, bietet in den USA Versicherungen an. Die aus Versicherungsverträgen mit in den USA Ansässigen entstehenden Risiken, werden bei einem im Mitgliedstaat 3 ansässigen Rückversicherer versichert. Der Steuerpflichtige 2 ist ein im Mitgliedstaat 2 ansässiger Versicherer, der ebenfalls Versicherungen in den USA anbietet. Die sich hieraus ergebenden Risiken versichert der Steuerpflichtige 2 bei einem Rückversicherer im Mitgliedstaat 3. Weder der Steuerpflichtige 1 noch der Steuerpflichtige 2 haben in dem Drittstaat eine Betriebstätte.

Der Drittstaat ist bereit, in die DBA mit dem Mitgliedstaat 1 und dem Mitgliedstaat 3 eine solche FET-Befreiung aufzunehmen. Der Steuerpflichtige 1 unterliegt somit beim Abschluss eines Versicherungsvertrages mit einer in den USA ansässigen Person nicht der FET, wenn die daraus entstehenden Risiken im Mitgliedstaat 3 rückversichert sind. Hingegen ist die FET durch den Steuerpflichtigen 2 zu entrichten, da das Doppelbesteuerungsabkommen zwischen dem Drittstaat und dem Mitgliedstaat 2 keine FET-Befreiung vorsieht.

2. Pflichten des Mitgliedstaats 1

Der Mitgliedstaat 1 wäre verpflichtet, für eine Ausweitung der FET-Befreiung auf die Angehörigen der anderen Mitgliedstaaten zu sorgen, wenn die ausschließliche Geltung dieser Befreiung für den Steuerpflichtigen 1 eine die Dienstleistungsfreiheit verletzende Diskriminierung des Steuerpflichtigen 2 darstellt.

a) Anwendbarkeit der Grundfreiheiten

Die Erbringung von Versicherungsleistungen durch den Steuerpflichtigen 2 könnte in den Anwendungsbereich der Dienstleistungsfreiheit fallen.

In sachlicher Hinsicht schützt Art. 65 AEUV (ex-Art. 49 EG) Dienstleistungen, d.h. alle Leistungen, die in der Regel gegen Entgelt erbracht werden (vgl. Art. 57 Abs. 1 AEUV, ex-Art. 50 Abs. 1 EG). Das Anbieten und Erbringen von Versicherungsleistungen fällt als selbständige gewerbliche Tätigkeit in den Anwendungsbereich der Dienstleistungsfreiheit.

Auch der persönliche Schutzbereich der Art. 65 f. AEUV (ex-Art. 49 f. EG) ist eröffnet, da der Steuerpflichtige 2 Angehöriger eines Mitgliedstaats ist.

Fraglich ist jedoch, ob die Erbringung von Versicherungsleistungen im Drittstaat über eine Betriebstätte im Drittstaat vom räumlichen Anwendungsbereich der Dienstleistungsfreiheit umfasst ist. Zum einen muss hierfür der zu prüfende Sachverhalt einen grenzüberschreitenden Bezugspunkt zu einem anderen Mitgliedstaat haben und zum anderen muss ein hinreichend enger Bezug zum Unionsgebiet bestehen. Die Erbringung von Versicherungsleistungen im Drittstaat allein kann nicht zur Eröffnung des räumlichen Anwendungsbereichs einer Grundfreiheit des AEUV führen. Zwar wird hierdurch ein grenzüberschreitendes Element begründet, dieses reicht jedoch nicht von einem Mitgliedstaat in einen anderen Mitgliedstaat (sondern vielmehr von einem Mitgliedstaat in einen Drittstaat). Der vorliegende Sachverhalt hat jedoch die Besonderheit, dass nicht nur eine Versicherungsleistung im Drittstaat erbracht wird, sondern das daraus entstehende Risiko in einem anderen Mitgliedstaat rückversichert wird. Diese Rückversicherung durch ein Unternehmen in einem anderen Mitgliedstaat führt zu einem grenzüberschreitenden Element, das aus einem Mitgliedstaat in einen anderen Mitgliedstaat hinein reicht. Das Bestehen der Rückversicherung in einem anderen Mitgliedstaat ist auch beachtlich, da die prüfungsgegenständliche Regelung den Vorteil der Befreiung von der FET unter anderem auch von der Rückversicherung in einem begünstigten Staat abhängig macht. Diese Verknüpfung von Versicherungsleistung und Rückversicherung führt zudem auch zu einem hinreichend engen Bezug zum Unionsgebiet, da das Abhängigmachen des Vorteils von der Rückversicherung in einem begünstigen Mitgliedstaat zum einen die passive Dienstleistungsfreiheit des Steuerpflichtigen 2 betrifft und zum anderen die Marktverhältnisse der Rückversicherungen innerhalb des Binnenmarktes maßgeblich beeinflusst werden.

b) Verstoß gegen das Diskriminierungsverbot der Dienstleistungsfreiheit

aa) Vergleichbare Lage

Die Lage des Steuerpflichtigen 1 und des Steuerpflichtigen 2 ist vergleichbar, wenn sie wirtschaftlich vergleichbare Tätigkeiten zur Erzielung von Einkünften ausüben. Sowohl der Steuerpflichtige 1 als auch der Steuerpflichtige 2 erbringen im Drittstaat Versicherungsleistungen und stimmen demnach in den steuerlich relevanten Punkten überein, insbesondere da sie im gegenseitigen Wettbewerb stehen.

bb) Nachteilige Ungleichbehandlung

Eine nachteilige Ungleichbehandlung ist gegeben, wenn der Steuerpflichtige 2 aufgrund der zu prüfenden Norm einer höheren Besteuerung unterworfen ist als der Steuerpflichtige 1.

Die FET-Befreiung wird dadurch bewirkt, dass die FET in die Liste der durch das DBA erfassten Steuern aufgenommen wird. Dies hat zur Folge, dass der Drittstaat lediglich bei Vorliegen einer Betriebstätte im Drittstaat die Einkünfte aus gezahlten Versicherungsprämien besteuern kann, während es ohne Betriebstätte bei einem ausschließlichen Besteuerungsrecht des Ansässigkeitsstaates bleibt, der jedoch wiederum keine FET erhebt.

Ist der Steuerpflichtige 2 aufgrund der fehlenden Aufnahme der FET ins DBA zwischen dem Drittstaat und dem Mitgliedstaat 2 der FET unterworfen, werden seine Prämieneinkünfte aus den im Drittstaat erbrachten Versicherungsleistungen mit 4% (für Sachversicherungen) bzw. 1% (für Personenversicherungen) besteuert, während der Steuerpflichtige 1 aufgrund der Geltung des DBA zwischen dem Drittstaat und dem Mitgliedstaat 1 für die FET ohne Innehaben einer Betriebsstätte im Drittstaat keiner Besteuerung im Drittstaat mit FET unterliegt.

cc) Rechtfertigungsgründe

Als möglicher Rechtfertigungsgrund kommt zunächst die Verhinderung von Steuerumgehungen und Steuerhinterziehungen in Betracht. Ein Ausgleich des Nachteils bei Betrachtung der Gesamtbesteuerung kommt nicht in Betracht, da im Fall der Nichtgewährung des FET-Vorteils das fragliche DBA auf die FET insgesamt keine Anwendung findet.[671]

Auch wenn die Verhinderung von Steuerumgehungen und Steuerhinterziehungen einen beachtlichen Grund des Allgemeininteresses darstellt, kann die Benachteiligung durch die höhere Besteuerung im Quellenstaat im vorliegenden Fall nicht zu einer Rechtfertigung führen, da die Regelung nicht lediglich künstliche Gestaltungen betrifft und zum anderen auch keine Möglichkeit für die betroffenen Steuerpflichtigen beinhaltet, entlastende Sachverhalte nachzuweisen.

Als Zwischenergebnis lässt sich damit festhalten, dass der Mitgliedstaat 1 grundsätzlich verpflichtet ist, auf eine Ausweitung der Befreiung von der FET auf die Angehörigen des Mitgliedstaats 2 hinzuwirken. Unterbleibt diese Ausweitung durch den Drittstaat, kann sich der Mitgliedstaat 1 allerdings u.U. nach dem Grundsatz der *due diligence* rechtfertigen.

Eine Rechtfertigung aufgrund des Grundsatzes der *due diligence* setzt voraus, dass eine Ausdehnung des Vorteils (hier: die FET-Befreiung) auf die Angehörigen aller Mitgliedstaaten dem Drittstaat eine zusätzliche Verpflichtung auferlegen würde und der Mitgliedstaat die erforderliche Sorgfalt angewandt hat. D.h. der Mitgliedstaat muss dem Drittstaat Anreize für die Ausweitung der Vorteile geboten und die anderen Mitgliedstaaten sowie gegebenenfalls die Union zur Stärkung der Verhandlungsmacht um Unterstützung gebeten haben. Weigert sich der Drittstaat dennoch, die FET-Befreiung (genauer: die Aufnahme der FET in den Anwendungsbereich des DBA) auf alle Mitgliedstaaten zu erstrecken, ist die hierauf basierende nachteilige Ungleichbehandlung gerechtfertigt.

---

[671] Eimermann in: Debatin/Wassermeyer, Doppelbesteuerung, Art. 2 DBA USA, Rn. 15.

C. Ausblick

Bei einer immer weiter fortschreitenden Harmonisierung werden die Mitgliedstaaten schließlich nicht umhin können, auch das Problem der Doppelbesteuerung im Binnenmarkt einheitlich zu lösen. Hierzu kommen mehrere Konzepte in Betracht, insbesondere die Aufnahme einer Meistbegünstigungsklausel in die DBA der Mitgliedstaaten, der Entwurf eines EU-Musterabkommens, der Abschluss eines multilateralen DBA zwischen den Mitgliedstaaten sowie die Entwicklung spezieller Empfehlungen oder Stellungnahmen der Kommission.[672]

Sowohl der Vorschlag eines multilateralen DBA der Mitgliedstaaten inter-se als auch die Möglichkeit der Empfehlungen und Stellungnahmen sind von ihrem Wirkungsbereich her nicht geeignet, Diskriminierungen von Tätigkeiten mit Drittstaatsbezug zu verhindern. Die übrigen Lösungsvorschläge sind zu ergänzen um die Alternative eines durch die Union mit dem jeweiligen Drittstaat abgeschlossenen DBA.

(i) Meistbegünstigungsklausel

    Zum einen könnte in sämtliche bilaterale Doppelbesteuerungsabkommen eine Meistbegünstigungsklausel aufgenommen werden, die verhindert, dass ein Staat seine internationalen Abkommenspartner unterschiedlich behandelt.[673] Dieses hätte den Vorteil, dass keine Vergemeinschaftung des Rechts der Doppelbesteuerungsabkommen notwendig wäre. Zusätzlich könnten Dreieckssachverhalte eher gelöst werden als mit einem Musterabkommen, da die Meistbegünstigungsklausel die bilateralen Abkommen faktisch wie einen multilateralen Vertrag wirken lassen würde, ohne dass schwierige und lang dauernde Verhandlungen notwendig würden.[674] Nachteil einer solchen Lösung ist jedoch die gesteigerte Komplexität des Rechts der Doppelbesteuerungsabkommen.

(ii) EU-Musterabkommen

    Zum anderen könnte ein EU-spezifisches Musterabkommen nach dem Vorbild des OECD-Musterabkommens entworfen werden, das die Mit-

---

[672] Zu diesen Vorschlägen vgl. Europäische Kommission, Arbeitsdokument der Dienststellen der Kommission – Unternehmensbesteuerung im Binnenmarkt (KOM (2001) 582 endg.), SEK (2001) 1681, S. 387 ff. sowie die Europäische Kommission, Doppelbesteuerungsabkommen und Recht der Europäischen Gemeinschaft – Arbeitsunterlage zum Experten Workshop am 5.7.2005 in Brüssel, TAXUD E1/FR DOC (05) 2306, S. 15 ff. (vgl. hierzu Fn. 233).

[673] Zu den vereinzelt in bereits bestehenden DBA vorhandenen Meistbegünstigungsklauseln vgl. Hofbauer, IStR 2004, 667 ff.

[674] Europäische Kommission, Doppelbesteuerungsabkommen und Recht der Europäischen Gemeinschaft – Arbeitsunterlage zum Experten Workshop am 5.7.2005 in Brüssel, TAXUD E1/FR DOC (05) 2306 S. 19 f. (vgl. hierzu Fn. 233).

gliedstaaten bei der Aushandlung von DBA mit Drittstaaten als Grundlage heranziehen würden. Vorteil eines solchen Musterabkommens wäre, dass das Problem der Doppelbesteuerung weiterhin auf bilateraler Ebene gelöst werden könnte und trotzdem eine weitere Vereinheitlichung herbeigeführt werden könnte, die zu einer sinkenden Anzahl und einem geringeren Umfang von Wettbewerbsverzerrungen beitragen würde. Andererseits könnten bei weiterhin bilateralen Regelungen die speziellen Probleme von Dreieckssachverhalten nicht gelöst werden und das Abkommensnetz bliebe weiterhin komplex.[675] Dennoch wird diese Möglichkeit wohl von der Kommission favorisiert.[676]

(iii) Abschluss eines DBA zwischen der Union und dem jeweiligen Drittstaat
Schließlich wäre der Abschluss eines DBA zwischen der Union und dem jeweiligen Drittstaat nach dem Vorbild der Abkommen vom 26.10.2004 zwischen der Union und der Schweiz u.a. auf den Gebieten der Zinsbesteuerung und der Zusammenarbeit gegen Steuerflucht[677] denkbar. Vorteil dieses Vorschlags ist, dass eine einheitliche und übersichtliche Regelung für alle Mitgliedstaaten bestünde. Fraglich ist jedoch die praktische Umsetzbarkeit dieses Vorschlags, da u.U. Sonderregelungen für einzelne Mitgliedstaaten in das einheitliche DBA aufgenommen werden müssten, um besonderen Verhältnissen und Sachverhalten in verschiedenen Mitgliedstaaten gerecht zu werden.

Es bleibt abzuwarten, welche der vorgeschlagenen Alternativen sich in der Zukunft durchsetzen wird. Für eine kurzfristig umsetzbare Lösung wäre ein EU-Musterabkommen vorzugswürdig, während die dauerhafte und wirksame Verhinderung von Wettbewerbsverzerrungen nur in Form eines auf Ebene der Union abgeschlossenen DBA mit dem jeweiligen Drittstaat umsetzbar erscheint,[678] auch wenn viele Sonderregelungen zur Berücksichtigung von Besonderheiten in den einzelnen Mitgliedstaaten notwendig würden. Bis zu einer endgültigen Festlegung sind die Angehörigen der Mitgliedstaaten durch die Grundfreiheiten geschützt, was auch für die Mitgliedstaaten ein tragbarer wenn auch nicht einfacher Zustand ist. Auf den ersten Blick scheinen die

---

[675] Vgl. Europäische Kommission, Doppelbesteuerungsabkommen und Recht der Europäischen Gemeinschaft – Arbeitsunterlage zum Experten Workshop am 5.7.2005 in Brüssel, TAXUD E1/FR DOC (05) 2306, S. 18, 20 f. (vgl. hierzu Fn. 233); Kofler, HBTLJ 2005, 1, 88.

[676] Vgl. Kommission der Europäischen Gemeinschaften, Mitteilung der Kommission an den Rat, an das Europäische Parlament und an den Europäischen Wirtschafts- und Sozialausschuss – Ein Binnenmarkt ohne unternehmenssteuerliche Hindernisse – Strategie zur Schaffung einer konsolidierten Körperschaftsteuer-Bemessungsgrundlage für die grenzüberschreitende Unternehmenstätigkeit in der EU, KOM (2001) 582 endg., S. 17.

[677] Vgl. hierzu S. 26 f.

[678] Ähnlich Becker/Thömmes, DB 1991, 566, 568; Rädler in: Lang, Multilateral Tax Treaties, S. 11; ders., in: Burmester/Endres, FS für Debatin, S. 345.

Grundfreiheiten aufgrund der in der vorliegenden Untersuchung erarbeiteten Ergebnisse zwar eine weitgehende Einschränkung für die Mitgliedstaaten bei der Ausübung ihrer Steuerhoheit durch den Abschluss von DBA und der damit einhergehenden Aufteilung der Besteuerungsbefugnisse darzustellen. Diese Wirkungen ergeben sich jedoch zum einen aus den Verträgen, dessen supranationale Wirkung die Mitgliedstaaten durch ihren Beitritt anerkannt haben. Zum anderen sind die nachteiligen Wirkungen durch den Anwendungsbereich der Grundfreiheiten und die Rechtfertigungsmöglichkeiten begrenzt: In Fällen der Tätigkeit eines Staatsangehörigen der EU in einem Drittstaat verpflichten die Grundfreiheiten die Mitgliedstaaten nur insoweit, als der Staatsangehörige neben den steuerlichen Anknüpfungspunkten im Drittstaat auch einen grenzüberschreitenden Bezug zu einem anderen Mitgliedstaat vorweisen kann. Durch die genannten, den Mitgliedstaaten zur Verfügung stehenden Rechtfertigungsgründe werden des Weiteren auch die schützenswerten Interessen der Mitgliedstaaten hinreichend gewahrt. Der Rechtfertigungsgrund einer wirksamen Steuerkontrolle lässt Ungleichbehandlungen bei Verfahrensregeln zu, die Auskunfts- und Informationspflichten vorsehen. Auch Regelungen, die sich gegen rein künstliche Gestaltungen zur Verhinderung des Steuermissbrauchs wenden, sind weiterhin möglich. Darüber hinaus gibt der Gedanke der Kohärenz den Mitgliedstaaten bei nicht zu enger Auslegung genügend Ansatzpunkte, ihr Interesse an einem in sich stimmigen Besteuerungssystem zu verwirklichen. Schließlich verhindert die Berücksichtigung der Auswirkungen auf den Drittstaat und die Begrenzung der Verpflichtung der Mitgliedstaaten auf die Anwendung des Grundsatzes der *due diligence*, dass von den Mitgliedstaaten Unmögliches verlangt wird. Die trotz dieser Einschränkungen verbleibenden Unannehmlichkeiten sind von den Mitgliedstaaten hinzunehmen, da sie sich zur Schaffung eines Binnenmarktes ohne Hindernisse verpflichtet haben und sich auch Tätigkeiten ihrer Angehörigen in Drittstaaten stark auf den Wettbewerb innerhalb des Binnenmarktes auswirken.

Literaturverzeichnis

Alber, Siegbert: Die Auswirkungen des europäischen Rechts auf die mitgliedstaatlichen Rechtsordnungen, insbesondere auf das Steuerrecht, in: Cordewener, Axel/Enchelmaier, Stefan/Schindler, Clemens Philipp (Hrsg.), Meistbegünstigung im Steuerrecht der EU-Staaten, München 2006, 1 ff.

Becker, Helmut/Thömmes, Otmar: Treaty Shopping und EG-Recht – Kritische Anmerkungen zu Art. 28 des neuen deutsch-amerikanischen Doppelbesteuerungsabkommens, DB 1991, 566 ff.

Beul, Carsten René: Beschränkung europäischer Niederlassungsfreiheit und Art. 220 EGV – Doppelbesteuerung und Meistbegünstigung, IStR 1997, 1 ff.

Bieg, Thorsten: Der Gerichtshof der Europäischen Gemeinschaften und sein Einfluss auf das deutsche Steuerrecht, Frankfurt am Main u.a., 1997

Birk, Dieter: Besteuerungsgleichheit in der Europäischen Union, in: Lehner, Moris (Hrsg.), Steuerrecht im Europäischen Binnenmarkt – Einfluss des EG-Rechts auf die nationalen Steuerrechtsordnungen, Köln, 1996, 63 ff.

Birle, Jürgen Paul u.a. (Bearb.): Beck'sches Steuer- und Bilanzrechtslexikon, Elektronische Ressource, München, Edition 3/2010.

Bleckmann, Albert: Europarecht – Das Recht der Europäischen Gemeinschaft, 6. Aufl., Köln u.a., 1997.

Bode, Ingolf: Die Diskriminierungsverbote im EWG-Vertrag; in: Erler, Georg (Hrsg.), Studien zum internationalen Wirtschaftsrecht und Atomenergierecht, Band 35, Göttingen, 1968.

Brockhaus, Enzyklopädie, 17. Aufl., Wiesbaden, 1968.

Calliess, Christian/Ruffert, Matthias: EUV, EGV: das Verfassungsrecht der Europäischen Union mit Europäischer Grundrechtecharta, Kommentar, 3. Aufl., München, 2007.

De Ceulaer, Stefaan: Community Most-Favoured-Nation Treatment: One Step Closer to the Multilateralization of Income Tax Treaties in the European Union?, BIFD 2003, 493 ff.

Collins (Hrsg.): Langenscheidt, Großwörterbuch Englisch, München, 2004.

Cordewener, Axel: Europäische Grundfreiheiten und nationales Steuerrecht: „Konvergenz" des Gemeinschaftsrechts und „Kohärenz" der direkten Steuern in der Rechtsprechung des EuGH, Köln, 2002.
Zitierweise: Cordewener, Grundfreiheiten und nationales Steuerrecht.

ders.: Körperschaftsteueranrechnung für Gebietsfremde versus Kapitalver-kehrsfreiheit – Zum Gutachten des EFTA-Gerichtshofs in Sachen Fokus Bank ASA, FR 2005, 345 ff.

ders.: EG-rechtliche Meistbegünstigungspflicht im Steuerrecht: Aktuelle und potenzielle Fallgestaltungen, in: Cordewener, Axel/Enchelmaier, Stefan/Schindler, Clemes Philipp (Hrsg.), Meistbegünstigung im Steuerrecht der EU-Staaten, München, 2006, 123 ff.

Cordewener, Axel/Enchelmaier, Stefan/Schindler, Clemens Philipp (Hrsg.): Meistbegünstigung im Steuerrecht der EU-Staaten, München, 2006.

Cortez Pimentel, Miguel: „D"istortion of the Common Market? Analysis and Future Perspectives of the MFN Clause Within EC Law, Intertax 2006, 485 ff.

Dauses, Manfred A.: Handbuch des EU-Wirtschaftsrechts, Elektronische Res-source, 26. Aufl., München, Stand Juni 2010.

Debatin, Helmut/Wassermeyer, Franz: Doppelbesteuerung – Kommentar zu allen deutschen Doppelbesteuerungsabkommen, Band I Kommentierung OECD-MA, Loseblattsammlung, München, Stand Mai 2010.

Dölker, Angelika/Ribbrock, Martin: Die Kapitalverkehrsfreiheit im Verhältnis zu Drittstaaten – nunmehr gefestigte EuGH-Rechsprechung?, BB 2007, 1928 ff.

Dolzer, Rudolf/Vogel, Klaus/Graßhof, Karin (Hrsg.): Bonner Kommentar zum Grundgesetz, Band 1, Loseblattsammlung, Heidelberg, Stand Oktober 2010.

Dourado, Ana Paula: From the Saint-Gobain to the Metallgesellschaft case: scope of non-discrimination of permanent establishments in the EC Treaty and the most-favoured-nation clause in EC Member States tax treaties, EC Tax Review 2002, 147 ff.

Dudenredaktion (Hrsg.): Duden – Das Bedeutungswörterbuch, 3. Aufl., Mannheim, 2002.

Eckhoff, Rolf: Diskriminierung bei der Einkommens- und Vermögensbe-steuerung, in: Birk, Dieter (Hrsg.), Handbuch des Europäischen Steuer- und Abgabenrechts, Herne u.a., 1995, 461 ff.

ders.: Freizügigkeit der Arbeitnehmer, in: Birk, Dieter (Hrsg.), Handbuch des Europäischen Steuer- und Abgabenrechts, Herne u.a., 1995, 501 ff.

Eicker, Klaus/Breuer, Fabian: EWR-Kapitalverkehrsfreiheit: Grenzüberschrei-tende Anrechnung von Körperschaftsteuer (Quellensteuer); Verfahrens-rechte ausländischer Anteilseigner in den EWR/EFTA-Mitgliedstaaten, IStR 2005, 59 ff.

Eicker, Klaus/Obser, Ralph: The impact of the Swiss-EC Agreement on in-tra-group dividend, interest and royalty payments, EC Tax Review 2006, 134 ff.

Enchelmaier, Stefan: Meistbegünstigung im EG-Recht – Allgemeine Grundsätze, in: Cordewener, Axel/Enchelmaier, Stefan/Schindler, Clemens Philipp (Hrsg.), Meistbegünstigung im Steuerrecht der EU-Staaten, München, 2006, 93 ff.

Englisch, Joachim: Die Besteuerung grenzüberschreitender Kapitalgesellschaften in neuem Licht: EuGH „Manninen", GmbHR 2004, R421 f.

ders.: The European Treaties´ Implications for Direct Taxes, Intertax 2005, 310 ff.

ders.: Meistbegünstigung im EG-Steuerrecht: Der Weg ins Chaos, in: Cordewener, Axel/Enchelmaier, Stefan/Schindler, Clemens Philipp (Hrsg.), Meistbegünstigung im Steuerrecht der EU-Staaten, München, 2006, 163 ff.

ders.: Marks & Spencer: Grenzüberschreitender Verlustabzug im Mutter-Tochter-Verhältnis – Anmerkung zum Urteil des EuGH vom 13.12. 2005, Rs. C-446/03 Marks & Spencer, IStR 2006, 19 ff.

Epiney, Astrid: Die völkerrechtliche Verantwortlichkeit von Staaten für rechtswidriges Verhalten im Zusammenhang mit Aktionen Privater, Baden-Baden, 1991.

Fischer, Susanne: Primäres Gemeinschaftsrecht und direkte Steuern – Die Bindung des Steuergesetzgebers an die Grundfreiheiten des EG-Vertrages, Frankfurt am Main u.a., 2001.

Frenz, Walter: Handbuch Europarecht, Band 1: Europäische Grundfreiheiten, Berlin u.a., 2004.

Frick, Karl Alois: Einkommensteuerliche Steuervergünstigungen und Beihilfeverbot nach dem EG-Vertrag, Sinzheim, 1994.

Gassner, Wolfgang/Lang, Michael/Lechner, Eduard (Hrsg.): Doppelbesteuerungsabkommen und EU-Recht – Auswirkungen auf die Abkommenspraxis, Wien, 1996.

De Graaf, Arnaud/Janssen, Geert: The implications of the judgment in the D case: the perspective of two non-believers, EC Tax Review 2005, 173 ff.

Grabitz, Eberhard/Hilf, Meinhard: Das Recht der Europäischen Union, Band 1: EUV/EGV, Loseblattsammlung, München, Stand Oktober 2009.

Grams, Harald/Molenaar, Dick: Zum Regelungsinhalt des Art. 17 Abs. 2 OECD-Musterabkommen – Meistbegünstigung im Abkommensrecht?, IStR 2002, 378 ff.

Von der Groeben, Hans/Thiesing, Jochen/Ehlermann, Claus-Dieter (Hrsg.): Kommentar zum EWG-Vertrag, 5. Aufl., Baden-Baden, 1997.

Von der Groeben, Hans/Schwarze, Jürgen (Hrsg.): Kommentar zum Vertrag über die Europäische Union und zur Gründung der Europäischen Gemeinschaft, 6. Aufl., Baden-Baden, 2003.

Hahn, Harmut: Beschränkung der Befreiung von der Einkommensteuer auf Dividenden aus Anteilen von Gesellschaften mit Sitz im Inland, Anmerkung zum Urteil des EuGH vom 6.6.2000, Rs. C-35/98 Verkooijen, IStR 2000, 436 ff.

ders.: Gemeinschaftsrecht und Recht der direkten Steuern – Teil I, Teil II und Teil III, DStZ 2005, 433 ff., 469 ff. und 507 ff.

Haunold, Peter/Tumpel, Michael/Wildhalm, Christian: News aus der EU, SWI 2006, 44 ff.

Herdegen, Matthias: Europarecht, 12. Aufl., München, 2010.

Herzig, Norbert: Besteuerung der Unternehmen in Europa – Harmonisierung im Wettbewerb der Systeme, in: Lehner, Moris (Hrsg.), Steuerrecht im Europäischen Binnenmarkt: Der Einfluss des EG-Rechts auf die nationalen Steuerrechtsordnungen, Köln, 1996, 121 ff.

Herzig, Norbert/Dautzenberg, Norbert: Der EWG-Vertrag und die Doppelbesteuerungsabkommen, DB 1992, 2519 ff.

Hinnekens, Luc: Compatibility of Bilateral Tax Treaties with European Community Law – The Rules, EC Tax Review 1994, 146 ff.

ders.: Compatibility of Bilateral Tax Treaties with European Community Law – Applications of the Rules, EC Tax Review 1995, 202 ff.

ders.: Non-Discrimination in EC Income Tax Law: Painting in the Colours of a Chameleon-Like Principle, ET 1996, 286 ff.

Hintersteininger, Margit: Binnenmarkt und Diskriminierungsverbot – Unter besonderer Berücksichtigung der Situation nicht-staatlicher Handlungseinheiten, Berlin, 1999.

Hobe, Stephan: Europarecht, 5. Aufl., Köln, 2010.

Hofbauer, Ines: Das Meistbegünstigungsprinzip in den deutschen und österreichischen Doppelbesteuerungsabkommen, IStR 2004, 667 ff.

Hübschmann, Walter/Hepp, Ernst/Spitaler, Armin: Abgabenordnung, Finanzgerichtsordnung – Kommentar, Loseblattsammlung, Köln, Stand September 2010.

Hughes, David: Withholding Taxes and The Most Favoured Nation Clause, BIFD 1997, 126 ff.

ders.: Gilly and the Big Picture, BIFD 1998, 329 ff.

Van der Hurk, Hans: The European Court of Justice knows its limits (A discussion inspired by the *Gillly* and the *ICI* cases), EC Tax Review 1999, 211 ff.

Ipsen, Hans Peter: Europäisches Gemeinschaftsrecht, Tübingen, 1972.

Isensee, Josef/Kirchhof, Paul (Hrsg.): Handbuch des Staatsrechts der Bundesrepublik Deutschland, Band V: Allgemeine Grundrechtslehren, 2. Aufl., Heidelberg, 1992.
   Zitierweise: Bearbeiter in: Isensee/Kirchhof, HdbStR, § [...], Rn. [...].

Jann, Martin: Die Auswirkungen des EU-Rechts auf die Abkommensberechtigung von beschränkt Steuerpflichtigen, in: Gassner, Wolfgang/Lang, Michael/Lechner, Eduard (Hrsg.), Doppelbesteuerungsabkommen und EU-Recht – Auswirkungen auf die Abkommenspraxis, Wien, 1996, 43 ff.

Jansen, Bela: Vorgaben des europäischen Beilhilferechts für das nationale Steuerrecht – Zugleich ein Beitrag zur Identifikation steuerlicher Beihilfen im Sinne des Art. 87 EGV, Baden-Baden, 2003.

Jones, Avery J.F.: Carry on discriminating, BIFD 1996, 46 ff.

Kadelbach, Stefan/Petersen, Niels: Die gemeinschaftsrechtliche Haftung für Verletzungen von Grundfreiheiten aus Anlass privaten Handelns, EuGRZ 2002, 213 ff.

Kainer, Friedemann: Grundfreiheiten und staatliche Schutzpflichten (EuGH, NJW 1998, 1931), JuS 2000, 431 ff.

Kessler, Wolfgang/Eicker, Klaus/Obser, Ralf: Die Schweiz und das europäische Steuerrecht – Der Einfluss des Europäischen Gemeinschaftsrechts auf das Recht der direkten Steuern im Verhältnis zu Drittstaaten am Beispiel der Schweiz, IStR 2005, 658 ff.

Kewenig, Wilhelm: Der Grundsatz der Nichtdiskriminierung im Völkerrecht der internationalen Handelsbeziehungen, Band 1: Der Begriff der Diskriminierung, Frankfurt am Main, 1972.
Zitierweise: Kewenig, Der Begriff der Diskriminierung.

Kingreen, Thorsten: Die Struktur der Grundfreiheiten des Europäischen Gemeinschaftsrechts, Berlin, 1999.

Klein, Eckart: Der Einfluss des Europarechts auf das deutsche Steuerrecht, in: Lehner, Moris (Hrsg.), Steuerrecht im Europäischen Binnenmarkt – Einfluss des EG-Rechts auf die nationalen Rechtsordnungen, Köln, 1996, 7 ff.

Knobbe-Keuck, Brigitte: Niederlassungsfreiheit: Diskriminierungs- oder Beschränkungsverbot? – Zur Dogmatik des Art. 52 EWG-Vertrag – am Beispiel einiger gesellschaftsrechtlicher Beschränkungen, DB 1990, 2573 ff.

dies.: Restrictions on the Fundamental Freedoms Enshrined in the EC Treaty by Discriminatory Tax Provisions – Ban and Justification, EC Tax Review 1994, 74.

Koenig, Christian/Kühling, Jürgen/Ritter, Nicolai: EG-Beihilfenrecht, 2. Aufl., Frankfurt am Main, 2005.

Kofler, Georg: Generalanwalt zur Kapitalverkehrsfreiheit und Meistbegünstigung bei DBA-Anwendung, ÖStZ 2004, 558 ff.

ders.: TNI-News, European Taxation under an „Open Sky": LoB clauses in tax treaties between the U.S. and EU member states – Part 1, Tax Notes International, Volume 35, Number 1, July 5, 2004, 45 ff.

ders.: Most-favoured-nation treatment in direct taxation: Does EC Law provide for community MFN in Bilateral Double Taxation Treaties?, HBTLJ 2005/3, 1 ff.

ders.: Wer hat das Sagen im Steuerrecht – EuGH, ÖStZ 2006, 154 ff.

ders.: Doppelbesteuerungsabkommen und Europäisches Gemeinschaftsrecht, Wien, 2007.

Kofler, Georg/Schindler, Clemens Philipp: „Dancing with Mr D": The ECJ's Denial of Most-Favoured-Nation Treatment in the „D" case, ET 2005, 530 ff.

Kokott, Juliane: Die Bedeutung der europarechtlichen Diskriminierungsverbote und Grundfreiheiten für das Steuerrecht der EU-Mitgliedstaaten, in: Lehner, Moris (Hrsg.), Grundfreiheiten im Steuerrecht der EU-Staaten, München, 2000, 1 ff.

Kraft, Gerhard/Robra, Karoline: Das völkerrechtliche Meistbegünstigungsprinzip und seine Bedeutung im Europäischen Steuerrecht, RIW 2005, 247 ff.

Kramer, Stefan: Die Meistbegünstigung, RIW 1989, 473 ff.

Krück, Hans: Völkerrechtliche Verträge im Recht der Europäischen Gemeinschaften, Berlin u.a., 1977.

Kühling, Jürgen: Von den Vergütungspflichten des Energieeinspeisungsgesetzes bis zur Deckungsvorsorge des Atomgesetzes: Die deutsche Energierechtsordnung im Koordinatensystem des Europäischen Beihilfenrechts, RdE 2001, 93 ff.

Küper, Antonia: Doppelbesteuerung und europarechtliche Meistbegünstigung bei Erbschaften und Schenkungen – Schützt der EG-Vertrag vor abkommensrechtlicher Ungleichbehandlung bei deutsch-ausländischen Erbschaftsteuerfällen?, Münster u.a., 2004.

Lang, Michael: Die Bindung der Doppelbesteuerungsabkommen an die Grundfreiheiten des EU-Rechts, in: Gassner, Wolfgang/Lang, Michael/Lechner, Eduard (Hrsg.), Doppelbesteuerungsabkommen und EU-Recht – Auswirkungen auf die Abkommenspraxis, Wien, 1996, 25 ff.

Lang, Michael: Kein Verstoß der DBA gegen Grundfreiheiten des EWG-Vertrags?, IWB 1996, Fach 11, Gruppe 2, 255 ff.

ders.: Doppelbesteuerungsabkommen und Gemeinschaftsrecht, in: Breuninger, Gottfried E./Müller, Welf/Strobl-Haarmann, Elisabeth (Hrsg.), Steuerrecht und Europäische Integration – Festschrift für Albert J. Rädler zum 65. Geburtstag, München, 1999, 429 ff.
Zitierweise: Lang in: Breuninger/Müller/Strobl-Haarmann, FS für Rädler.

ders.: Das EuGH-Urteil in der Rechtssache D. – Gerät der Motor der Steuerharmonisierung ins Stottern?, SWI 2005, 365 ff.

ders.: The *Marks & Spencer Case* – The Open Issues Following the ECJ's Final Word, ET 2006, 54 ff.

ders.: Die Rechtsprechung des EuGH zu den direkten Steuern, Frankfurt am Main u.a., 2007.

Lang, Michael/Sabine Dommes: Tax Treaty Law and EC Law: Reciprocity and the Balance of a Tax Treaty, in: Lang, Michael/Schuch, Josef/Staringer, Claus (Hrsg.), Tax Treaty Law and EC Law, Wien, 2007, 61 ff.

Langenscheidt (Hrsg.): Handwörterbuch Französisch, Berlin/München, 2006.

Lehner, Moris: Möglichkeiten zur Verbesserung des Verständigungsverfahrens auf der Grundlage des EWG-Vertrages – Dargestellt anhand eines Richtlinienvorschlages der EG-Kommission zur Vermeidung der Doppelbesteuerung im Fall der Gewinnberichtigung zwischen verbundenen Unternehmen, München, 1982.

ders.: Auswirkungen der Steuerharmonisierung auf das Recht der Doppelbesteuerungsabkommen, in: Birk, Dirk/Ehlers, Dirk (Hrsg.), Rechtsfragen des europäischen Steuer-, Aussenwirtschafts- und Zollrechts: Münsteraner Symposium, Köln, 1994, 18 ff.

ders.: Europarechtliche Perspektiven für das Internationale Steuerrecht, in: Vogel, Klaus (Hrsg.), Europarecht und Internationales Steuerrecht, München, 1994, 19 ff.

ders.: EU-Recht und die Kompetenz zur Beseitigung der Doppelbesteuerung, in: Gassner, Wolfgang/Lang, Michael/Lechner, Eduard (Hrsg.), Doppelbesteuerungsabkommen und EU-Recht – Auswirkungen auf die Abkommenspraxis, Wien, 1996, 11 ff.

ders.: Annotations on the Judgment of the European Court of Justice, Case C-336/96 – The *Gilly* Case – of 12 May 1998, BIFD 1998, 334 f.

ders.: Deutsch-französisches DBA: Berechnung der Einkommensteuer aufgrund des Abkommens bei Grenz-gängern und ihre Vereinbarkeit mit der Freizügigkeit – Urteilsanmerkung zum Urteil des EuGH vom 12.5.1998, Rs. C-336/96, Eheleute Robert Gilly/Directeur des services fiscaux du Bas-Rhin, IStR 1998, 341 f.

ders.: Wettbewerb der Steuersysteme im Spiegel europäischer und US-amerikanischer Steuerpolitik, StuW 1998, 159 ff.

ders.: Steuergerechtigkeit in der Rechtsprechung des Gerichtshofs der Europäischen Gemeinschaften, in: Kirchhof, Paul/Jakob, Wolfgang/Beermann, Albert (Hrsg.), Steuerrechtsprechung – Steuergesetz – Steuerreform – Festschrift für Klaus Offerhaus zum 65. Geburtstag, Köln, 1999, 117 ff. Zitierweise: Lehner in: FS für Offerhaus.

ders.: The Influence of EU Law on Tax Treaties from a German Perspective, BIFD 2000, 461 ff.

ders.: Limitation of the national power of Taxation by the fundamental freedoms and non-discrimination clauses of the EC-Treaty, EC Tax Review 2000, 5 ff.

ders.: Der Einfluss des Europarechts auf die Doppelbesteuerungsabkommen, IStR 2001, 329 ff.

ders.: Hoechst, Metallgesellschaft: Vorauszahlung der Körperschaftsteuer in England, Anmerkung zum EuGH-Urteil vom 8.3.2001 – verb. Rs. C-397/98 (Metallgesellschaft Ltd u. a./Commissioners of Inland Revenue, HM Attorney General und C-410/98, Hoechst AG, Hoechst (UK) Ltd/Commissioners of Inland Revenue, HM Attorney General), IStR 2001, 221 f.

ders.: Beseitigt die neue Verfassung für Europa die Verpflichtung der Mitgliedstaaten zur Vermeidung der Doppelbesteuerung?, IStR 2005, 397 f.

ders.: Das Territorialitätsprinzip im Licht des Europarechts, in: Gocke, Rudolf/Gosch, Dietmar/Lang, Michael: Körperschaftsteuer – Internationales Steuerrecht – Doppelbesteuerung – Festschrift für Franz Wassermeyer zum 65. Geburtstag, München, 2005, 241 ff.
Zitierweise: Lehner in: Gocke/Gosch/Lang: FS für Wassermeyer.

Lehner, Moris/Thömmes, Otmar u.a.: Europarecht und Internationales Steuerrecht, München, 1994.

Lenz, Carl Otto (Hrsg.): EG-Handbuch Recht im Binnenmarkt, Herne u.a., 1991.

Lenz, Carl Otto/Borchardt Klaus-Dieter (Hrsg.): EU-Verträge – Kommentar nach dem Vertrag von Lissabon, 5. Aufl., Köln, 2010.
Zitierweise: Bearbeiter in: Lenz/Borchardt, EU-Verträge.

Van der Linde, Ruud: Some thoughts on most-favoured-nation treatment within the European Community legal order in pursuance of the D case, EC Tax Review 2004, 10 ff.

Longman (Hrsg.): Dictionary of Contemporary English, 4. Aufl., Harlow, 2003.

Lück, Michael: Die Gemeinschaftstreue als allgemeines Rechtsprinzip im Recht der Europäischen Gemeinschaft – Ein Vergleich zur Bundestreue im Verfassungsrecht der Bundesrepublik Deutschland, Baden-Baden, 1992.

Lüdicke, Jürgen: Darf im internationalen Steuerrecht noch differenziert werden?, in: Gocke, Rudolf/Gosch, Dietmar/Lang, Michael (Hrsg.), Körperschaftsteuer, Internationales Steuerrecht, Doppelbesteuerung – Festschrift für Franz Wassermeyer zum 65. Geburtstag, München, 2005, 473 ff.
Zitierweise: Lüdicke in: Gocke/Gosch/Lang, FS für Wassermeyer.

Malherbe, Jacques/Delattre, Olivier: Compatibility of Limitation on Benefits Provisions with EC Law, ET 1996, 12 ff.

Maunz, Theodor/Dürig, Günter: Grundgesetz – Kommentar, Band 1, Loseblattsammlung, München, Stand April 2010.

Meier, Gert: Gemeinschaftsrecht und gemeinschaftsverbindliches Völkerrecht, BB 1973, 376 ff.

ders.: EuGH: Behinderung von Agrarimporten durch Demonstranten, EuZW 1998, 84 ff.

Melort, Johan: The Future of Double Tax Treaties in the EU, in: Stefaner, Markus/Züger, Mario (Hrsg.), Tax Treaty Policy and Development, Wien, 2005, 257 ff.

Meurer, Thomas: Verpflichtung der Mitgliedstaaten zum Schutz des freien Warenverkehrs – zur Entwicklung grundfreiheitlich gebotener Schutz-pflichten – das Urteil des EuGH vom 9.12.1997 – Rs. C-265/95, Kommission/Frankreich, EWS 1998, 212, EWS 1998, 196 ff.

Mick, Marcus: Die Steuerkonzeption der Europäischen Union – Zielvorgaben, Umsetzung und Grenzen zulässiger Steuerharmonisierung, Münster u.a., 1995.

Mohn, Astrid Sybille: Der Gleichheitssatz im Gemeinschaftsrecht – Differen-zierungen im europäischen Gemeinschaftsrecht und ihre Vereinbarkeit mit dem Gleichheitssatz, Kehl u.a., 1990.

Von Münch, Ingo/Kunig, Philip (Hrsg.), Grundgesetz-Kommentar, Band 1 – Präambel bis Art. 19, 5. Aufl., München, 2000.

Ohler, Christoph: Europäische Kapital- und Zahlungsver-kehrsfreiheit – Kommentar zu den Artikeln 56 bis 60 EGV, der Geldwäscherichtlinie und Überweisungs-richtlinie, Berlin u.a., 2002.

Oppermann, Thomas/Classen, Claus Dieter/Nettesheim, Martin: Europarecht – Ein Studienbuch, 4. Aufl., München, 2009.

Panayi, Christiana H.J.I.: Treaty Shopping and Other Tax Arbitrage Oppor-tunities in the European Union: A Reassessment – Part 1 + 2, ET 2006, 104 ff., 139 ff.

Petritz, Michael: Most-Favoured-Nation Treatment – an Infringement of Fundamental Concepts in Tax Treaties?, in: Stefaner, Markus/Züger, Mario (Hrsg.), Tax Treaty Policy and Development, Wien, 2005, 127 ff.

Pieroth, Bodo/Schlink, Bernhard: Grundrechte – Staatsrecht II, 26. Aufl., Heidelberg u.a., 2010.

Pistone, Pasquale: The impact of Community Law on Tax Treaties: Issues and Solutions, The Hague u.a., 2002.

ders.: Towards European international tax law, EC Tax Review 2005, 4 ff.

ders.: National Treatment for All Non-resident EU Nationals: Looking Beyond the D Decision, Intertax 2005, 412 f.

ders.: The Impact of European Law on the Relations with Third Countries in the Field of Direct Taxation, Intertax 2006, 234 ff.

Plötscher, Stefan: Der Begriff der Diskriminierung im Europäischen Gemein-schaftsrecht – Zugleich ein Beitrag zur einheitlichen Dogmatik der Grund-freiheiten des EG-Vertrages, Berlin, 2003.

Rädler, Albert J.: Most Favoured Nation Concept in Tax Treaties, in: Lang, Michael (Hrsg.), Multilateral Tax Treaties – New Developments in Interna-tional Tax Law, London u.a., 1997, 1 ff.

ders.: Meistbegünstigung im europäischen Steuerrecht?, in: Burmester, Gabriele/Endres, Dieter (Hrsg.), Außensteuerrecht, Doppelbesteuerungsabkommen und EU-Recht im Spannungsverhältnis – Festschrift für Helmut Debatin zum 70. Geburtstag, München, 1997, 335 ff.
Zitierweise: Rädler in: Burmester/Endres, FS für Debatin.

Rainer, Anno: Doppelbesteuerungsabkommen und die EuGH-Rechtsprechung zu den direkten Steuern, IStR 1995, 474 ff.

Reimer, Ekkehart: Die Auswirkungen der Grundfreiheiten auf das Ertragsteuerrecht der Bundesrepublik Deutschland – Eine Bestandsaufnahme, in: Lehner, Moris (Hrsg.), Grundfreiheiten im Steuerrecht der EU-Staaten, München, 2000, 39 ff.

Richter, Stefan Klaus: Die Unvereinbarkeit des Stromeinspeisungsgesetzes mit europäischem Beihilferecht, RdE 1999, 23 ff.

Rienks, Saskia: An EU View on the New Protocol to the Tax Treaty between the US and the Netherlands, Intertax 2004, 567 ff.

Robbers, Gerhard: Der Gleichheitssatz, DÖV 1988, 749 ff.

Rödder, Thomas/Schönfeld, Jens: Meistbegünstigung und EG-Recht: Anmerkung zu EuGH vom 5. 7. 2005, C-376/03 („D.", IStR 2005, 483), IStR 2005, 523 ff.

Roth, Wulf-Henning: Die Niederlassungsfreiheit zwischen Beschränkungs- und Diskriminierungsverbot, in: Schön (Hrsg.), Gedächtnisschrift für Brigitte Knobbe-Keuck Köln, 1997, 729 ff.
Zitierweise: Roth in: Schön, Gedächtnisschrift für Knobbe-Keuck.

Rust, Alexander: Meistbegünstigungsklauseln in den Doppelbesteuerungsabkommen, in: Cordewener, Axel/Enchel-maier, Stefan/Schindler, Clemens Philipp (Hrsg.), Meistbegünstigung im Steuerrecht der EU-Staaten, München, 2006, 77 ff.

Rüthers, Bernd/Fischer, Christian: Rechtstheorie – Begriff, Geltung und Anwendung des Rechts, 5. Aufl., München, 2010.

Saß, Gert: Zielkonflikte bei der Besteuerung in der EU, SWI 1996, 108 ff.

ders.: Zu den Auswirkungen des EU-Vertrags auf die bilateralen Doppelbesteuerungsabkommen – Anmerkungen zum „Gilly"-Urteil des EuGH vom 12.5.1998, DB 1998, 1482 ff.

Scherer, Thomas: Doppelbesteuerung und Europäisches Gemeinschaftsrecht, München, 1995.

ders.: Allgemeine Vorgaben des Gemeinschaftsrechts für den Abschluss von Doppelbesteuerungsabkommen; in: Birk, Dieter (Hrsg.), Handbuch des Europäischen Steuer- und Abgabenrechts, Herne u.a., 1995, 943 ff.

Schindler, Clemens Philipp: Ist ein multilaterales Doppelbesteuerungsabkommen eine sinnvolle Lösung für Europa?, in: Cordewener, Axel/Enchelmaier, Stefan/Schindler, Clemens Philipp (Hrsg.), Meistbegünstigung im Steuerrecht der EU-Staaten, München, 2006, 201 ff.

Schmidt, Thorsten Ingo: Grundlagen rechtswissenschaftlichen Arbeitens, JuS 2003, 649 ff.

Schnitger, Arne: Die Grenzen der Einwirkung der Grundfreiheiten des EG-Vertrages auf das Ertragssteuerrecht, Düsseldorf, 2006.

Schoch, Friedrich: Der Gleichheitssatz, DVBl. 1988, 863 ff.

Schön, Wolfgang: Die beschränkte Steuerpflicht zwischen europäischem Gemeinschaftsrecht und deutschem Verfassungsrecht – Bemerkungen zu EuGH vom 14.2.1995, Rs. C-279/93 (Schumacker) und FG Köln vom 20.10.1994, 5 K 314/84 (Werner II), IStR 1995, 119 ff.

ders.: Gemeinschaftskonforme Auslegung und Fortbildung des nationalen Steuerrechts – unter Einschluss des Vorlageverfahrens nach Art. 177 EGV, in: Lehner, Moris (Hrsg.), Steuerrecht im Europäischen Binnenmarkt – Einfluss des EG-Rechts auf die nationalen Steuerrechtsordnungen, Köln, 1996, 167 ff.

ders.: Europäische Kapitalverkehrsfreiheit und nationales Steuerrecht, in: Schön, Wolfgang (Hrsg.), Gedächtnisschrift für Brigitte Knobbe-Keuck, Köln, 1997, 743 ff.

ders.: Der Kapitalverkehr mit Drittstaaten und das internationale Steuerrecht, in: Gocke, Rudolf/Gosch, Dietmar/Lang, Michael (Hrsg.), Körperschaftsteuer, Internationales Steuerrecht, Doppelbesteuerung – Festschrift für Franz Wassermeyer zum 65. Geburtstag, München, 2005, 489 ff.
Zitierweise: Schön in: Gocke/Gosch/Lang, FS für Wassermeyer.

ders.: 1. Generalthema: Aktuelle Fragen zum Europäischen Steuer- und Gesellschaftsrecht; in: Arbeitsgemeinschaft der Fachanwälte für Steuerrecht e.V. (Hrsg.), Jahrbuch der Fachanwälte für Steuerrecht 2005/2006, Herne, Berlin, 2007, 29 ff.
Zitierweise: Schön, JbFSt 2005/2006.

ders.: Europarechtliche Grundlagen für Gesellschafts- und Steuerrecht, GmbH-StB 2006, 9 ff.

Schuch, Josef: Werden die Doppelbesteuerungsabkommen durch EU-Recht zu Meistbegünstigungsklauseln?, in: Gassner, Wolfgang/Lang, Michael/Lechner, Eduard (Hrsg.), Doppelbesteuerungsabkommen und EU-Recht – Auswirkungen auf die Abkommenspraxis, Wien, 1996, 99 ff.
Zitierweise: Schuch in: Gassner/Lang/Lechner: DBA und EU-Recht.

ders.: Die Reichweite der Diskriminierungsverbote des EG-Vertrags – Gilt im DBA-Recht die „Meistbegünstigung"?, IWB 1996, Fach 11, Gruppe 2, 259 ff.

ders.: Bilateral Tax Treaties Multilateralized by the EC Treaty, in: Lang, Michael (Hrsg.), Multilateral Tax Treaties – New Developments in International Tax Law, London u.a., 1997, 33 ff.

Schultze, Pascal: Doch noch Anspruch auf den „avoir fiscal"?, IStR 2004, 639 ff.

Septriadi, Danny: Tax Treaty Negotiations, in: Stefaner, Markus/Züger, Mario (Hrsg.), Tax Treaty Policy and Development, Wien, 2005, 83 ff.

O'Shea, Tom: The ECJ, the 'D' case, double tax conventions and most-favoured nations: comparability and reciprocity, EC Tax Review 2005, 190 ff.

Stockmann, Frank: Völkerrechtliche Meistbegünstigungsklausel und Internationales Steuerrecht, IStR 1999, 129 ff.

Streinz, Rudolf: Europarecht, 8. Aufl., Heidelberg, 2008.

Streinz, Rudolf/Ohler, Christoph/Herrmann, Christoph: Der Vertrag von Lissabon zur Reform der EU – Einführung mit Synopse, 3. Aufl., München, 2010.

Strunk, Günther/Kaminski, Bert: EuGH-Urtreil zu Meistbegünstigungsklauseln in DBA, Stbg. 2005, 462.

Terhechte, Jörg Philipp: Art. 351 AEUV, das Loyalitätsgebot und die Zukunft mitgliedstaatlicher Investitions-schutzverträge nach Lissabon, EuR 2010, 517.

Van Thiel, Servaas: Free Movement of Persons and Income Tax Law: The European Court in Search of Principles – An investigation into the constitutionality of income tax laws and tax treaties of the Member States and the potential consequences of the Court´s income tax case law, Amsterdam, 2002.

ders.: A Slip of the European Court in the D case (C-376/03): Denial of the Most-Favoured-Nation Treatment because of Absence of Similarity?, Intertax 2005, 454 ff.

Van Thiel, Servaas/Achilles, Charlotte: Die Beseitigung er-tragsteuerlicher Hindernisse im Binnenmarkt: Eine Darstellung der Einflüsse der Rechtsprechung des EuGH auf die Ertragsbesteuerung in der Europäischen Union, IStR 2003, 530 ff. und 553 ff.

Thömmes, Otmar: Tatbestandsmäßigkeit und Rechtfertigung steuerlicher Diskriminierungen nach EG-Recht, in: Schön, Wolfgang (Hrsg.), Gedächtnisschrift für Brigitte Knobbe-Keuck, Köln, 1997, 795 ff.
Zitierweise: Thömmes in: Schön, Gedächtnisschrift für Knobbe-Keuck.

ders.: EG-Recht und Meistbegünstigung – Schlussanträge in der Rechtssache „D", IWB Fach 11a, Nr. 22 vom 24.11.2004, 1087 ff.

Toifl, Gerald: Die steuerliche Behandlung im Ansässigkeitsstaat als europarechtlicher Rechtfertigungsgrund für eine Ungleichbehandlung im Quellenstaat, SWI 1996, 406 ff.

ders.: Internationale Entwicklungen auf dem Gebiet der gemeinschaftsrechtlichen Diskriminierungsverbote, SWI 1999, 155 ff.

Van Unnik, Dirk/Boudesteijn, Maarten: The New US-Dutch Tax Treaty and The Treaty of Rome, EC Tax Review 1993, 106 ff.

Vanistendael, Frans: Impact of European tax law on tax treaties with third countries, EC Tax Review 1999, 163 ff.

ders.: Cohesion: the phoenix rises from his ashes, EC Tax Review 2005, 208 ff.

Vedder, Christoph: Einwirkungen des Europarechts auf das innerstaatliche Recht und auf internationale Verträge der Mitgliedstaaten: die Regelung der Doppelbesteuerung, in: Lehner, Moris/Thömmes, Otmar (Hrsg.), Europarecht und Internationales Steuerrecht, München, 1994, 1 ff.

Vitzthum, Wolfgang Graf (Hrsg.): Völkerrecht, 4. Aufl., Berlin/ New York, 2007.
Zitierweise: Bearbeiter in: Vitzthum, Völkerrecht (2007).

ders.: Völkerrecht, 5. Aufl., Berlin/ New York, 2010.
Zitierweise: Bearbeiter in: Vitzthum, Völkerrecht (2010).

Vogel, Klaus: Harmonisierung des Internationalen Steuerrechts in Europa als Alternative zur Harmonisierung des (materiellen) Körperschaftsteuerrechts, StuW 1993, 380 ff.

ders.: Problems of a Most-Favoured-Nation Clause in Intra-EU Treaty Law, EC Tax Review 1995, 264 f.

ders.: Some observations regarding „Gilly", EC Tax Review 1998, 150.

ders.: Der EuGH und die direkten Steuern, StuW 2005, 373 ff.

Vogel, Klaus/Lehner, Moris: Doppelbesteuerungsabkommen der Bundesrepublik Deutschland auf dem Gebiet der Steuern vom Einkommen und Vermögen, Kommentar auf der Grundlage der Musterabkommen, 5. Aufl., München, 2008.

Vogel, Klaus/Gutmann, Daniel/Dourado, Ana-Paula: Tax treaties between Member States and Third States: 'reciprocity' in bilateral tax treaties and non-discrimination in EC law, EC Tax Review 2006, 83 ff.

Wahle, Corinna: Der allgemeine Gleichheitssatz in der Europäischen Union – Neuere Entwicklungen und Perspektiven unter Berücksichtigung der Europäischen Menschenrechtskonvention (EMRK) sowie der Rechtsordnungen Deutschlands, Frankreichs und Großbritanniens, Osnabrück, Univ., Diss., 2002.

Wahrig, Gerhard: Wörterbuch der deutschen Sprache, 7. Aufl., München, 2000.

Wassermeyer, Franz: Die Vermeidung der Doppelbesteuerung im Europäischen Binnenmarkt, in: Lehner, Moris (Hrsg.), Steuerrecht im Europäischen Binnenmarkt – Einfluss des EG-Rechts auf die nationalen Steuerrechtsordnungen, Köln, 1996, 151 ff.

ders.: Does the EC Treaty Force the Member States to Conclude a Multilateral Tax Treaty?, in: Lang, Michael (Hrsg.), Multilateral Tax Treaties – New Developments in International Tax Law, London u.a., 1997, 15 ff.

Weber, Dennis: Most-Favoured-Nation Treatment under Tax Treaties Rejected in the European Community: Background and Analysis of the D Case, Intertax 2005, 429 ff.

Weggenmann, Hans: EG-rechtliche Aspekte steuerlicher Meistbegünstigung im Abkommensrecht, IStR 2003, 677 ff.

Zippelius, Reinhold: Juristische Methodenlehre, 10. Aufl., München, 2006.

ders.: Rechtsphilosophie, 5. Aufl., München, 2007.

Zitierte Rechtsnormen der Europäischen Gemeinschaften

Abkommen zwischen der Europäischen Gemeinschaft und Andorra über Regelungen, die den in der Richtlinie 2003/48/EG des Rates im Bereich der Besteuerung von Zinserträgen festgelegten Regelungen gleichwertig sind; in: ABl. 2004, L 359/33.

Abkommen zwischen der Europäischen Gemeinschaft und dem Fürstentum Liechtenstein über Regelungen, die den in der Richtlinie 2003/48/EG des Rates im Bereich der Besteuerung von Zinserträgen festgelegten Regelungen gleichwertig sind; in: ABl. 2004, L 379/84.

Abkommen zwischen der Europäischen Gemeinschaft und San Marino über Regelungen, die den in der Richtlinie 2003/48/EG des Rates im Bereich der Besteuerung von Zinserträgen festgelegten Regelungen gleichwertig sind; in: ABl. 2004, L 381/33.

Abkommen zwischen der Europäischen Gemeinschaft und der Schweizerischen Eidgenossenschaft über Regelungen, die den in der Richtlinie 2003/48/EG des Rates im Bereich der Besteuerung von Zinserträgen festgelegten Regelungen gleichwertig sind; in: ABl. 2004, L 385/30.

Abkommen zwischen der Europäischen Gemeinschaft und dem Fürstentum Monaco über Regelungen, die den in der Richtlinie 2003/48/EG des Rates im Bereich der Besteuerung von Zinserträgen festgelegten Regelungen gleichwertig sind; in: ABl. 2005, L 19/55.

Richtlinie 90/435/EWG des Rates vom 23. Juli 1990 über das gemeinsame Steuersystem der Mutter- und Tochtergesellschaften verschiedener Mitgliedstaaten; in: ABl. 1990, L 225/6 (vom 20.08.1990) in der Fassung der Richtlinie 2003/123/EG des Rates vom 22. Dezember 2003 zur Änderung der Richtlinie 90/435/EWG über das gemeinsame Steuersystem der Mutter- und Tochtergesellschaften verschiedener Mitgliedstaaten; in: ABl. 2004, L 007/41 (vom 13.1.2004).

Richtlinie 90/434/EWG des Rates vom 23. Juli 1990 über das gemeinsame Steuersystem für Fusionen, Spaltungen, die Einbringung von Unternehmensteilen und den Austausch von Anteilen, die Gesellschaften verschiedener Mitgliedstaaten betreffen; in: ABl. 1990, L 225/1 (vom 20.8.1990) in der Fassung der Richtlinie 2005/19/EG des Rates vom 17. Februar 2005 zur Änderung der Richtlinie 90/434/EWG über das gemeinsame Steuersystem für Fusionen, Spaltungen, die Einbringung von Unternehmensteilen und den Austausch von Anteilen, die Gesellschaften verschiedener Mitgliedstaaten betreffen; in: ABl. 2005, L 058/19 (vom 4.3.2005).

Richtlinie 2003/48/EG des Rates vom 3. Juni 2003 im Bereich der Besteuerung von Zinserträgen; in: ABl. 2003, L 157/38 (vom 26.6.2003).

Vertrag zur Gründung der Europäischen Atomgemeinschaft (EURATOM); in: BGBl. 1957 II, S. 1014.

Vertrag zur Gründung der Europäischen Gemeinschaft in der durch den Amsterdamer Vertrag geänderten Fassung, Bekanntmachung vom 6.4.1999; in: BGBl. 1999 II, S. 296; bereinigte Fassung des Vertrages in: BGBl. 1999 II, S 416.

Vertrag von Nizza zur Änderung des Vertrags über die Europäische Union, der Verträge zur Gründung der Europäischen Gemeinschaften sowie einiger damit zusammenhängender Rechtsakte, Bekanntmachung vom 20.8.2003; in: BGBl. 2003 II, S. 1477.

Vertrag von Lissabon zur Änderung des Vertrags über die Europäische Union und des Vertrags zur Gründung der Europäischen Gemeinschaft, Bekanntmachung vom 13.11.2009; in: BGBl. 2009 II, S. 1223.

Veröffentlichungen der Europäischen Kommission

Europäische Kommission: Antwort der Kommission vom 12.2.1974 auf die schriftliche Anfrage Nr. 599/73 von Herrn Delmotte vom 10.1.1974, in: ABl. 1974, C-29/25 (vom 18.3.1974).

Europäische Kommission: Antwort von Herrn Monti im Namen der Kommission vom 27.4.1999 auf die schriftliche Anfrage E-0612/99 von Bernie Malone vom 12.3.1999, in: ABl. 1999, C-270/72 (vom 21.12.1999).

KOM (2001) 582 endg., Mitteilung der Kommission an den Rat, an das Europäische Parlament und an den Europäischen Wirtschafts- und Sozialausschuss – Ein Binnenmarkt ohne unternehmenssteuerliche Hindernisse – Strategie zur Schaffung einer konsolidierten Körperschaftsteuer-Bemessungsgrundlage für die grenzüberschreitende Unternehmenstätigkeit in der EU (23. Oktober 2001); abrufbar im Internet unter „http://eur-lex. europa.eu/LexUriServ/LexUriServ.do?uri=COM:2001:0582:FIN:DE:PDF" (zuletzt überprüft am 3.12.2010).

KOM (2004) 75 endg., Vorschlag für einen Beschluss des Rates über den Abschluss des Abkommens zwischen der Europäischen Gemeinschaft und der Schweizerischen Eidgenossenschaft über Regelungen, die den in der Richtlinie 2003/48/EG des Rates vom 3. Juni 2003 im Bereich der Besteuerung von Zinserträgen festgelegten Regelungen gleichwertig sind; abrufbar im Internet unter „http://eur-lex.europa.eu/LexUriServ/LexUriServ. do?uri= CELEX:52004PC0075:DE:HTML" (zuletzt überprüft am 3.12.2010).

SEK (2001) 1681, Arbeitsdokument der Dienststellen der Kommission – Unternehmensbesteuerung im Binnenmarkt {COM (2001) 582 endg.} (23. Oktober 2001), abrufbar im Internet unter „http://ec.europa.eu/ taxation_customs/resources/documents/company _tax_study_ de.pdf" (zuletzt überprüft am 3.12.2010).

TAXUD E1/FR DOC (05) 2306, Doppelbesteuerungsabkommen und Recht der Europäischen Gemeinschaft – Arbeitsunterlage zum Experten Workshop am 5.7.2005 in Brüssel (9. Juni 2005), abrufbar im Internet unter „http://ec.europa.eu/taxation_customs/resources/documents/taxation/person al_tax/double_tax_conventions/eclawtaxtreaties_en.pdf" (zuletzt überprüft am 3.12.2010).

Gerichtsentscheidungen und Schlussanträge

Bundesverfassungsgericht, Beschluss vom 9.8.1978, 2 BvR 831/76, BVerfGE 49, 148.

EFTA-Gerichtshof vom 23.11.2004, E-1/04 *Fokus Bank ASA*, IStR 2005, 55.

EuGH vom 10.5.1960, verb. Rs. 3-18, 25, 26/58 *Barbara Erzbergbau AG*, Slg. 1960, 377 ff.

EuGH vom 27.2.1962, Rs. 10/61 *Kommission/Italien*, Slg. 1962, 1 ff.

EuGH vom 13.7.1962, verb. Rs. 17 und 20/61 *Klöckner*, Slg. 1962, 653 ff.

EuGH vom 5.2.1963, Rs. 26/62 *Van Gend & Loos*, Slg. 1963, 1 ff.

EuGH vom 15.7.1964, Rs. 6/64 *Costa v. E.N.E.L*, Slg. 1964, 1251 ff.

EuGH vom 13.2.1969, Rs. 14/68 *Walt Wilhelm*, Slg. 1969, 1 ff.

EuGH vom 17.12.1970, Rs. 11/70 *Internationale Handelsgesellschaft,* Slg. 1970, 1125 ff.

EuGH vom 31.3.1971, Rs. 22/70 *Kommission/Rat (AETR)*, Slg. 1971, 263 ff.

EuGH vom 28.6.1971, Rs. 78/70, *Deutsche Grammophon/Metro-SB-Groß-märkte*, Slg. 1971, 487 ff.

EuGH vom 27.10.1971, Rs. 6/71, *Rheinmühlen Düsseldorf/Einfuhr- und Vorratsstelle für Getreide und Futtermittel*, Slg. 1971, 823 ff.

EuGH vom 7.2.1973, Rs. 39/72 *Kommission/Italien*, Slg. 1973, 101 ff.

EuGH vom 12.2.1974, Rs. 152/73 *Sotgiu*, Slg. 1974, 153 ff.

EuGH vom 4.4.1974, Rs. 167/73 *Kommission/Frankreich*, Slg. 1974, 359 ff.

EuGH vom 11.7.1974, Rs. 8/74 *Dassonville*, Slg. 1974, 837 ff.

EuGH vom 12.12.1974, Rs 36/74 *Walrave und Koch*, Slg. 1974, 1405 ff.

EuGH vom 26.4.1977, Gutachten 1/76 *Binnenschifffahrt*, Slg. 1977, 741 ff.

EuGH vom 19.10.1977, Rs. 117/76 und 16/77 *Ruckdeschel*, Slg. 1977, 1753 ff.

EuGH vom 9.3.1978, Rs. 106/77 *Simmenthal*, Slg. 1978, 629 ff.

EuGH vom 28.6.1978, Rs. 1/78 *Kenny*, Slg. 1979 2871 ff.

EuGH vom 25.10.1978, Rs. 103 und 145/77 *Royal Scholten-Honig gegen Intervention Board for Agricultural Products*, Slg. 1978, 2037 ff.

EuGH vom 7.2.1979, Rs. 128/78 *Kommission/Vereinigtes Königreich*, Slg. 1979, 419 ff.

EuGH vom 7.2.1979, Rs. 136/78 *Auer*, Slg. 1979, 437 ff.

EuGH vom 20.2.1979, Rs. 120/78 *Rewe-Zentral AG/Bundesmonopolverwaltung für Branntwein (Cassis de Dijon)*, Slg. 1979, 649 ff.

EuGH vom 28.3.1979, Rs. 175/78 *Saunders*, Slg. 1979, 1129 ff.

EuGH vom 3.7.1979, verb. Rs. 185-208/78 *Van Dam u.a.*, Slg. 1979, 2345 ff.

EuGH vom 14.10.1980, Rs. 812/79 *Burgoa*, Slg. 1980, 2787 ff.

EuGH vom 16.10.1980, Rs. 147/79 *Hochstrass*, Slg. 1980, 3005 ff.

EuGH vom 29.10.1980, Rs. 22/80, *Boussac/Gerstenmeier*, Slg. 1980, 3427 ff.

EuGH vom 5.5.1982, Rs. 15/81 *Gaston Schul*, Slg. 1982, 1409 ff.

EuGH vom 24.11.1982, Rs. 249/81 *Buy Irish,* Slg. 1982, 4005 ff.

EuGH vom 13.12.1983, Rs. 222/82 *Apple and Pear Council*, Slg. 1983, 4083 ff.

EuGH vom 28.6.1984, Rs. 180/83 *Moser*, Slg. 1984, 2539 ff.

EuGH vom 5.7.1984, Rs. 238/83 *Meade*, Slg. 1984, 2631 ff.

EuGH vom 12.7.1984, Rs. 237/83 *Prodest*, Slg. 1984, 3153 ff.

EuGH vom 28.1.1986, Rs. 270/83 *Kommission/Frankreich (avoir fiscal)*, Slg. 1986, 273 ff.

EuGH vom 11.3.1986, Rs. 121/85 *Conegate*, Slg. 1986, 1007 ff.

EuGH, vom 17.4.1986, Rs. 59/85 *Reed*, Slg. 1988, 4907 ff.

EuGH vom 4.12.1986, Rs. 205/84 *Kommission/Deutschland*, Slg. 1986, 3755 ff.

EuGH vom 19.1.1988, Rs. 223/86 *Pesca Valentina*, Slg. 1988, 83 ff.

EuGH vom 22.9.1988, Rs. 286/86 *Deserbais*, Slg. 1988, 4907 ff.

EuGH vom 27.9.1988, Rs. 81/87 *Daily Mail*, Slg. 1988, 5505 ff.

EuGH vom 27.9.1988, Rs. 235/87 *Matteucci*, Slg. 1988, 5589 ff.

EuGH vom 2.2.1989, Rs. 186/87 *Cowan/Trésor public*, Slg. 1989, 195 ff.

EuGH vom 31.5.1989, Rs. 344/87 *Bettray*, Slg. 1989, 1621 ff.

EuGH vom 27.9.1989, Rs. 9/88 *Lopes da Veiga*, Slg. 1989, 2989 ff.

EuGH vom 8.5.1990, Rs. 175/88 *Biehl*, Slg. 1990, I-1779 ff.

EuGH vom 25.7.1991, Rs. C-221/89 *Factortame*, Slg. 1991, I-3905 ff.

EuGH vom 28.1.1992, Rs. C-204/90, *Bachmann*, Slg. 1992, I-249 ff.

EuGH vom 28.1.1992, Rs. C-300/90 *Kommission/Belgien*, Slg. 1992, I-305 ff.

EuGH vom 11.3.1992, Rs. C-78/90, *Compagnie commerciale de l'Ouest/ Receveur principal des souanes de La Pallice-Port*, Slg. 1992, I-1847 ff.

EuGH vom 19.5.1992, Rs. C-195/90, *Kommission/Deutschland*, Slg. 1992, I-3141 ff.

EuGH vom 26.1.1993, Rs. C-112/91 *Werner*, Slg. 1993, I-429 ff.

EuGH vom 17.3.1993, Rs. C-72, 73/91, *Sloman Neptun*, Slg. 1993, I-887 ff.

EuGH vom 31.3.1993, Rs. C-19/92 *Kraus*, Slg. 1993, I-1663 ff.

EuGH vom 13.7.1993, Rs. C-330/91 *Commerzbank*, Slg. 1993, I-4017 ff.

EuGH vom 20.10.1993, Rs. C-92/93, C-326/92 *Phil Collins u.a.*, Slg. 1993, I-5145 ff.

EuGH vom 24.11.1993, Rs. C-267 u. 268/91, *Keck*, Slg. 1993, I-6097 ff.

EuGH vom 30.11.1993, Rs. C-189/91 *Kirsammer-Hack/Sidal*, Slg. 1993, I-6185 ff.

EuGH vom 3.3.1994, Rs. C-332, 333 und 335/92, *Eurico Italia/Ente Nazionale Risi*, Slg. 1994, I-711 ff.

EuGH vom 12.4.1994, Rs. C-1/93 *Halliburton*, Slg. 1994, I-1137 ff.

EuGH vom 29.6.1994, Rs. C-60/93 *Aldewereld*, Slg. 1994, I-2991 ff.

EuGH vom 15.11.1994, Gutachten 1/94 *WTO/GATS/TRIPS*, Slg. 1994, I-5267 ff.

EuGH vom 14.2.1995, Rs. C-279/93 *Schumacker*, Slg. 1995, I-225 ff.

EuGH vom 15.3.1995, Rs. C-45/93 *Kommission/Spanien*, Slg. 1994, I-911 ff.

EuGH vom 11.8.1995, Rs. C-80/94 *Wielockx*, Slg. 1995, I-2493 ff.

EuGH vom 14.11.1995, Rs. C-484/93 *Svensson und Gustavson*, Slg. 1995, I-3955 ff.

EuGH vom 30.11.1995, Rs. *C-55/94 Gebhard, Slg. 1995, I-4165 ff.*

EuGH vom 30.4.1996, Rs. C-214/94 *Boukhalfa*, Slg. 1996, I-2253 ff.

EuGH vom 27.6.1996, Rs. C-107/94 *Asscher*, Slg. 1996, I-3089 ff.

EuGH vom 17.4.1997, Rs. 130/95 *Giloy*, Slg. 1997, I-4291 ff.

EuGH vom 15.5.1997, Rs. C-250/95 *Futura Participations und Singer*, Slg. 1997, I-2471 ff.

EuGH vom 17.7.1997, Rs. C-28/95, *Leur-Bloem*, Slg. 1997, I-4161 ff.

EuGH vom 9.12.1997, Rs. C-265/95 *Kommission/Frankreich*, Slg. 1997, I-6959 ff.

EuGH vom 28.4.1998, Rs. C-118/96 *Jessica Safir*; Slg. 1998, I-1897 ff.

EuGH vom 7.5.1998, verb. Rs. C-52 bis 54/97. *Viscido u.a./Ente Poste Italiane*, Slg. 1998, I-2629 ff.

EuGH vom 12.5.1998, Rs. C-336/96 *Gilly*, Slg. 1998, I-2793 ff.

EuGH vom 16.7.1998, Rs. C-264/96 *ICI*, Slg.1998, I-4695 ff.

EuGH vom 1.10.1998, Rs. C-285/96 *Kommission/Italien*, Slg. 1998, I-5935 *ff.*

EuGH vom 29.10.1998, Rs. C-230/97 *Awoyemi*, Slg. 1998, I-6781 ff.

EuGH vom 1.12.1998, Rs. C-200/97 *Ecotrade/Altiforni di Servola SpA*, Slg. 1998, I-7907 ff.

EuGH vom 19.1.1999, Rs. C-348/96 *Calfa*, Slg. 1999, I-11 ff.

EuGH vom 29.4.1999, Rs. C-311/97 *Royal Bank of Scotland*, Slg. 1999, I-2651 ff.

EuGH vom 8.7.1999, Rs. C-254/97 *Baxter*, Slg. 1999, I-4809 ff.

EuGH vom 8.7.1999, Rs. C-203/98 *Kommission/Belgien*, Slg. 1999, 1-4899 ff.

EuGH vom 14.9.1999, Rs. C-391/97 *Gschwind*, Slg. 1999, I-5451 ff.

EuGH vom 21.9.1999, Rs. C-307/97 *Compagnie de Saint-Gobain*, Slg. 1999, I-6161 ff.

EuGH vom 14.10.1999, Rs. C-439/97, *Sandoz*, Slg. 1999, I-7041 ff.

EuGH vom 26.10.1999, Rs. C-294/97 *Eurowings*, Slg. 1999, I-7447 ff.

EuGH vom 28.10.1999, Rs. C-55/98 *Vestergaard*, Slg. 1999, I-7641 ff.

EuGH vom 18.11.1999, Rs. C-200/98 *X AB – Y AB*, Slg. 1999, I-8261 ff.

EuGH vom 13.4.2000, Rs. C-251/98 *Baars*, Slg. 2000, I-2787 ff.

EuGH vom 16.5.2000, Rs. C-87/99 *Zurstrassen*, Slg. 2000, I-3337 ff.

EuGH vom 6.6.2000, Rs. C-35/98 *Verkooijen*, Slg. 2000, I-4071 ff.

EuGH vom 14.12.2000, Rs. C-141/99 *AMID*, Slg. 2000, I-11619 ff.

EuGH vom 13.1.2001, Rs. C-379/98 *PreussenElektra*, Slg. 2001, I-2099 ff.

EuGH vom 8.3.2001, verb. Rs. C-97/98 *Metallgesellschaft* und C-410/98 *Hoechst*, Slg. 2001, I-1721 ff.

EuGH vom 15.1.2002, Rs. C-476/98 *Gottardo*, Slg. 2002, I-413 ff.

EuGH vom 12.9.2002, Rs. C-431/01 *Mertens*, Slg. 2002, I-7073 ff.

EuGH vom 5.11.2002, Rs. C-325/00 *CMA*, Slg. 2002, I-9977 ff.

EuGH vom 5.11.2002, Rs. C-476/98 *Open Skies*, Slg. 2002, I-9855 ff.

EuGH vom 21.11.2002, Rs. C-436/00 *X und Y AB*, Slg. 2002, I-10829 ff.

EuGH vom 12.12.2002, Rs. C-324/00 *Lankhorst-Hohorst*, Slg. 2002, I-11779 ff.

EuGH vom 12.12.2002, Rs. C-385/00 *de Groot*, Slg. 2002, I-11819 ff.

EuGH vom 16.1.2003, Rs. C-14/00 *Kommission/Italienische Republik*, Slg. 2003, I-513 ff.

EuGH vom 16.1.2003, Rs. C-388/01 *Kommission/Italien*, Slg. 2003, I-721 ff.

EuGH vom 12.6.2003, Rs. C-234/01 *Gerritse*, Slg. 2003, I-5933 ff.

EuGH vom 11.3.2004, Rs. C-9/02 *De Lasteyrie du Saillant*, Slg. 2004, I-2409 ff.

EuGH vom 1.7.2004, Rs. C-169/03, *Wallentin*, Slg. 2004, I-6443 ff.

EuGH vom 15.7.2004, Rs. C-315/02 *Lenz*, Slg. 2004, I-7063 ff.

EuGH vom 15.7.2004, Rs. C-242/03 *Weidert/Paulus*, Slg. 2004, I-7379 ff.

EuGH vom 7.9.2004, Rs. C-319/02 *Manninen*, Slg. 2004, I-7477 ff.

EuGH vom 5.7.2005, Rs. C-376/03 *D.*, Slg. 2005, I-5821 ff.

EuGH vom 8.9.2005, Rs. C-512/03 *Blanckaert*, Slg. 2005, I-7685 ff.

EuGH vom 27.10.2005, Rs. C-8/04 *Bujara*, n.v.

EuGH vom 13.12.2005, Rs. C-446/03, *Marks & Spencer*, Slg. 2005, I-10837 ff.

EuGH vom 19.1.2006, Rs. C-265/04 *Bouanich*, Slg. 2006, I-923 ff.

EuGH vom 7.2.2006, Gutachten 1/03 *Lugano*, Slg. 2006, I-1145 ff.

EuGH vom 21.2.2006, Rs. C-152/03 *Ritter-Coulais*, Slg. 2006, I-1701 ff.

EuGH vom 23.2.2006, Rs. C-253/03 *CLT-UFA S.A.*, Slg. 2006, I-1831 ff.

EuGH vom 23.2.2006, Rs. C-513/03 *Van Hilten-Van der Heijden*, Slg. 2006, I-1957 ff.

EuGH vom 23.2.2006, Rs. C-471/04 *Keller Holding*, Slg. 2006, I-2107 ff.

EuGH vom 12.9.2006, Rs. C-196/04 *Cadbury-Schweppes*, Slg. 2006, I-7995 ff.

EuGH vom 14.9.2006, Rs. C-386/04 *Stauffer*, Slg. 2006, I-8203 ff.

EuGH vom 28.9.2006, verb. Rs. C-282/04 und C-283/04 *Kommission/ Königreich der Niederlande*, Slg. 2006, I-9141 ff.

EuGH vom 3.10.2006, Rs. C-452/04 *Fidium Finanz*, Slg. 2006, I-9521 ff.

EuGH vom 12.12.2006, Rs. C-374/04 *Test Claimants in Class IV of the ACT Group Litigation*, Slg. 2006, I-11673 ff.

EuGH vom 14.12.2006, Rs. C-170/05 *Denkavit Internationaal BV*, Slg. 2006, I-11949 ff.

EuGH vom 15.2.2007, Rs. C-345/04 *Centro Equestro da Leziria Grande*, Slg. 2007, I-1425 ff.

EuGH vom 6.3.2007, Rs. C-292/04 *Meilicke*, Slg. 2007, I-1835 ff.

EuGH vom 13.3.2007, Rs. C-524/04 *Test Claimants in the Thin Cap Group Litigation*, Slg. 2007, I-2107 ff.

EuGH vom 22.3.2007, Rs. C-383/05 *Talotta*, Slg. 2007, I-2555 ff.

EuGH vom 10.5.2007, Rs. C-492/04 *Lasertec*, Slg. 2007, I-3775 ff.

EuGH vom 24.5.2007, Rs. C-157/05 *Holböck*, Slg. 2007, I-4051 ff.

EuGH vom 18.7.2007, Rs. C-231/05 *Oy AA*, nicht in der EuGH Sammlung veröffentlicht (abrufbar im Internet unter http://curia.europa.eu).

EuGH vom 11.10.2007, Rs. C-451/05 *ELISA*, nicht in der EuGH Sammlung veröffentlicht (abrufbar im Internet unter http://curia.europa.eu).

EuGH vom 6.11.2007, Rs. C-415/06 *Stahlwerk Ergste Westig*, nicht in der EuGH Sammlung veröffentlicht (abrufbar im Internet unter http://curia.europa.eu).

EuGH vom 15.11.2007, Rs. C-379/05 *Amurta*, nicht in der EuGH Sammlung veröffentlicht (abrufbar im Internet unter http://curia.europa.eu).

Schlussanträge des GA Van Themaat vom 9.6.1982, Rs. 213-215/81, *Norddeutsches Vieh- u. Fleischkontor u.a./Bundesanstalt*, Slg. 1982, 3583, 3617.

Schlussanträge des GA Mancini vom 16.10.1985, Rs. 270/83 *avoir fiscal*, Slg. 1986, 275.

Schlussanträge des GA Darmon vom 17.3.1992, Rs. 72/91 und C-73/91, *Sloman Neptun Schiffahrts AG*; Slg. 1993, I-887 ff.

Schlussanträge des GA Lenz vom 20.9.1995, Rs. C-415/93 *Bosman*, Slg. 1995, I 4921 ff.

Schlussanträge des GA Lenz vom 9.7.1997, Rs. C-265/95 *Kommission/Frankreich*, Slg. 1997 I, 6961 ff.

Schlussanträge des GA Colomer vom 20.11.1997, Rs. C-336/96 *Gilly*, Slg. 1998 I, 2793 ff.

Schlussanträge des GA Mischo vom 2.3.1999, Rs. C-307/97 *Saint-Gobain*, Slg. 1999, I-6161 ff.

Schlussanträge des GA Saggio vom 1.7.1999, verb. Rs. C-400/97 bis 402/97, *Administración del Estado/Juntas Generales de Guipúzcoa*, Slg. 2000, I-1073 ff.

Schlussanträge des GA Jacobs vom 14.3.2002, Rs. C-325/00 Kommission/Deutschland („*CMA*"), Slg. 2002, I-9977 ff.

Schlussanträge des GA Colomer vom 26.10.2004, Rs. C-376/03 *D.*, Slg. 2005, I-5821 ff.

Schlussanträge des GA Geelhoed vom 23.2.2006, Rs. C-374/04 *ACT Group Litigation*, Slg. 2006, I-11673 ff.

Schlussanträge des GA Maduro vom 6.4.2006, verb. Rs. C-282/04 und C-283/04 *Kommission/Königreich der Niederlande*, Slg. 2006, I-9141 ff.

Schlussanträge des GA Léger vom 2.5.2006, Rs. C-196/04 *Cadbury-Schweppes*, Slg. 2006, I-7995 ff.

Schlussanträge des GA Colomer vom 13.2.2007, Rs. C-112/05 *Kommission/Deutschland*, noch nicht in der EuGH Sammlung veröffentlicht (im Internet abrufbar unter http://curia.europa.eu).

Schlussanträge des GA Mengozzi vom 7.6.2007, Rs. C-379/05 *Amurta*, noch nicht in der EuGH Sammlung veröffentlicht (im Internet abrufbar unter http://curia.europa.eu).